维特根斯坦哲学解释简史

张学广 著

图书在版编目(CIP)数据

维特根斯坦哲学解释简史/张学广著.—北京：商务印书馆,2022
ISBN 978-7-100-21161-1

Ⅰ.①维… Ⅱ.①张… Ⅲ.①维特根斯坦(Wittgenstein，Ludwig 1889-1951)—哲学思想—研究 Ⅳ.①B561.59

中国版本图书馆CIP数据核字(2022)第078014号

献礼西北大学建校120周年

维特根斯坦哲学解释简史
张学广 著

商 务 印 书 馆 出 版
(北京王府井大街36号 邮政编码100710)
商 务 印 书 馆 发 行
北京市白帆印务有限公司印刷
ISBN 978-7-100-21161-1

2022年6月第1版　　开本850×1168 1/32
2022年6月北京第1次印刷　　印张14¼
定价:78.00元

目　　录

第二篇 维特根斯坦哲学解释的历史演进

第三篇　中国维特根斯坦哲学研究

前　言

本书是国家社科基金西部项目《维特根斯坦哲学解释史研究》(15XZX011)的最终成果。该成果力求资料使用准确，基本判断恰当，学理阐述到位，表达合乎规范，再现百年维特根斯坦哲学解释的清晰画卷。本书的出版恰逢《逻辑哲学论》发表百年，谨以此书向百年维特根斯坦哲学史献礼。

本书是一项基础性研究，一例微观哲学史的粗线条描述，但作为汉语学界百年维特根斯坦哲学解释史的首幅地图，或可助益于从事维特根斯坦哲学或对其感兴趣的研习者。无论从《逻辑哲学论》发表(1921)还是从其罗素“导言”(1922)算起，维特根斯坦哲学都已走过百年。由于颠覆的哲学主张、奇异的写作风格以及海量的凌乱遗作，在两千多年的西方哲学史上，维特根斯坦哲学算是真正的奇迹，是哲学解释多样化、复杂性、纷争多的一个典型。大概正是在这个意义上，才有学者认为维特根斯坦解释是一项丰饶的工程，而历史走过百年正是加以总结的最好时机。但是，这类总结目前国外才零星开始，而国内尚属首次。

本书由三篇9章组成。第一篇(1—2章)从哲学与科学、人文和哲学史的比较中简要揭示哲学解释所特有的性质和问题，以及维特根斯坦哲学解释的特有性状。本书认为，与科学比较而言，哲学更多属于人文；然而即便在人文之中，哲学与人文的其他领域还是在致思理路和学术方法等方面有较大差异。力图将哲学与哲学史区分开来是近些年中国哲学界热烈争议中大多数人拥护的观点，但笔者认为，哲学与哲学史有着观念上可以分割而实际上难以分割的密切关系，真正的哲学创造一定是“源”与“流”的某种合力。由于哲学与人生的紧密相关，学说与文本的内在张力，哲学性质、方法和风格的特殊之处，维特根斯坦哲学解释则有着更特殊的境遇。其《遗作》的整理、编辑、翻译、出版是一项重要学术工程，而在其学说处于争议的高潮时期，学术文献的整理便已开始，为维特根斯坦哲学的自我反省已经做了大量的准备工作。本项目便是这一反省历史的继续。

第二篇(3—7章)围绕主要解释趋向的兴起和争论，揭示百年维特根斯坦哲学解释史的演变历程。作为迄今为止第一部比较完整的维特根斯坦哲学解释史著作，贝莱茨基(Anat Biletzki)的《(过度)解释维特根斯坦》提供了我们进行解释史分期的一个重要参照。但本书根据解释文献进行了较为详细的时间分割和更为精到的内容论证，没有沿用她对每一阶段(站点)的范畴概括。百年维特根斯坦哲学解释史可以分为如下五个阶段：(1)正统解释的探索期(1922—1950)；(2)正统解释的强化期(1951—1969)；(3)正统解释的成熟期(1970—1990)；(4)非正统解释的确立期(1991—2003)；(5)正统与非正统的多元超越期(2004—)。每一阶段都有自己的核心主旨和突出特色，都有自己起落的标志性事件或文献。大致说来，前三个阶段构成逐渐丰富的正统解释，第四个阶段属于反对以往解释的非正统解释，而第五个阶段力图实现对正反的超越。需要说明的是，每个阶段都有自己或长或短延伸到以前阶段的起源线索，也会同样或长或短地延伸到此后的阶段。这意味着，分段的前后并非泾渭分明。但是，通过阶段的基本划分，我们至少可以达到一个目标：对百年维特根斯坦哲学解释史有一个相对清晰的把握。

第三篇(8—9章)简论中国维特根斯坦哲学研究的历史和现状。以10年前的资料为基础的主体部分曾以"Wittgenstein in China"为题发表于英国*Philosophical Investigations*杂志2015年第3期。中国维特根斯坦研究历史悠久，尽管成明显的U型波折，但因为有《逻辑哲学论》德英对照本(1922)之外的第一个外文译本(1927—1928)，而且是目前学者数量和学术产出最多的非英德语国家，因而在国际维特根斯坦学术界有着不可忽视的地位。在中间30年的基本停歇之外，时间上形成非对称的两个阶段：1949年之前和1979年之后。1979年以来的40多年中，有一个快速追赶的过程，一个从快速补课、抓紧学习到独立思考、深入交流、着力创新的过程。尽管包括维特根斯坦哲学在内的分析哲学研究在国内哲学界仍占比不大，但它在中国哲学重建和现代化转型中的作用已经不容忽视。而且随着人们意识到维特根斯坦是能够融合分析传统和大陆传统的哲学家，他在中国哲学和文化的现代化建设中还将起到更大作用，所以我们需要在中西文化相互尊重和理解的基础上加深对他的研究。

学术研究尤其是哲学社会科学研究的大部分时间被用于收集、整理、阅读、消化材料，希望本项目的成果能为国内维特根斯坦哲学研究提供持久的基础性助益。关注同行进展，开展有效争论，注意总结评价，是学术进步的不二法门。不管进行文本解读还是内容阐释，基本资料和历史脉络都是更为基础的工作。当然，由于维特根斯坦解释文献的浩瀚、复杂，本项目到目前为止仍只是粗线条的描画，后续的深究和细化还有待更多人和更多项目的合力。本书中的西方学者在名称第一次出现时加注了西文，便于读者查对。为了减少目录篇幅，章节只到三级标题。

附录首次收录了中国近40年(1980—2020)维特根斯坦哲学研究的重要资料(由于篇幅所限，1500余篇文章、90篇译文和250余篇硕士学位论文目录未能纳入)。有关情况通报如下:(1)收录内容包括维特根斯坦原作的各种版本、翻译的二手资料(著作和论文)、研究的著作、博士学位论文;(2)通过国家图书馆、CNKI中国知识资源总库、超星数字图书馆，以“维特根斯坦”一词在文献名称和关键词中搜寻，并加以内容甄别和反复互校，尤其设法查找了十多种哲学集刊;(3)目录没有包括部分涉及维特根斯坦的著作、教材，会议论文、摘要、摘录、书讯、重复发表、转载者亦未收录。研究生张启森、梁鹏伟、赵婧辰、李鹏、金梦、李若仪、李虎平、万乐帆、石雅静、邹杰，本科生朱益永、肖传钰、陈凌薇、王一桐、程忠华，为附录资料的收集整理做了大量工作，在此深表感谢。

在本课题的思考、立项、研究过程中，笔者得到国内外维特根斯坦专家的大力支持，尤其是美国加州大学伯克利分校汉斯·斯鲁格教授在笔者访学期间和此项研究中给与巨大启发，特此深表谢忱。同时，十分感谢商务印书馆关群德编审，没有他的尽心、勤谨、精细、耐心，本书无法以如此的速度和质量面世。尽管经过反复校阅，本书在内容和格式方面仍然难免存在不少问题，恳请读者提出宝贵意见。

第一篇

哲学解释与维特根斯坦哲学解释

第1章　哲学与解释

哲学离不开解释（interpretation），大哲学家更是在无穷无尽的解释包围中展开自己，并成就自己为一位大哲学家。在一些研究者看来，哲学家及其文本被后来研究者解释的程度甚至是他们能否成为著名哲学家的一条重要标准。这的确有一定的道理，因为这里深深触及哲学的解释本性以及思想的源流关系，并从哲学与科学、哲学与人文、哲学与哲学史这三对关系的简要阐述中可以看出。

第1节　哲学与科学

哲学界已经形成比较一致的看法，"说明"（explanation）概念用于揭示那种提出假说、发现事实、进行推演、量化探究、从复杂现象中概括出少量规律的科学（包括自然科学和社会科学）研究活动，而"解释"概念则用于阐释那些具有很强历史性、针对多元复杂现象并不进行还原概括、很大程度上难以进行量化的人文学术活动。在这个意义上，哲学即使不是断然也很大程度上属于解释活动。尽管语言分析哲学[①]（以及那些为它的出现而做过大量准备的近现代

① "语言哲学"、"分析哲学"两个概念在具体使用上当然有一定的差异。前者以

哲学）在它产生时候曾被它的支持者们称为“哲学的革命”、“科学的哲学”、“最后的转变”等等，相对于古典哲学和大陆哲学而言也的确更像一种科学活动，与科学的变化、科学的内容、科学的历史都还十分接近，但无论如何在归根结底的意义上它仍然属于一种人文活动。

在西方哲学史上，科学（当然还有其他因素）一直影响和改变着哲学的形态，而且这种趋势还在加速进行。可以毫不客气地说，在现代社会影响哲学变化的最重要因素莫过科学技术。恩格斯（Friedrich Engels，1820—1895）曾说“随着自然科学领域中每一个划时代的发现，唯物主义也必然要改变自己的形式”。[①] 可以确定地说，科学技术是人类社会变更和精神文化变化的一种原发性推动因素，黑格尔（Friedrich Hegel，1770—1831）哲学解体和现当代哲学的演进很大程度上正是近现代科学技术发展的结果。黑格尔哲学解体之后所展开的各种哲学路径，都不得不对科学技术的要求做出回应，并根据自己的不同回应而形成各自的路径。从中国哲学学科的基本格局看，马克思主义、科学主义、人文主义是西方哲学应对科学技术挑战的三种基本形态和西方现代哲学展开的三条基本路径。

于是，科学主义（包括与它相对的人文主义）[②] 所面对的首要问

研究对象而区别于其他哲学，因而更像一个具体的哲学分支（尽管它的地位相对特殊，并被现代哲学置于相对前沿和基础的地位），而后者以研究方法区别于其他哲学，但不是一个具体的哲学分支，而是一场哲学运动。由于二者有着相近的方法和几乎相同的创始人而经常被人混用，或者组合起来使用，就像本书所使用的那样。下面若非需要，不再对两个概念或它们的组合进行专门区分。

① 《马克思恩格斯文集》，第 4 卷，人民出版社 2009 年版，第 281 页。

② “科学主义”“人文主义”这两个概念曾在改革开放之后的中国哲学语境中用以描述西方当代哲学的两股思潮。前者指与科学技术密切相关的或主要受其影响而产

题便是处理好哲学与科学的关系。哲学不得不把自己的地盘出让给科学之后，哲学自己如何为自己的继续存在加以辩护，如何看待自己的性质和方法，成为科学主义思潮所要解决的重大问题。在科学的冲击下，哲学有过一段比较悲观失望的情绪，取笑哲学地位甚至取消哲学存在的科学家和哲学家都不乏其人。维也纳小组的奠基人莫里茨·石里克（Moritz Schlick，1882—1936）在《普通认识论》（1918）中以如此方式阐述这一信条："因为科学原则上能说所有可说的东西，所以不会留下不可回答的问题。"帕特里西娅·S. 丘奇兰德（Patricia S. Churchland）的《神经哲学》（1986）后来以同样立场表达这一主张："从理想化的长远看，完成的科学是对实在的真正描述：不再有其他的真理和实在。"①

当然，最终相对乐观的态度占据了主要地位。同样是莫里茨·石里克，在"哲学的转变"一文中对哲学在科学冲击之后的前景做出相当乐观的预测。他在指出哲学长久以来陷入无法有效积累的形而上学困境之后，认为现在终于找到了走出这一困境的道路，那就是认识到哲学所关注的语言主要是其形式、其逻辑，而不

生的各种思潮和流派，主要在英美国家流行，包括实证主义、实用主义、结构主义、科学哲学、技术哲学等等。后者主要用于指那些与生命、人、历史等现象密切相关的各种流派和思潮，主要在欧洲大陆流行，涉及唯意志论、生命哲学、存在主义、诠释学等等。这两个概念在它们的最初使用和粗略使用中有一定的积极意义，帮助人们初步分辨现代哲学乃至哲学史的两种趋向。但一方面它们已经完成了自己向中国引介现代西方哲学的任务，另一方面的确有很多旧有的和新生的哲学流派和人物难以清楚地归入其中某一趋向。不管在国外还是国内，它们被使用的几率越来越少便是一种再正常不过的现象。

① 转引自阿弗拉姆·斯特罗：《二十世纪分析哲学》，张学广译，中国社会科学出版社 2014 年版，第 1 页。

是其经验内容，这样我们就可以摆脱经验内容和心理体验所带给我们的困扰，只关注语言的表达形式，充分认识到逻辑在哲学中的真正地位，充分认识到哲学的本质正在于关注逻辑形式和概念意义，从而将哲学与科学最终区分开来。而在这一认识过程中，莱布尼茨(Wilhelm Leibniz，1646—1716)有过思想萌芽，弗雷格(Gottlob Frege，1848—1925)做出第一个实质性贡献，罗素(Bertrand Russell，1872—1970)进一步加以完善，而具有决定性意义的最后一步则是由维特根斯坦(Ludwig Wittgenstein，1889—1951)在《逻辑哲学论》中完成的。[①] 在石里克看来，借由维特根斯坦的这一工作，现在我们终于清楚："哲学不是一种知识的体系，而是一种**活动**的体系……哲学就是那种确定或发现命题**意义**的活动。哲学使命题得到澄清，科学使命题得到证实。科学研究的是命题的真理性，哲学研究的是命题的真正**意义**。科学的内容、灵魂和精神当然离不开它的命题的真正**意义**。因此哲学的授义活动是一切科学知识的开端和归宿。"[②]

赖欣巴哈(Hans Reichenbach，1891—1953)代表着同一时期从科学中获得启示而力图建立科学的哲学的另一个典型。他把那种致力于获得关于宇宙的普遍原则，追求绝对的确定性，建立绝对的道德指令的思辨哲学称为"旧哲学"，而与此相对接受一种对科学的结果进行分析，反对知识的完全确定性，放弃绝对的道德规条

① Moritz Schlick："哲学的转变"，载洪谦主编《逻辑经验主义》(上卷)，商务印书馆1982年版，第6—7页。

② 同上，第9页。

的"新哲学"。"科学哲学所需要的是重新确定哲学愿望的方向。除非思辨哲学的目的被认清是不可达到的，科学哲学的成就就不能被理解。"必须认识到，依靠传统哲学的图像语言和类比说法，是无法回答它们所期望达到的真确结论，甚至无法发现那些真正的问题，因为"只有透彻理解现代科学方法才能使一个哲学家具备能解答那些问题的工具"。[①] 当然，赖欣巴哈所理解的"科学哲学"仍然属于哲学而不是科学。像美国学者阿弗拉姆·斯特罗（Avrum Stroll）所说的那样，"尽管当前人们频频使用'科学哲学'一词，但毫无疑问，哲学实质上是一种人文活动。"[②]

从维特根斯坦到石里克、赖欣巴哈，哲学家们将哲学与科学区分开来，支持了后来的学者们将哲学归属于人文学科范畴内，这种归属当然也许并不是石里克当时所理解的原意。从人文主义和马克思主义角度看，包括语言分析哲学在内的科学主义的确更接近科学，似乎更远离人、生命和心灵。这一误判甚至也确实符合某些语言分析哲学家想使哲学更具有科学进步特征而避免总是尸骨累累地相互残杀的最初意愿。但是，按照斯特罗的话说，当代分析哲学与其历史与西方哲学史密切相连，"在这方面，它不太像科学，倒更像历史和文学，尽管也与后者有着重要区别。"[③] 随着语言分析哲学的兴起过了半个多世纪乃至一个世纪，它最初宣布的革命性和最

① H. 赖欣巴哈：《科学哲学的兴起》，伯尼译，商务印书馆 1991 年版，第 236、237 页。

② 阿弗拉姆·斯特罗：《二十世纪分析哲学》，张学广译，中国社会科学出版社 2014 年版，第 3 页。

③ 同上，第 2 页。

后转变已经被哲学史的浪花逐渐淹没。语言分析哲学不仅进入它自己的历史反省中，而且正在被整合进入西方哲学史演进的历史长河中。这一事实表明，不管科学如何冲击以及哲学如何应对科学的调整或者力图切近科学，哲学就其性质和方法而言毕竟是一项人文性事业。

第 2 节 哲学与人文

在近百年的中国学术语境中，提到“人文”二字首先会想到文史哲。经过西方学科分类冲击并融合了中国古典学术之后，文学、历史和哲学的确已成为不可分割的一个整体，在中国的学术话语中被人们一并提及。如此将哲学与文学、历史归于一类，相提并论，在它们都属于人文学科的意义上无可厚非。正因如此，一些深有学养的学者便力图打通三个门类，应和着一个惯常说法“文史哲不分家”。当然，正如斯特罗所说，哲学与历史、文学还是有所不同，在致思理路和学术方法等方面还是有较大差异（尽管本书并不打算在此详细谈论其中的差异）。

“解释”概念对于人文学科来说不仅具有方法论意义，而且具有本质属性意义。在科学逐渐占压倒性地位的近代西方世界，浪漫主义曾经起而反抗过，但新康德主义者（主要是西南学派）才扛起保卫人文科学的大旗。李凯尔特（Heinrich Rickert，1863—1936）明确地对自然科学与人文科学做出区分，并划定了各自的地盘和方法。他用“文化科学”一词来概括与自然科学相对的人文科学，认为“文化科学一词对于非自然科学的专门科学来说是一个完全恰当的标志”。[1] 来自马堡学派而最终更倾向于西南学派的卡西尔(Ernst Cassirer, 1874—1945)则决心从人作为文化缔建者的心智活动中为一切人文科学建立基础，认为“人类的文化并非单纯地为被给予和单纯地为不言而自明的，相反地，人类文化乃是一种有待诠释的奇迹。”[2] 他据此对西方哲学的演进历程进行梳理，探寻人文科学的逻辑。

然而，真正将解释归属于人文学科本质特征的当属解释学(Hermeneutics)传统的哲学家们，他们从方法论开始，直到建立起解释现象本体论和解释学哲学。

施莱尔马赫(Friedrich Schleiermacher, 1768—1843)和狄尔泰(Wilhelm Dilthey, 1833—1911)是将古典的部门解释学传统提升为人文学科方法论的第一批哲学家。在专门研究人文科学的独特性并为之奠定方法论基础方面，狄尔泰首当其冲并做出主要贡献。狄尔泰使用“精神科学”这一独特概念概括所有各种以社会实在和历史实在为研究对象的学科，其涵盖范围要比后来人们所使用的“人文科学”概念大得多(大致相当于“社会科学”+“人文科学”)。但是对于跟自然科学相对的(尽管也很大程度上要以后者为基础)、以精神现象为主或由精神现象贯穿其中和发动而起的所有现象进行统一研究，对个体的和人类的精神现象进行整体理解和解释，将“解释”这一概念用于指称“精神科学”的所有对象的根本特征，狄

---

① H. 李凯尔特:《文化科学和自然科学》，涂继亮译，杜任之校，商务印书馆 1986 年版，第 22 页。

② 恩斯特 · 卡西尔:《人文科学的逻辑》，关子尹译，上海译文出版社 2004 年版，第 5 页。

尔泰的确做出了重要贡献。

海德格尔(Martin Heidegger, 1889—1976)在建立生存论的基本本体论的时候，将解释现象进一步提升为一种本体论存在。在海德格尔看来，此在在世界中的生存一向与周围人、物建立起生存论的共在关系，在世界上领会性地存在。此在将这种领会建立起来和表达出来便是解释。“领会的筹划活动具有造就自身的本己可能性。我们把领会的造就自身的活动称为**解释**。领会在解释中有所领会地具有它所领会的东西。领会在解释中并不称为别的东西，而是称为它自身。”[①] 解释把领会的东西整理出来，因而领会往往就在解释中，解释使领会得以呈现出来。解释并不是后加在领会活动中，或者给领会活动另外附加意义，而就是领会活动的展开和呈现。“解释并非把一种‘含义’抛到赤裸裸的现成东西头上，并不是给它贴上一种价值。随世内照面的东西本身就一向已有在世界之领悟中展开出来的因缘状态；解释无非是把这一因缘状态解释出来而已。”[②]

将解释现象当作哲学的专门对象并建立解释学哲学的，则是德国哲学家伽达默尔(Hans-Georg Gadamer, 1900—2002)。伽达默尔的哲学解释学所要揭示的是人作为语言存在物面对世界的解释学经验，以及这种经验所面对的所有领域。他对(西方)历史上力图对人的理解现象进行研究的各种理论进行批判性总结，然后概括出诠释学经验的基本结构和哲学诠释学的基本任务，并在艺术领

① 海德格尔:《存在与时间》，陈嘉映、王庆节译，熊伟校，三联书店 1987 年版，第 181 页。

② 同上，第 183 页。

域、历史领域和语言领域中找到解释现象的基本应用。在伽达默尔看来，“在诠释学经验里，我们必须承认那种不仅在哲学上有其合法根据、而且本身就是哲学思维的一种方式的真理的经验……诠释学不是精神科学的某种方法论学说，而是这样一种尝试，即试图理解什么是超出了方法论自我意识之外的真正的精神科学，以及什么使精神科学与文明的整个世界经验相联系。”①

从伽达默尔的角度看，理解和解释是人面对世界的基本方式，所有需要理解和解释的对象都是文本（text），不管是否有语言说出或写成。人面对文本的理解是一种历史性的、参与式的互动过程。只有将自己的由前见所构成的视界投入到文本的视界中，进行视界融合，才能真正理解文本。这涉及整个人类经验世界的基本模式，“我把这种经验称为解释学的，因为我们正在描述的过程不断重复地贯穿于我们熟悉的经验中。在这个过程中总是有一个已被解释了的世界，早已在它的基本关系上组织好了的世界，经验就作为某种新的东西进入这个世界，它打乱曾引导我们的期待的东西，并在这种激变中进行重新组织。”②

包括哲学在内的人文学科的解释性质不仅在科学占主导地位的世界中拯救了人文学科，而且将人文科学的重要性提到了前所未有的高度和深度。哲学解释学所意欲完成的任务，一如胡塞尔现象学力图超越科学而拯救哲学一样。把哲学归属于具有人文性质的

---

① 汉斯-格奥尔格·伽达默尔：《真理与方法》（上卷），洪汉鼎译，上海译文出版社 1999 年版，第 19 页。

② 伽达默尔：《哲学解释学》，夏镇平、宋建平译，上海译文出版社 1994 年版，第 15 页。

解释学科，既说明它的社会历史性存在，也说明它与人的生存处境的密切关联。

第 3 节　哲学与哲学史

怀特海（Alfred North Whitehead，1861—1947）曾经说过："全部西方哲学史不过是对柏拉图的注解而已。"[①] 怀特海这句广被引用而也误解甚多的话也许把柏拉图在西方哲学史上的地位强调得过重，但某种意义上却也有一定道理。作为第一个留下体系性哲学经典的古希腊哲学家，不管是被反对还是支持，他都为西方哲学确立了基本的问题域和方法论范围。而怀特海更多更直接想表达的意思可能是哲学的解释性质，这也是本项目想竭力强调的地方。

哲学与哲学史的确有着难以分割的联系，哲学圈一定时间可能更强调它们之间的联系，而一定时间或许又更强调它们之间的差异。近些年来在中国学术界掀起一波又一波关于哲学不等于哲学史的讨论，支持者有之，反对者亦不乏其人。这种争论对于厘清两者之间的关系，推进哲学研究，的确有重要意义，但在我看来，只靠这种厘清对于推进中国哲学的原创作用十分有限。因为抓住哲学的真问题，进行哲学原创，首先并不在于厘清哲学与哲学史的关系，而在于其他一些更重要的哲学内和哲学外因素。

中国哲学史鲜明地体现着哲学本身的解释学特征。中国哲学的经典著作比西方更清晰地表明，后来者是对先前人的注解，所谓

---

① 怀特海：《过程与实在》，李步楼译，商务印书馆 2011 年版，第 63 页。

“我注六经”和“六经注我”。《周易》、《论语》、《老子》、《庄子》、《孟子》、《大学》、《中庸》等先秦经典著作，之所以被称为经典正是因为秦汉以来的各个朝代中不乏解注之人，而且正是由于这种解注而使它们成为经典。这种解释的特征如此明显，以至于跟西方哲学史相对照，人们总是谴责这种注经传统缺乏应有的创新突破。但是中国哲学史的确是解释学经验的典型例子，用以说明传统与现代之间的关系，一种“我注”与“注我”之间的解释学循环。于是，做中国哲学怎么能够与哲学史清楚分割，中国哲学的真问题怎么离开哲学史的经典解读，就是一个难以真正厘清的问题。

虽然西方哲学史被康德(Immanuel Kant，1724—1804)认为“成了一个战场……在其中还从来没有过任何参战者能够赢得哪怕一寸土地”[①]，一个流派代替另一个流派，一个哲学家起而否定另一个哲学家，一个时代号称颠覆另一个时代，但不管流派内部的相互影响还是一批循环呈现的问题都昭示着哲学的解释学承继。跟中国哲学相比，西方哲学家跟所在哲学史的关系的确更具批判性和间距，更加充满个性化解读甚至消解特征，但哲学问题在哲学家那里的展开却并不跟哲学史彻底隔离。也许在一些哲学家那里，哲学史更多被整合进自己的哲学体系，比如黑格尔、叔本华(Arthur Schopenhauer，1788—1860)等，而在另一些哲学家那里，哲学史更远离自己想要表达的哲学问题，比如克尔凯郭尔(Soren Aabye Kierkegaard，1813—1955)、维特根斯坦等。但是，要将哲学与哲学史隔离开来，哲学很难再是哲学，哲学史也不再能够延续。

---

① 康德:《纯粹理性批判》,邓晓芒译,杨祖陶校,人民出版社 2004 年版,第 14 页。

仍以语言分析哲学为例。曾经如此宣称自己已经与作为科学的哲学之前史的形而上学划清了界限的语言分析哲学，在经过了它最为激烈的革命时期之后，现在已被整合进入西方哲学史，也被后来的研究者发现，语言分析哲学家亦不过是以自己时代独有的方式在思考柏拉图（Plato，427 BC—347 BC）、亚里士多德（Aristotle，384 BC—322 BC）以来的哲学问题而已。"即便大多数分析哲学家不是古代文本的评注者，那些可敬的思想家提出的问题现在依然和若干世纪前一样鲜活。"问题只在于哲学所展示的进步某种意义上不同于科学。"哲学也展示类似进步的东西：在所用的方法和新的图式方面，对传统问题的解答有所改进。因此一定意义上难以说清，当代的领域既熟悉也陌生；我们似乎将它认作我们过去曾穿越的场所，但它现在看起来已相当不同。"[①] 这恰好是哲学之为一项人文事业的特点所在。

这里涉及源与流的关系。恩格斯在谈到"现代社会主义"思想时有过一段非常富有启发意义的话，他说"同任何新的学说一样，它必须首先从已有的思想材料出发，虽然它的根子深深扎在物质的经济的事实中"[②]。我们撇开恩格斯探讨现代社会主义的具体内容不谈，他在这里提出了一种思想的源与流的重要关系："物质的经济的事实"是一种思想的源，而"已有的思想材料"是一种思想的"流"。对于哲学来说，深深扎根的"源"当然不只"物质的经济的事实"，

① 阿弗拉姆·斯特罗：《二十世纪分析哲学》，张学广译，中国社会科学出版社2014年版，第3页。

② 《马克思恩格斯文集》，第3卷，人民出版社2009年版，第523页。

而是整个时代条件，要不然它无法被称为“时代精神的精华”；它由以出发的思想材料之“流”也不只是哲学家或哲学流派极为浅近的哲学思想，而可以是哲学家或哲学流派根据问题需要而任意回溯的哲学史。一种有创造性的哲学当然不能只与“已有的思想材料”打交道，成为材料的堆积或哲学史的简单梳理，从而忘了哲学问题本身。但是，它也不可能脱离开“已有的思想资料”，而只与“物质的经济的事实”或者哪怕整个时代的条件打交道，因为离开“已有的思想资料”，一个哲学家便必须从头开始思考一切问题，从而很难超越前人而在一定意义上取得进步。

真正的哲学创造一定是“源”与“流”的某种合力。作为时代条件的“源”提供哲学思考的动力，哲学创新的不同视角，哲学面向转换的侧重点，而作为以往思想资料的“流”则提供解答时代问题的表达材料，展开时代问题的逻辑方法，促使时代问题合理化的历史依据。至于某一哲学家或某一哲学问题的解决更偏重于“源”还是“流”，则因人而异、因时而别，其中并没有某一或某些固定的要求。我们又如何能以哲学的问题本身而抛弃哲学的历史的解释性质呢？

跟科学的说明性质相比，哲学的确是一种属于人文的解释事业。但是，哲学又不是一般的人文事业，而是深具批判反思性质的理解事业。作为这样一种批判反思性的解释学事业，哲学与它的历史就不能脱离干系，也不可能将边界划得那么清楚。立足于时代条件，探寻真正的哲学问题的确重要，但是没有哲学史的解释性经验，真正的哲学问题也可能是一句空话。

第2章 维特根斯坦哲学解释

在探讨20世纪分析哲学是否产生了真正的大师，比如像笛卡尔或康德那样的不朽人物时，斯特罗列举了哲学家之所以伟大的五个标准：哲学家必须贡献于哲学的全部或几乎全部主要领域，必须有原创性，所留遗产的内容和规模都产生了学术的评注资料库，对人文学科的相关领域产生影响，如果她或他不在世该领域将截然不同。[①] 在分析了分析哲学领域的诸多人物之后，斯特罗认为维特根斯坦在所有候选人中最强有力：维特根斯坦改变了一整代人的思维，有大量二手评注文献，著作数量巨大，覆盖了哲学的整个领域并对非哲学领域产生了深远影响，其哲学的独创性超过所有其他分析哲学家。[②] 在本书中，所有上述五条标准不同程度上都会涉及，但现在所要论及的是第三条，即维特根斯坦哲学产生了海量的评注资料，使他的学术构成单独的一部哲学史。著作执行人（Literary Executors）需要对他的遗著进行费时费力的整理，而解释他的海量文献更是需要选编整理，这些工作促成了作为研究对象的维特根斯坦哲学解释史，并展现着这位哲学家独有的解释语境。

---

① 阿弗拉姆·斯特罗：《二十世纪分析哲学》，张学广译，中国社会科学出版社2014年版，第213—214页。

② 同上，第215—216页。

第1节　维特根斯坦著作的整体清理

维特根斯坦《遗著》(*Nachlass*，大约20000页)的原稿目前大部分保存于剑桥的Wren图书馆、牛津的Bodleian图书馆和维也纳的奥地利国家图书馆。这些《遗著》的整理出版本身便是维特根斯坦哲学解释的基础性支撑工作，一直处于维特根斯坦哲学史的核心。有学者将这一编辑过程概括为“两轮”、“七级阶梯”。[①] 关于每一单行本的整理、编辑、出版、翻译、再版等内容，我们将在解释史的每一阶段加以说明。一些文本选编甚至从20世纪60年代便已开始。但这里，笔者仅就维特根斯坦遗著的整体清理情况先行加以交代，而且只能提供整理过程的一些主要节点。

一、“维特根斯坦文稿”(1969)

对维特根斯坦遗著进行搜集、登记、清理并整理出目录的主要工作，是由他的著作执行人之一冯·赖特(Georg Henrik von Wright，1916—2003)承担的(其他两位执行人主要进行以代表作或者作者为中心的编辑整理)。也正是通过他艰辛的编目和命名，*Nachlass* 才成为一个专用语，遗著才获得了真正的综览，并与维特根斯坦的主要著作关联起来。在维特根斯坦逝世将近20年的1969

① C. Erbacher. Editorial Approaches to Wittgenstein's *Nachlass*: Toward a Historical Appreciation. *Philosophical Investigations*, 2015(3): 165-197. 参见徐强、桑田：“维特根斯坦遗作：编辑历史、方法与冲突”，载《重庆理工大学学报》(社会科学版)，2018年第5期，第135—146页。

年，冯·赖特终于在美国《哲学评论》发表了“维特根斯坦文稿”一文，编成了维特根斯坦遗著的文献目录，并对其中某些条目给出评论。该文献后来多次修改，最终纳入他 1982 年出版的《维特根斯坦》一书。[①] 此后，该文献 1993 年做过大幅度修正，2003 年依然有所补充。

冯·赖特对维特根斯坦前后期著作遗著的来源情况以及最终存放地进行了详细说明，前后追踪时间将近 30 年。不仅发现了维特根斯坦自己存放的遗著，而且从跟维特根斯坦有关的亲人、老师、朋友、学生（罗素、摩尔、魏斯曼、斯通巴罗夫人、安斯康姆等）那里获得了残余的材料。这些逐渐形成已知的维特根斯坦完整遗著。材料搜集的辛苦，追踪者的执着，由此可见一斑。

冯·赖特将维特根斯坦遗著分为五组：第一组，维特根斯坦手稿；第二组，口述给打字员或本人准备的打印稿；第三组，对同事或学生口述的记录稿；第四组，谈话和讲座的笔记；第五组，往来书信。[②] 前三组属于维特根斯坦可以直接负责的著作的文稿。从第一组到第二组的顺序大致是，先有草稿，接着形成初稿（共有两个系列的初稿本，第一个系列包括写于 1929—1940 年的 18 卷本，第二个系列包含 1940—1949 年的 16 个手稿本），根据初稿向打字员口述（一边口述一边仍有修改）。第三组文稿在目录中占 11 或 12 条。第四组笔记相当多。由于其中一些文稿没有注明时间，所以编

---

① Georg Henrik von Wright. The Wittgenstein Papers. In his *Wittgenstein*, Oxford: Basil Blackwell, 1982, pp. 35-62.

② 冯·赖特：“维特根斯坦文稿”，载维特根斯坦：《维特根斯坦论感觉材料与私人语言》，江怡译，张敦敏校，浙江大学出版社 2011 年版，第 234 页。

者根据研究甚或猜测做了编序。

维特根斯坦文稿的目录编号规则如下：手稿开始于第 101 号，打印稿开始于第 201 号，口述笔记开始于 301 号。有些条目又被分成 a、b、c 等。用引号表示维特根斯坦自己的题目，编者和执行人提出的名称不用引号，但加了前缀“称作”或“所谓的”。除了标注，文稿语言是德文。所注的页码并非都是维特根斯坦标出的。[①] 手稿从 101 到 182，打印稿从 201 到 245，口述笔记从 301到 311。冯·赖特共对约 83 条做了特别评论。

该文献还对维特根斯坦逝世后文稿的出版工作做了说明，并指出“使维特根斯坦的整个哲学能够公之于众，这花费了我们三十年的时间”（实际上时间更长），并最终使体现维特根斯坦主要时期的所有著作都出版了。[②] 文献附录了维特根斯坦生前出版的著作以及维特根斯坦的书信。该文献后来由詹姆斯·克拉克和阿尔弗莱德·诺德曼增加了对“维特根斯坦文稿”的补充以及附录“维特根斯坦书信”的补充。

对于了解维特根斯坦遗著构成和出版情况来说，这是第一个值得重视的文献。后来所有关于维特根斯坦遗著的讨论，都无不从这一目录开始，至多前面加了“MS”“TS”等标识。

二、《维特根斯坦：两个来源目录和一份参考文献》（1993）

毛利（André Maury）最早对《字条集》和《哲学研究》进行遗

① 冯·赖特：“维特根斯坦文稿”，载维特根斯坦：《维特根斯坦论感觉材料与私人语言》，江怡译，张敦敏校，浙江大学出版社 2011 年版，第 237—238 页。

② 同上，第 258—259 页。

著的逆溯研究，查找了两本著作每个评论在遗著中的具体编目、页码和写作时间。① 或许受到毛利的影响，在作为1993年第7期卑尔根大学维特根斯坦档案馆研究报告的这份文献中，比吉斯(Michael Biggs)和皮奇勒(Alois Pichler)提供了已出版维特根斯坦著作的两个来源目录和一份参考文献。对于想研究维特根斯坦著作的详细来源，并进行文本互参的学者来说，这是一份难得的研究报告。该报告将维特根斯坦已出版的著作和遗著(冯·赖特所制定的目录清单)进行对照，便于学者逆溯这些著作各个部分的出处。

来源目录中，一份是文本来源目录，这一目录将维特根斯坦已出版著作进行历时的来源再现，不管是生前出版还是死后出版，不管单条还是成组，无论英文或德文，无论出版还是再版。对于文献来源，目录进一步追溯到图书馆或康奈尔大学的影印卷本。该目录还包括已经出版但未在遗著之中的内容，比如书信、讲演和对话的笔记等。所有这些内容以栏目对照的方式清楚呈现出来。在详细陈列这些对照之前，目录还对这些手稿、打印稿和听写稿提供了一个综览的时间表。② 这份文本来源目录中很多内容会以相同或相近方式出现在不同手稿、打印稿和著作中，清晰地反映维特根斯坦的思想发展、工作方式和表达风格。③

另一份是图形来源目录，这是截止当年未受关注的部分。作为

① A. Maury. Sources of the Remarks in Wittgenstein's *Zettel*. In *Philosophical Investigations*, 1981 (4): 57-74; Sources of the Remarks in Wittgenstein's *Philosophical Investigations*. In *Syntheses*, 1994 (90): 349-378.

② Michael Biggs and Alois Pichler. Wittgenstein: Two Source Catalogues and a Bibliography. *Working Papers from the Wittgenstein Archives at the University of Bergen*, No. 7, 1993, Preface, p. 2.

③ Ibid, Pichler's Introduction, p. 2.

手写且难以复制的非文本格式，图形、图画（大约 500 幅）是维特根斯坦著作中重要的特定部分，是反映维特根斯坦哲学方法的重要方面。但是因为它们难以进行计算机和电子处理，只能复印或扫描，因而一直处于被疏忽的角落。该目录提供了维特根斯坦所使用图形的详细的来源清单。[①] 但是，鉴于图形难以复制这一特性，这份目录只包含冯·赖特目录的手稿和打印稿部分（101—245），没有包括像《蓝皮书和褐皮书》这样的听写稿。同时，这份目录根据已经出版的著作，而不是遗著，而且依照所有出版著作的第一版，但对其他版本做了注解。[②]

在文本来源目录和图表来源目录的呈现之后，这份报告还提供了维特根斯坦已出版著作的一份详细文献清单。该清单将维特根斯坦著作又细分为 6 部分：部分 I 是冯·赖特目录 101—311 所没有的维特根斯坦著作，部分 II 是冯·赖特目录 101—245 的维特根斯坦著作（手稿和打印稿），部分 III 是冯·赖特目录 301—311 的维特根斯坦著作（听写稿），部分 IV 是讲演和对话笔记（选本），部分 V 是书信集（选本），部分 VI 是德文专论和选集。

在冯·赖特目录基础上进行已出版著作与来源的对比陈列，对于那些想更深入考察文本依据和更详细研究维特根斯坦思想演变过程的人来说，具有重要的辅助和引导作用。毕竟遗著蕴涵着已出版的著作所难以容纳的文献资料和思想轨迹，对于解释维特根斯坦

① Michael Biggs and Alois Pichler. Wittgenstein: Two Source Catalogues and a Bibliography. *Working Papers from the Wittgenstein Archives at the University of Bergen,* No. 7, 1993, Preface, p. 2.

② Ibid, Biggs' Introduction, p. 1.

思想来说是不可替代的资源。

维特根斯坦已出版著作还由麦金农(Alastair McKinnon)制作了数字版，运行在 MS-DOS 系统上，并提供软盘，方便研究者进行维特根斯坦用词的统计分析。1993 年又在过世大师系列中出版维特根斯坦已出版著作的 Intelex 电子版。这些都方便学者对已出版维特根斯坦著作的阅读和研究。[①]

三、各种读本、选集和文集

1969 年第一次出现维特根斯坦著作专题选本，葛拉格尔(G. G. Granger)编选的《路德维希 · 维特根斯坦》在巴黎出版，并附有历史批判性导论。1970 年寇珀(Christopher Coope)等 4 人编制了《维特根斯坦工作手册》(*A Wittgenstein Workbook*)，将维特根斯坦前后期哲学打通，确定了 18 个主题，并以《逻辑哲学论》、《哲学研究》为主，以其他当时已经出版的维特根斯坦著作为辅，编订了每一主题的支撑资料，以及其他哲学家和解释者的参考资料。不同于当时流行的将维特根斯坦前后期看作两种哲学，该手册极为强调维特根斯坦思想的连续性，所以每一主题都为前后期哲学所共有。[②] 肯尼(A. J. P. Kenny) 1994 年主编了《维特根斯坦读本》(*The*

① David G. Stern. Digital Wittgenstein Scholarship: Past, Present and Future. In Pichler and Hrachover ed. *Wittgenstein and the Philosophy of Information: Proceedings of the 30th International Ludwig Wittgenstein Symposium,* vol. 1. Heusenstamm bei Frankfurt: Ontos, 2008, p. 225.

② Christopher Coope, Timothy Potts, Peter Geach, and Roger White. *A Wittgenstein Workbook*. Berkeley: University of California Press; Oxford: Basil Blackwell, 1970, p. 5.

Wittgenstein Reader)，遴选的内容来自《逻辑哲学论》、《大打字稿》、《哲学语法》、《蓝皮书》、《关于心理学哲学的评论》、《关于美学、心理学和宗教信仰的讲演与对话》、《哲学研究》、《关于数学基础的评论》、《纸条集》、《论确实性》等著作。

著作选集（文集）有如下几种：

（1）《著作集》（*Schriften*. Frankfurt: Suhrkamp，1960 年起）8 卷本，卷 1 包括《逻辑哲学论》、《1914—1916 年笔记》、《哲学研究》（1960），卷 2《哲学评论》（1964），卷 3《维特根斯坦与维也纳小组》（1967），卷 4《哲学语法》（1969），卷 5 包括《蓝皮书》、《哲学观察》、《纸条集》（1970），卷 6《关于数学基础的评论》（1973），卷 7《关于数学基础的剑桥讲演录：1939》（1978），卷 8《关于心理学哲学的评论 I、II》（1982）。

（2）《著作版》（*Werkausgabe*. Frankfurt: Suhrkamp, 1984）8 卷本，卷 1 包括《1914—1916 年笔记》、《逻辑哲学论》、《哲学研究》，卷 2《哲学语法》，卷 3《维特根斯坦与维也纳小组》，卷 4《哲学语法》，卷 5 包括《蓝皮书》、《哲学观察》，卷 6《关于数学基础的评论》，卷 7 包括《关于心理学哲学的评论 I、II》、《关于心理学哲学的最后著作 I》，卷 8 包括《关于颜色的评论》、《论确实性》、《纸条集》、《文化与价值》。

如上两个版本的 8 卷本维特根斯坦著作集是后来各种修订、重排版本的基础，为迄今收录最全的西文维特根斯坦文集。

（3）维特根斯坦转型期思想的《维也纳版本》（*Wiener Ausgabe*，New York: Springer，1994 年起）13 卷，内多（Michael Nedo）主编，包括 1929 年至 1933 年所谓“转型期”的维特根斯坦手稿和打印稿，版本样式尽力复制维特根斯坦笔记稿本，除每卷英文“导论”外，正文内容全部为德文。卷 1《哲学评论》(MS105、106)，卷 2《哲学观察》和《哲学评论》(MS107、108)，卷 3《哲学观察》和《哲学评论》(MS109、110)，卷 4《对哲学的评论》、《对哲学语法的评论》(MS111、112)，卷 5《哲学语法》(MS113、114 之第一部分)，卷 6《哲学评论》主体笔记(MS152a、153b、155、154)，卷 7《大开面一至四卷概要》(TS208、210)，卷 8《大开面手稿五至十卷概要》(上下，TS211)，卷 9《哲学评论》剪切稿本(TS209)，卷 10《字条集》(TS212)，卷 11《大打字稿》(TS213-218)，卷 12《大打字稿》左页补充加工(TS213 左页)，卷 13《大打字稿》右页补充加工(TS213 右页)。[①]

四、《维特根斯坦遗著集：卑尔根电子版》(2000)

维特根斯坦研究者越来越意识到遗著的重要价值，不满足于甚至不满意于已经出版的著作(尤其鉴于过多的编辑痕迹)，而且依据遗著而获得的研究在 80 到 90 年代已经日益精深系统，但并不是所有人都有机会接近遗著，即便是微缩胶卷和转录材料，能够接近的仍然是少数人，因为它们并不是免费公开的。学者们一直在渴望通过改变工作方式，在电子资源中获得维特根斯坦哲学的完整形象。他们如此期待维特根斯坦遗著的完全电子版，以至于认为如果人们能从更大的工作背景去看的话，将使维特根斯坦已出版著作变得更可理解，从这一更大的工作背景看，也更易于抓住维特根斯坦所关

① 徐英瑾：“维特根斯坦：《大打字稿》”，《中国学术》，2004 年第 1 期，第 313 页。

注的问题。[①] 这样，如何将遗著尽早变成可以公开使用的资源便成为一个紧迫的任务，遗著编辑工作也从“第一轮”的纸质编辑走向“第二轮”的电子化编辑。

维特根斯坦遗著最初由三位著作执行人编辑处理，1969 年所有遗著都转交给剑桥大学三一学院。根据著作执行人和三一学院的协议，成立了两个机构：一个是执行版权的受托董事会（Board of Trustees），一个是负责遗著编辑出版的编辑委员会（Committee of Editors）。这两个职能上独立的委员会，成员却绝大部分重复着。机构的成立对于编辑出版维特根斯坦著作来说是一件好事，但实际整理出版全部遗著却不是一件容易事情。尽管从 1967 年起，维特根斯坦遗著就有了版权属于康奈尔大学的微缩胶卷版，但它们一方面受制于美国版权，另一方面除了想终身投入研究版本、字迹研究的学者，这些材料实际上无法使用，因为它们都处于未翻译、未编辑、未转录的状态。

编辑维特根斯坦遗著的完整版工作开始于 1975 年。图宾根大学档案馆成立了一个工作团队，负责人是内多（Michael Nedo）和赫林格（H. J. Helinger），成员包括诺瓦克（R. Nowak）、罗索（M. Rosso）和舒尔特（J. Schulte）。该工作基于三位著作执行人和图宾根维特根斯坦档案馆 1974 年 10 月 19 日签订的一份协议。但是，出于多种原因（赫林格认为主要原因之一是内多无法指导组织这一项目，而内多本人也的确不是维特根斯坦研究专家），图宾根项目

① David G. Stern. The Availability of Wittgenstein's Philosophy. In Hans Sluga and David G. Stern ed. *The Cambridge Companion to Wittgenstein*. London, New York: Cambridge University Press, 1996, p. 446.

最终于 1980—1981 年彻底失败，尽管从事了一些有效的转录和整理，但并没有被后来的项目所使用。

从 1981 年到 1990 年，内多又得到奥地利政府研究基金的反复资助，开始了第二个项目，但是最终还是没有产生申请基金时所承诺的任何结果。这一不断无效的过程也引发了学者们对于是否需要借助基于计算机技术的数据库来研究维特根斯坦的质疑。与此同时，这一项目的不成功还耽误了其他同时进行的编辑工作的出版（与著作执行人的合同最终终止于 1993 年）。

第三个项目是挪威维特根斯坦学者所进行的项目。该项目实际上从 1981 年便开始，挪威一些大学哲学系的研究者组成委员会，旨在制作维特根斯坦文献的计算机可读文本，展现维特根斯坦文本的变化、修正和更改，得到各种国内基金的支持。这一工作产生了《1988 年挪威维特根斯坦项目报告》（负责人为 Claus Huitfeldt 和 Viggo Rossvaer），但是他们的进一步工作则因为没有获得版权而一度停止，直到 1990 年 5 月 3 日才得到著作执行人的最终授权，并正式成立卑尔根大学维特根斯坦档案馆（WAB）。[①]

挪威维特根斯坦学者的工作是卓有成效的。1998 年由牛津大学出版社出版了《维特根斯坦遗著集：卑尔根电子版》（*Wittgenstein's Nachlass: The Bergen Electronic Edition*, BEE）第 1 卷，包含 4000 页反映维特根斯坦中期阶段的文献。第 2 卷出版于 1999 年。2000 年出版包括 4 个 CD-ROM 的完整版。至此反映在

① Jaakko Hintikka. An Impatient Man and his Papers. In his *Ludwig Wittgenstein: Half-Truth and One-and-a-Half-Truth*. Selected papers vol. 1. Dordrecht, Boston and London: Kluwer Academic Publishers, 1996, pp. 9-17.

冯·赖特目录的维特根斯坦遗著终于获得了可向大众公开使用的形式。[①]WAB 如今成为国际维特根斯坦研究重镇，在新世纪维特根斯坦哲学的文本电子化和国际合作方面做出了巨大贡献。

但是，2000 版电子资源在运行过程中还是存在一些缺陷、错误和问题[②]，不仅需要修正而且还需要补充新的功能。这其中包括收集纳入其他的维特根斯坦一手资料（冯·赖特目录之外所发现的材料），资料源扩大到维特根斯坦传记和文化背景评论，提高参考系统的功能，增加进一步的元数据，进行更有活力的编辑。所有这些工作都使学者们期待着改进新版的 BEE，尤其是期待数字化研究对维特根斯坦哲学理解的重新定位，尽可能降低已出版维特根斯坦著作的"编辑干预"。有学者乐观地估计，通过"数字维特根斯坦研究"的彻底转变，维特根斯坦研究能够彻底摆脱其遗著编辑出版以来阐释者和编辑者所形成的前见和偏见，通过"超文本"和"超路径"完整再现维特根斯坦哲学的思维方式和写作方式。[③]当然，也有学者认为，遗著本身能对确切而系统地理解维特根斯坦有多大助益，还是值得思考的问题，"要打开维特根斯坦思想之门，遗稿所起的作用是有限的"。[④]

---

① Alois Pichler. Toward the New *Bergen Electronic Edition*. In Nuno Ventrinha ed. *Wittgenstein after his Nachlass*. Hampshire: Palgrave Macmillan, 2010, p. 157.

② 徐强："卑尔根大学维氏档案馆的研究：历程及影响"，载《自然辩证法研究》2017 年第 6 期，第 30 页。

③ 徐强："信息哲学与'数字维特根斯坦研究'"，载《广东外语外贸大学学报》2019 第 2 期，第 129—130 页。

④ 楼巍："维特根斯坦的遗稿：道路或背景"，载《中国分析哲学 2009》，浙江大学出版社 2010 年版，第 356 页。

第 2 节 整理浩瀚的解释文献

维特根斯坦哲学的解释从《逻辑哲学论》的罗素导言开始，已有百年历史。《逻辑哲学论》虽是名垂西方哲学史的名著，当时就引起了较大轰动，对维也纳小组的兴趣起过一定程度的影响作用①，但它毕竟篇幅较小，而且欧洲随之而来的紧张形势也限制了其影响展开的连续性。仅只这本著作还不足以建立维特根斯坦在哲学史的显著地位，直到维特根斯坦 1951 年去世，1939 年在美国开始出版的“在世哲学家文库”并没有将维特根斯坦列入其中。尽管维特根斯坦 1929 年重返剑桥之后的学术思想已经通过他的课程讲演和学生笔记在剑桥甚至更远的地方流传，但除了一篇短文之外再没有发表任何学术著作的缺陷明显限制了他在世时候的名声。但是，随着 1953 年《哲学研究》的出版，他对西方哲学界带来的冲击如此剧烈，以至于很快便有更多的人卷入对他的文献的整理、翻译、出版，以及对他的学术著作的研究和解释。由于维特根斯坦遗著的整理出版和随之而来的海量解释文献，对维特根斯坦哲学解释文献的整理工作随之展开，在上世纪 80 到 90 年代维特根斯坦哲学文献解释达到最为兴隆的时期。解释文献的整理大体经过了文献目录汇编、重要论文选编、词典编撰三个阶段。

---

① 这种影响作用究竟有多大，国内外学术界有不同的看法：大多数学者认为《逻辑哲学论》决定性地影响了维也纳小组，但也有部分学者认为这种影响并没有当事者和当时的人们认为的那么大。

一、文献目录汇编

文献目录汇编开始于上世纪 60 年代，整个 70 年代再没有这类汇编，直到 80 年代才真正出现系统详尽的参考文献。截至 2001 年先后出版的主要有：

1. 范光棣（K. T. Fann）制作的“维特根斯坦参考文献：自他或论他的著述”（A Wittgenstein bibliography: writings by and about him, 1967）载于《国际哲学季刊》第 7 期上，收集了到当时为止的绝大多数一般文献。该文献目录在他 1969 年的著作《维特根斯坦的哲学概念》和 1969 年载于 *Revue Internationale de Philosophie* 的 Actes du colloque d'Aix-en-Provence 中有所更新。

2. 拉波特（François Lapointe）主编的《路德维希・维特根斯坦：详尽的参考文献》（*Ludwig Wittgenstein: A Comprehensive Bibliography*, London: Greenwood Press, 1980）。该汇编不仅收录了截至 1979 年所出版的维特根斯坦自己文献（著作、信件、讲演录）的有关信息，而且收集整理了研究维特根斯坦著作的文献 2687 条。这些文献被分为 6 种：研究维特根斯坦的著作与书评（198）、学位论文（143）、维特根斯坦个别文本研究（522）、维特根斯坦著作总括讨论（362）、以研究者名称汇集的文献（281）、以研究主题汇集的文献（1181）。这些文献至少一部分在两个或更多分类中出现，便于读者以不同方式查找和使用。

3. V. A. & S. G. 山科尔（Shanker）主编的《路德维希・维特根斯坦：批判性评估之卷五：维特根斯坦参考文献》（*Ludwig Wittgenstein: Critical Assessment*, vol. V, *A Wittgenstein Bibliography*. London:

Croom Helm, 1986)。S. G. 山科尔在精选了 4 卷本维特根斯坦研究论文 104 篇之后，与夫人一起汇编了截至 1985 年的西文维特根斯坦研究文献(著作、文章、批评消息、书评)，按照西文字母顺序排列，共列入 5868 条。在这些二手参考文献之前，还重印了冯・赖特对维特根斯坦文献的一个经典说明[①]，以及 S. G. 山科尔自己辑录的维特根斯坦一手文献目录。令编者惊奇的是，一个去世只有 34 年的哲学家竟然能够引发近乎 6000 条的研究文献。

4. 加贝尔(Uwe Gernot Gabel)汇编的《路德维希・维特根斯坦：1933—1985 年国际学位论文详尽参考文献》(*Ludwig Wittgenstein: A Comprehensive Bibliography of International Theses and Dissertations 1933-1985*. Köln: Edition Gemini, 1988)。该文献汇编了 48 年来国际学界的 426 篇以维特根斯坦为研究主题(题目出现维特根斯坦或其著作的名称)的学位论文目录，以年代顺序进行编排。年代分布是：1933—1945 年 1 篇，1946—1955 年 1 篇，1956—1965 年 26 篇，1966—1975 年 188 篇，1976—1985 年 210 篇。关于维特根斯坦主题的学位论文篇数明显与后期维特根斯坦遗著的陆续出版呈正向增强趋势。

5. 弗朗吉雅(Guido Frangia)和麦克奎尼斯(Brian McGuinness)主编的《维特根斯坦：参考文献指南》(*Wittgenstein: A Bibliographical Guide*. Oxford: Basil Blackwell, 1990)。这本汇编显然是对以前汇编的一种改进，对截至 1989 年的西方主要语言中呈现的维特根斯

---

① G. E. von Wright. The Wittgenstein Papers. *Philosophical Review*, vol. 78 (1969), 483-503. Revised in *Wittgenstein*, Oxford: Basil Blackwell, 1982.

坦研究文献进行了一些总结性编目，其目的有二：一是显现特定主题和趋向的维特根斯坦哲学解释之历史演变情况，二是在浩如烟海的维特根斯坦解释文献中向读者提供一种导引。编者对其中许多文献进行了简要介绍，对书籍文献而言，这一简要介绍还包括引介书评和其他参考文献。这些对于研究者和学习者来说的确是一种难得的指南。

6. 菲利普(Peter Philipp)编撰的《维特根斯坦文献的参考文献》(*Bibliographie zur Wittgenstein-Literatur*. Bergen: Working Papers from the Wittgenstein Archives at the University of Bergen 13, 1996)实际上是一些遗著材料，由 Frank Kannetzky 和 Richard Raatzsc 帮助编辑完成。两位编者从已经出版的文献目录中查对了大量资料，通过一些数据库进行尽可能的修改，最终形成超过 8000 条的文献目录。

7. 其他附录性文献。除了研究性著作的少量相关文献外，一些综合性著作在附录中附有较为详细的文献目录。主要有：斯鲁格(Hans Sluga)和斯特恩(David G. Stern)主编的《剑桥维特根斯坦指南》(1996 第一版，2018 修订第二版)附有维特根斯坦著作的详细目录和精选的数百条二手资料目录。贝莱茨基的《(过度)解释维特根斯坦》(2003)附有 319 条二手文献目录。里希特(Duncan Richter)的《维特根斯坦历史词典》(2004)附有维特根斯坦著作的详细目录以及精选的二手文献的分类目录。卡哈娜(Guy Kahane)等人主编的《维特根斯坦及其解释者》(2007)附有较为详细的精选目录。

二、重要文献选编

收集汇编维特根斯坦已出版文献以及解释维特根斯坦文本的文献的目录，的确是一项有意义的基础工作，但对于研究者和学习者来说，面对浩如烟海的二手文献仍然不知所措。于是，从已经发表的解释论文中甄选出最有创新性的论文就成为更有意义的一项工作。其中一些为全本文献汇编，也有一些为特定主题或重要学者的文献选编（或个人结集）。这些汇编和选编节约研究者的查阅时间，也汇集阶段性重要成果，为形成学术共同体和促进后续研究树立了规范和标杆。这项工作开始于20世纪50年代①，60②、70③、80年代都分别有主要论文选编（其中一些是已出版论文的结集，一些是首发和已发的合集），而1986年则是迄今为止最具标志性的年份，产生了两种遴选当时为止60多年维特根斯坦解释的重要文献选编。

1. 坎菲尔德（J. V. Canfield）主编的15卷本《维特根斯坦哲学》（*The Philosophy of Wittgenstein*, vol. 1–15. New York and London:

① D. Campanale. *Studi su Wittgenstein*. Bari: Adriatica Editrice, 1956.

② *Wittgenstein: Schriften/Beiheft, Arbeiten über Wittgenstein*. Frankfurt: Suhrkamp, 1960; I. M. Copi and R. W. Beard ed. *Essays on Wittgenstein's Tractatus*. New York: Macmillan; London: Routledge and Kegan Paul, 1966; G. Pitcher ed. *The Philosophical Investigations*. New York: Doubleday, 1966; London: Macmillan, 1968; K. T. Fann ed. *Wittgenstien, The Man and His Philosophy*. New York: Dell, 1967; H. Morick ed. *Wittgenstein and the problem of other minds*. New York: McGraw-Hill, 1967; Peter Winch ed. *Studies in the philosophy of Wittgenstein*. London: Routledge and Kegan Paul; New York: Humanities Press, 1969.

③ O. R. Jones ed. *The private language argument*. London: Macmillan; New York: St. Martin's Press, 1971; E. D. Klemke ed. *Essays on Wittgenstein*. Urbana: University of Illinois Press, 1971.

Garland Publishing Inc., 1986)

每一卷确定一个主题，当然有些主题较专门(例如论意义、标准、私人语言、数学哲学等)，有些主题相对较宽(比如将知道、命名、确实性、唯心论这些主题放在第 8 卷之内)。每一主题下的重要文献按照时间顺序安排，呈现一个主题讨论的历史演变。15 卷文集共选编文献 278 篇，涉及前期哲学(前 3 卷)、后期哲学(后 12 卷)。编选者征集了大约 40 位维特根斯坦研究专家，形成了文献底稿，并在此基础上进行认真甄选。该系列文集对学术界推进维特根斯坦研究和理解起到重要作用。

2. 山科尔主编的 4 卷本《路德维希・维特根斯坦：批判性评价》(*Ludwig Wittgenstein: Critical Assessment*, vol. I–IV. London: Croom Helm, 1986)

该套文集共收录文献 99 篇(另有编者自己的 5 篇)，均来自维特根斯坦研究的著名学者。各卷的主题这样设计：第一卷涉及从《逻辑哲学论》到《哲学语法》中对《逻辑哲学论》的建构和解构，第二卷涉及从《哲学研究》到《论确实性》的后期哲学，第三卷涉及从《逻辑哲学论》到《关于数学基础的评论》中的数学哲学，第四卷涉及维特根斯坦对当代思想的影响(从神学到社会学)。编者旨在立体地呈现超过 60 年的维特根斯坦哲学研究的主要景观，以帮助读者了解维特根斯坦学术的总体情况并进一步推动国际学界的研究工作。

除了 1986 年奇迹般地出现两套维特根斯坦研究文献选编外，此后尚未见到如此规模而具有指导意义的二手研究文献汇编，期望在维特根斯坦哲学百年解释史中有新的系列汇编出现。当然，一些有影响的专题选本和个人选本仍在不断出版。

三、特色词典编撰

开始于上世纪 60 年代的索引编撰，发展到 90 年代成为词典编撰，旨在作为工具书更为详细地解说维特根斯坦哲学的专门术语、重要论断、各种讨论及其来龙去脉，而汇集最新的文献目录也是其中一项重要工作。词典编撰既标志一项研究的成熟程度，也说明一种思想或一个哲学家的重要性。词典为研究者、学习者提供了通达文献和思想的桥梁。

1. 60—70 年代有过 3 部索引：(1) 普罗赫曼(G. K. Plochmann)和罗森(J. B. Lawson)编撰的《维特根斯坦〈逻辑哲学论〉命题语境中的术语：一个索引》(*Terms in their propositional contexts in Wittgenstein's Tractatus: An index*, 1962)，旨在帮助学习者和研究者找到《逻辑哲学论》主要术语的原语境出处。德文术语都做了英文翻译，并包含了其中的不同译法，跟原德文术语形成对照表。这些术语尚未涉及维特根斯坦后期哲学。(2) 博格思(I. Borgis)制作的《路德维希·维特根斯坦〈逻辑哲学论〉的索引》(Index zu Ludwig Wittgenstein's *Tractatus logico-philosophicus*. Fleiburg: Alber, 1968)，包含超过 300 条来自《逻辑哲学论》术语的索引，往往对其语境做简要说明。(3) 1970 年阿莫德尔(S. Amdur)和赫丽娜(S. Horine)制作的《维特根斯坦〈纸条集〉有关哲学术语索引》发表于《国际哲学季刊》第 10 期上。

2. 90 年代有格洛克(Hans-Johann Glock)撰写的《维特根斯坦词典》(*A Wittgenstein Dictionary*. Oxford: Blackwell Publishers

Ltd., 1996)。该词典让三类读者受益：学术研究者（不管哲学内还是哲学外）找到维特根斯坦哲学中主要术语和问题的各种解释，学生找到关于维特根斯坦的，甚至相关人物的文本资料和实质问题的一些说明，维特根斯坦学者找到时新的讨论和新颖的观点。该词典力图做出两个显著的贡献：一是展现维特根斯坦如何与西方哲学家相遇，不管是他曾批判的西方哲学家，还是后人对他的批评；二是对于那些似乎处于猜疑状态的维特根斯坦观点和立场做出一些确定的判定。所以，该词典具有很大的挑战性和研究性，而不是对已有研究的简单汇集。

3. 新世纪有里希特所著的《维特根斯坦哲学历史词典》（*Historical Dictionary of Wittgenstein's Philosophy*. Lanham, Maryland, Toronto, Oxford: The Scarecrow Press, Inc., 2004)。该词典从历时角度论述和汇集维特根斯坦由浅入深的三个层面：他的生活、工作、社交、游览，他的两本代表作，以及他哲学思想上触及的主要概念和观点。这样一本导论性词典对于初学者和研究者都是有益的，作者尽可能从客观的角度对与维特根斯坦有关的材料进行系统的理解和阐释（当然也加入了自己的选择和判断）。词典末尾附有专题性的最新研究资料，反映了维特根斯坦研究的最新状况。

从如上的文献目录汇编、重要文献选编和特色词典编撰可以看出，维特根斯坦哲学在 20 世纪最后几十年的英美哲学研究中曾经处于怎样有影响的地位。此后不再出现这类基础性的研究工作，如果不是文献太多而失去了编目可能，那就或许是研究者和读者的兴趣已经有所转移，至少某种程度上从维特根斯坦二手文献中转移开来。

第 3 节 维特根斯坦哲学解释史研究

解释文献的整理为解释史研究做好准备，甚至可以说特色词典编撰已经是某种程度的解释史研究工作。但是，这里所说的解释史研究指对解释史的更专门研究，将维特根斯坦哲学解释现象当作自觉的反省对象，尤其是对维特根斯坦哲学解释进行历史阶段的分类总结，面对的研究对象不是维特根斯坦其人其哲本身，而是解释史本身。维特根斯坦哲学解释史研究开始于上世纪 90 年代，当时过度解释现象受到人文学科领域的广泛重视，理查德·罗蒂（Richard Rorty，1931—2007）就在一本有关过度解释现象的争论文集《解释与过度解释》（*Interpretation and Overinterpretation*，1992）中反省了维特根斯坦哲学可能的过度解释现象。贝莱茨基的《（过度）解释维特根斯坦》（*(Over) Interpreting Wittgenstein*，2003）是梳理 80 年维特根斯坦哲学解释史的第一部专著，简述维特根斯坦哲学解释的主要种类和各个阶段，但未对论题加以剖析。卡哈娜等主编的论文集《维特根斯坦及其解释者：贝克纪念文集》（*Wittgenstein and His Interpreters: Essays in Memory of Gorden Baker*，2007），进一步探讨维特根斯坦哲学解释的主要路径、各种争论主题以及对方法和风格的追问，但没有构成系统篇章。

很少有一位哲学家在如此短时间内产生如此多的解释文本，甚至二手文献又产生三手或更多手的文献。这种现象一方面值得欣喜，因为这表明大家在聚焦和思考，在为伟大哲学家的文本而感到兴奋，但另一方面也令人担忧，因为这也许意味着人们可能在过度解释原始文本，或者甚至被二手材料淹没而远离了一手文本，或者更为严重的是，不仅有可能歪曲第一手材料，还有可能远离哲学问题本身。

维特根斯坦自己对解释现象便有过这样的担忧。他在《哲学研究》中对解释现象的表层性和浅近性做过多次表述，认为在语言的使用和理解过程中“任何解释总有到头的时候”①，“任何一般的解释也都可能被误解”②。由于不真正理解语词的用法，我们便总想提出一个又一个解释，“仿佛一个解释若没有另外一个解释的支持就悬在半空中似的。其实，一个解释虽可能依栖在已经给出的另一个解释之上，但什么解释都不需要另一个解释——除非我们为了避免误解而需要一个。也许可以说：解释就是用来消除或防止误解的——即那种也许不加解释就会发生的误解，而不是所有我所能设想出来的误解。”③

带着这样的矛盾心理和维特根斯坦的警告，当维特根斯坦的文本解读还处于非常火热的时期，维特根斯坦学者们着手讨论维特根斯坦哲学解释的现象。

一、《(过度)解释维特根斯坦》

真正说来，以色列女学者贝莱茨基是真正第一个对维特根斯坦哲学解释史进行系统梳理的学者。她的《(过度)解释维特根斯坦》

① 维特根斯坦：《哲学研究》，陈嘉映译，商务印书馆 2016 年版，第 4 页。
② 同上，第 38 页。
③ 同上，第 45 页。

讲述维特根斯坦哲学解释80年的故事，提供其中不同的解读、专论、发展和争论。该书旨在发现解释维特根斯坦的学术共同体背后的社会-文化的而不是心理的动机，并追溯这一解读过程与形而上学的、语言的、后现代主义的学术探讨之间的平行关系。美国衣阿华大学大卫·斯特恩教授评价说，“这是一本令人印象深刻的书：博学、明智而富于挑战、可读性很强。不仅维特根斯坦学者，而且更广泛的读者也会感兴趣。对于想更多了解维特根斯坦的读者，它提供了快捷而又极其有益的定向，但麻烦在于出现大量而艰深的文献。对各种路径进行的这项异乎寻常的考察不仅范围广阔而且精心挑选，几乎总是聚焦于最重要的人物，但又包含了足够的深度和细节，以避免陷入图式性总结的危险。贝莱茨基在专门哲学论证和过分简单通俗之间成功地开出了一条道路。”①

贝莱茨基从1994年开始担心维特根斯坦哲学的过度解释，在征询了哈佛大学德雷本（Burton Dreben）教授的基础上，花了近10年时间从事有关文献的阅读和思考，遭遇了资料甄选、维特根斯坦哲学争论变化、新资料出现（尤其是*Nachlass*出版）、担心低估或歪曲维特根斯坦解释等诸多困难，最终形成该书。作者认为自己既不是对论述维特根斯坦的浩瀚文献的一种解说，也不是对它们的一种总结，而是要在这些统计分析和概括总结的基础上深化维特根斯坦解释工程。②

---

① Anat Biletzki. *(Over) Interpreting Wittgenstein*. Dordrecht, Boston, London: Kluwer Academic Publishers, 2003, back cover.

② Ibid, p. 2.

作者指出，“我不是要做专论、总结或进行阐述。我想讲述维特根斯坦解释的故事。”而且其中有剧情、主角和时间因素，因而想让维特根斯坦解释的故事变成在维特根斯坦哲学共同体中“一项有意义的哲学事业”。[①] 作者打算做两个层面的工作，使讲述维特根斯坦解释的故事成为一项有意义的事业：第一，把这项有意义的事业看作是理解维特根斯坦——其话语、意向、论证、理论、动机、自我冲突、轨迹——的一项工程。[②] 这里当然充满着交叉重叠的、多元多向的解释方案。每一种解释都是理解维特根斯坦的一种努力，彼此对话、交融、批判、借鉴、影响，共同助益于维特根斯坦解释工程。但是，作者并不打算提出一种理解方案，填列其中，而只是尽可能清楚地叙述这一解释工程。第二，力图将这一有意义的事业看作以哲学的方式而不是社会学或心理学的方式对“维特根斯坦共同体”的理解。[③] 不管其中涉及的是方法论的还是历史的因素，这项事业感兴趣的都是其中哲学的动机、趋向、流派、主流或末流而不是其中的社会心理因素。这里所呈现的是共同体内部为探寻“真正的”维特根斯坦哲学而进行的历时的对话、争吵、攻击、学习，而这一进程将一直是开放的。

该书在标准解释、主流之外的非标准问题、文化和解释共同体三个标题下分别解说三种语境中的维特根斯坦解释。作者将标准解释划分为 5 个阶段，主流之外的非标准问题涉及数学、宗教和社

① Anat Biletzki. *(Over) Interpreting Wittgenstein*. Dordrecht, Boston, London: Kluwer Academic Publishers, 2003, pp. 3, 6.

② Ibid, p. 6.

③ Ibid, p. 8.

会科学三个领域，与文化有关的解释共同体则讨论维特根斯坦哲学走向大陆、走向多元以及产生的偶像时尚趋向。

二、《维特根斯坦及其解释者：贝克纪念文集》

跟一般的个人论文集或专题论文集相比不同的地方在于，本论文集专门探讨维特根斯坦哲学解释的现象，其中12位当代最知名的维特根斯坦学者对80多年维特根斯坦哲学解释进行了有特色的、观点鲜明的解读。现在这些不同视角并列起来，形成维特根斯坦哲学解释现状的准确而为人所需的综览。从内容上看，一些论文相对宏阔，涵盖维特根斯坦整个哲学，而另一些论文更为聚焦，主要针对维特根斯坦的某一文本。

三位编者在长篇“导言”中对超过80年的维特根斯坦哲学解释史做了极有价值的概览：

第一，编者们阐释了维特根斯坦哲学解释的主要路径：(1)从20世纪20年代《逻辑哲学论》发表及后来《哲学研究》发表之后的时间中，解释者们对维特根斯坦哲学的**初步反应**；(2) 70年代开始加强对维特根斯坦文本的系统解读，并在有关维特根斯坦前后期哲学达成大体一致的看法，形成涉及大多数最著名的维特根斯坦哲学解释者的**“正统”解释**；(3)从80年代开始出现对“正统”解释的挑战，从对《逻辑哲学论》有关“无意义”地位的重新解释，到对维特根斯坦后期哲学以及整个维特根斯坦前后期哲学作为治疗哲学的重新理解，形成以美国学者为主的**新解释**；(4)在维特根斯坦学术共同体之外，一些顶尖分析哲学家对维特根斯坦哲学进行重量级的评述，克里普克、达米特、麦克道尔等都是其中的典型代表，由此形成维特根斯坦解释的**分析哲学路径**;(5)不管是在英美国家工作的大陆传统学者,还是在大陆工作的欧陆哲学传统学者,他们都将维特根斯坦做了**欧陆传统解释**,并将他与叔本华、克尔凯郭尔、弗洛伊德、尼采、海德格尔、梅洛-庞蒂、德里达等哲学家加以比较。当然也还有一些难以纳入上述范畴的解释家。

第二,编者们简要陈述了维特根斯坦哲学解释史先后兴起的不同论题的兴趣和争论。在编者看来,从《哲学研究》出版开始,后期维特根斯坦哲学有过这么几波讨论高潮:第一波引起大家兴趣的相继有如下一些重要概念:一方面有语言哲学的核心概念如语言游戏、家族相似、标准,另一方面有人对《哲学研究》的核心段落感兴趣,去讨论私人语言论证问题。第二波从 20 世纪 80 年代开始,解释者们转向遵从规则问题,这当然主要是受到克里普克(Saul Kripke,1940—)那本专著《维特根斯坦论规则与私人语言》(1982)的触动,来自维特根斯坦学圈的声音大多数持反对态度,尽管后者彼此之间也充满分歧。第三波是一些原本未被关注的论域受到重视:宗教、伦理学、政治哲学,时间发生在遵从规则讨论的前后,当然持续时间更长,卷入的主要学者更多。第四波开始于 20 世纪 90 年代,解释者们的兴趣转向对哲学本性的讨论,这主要得益于新解释的兴起。上述每一波争论都吸引了很多讨论者,也相应发表了有关主题的系列文献(编者例举了其中主要人物)。

第三,编者们讨论了文集 12 位作者以及一般维特根斯坦解释者眼中的维特根斯坦哲学风格和哲学方法。不管是《逻辑哲学论》格言式的写作风格还是《哲学研究》等后期著作散文式的写作风格,对于维特根斯坦来说都是极其独特和个人的,当然也是造成理解其文本和哲学的困难之一。那么他的写作风格和他的哲学方法到底是什么关系？在维特根斯坦解释者中形成了外在主义、温和的内在主义、强内在主义三种不同的理解：外在主义者认为维特根斯坦的（格言式或散文式）写作风格与用于消解哲学问题的方法是一种外在关系，后继者完全可以独立使用维特根斯坦的哲学方法。斯特劳森（Peter Frederick Strawson，1919—2001）最开始持这一看法，后继者也有一批重量级人物。温和的内在主义者认为对维特根斯坦的方法来说，风格有着重要功能，出自方法并服务于方法，为了反对虚假的论证和向我们提供我们概念架构的正确表征的哲学需要，便需要独有的风格。但温和的内在主义者的这种主张，将风格变成了方法的婢女，似乎方法可以脱离风格而独立存在。强劲的内在主义者"既反对《哲学研究》的内容是论证性的这一观点，也反对该书的内容与其风格能真正分离"。[①] 他们之间尽管也有解释上的某些分歧，但强调《哲学研究》的风格就来自于解决哲学问题的特定方法，二者有着严实密合的相契关系。

编者们对每篇论文的简要说明也富有启发意义，将我们引到有兴趣的探讨中。编者们指出，"维特根斯坦解释是一项丰饶的工程。他的著作已成为成千上万篇文章、文集和著作的主题。然而从所有丰富的现有证据看，并不存在单一清晰的维特根斯坦画像，而是一系列相互对立并且相当矛盾的维特根斯坦。解释者们仍然普遍宣称，以前所有对维特根斯坦的解读都是根本错误的。对维特根

① Guy Kahane, Edward Kanterian, and Oskari Kuusela ed. *Wittgenstein and His Interpreters: Essays in Memory of Gorden Baker*. Oxford: Blackwell Publishing, 2007, p. 23.

斯坦哲学的无数细节以及整个目的的争论仍在继续。"[①] 该文集"尽管肯定没有提供任何统一的维特根斯坦图像。但是，我们的确希望在一本书中将来自这些不同解释视角的描画并列起来，提供维特根斯坦解释现状的准确而为人所需的景观（或者借用维特根斯坦的术语，综览）。"[②]

对维特根斯坦哲学史的研究虽然是"一项丰饶的工程"，但是这些文献只是一个开始，而且每一种简要的研究也只能给浩如瀚海的维特根斯坦解释文献提供一个线条勾勒。我们期待这些勾勒能够更为细腻，也越来越确当。从微观角度看，每一本重要著作或每一篇研究论文，如果（很大程度上也一定会）进行维特根斯坦研究文献的梳理，也就是在点点滴滴地涉入维特根斯坦哲学解释史。所以，每一个维特根斯坦共同体的人都在助益维特根斯坦哲学解释史。

第 4 节　维特根斯坦哲学解释的特殊境遇

哲学家的著作难免受到同代人和后来者的解释，但像维特根斯坦的著作（特别是其后期著作）那样在短短几十年时间便产生成千上万本（篇）解释文献，在哲学史上的确罕见。有人将他与苏格拉底比较，认为其形象的流传和塑造部分来自学生的传说或记录，部分来自其后期著作类似对话，或者他像苏格拉底一样在践行一种哲

---

① Guy Kahane, Edward Kanterian, and Oskari Kuusela ed. *Wittgenstein and His Interpreters: Essays in Memory of Gorden Baker*. Oxford: Blackwell Publishing, 2007, p. 2.

② Ibid.

学生活。但实际上，维特根斯坦跟苏格拉底又极为不同，因为他自己生产了大量哲学文本，对他的神秘感和解释困境主要来自哲学文本，同时即便来自他学生的记录也不是根据回忆和杜撰，而是来自课堂记录。然而，反过来说，如果将维特根斯坦与西方哲学史上很大程度上有定论的哲学家相比，他的确更像苏格拉底。西方哲学的大哲学家如柏拉图、笛卡尔、霍布斯、休谟、康德等等，的确也在不断被后来者解释，而且也存在着不同解释和争议。但正如贝莱茨基所指出的，“即便遭遇到对这些哲学家甚至极为不同的解释时，我们仍然可以指出他们思想中一些总的主流看法，那些主流看法可以涵盖（几乎）所有解释。”① 而维特根斯坦却极为不同，在如此快速增长的解释文献中却没有形成一条或几条让大多数人认同的主线。冯·赖特不无惊讶而风趣地指出：“我有时候想，使一个人的著作称为**经典的**，往往正是这种多重性，它吸引着同时又阻碍着我们去渴求清晰的理解。”②

那就让我们稍微仔细看看维特根斯坦哲学解释所面对的特殊境遇，究竟是那些因素让维特根斯坦哲学如此充满吸引力，却又如此难以达成共识。

一、哲学与人生

哲学是一项理性的事业，这一点可以得到几乎所有西方哲学家

① Anat Biletzki. *(Over) Interpreting Wittgenstein*. Dordrecht, Boston, London: Kluwer Academic Publishers, 2003, p.7.

② 乔治·亨利克·冯·赖特：“传略”，载诺尔曼·马尔康姆：《回忆维特根斯坦》，李步楼、贺绍甲译，商务印书馆 1984 年版，第 18 页。

的同意。但是这一事业与哲学家的人生有什么内在关系，哲学家所进行的理性思考是否需要面对自己的人生，这一问题把哲学家们分成了两路：认为哲学事业与自己人生没有直接关系，自己的哲学问题也不是来自人生体验，自己的哲学思考也不用或很大程度上不用去修炼自己的人生，有这样想法和做法的哲学家占了绝大多数；而竭力将哲学与人生结合起来，认为哲学问题甚至都来自人生体验，哲学思考也将很大程度上助益自己的人生，如此去想去做的哲学家只占较小的比例。

对于哲学理论或哲学文本与个人的生活相对疏离的哲学家来说，哲学解释少一些摄入感，也更容易在解释者之间达成共识。这些哲学家的文本理性化程度相对较高，内容更多关注普世而公共的部分，留下的个性特征和主观体验会相应地减少。理解他们的文本只要良好的理性就行，很大程度上不用产生共情。但是，对于那些将哲学与人生紧密结合起来的哲学家而言，他们的哲学文本关注与个人生命密切相关的问题，其中充满自己的主观体验和个性表达。对他们的哲学文本进行解释，必然要求较大的代入感，解释者之间因而会产生歧异，从而较难达成共识，因为理解他们的哲学文本，除了需要理性，还需要共情、信念、真诚。

维特根斯坦便属于后一类哲学家。他一方面深入思考一系列艰深的哲学问题，尤其是长久困扰我们的哲学问题的根源；另一方面又将他的思考运用于他自己的生活，理性地思考自己和勤苦地修炼人生。对他来说，哲学不是干瘪的理论教条，而是对生命基本原则的深入思考。所以，要理解维特根斯坦，就要在某种程度上进入他所生活的时代、地域、家庭和经历。他的传奇性经历的确吸引了想了解他的人，但是也增加了理解他的困难。如果他跟罗素在一起的时候，思考的只是关于类和命题的逻辑问题，他们之间的共识就会更多，罗素误解他的可能性也会相应减少。但是，维特根斯坦偏偏不只思考逻辑，还思考“罪”。[①] 正是存在这一逐渐拉大的角度差距，才会在后来对《逻辑哲学论》的解读中发生他们两人之间的深刻误会，以至于导致最终的友谊破裂。也正是存在着将哲学与人生紧密结合起来的这条线索，才在讨论语言哲学、心理学哲学、数学哲学之外，让解释者们逐渐关注维特根斯坦的伦理、宗教和价值观，对维特根斯坦一生评价也不断发生反转。甚至像维特根斯坦自己对《逻辑哲学论》主旨所公开强调的那样，解释者们在对待后期哲学时也力图将伦理向度看作维特根斯坦哲学更为重要的方面。

用克尔凯郭尔的语言说，作为“行动者”的哲学与作为“旁观者”的哲学如此不同，以至于它们很难彼此理解。在这个意义上，将维特根斯坦与苏格拉底、克尔凯郭尔加以比较的确是恰当的。[②]

二、学说与文本

维特根斯坦哲学令解释者迷惑的还有一点，就是在很多人看来，他在前期和后期制造了两个截然相反的学说，而他的绝大多数文本又是在他去世以后才被整理出版，如前所述，不同编辑者按照

---

① 瑞·蒙克：《维特根斯坦传：天才之为职责》，王宇光译，浙江大学出版社 2011 年版，第 66 页。

② 尽管像维特根斯坦这样的哲学家，哲学与人生紧密关联，但必须指出的是，本书的解释是一种哲学解释，而不是文学的、社会学的或心理学的解释，因而这种解释将限定在哲学文本和哲学问题范围内，维特根斯坦的个性特征、人生经历、工作生活也只是在与哲学解释相关的范围内才被提及。

自己的兴趣和理解进行较多的“编辑干预”，更加重了对反映不同学说的文本的误解或多重解释。

维特根斯坦曾经告诫人们，应将《哲学研究》与他前期的《逻辑哲学论》对照着看。这一点被很多解释者看作是维特根斯坦在指明两者之间的对立而不是一致。于是，在很长一段时间，人们认为他的前期哲学主要关注一种实在论，以晶体版的语言和结构解释语言（思想）和实在之间的同构关系，形成一种逻辑图像学说。[①] 这种学说影响了维也纳小组的逻辑实证主义（尽管这种影响究竟有多大，仍存在着争议）。而他的后期哲学放弃了这种同构关系，因而也不期望通过语言的改造（建立理想语言）来揭示这种同构关系，相反力图通过描述生活形式中日常语言的用法，揭示传统哲学产生的根源，形成语言游戏学说。认为维特根斯坦前后期提出两种学说当然有文本的依据，但作者在两者之间有一段从事非哲学工作的时期，也是这种看法的一个重要原因。尽管在新解释那里，将维特根斯坦哲学截然区分为两种对立的学说这一看法受到挑战，但是对维特根斯坦进行前后期（甚至更多阶段）的区分，却不能不成为解释维特根斯坦哲学的显著困难之一。

这当然与文本产生的时间（《逻辑哲学论》与《哲学研究》在出版上相隔了32年）有着莫大的关系。而与文本相关的问题不仅是前后期之间的巨大间隔，而且还有维特根斯坦绝大多数文本在他去世以后才被编辑出版这一事实。对大多数哲学家来说，他们生前就

① 笔者小心翼翼地避免使用“理论”一词，而使用“学说”一词，旨在强调维特根斯坦反对哲学对理论的建造，尽管“学说”一词仍有可能潜藏着被理论化理解的危险。

出版了主要哲学文本，他们也有一个回应解释者疑惑的时间。当风筝还牵在放飞人手中的时候，他们仍可以根据需要随时拉回，并展示给其他人；而风筝一旦从放飞人手中挣脱，就只能由其他人远远望着，并充满歧义地评说了。在分析哲学传统中，即便弗雷格也是在生前出版了他的主要著作，才有他与罗素、维特根斯坦之间的互动。至于其他哲学家，无不是在生前就名声远播，并得到与解释者的互动机会，减少一些不必要的误解，而这正是美国"在世哲学家文库"当年之所以编辑的初衷。但是，维特根斯坦不再有回应他的解释者的可能，不能不说也是造成他的哲学文本被多样解释却几无定论的重要原因。

经过"两轮"、"七级阶梯"的编辑整理工作，已出版的纸质版维特根斯坦著作难免被他的著作执行人以各种不同方式远离他的思想地基。我们期望遗著电子版越来越高的可用性，帮助研究者们某种程度上矫正以往过度的"编辑干预"，使维特根斯坦研究走上"电子化"时代信息哲学的新高度。

三、性质、方法与风格

在终结哲学的现代西方哲学家中，维特根斯坦无疑是最为著名的。他从始至终力图消解哲学，前期认为哲学不仅不形成命题，而且一旦说出就成为无意义的，后期则力图细心辨析日常语言的用法，去发现形而上学产生的根源，从而使人们达到消除哲学问题的安宁。让学习者难以进入和解释者难以坚守的便是维特根斯坦这种反哲学的哲学性质，以及与以往所有哲学都不相同的哲学方法和表达风格。正是由于这种方法和风格的遮蔽，有些解释者惊奇地指出，“事实上，有关维特根斯坦的二手文献最令人震惊的特征之一是，对于他所相信的东西以及为什么相信竟完全缺乏一致看法。”①

维特根斯坦在《逻辑哲学论》中从内部给语言（思想）划定可说/不可说的界限，可说的部分就是形成与世界上的对象和事实对应的名称和命题（所有命题都是原子命题的函项），而不可说的部分要么只能显示（例如语言和世界共有的逻辑形式），要么就是神秘的东西（世界的意义、宗教、伦理、美、人生的意义、有限世界的感觉等等）。一旦力图去说神秘的东西，就会导致无意义（没有赋予含义）。维特根斯坦告诉我们，“哲学的正确方法实际上是这样的：除了可说的东西，即自然科学的命题——亦即与哲学无关的东西——之外，不说任何东西，而且每当别人想说某种形而上学的东西时，就给他指出，他没有赋予其命题中的某些符号以任何意谓。对于别人，这种方法也许是不令人满意的，——他大概不会觉得我们是在教他哲学——，但这是唯一严格的方法。”“我的命题通过下述方式而进行阐释：凡是理解我的人，当他借助这些命题，攀登上去并超越它们时，最后会认识到它们是无意义的。（可以说，在爬上梯子之后，他必须把梯子丢掉。）他必须超越这些命题，然后才会正确地看世界。”②《逻辑哲学论》最后这两节话如此令人困惑，以至于成为解释这本经典文本最为困难的地方，涉及对维特根斯坦前期哲学主旨的

① D. G. Stern. The Availability of Wittgenstein's Philosophy. In Hans Sluga and D. G. Stern ed. *The Cambridge Companion to Wittgenstein*. London, New York: Cambridge University Press, 1996, p. 442.

② 维特根斯坦：《逻辑哲学论及其他》，陈启伟译，商务印书馆 2014 年版，第 94 页。

理解。

维特根斯坦后期哲学对形而上学的否定倒并没有什么前后不一致的地方，对他否定形而上学、消解哲学问题的立场不会有多大分歧。但跟前期哲学一起，令解释者产生困难的首先是他的文本写作方式。“维特根斯坦解释的一个挑战是他的文本写作的特定方式。他的两本主要著作《逻辑哲学论》和《哲学研究》不是以章节的结构安排一系列内容。文本本身似乎并不以线性的明显方式推进，提出论题或反论题然后加以论证或反驳，或者对其他哲学家的著作加以引用和明确参照。在《逻辑哲学论》中，散文被压缩到至精至简，消除了任何累赘，许多句子显示明确的神谕断言的特征，按照分量进行有次序的排列。相比之下，《哲学研究》包含众多思想实验、例子、比喻、类比、修辞问题、反讽、独白片断和对话。”① 面对这样的文本，解释者要么无从下手，要么采取彼此差异甚大的独特理解。解释者所留下的羊肠小道跟维特根斯坦自己的“一系列风景速写”所具有的线条一样多，便难以避免。

其次还有维特根斯坦对哲学性质的界定跟他独特的哲学方法和表达风格是怎样的关系。一些解释者认为他力图消除形而上学的哲学性质与他使用对话等哲学方法以及格言式或散文式的表达风格只是一种外在关系，我们完全可以无视维特根斯坦的风格而把捉他的方法，或者甚至他的哲学方法也未必跟他的哲学性质密切关联。而另一些解释者不同程度地认为，维特根斯坦之所以采用

① Guy Kahane, Edward Kanterian, and Oskari Kuusela ed. *Wittgenstein and His Interpreters: Essays in Memory of Gorden Baker*. Oxford: Blackwell Publishing, 2007, p. 19.

那样的哲学方法和表达风格，是跟他要消解哲学问题的性质以及所要消解的具体问题内在地关联着。这种理解上的巨大差异势必影响对维特根斯坦文本的解读和对其哲学倾向的判定。安斯康姆（Gertrude Elizabeth Margaret Anscombe，1919—2001）也许是第一个对维特根斯坦后期哲学的写作方式与他的哲学关联进行专门探讨的解释者。她基于对《哲学研究》的编辑和翻译，认为我们应该正确地理解维特根斯坦在该书“序”中所说的“风景速写”，大量“评论”（Bemerkungen）一方面的确彼此前后独立，似乎可以做任意编排，另一方面在他选定的文本中它们之间又有必然的上下关联，甚至可以说维特根斯坦的这种写作方式跟他所要探讨的哲学问题密切相关，“评论”就像建筑砖块一样可以以不同方式组合成一个有机整体。[1] 安斯康姆的观点在新维特根斯坦研究的兴起而引发维特根斯坦哲学性质的热烈讨论过程中又得到不断回应和加深，尤其是在“数字维特根斯坦研究”的推进过程中得到进一步讨论，问题的性质也演变为维特根斯坦哲学本体如何以超文本方式联结而避免几十年的纸质编辑对维特根斯坦的写作和表达方式与哲学问题探讨之间原本关联的破坏。这是值得我们大力关注的新动向。

总之，正是有如上一些特殊境遇，维特根斯坦哲学解释史才真正成为异乎寻常的“一项丰饶的工程”，值得认真、严肃、持续地加以关注和梳理。

---

① G. E. M. Anscombe. On the Form of Wittgenstein’s Writing. In *From Plato to Wittgenstein, Essays by G. E. M. Anscombe*. Edited by Mary Geach and Luke Gormally. Exeter: Imprint Academic, 2011, pp. 190-191.

第二篇

维特根斯坦哲学解释的历史演进

第 3 章　正统解释的探索期（1922—1950）

贝莱茨基认为，80 多年标准（维特根斯坦共同体）的维特根斯坦哲学解释经过 5 个站点。其他涉及维特根斯坦哲学解释史的研究者并没有清楚地表明其中的阶段划分，主要对解释的不同路径有过一些阐释，当然也提供了进一步修改贝莱茨基方案的一些素材。本书以贝莱茨基的划分为基础，并参照其他研究者提出的观点和提供的文献，对维特根斯坦哲学解释的历史演进做出清楚勾勒。

第一个阶段为正统解释的探索期，时间上大致为 1922 年到 1950 年，从罗素"导言"到维特根斯坦逝世之前。正统解释的探索体现在两个交错的典型特征：第一，解释者们不仅关注维特根斯坦的《逻辑哲学论》，而且从罗素（和拉姆齐）开始奠定了将维特根斯坦看作语言和逻辑的哲学家这一正统解释路径。维也纳小组成员是推进这一路径的最主要参与者。不过尽管大家都从某些细节上在探讨《逻辑哲学论》及其影响，但都没有形成著作篇幅的成果。当然，整个 20—40 年代，除了罗素、摩尔、拉姆齐和维也纳小组成员外，欧美的其他哲学家也对《逻辑哲学论》以及它与逻辑实证主义的关系有过一定程度的介绍和评述，这对增加这部著作的影响毫无疑问会起某种助推作用。维特根斯坦的学生已经在发挥重要作用，这同样是不应忽视的。第二，单纯从时间角度看，这一时期不只是《逻辑哲学论》出版之后引起讨论和产生影响的时期，还是维特根斯坦走出《逻辑哲学论》并过渡到以《哲学研究》为代表作的新时期。令人遗憾和十分诧异的是，维特根斯坦后期哲学的形成和它的被解释形成了错位。尽管通过讲演和笔记，他的很多思想已经在小范围内传播，却无法同时在哲学解释史上形成浓墨重彩的一笔。维特根斯坦也就未能成为列入美国“在世哲学家文库”的哲学家，他也无法在活着的时候就能回应某些质疑和争议。但是即便我们无法将维特根斯坦新思想的形成和小范围传播看作这一时期哲学解释的重要内容，同样无法将之单独列为一个阶段，维特根斯坦的学生还是以某种方式在这一阶段的后 20 年对维特根斯坦的新思想提供了初步的解释。

第 1 节 《逻辑哲学论》简介

《逻辑哲学论》是维特根斯坦前期哲学代表作，1921 年发表于奥斯特瓦尔德主编的《自然哲学年鉴》第 14 期上，当时的名称是 *Logishi-Philosophische Abhandlung*（维特根斯坦自己起的名字）。现在很少有人提起和记住这个德文名称。它现在的拉丁文书名 *Tractaus Logico-Philosophicus*（常常简写为 TLP）是 1922 出版德英对照本时由摩尔（G. E. Moore，1873—1958）仿照斯宾诺莎《神学政治论》而建议采用的。维特根斯坦前期哲学著作除了《逻辑哲学论》外，还有维特根斯坦去世后整理出版的《1914—1916 年笔记》

(1961) 以及《逻辑哲学论初稿》(*Prototractatus*)：前者是维特根斯坦从 1914—1916 年(实际上到 1917 年)间以日记形式写下的大量笔记，是研究《逻辑哲学论》成书过程并帮助解读《逻辑哲学论》主旨的重要材料，后者是《逻辑哲学论》的一个早期版本，其中结构和内容略有变化。此外，还有“逻辑笔记”(1913 年维特根斯坦写给罗素)、“向摩尔口述的笔记”(1914 年 4 月维特根斯坦在挪威向摩尔口述)、“略论逻辑形式”(发表于 1929 年《亚里士多德学会会刊》增刊第 9 卷)、“关于伦理学的讲演”(1929 年 11 月 17 日在“赫里迪斯学会”所作的讲演)等几个短篇。

一、成书和出版

维特根斯坦在一战参战过程中一直在思考哲学问题，并在日记中将这些思考记录下来。到 1915 年年末，他在与罗素的通讯中已经告知(弗雷格也知悉此事)，他准备好了后来出版的《逻辑哲学论》中的大部分内容，除了末尾有关伦理、美、灵魂和生活意义的论述。但是在与罗素中断的几年中，维特根斯坦使这本书的面貌发生了改变，或者说使这本书的主旨发生了实质变化。[①] 在前线参加战事的经历，对《圣经》、托尔斯泰、叔本华著作的阅读，以及交往的变化，都影响了他对这个世界的理解，并最终体现了他对该书的构织。整本著作大约在 1917—1918 年冬季开始最终定型(产生了《初稿》)。当然，该书的最终定型是 1918 年 8 月在奥地利萨尔茨堡

① 瑞·蒙克：《维特根斯坦传：天才之为职责》，王宇光译，浙江大学出版社 2011 年版，第 137—138 页。

其叔叔保罗的一所房子里。后来的研究者认为,《逻辑哲学论》先后有过三个不同的打印稿,第一个属于维特根斯坦的朋友恩格尔曼(Paul Engelmann),第二个是 1965 年在维也纳发现的本子,第三个是 1952 曾有人在吉姆登(Gmunden)见到的本子。[①]

《逻辑哲学论》尽管成为让维特根斯坦声名大振并列入哲学经典的杰作,但其出版过程却也费尽周折,出版商不断地拒绝他,成为战后一段时间影响维特根斯坦情绪乃至于险些致他自杀的一个主要因素。这样一本作者自认为已经对哲学问题提出决定性解决的书,竟然得不到这个世界应有的待遇,这让一个本已经受战争折磨的年轻人颇受伤害。还在战俘营的时候,维特根斯坦便写信告诉罗素自己的工作以及出版的打算,并在 1919 年夏天将副本分别寄给了他最期望能理解的三个人——弗雷格、罗素和恩格尔曼。他们的反应总体上都不能令维特根斯坦满意。在与他们以及其他人的联系过程中,维特根斯坦估计曾被多家出版社或杂志社拒绝或怠慢。

单就罗素而言,他在维特根斯坦这本著作的出版中扮演了重要角色,但也被认为是对之误解最深的人。从《逻辑哲学论》以文章形式发表到它以英德对照本形式出版,罗素都倾尽了心力。1919 年 12 月中旬罗素在海牙与维特根斯坦一周时间内逐行讨论了《逻辑哲学论》,并答应写一篇导言。尽管 1920 年 5 月完成的这篇序言未能立即促成《逻辑哲学论》的出版,而且让维特根斯坦大为失望,但最终《逻辑哲学论》还是在罗素的推动下(主要借助了罗素导言)

① Georg Henrik von Wright. The Origin of the *Tractatus*. In his *Wittgenstein*, Oxford: Basil Blackwell, 1982, p. 75.

首先发表于《自然哲学年鉴》，同时通过罗素的朋友 C. K. 奥格登（Charles Kay Ogden，1889—1957），出版了德英对照的单行本。该对照本 1933 年出版了修订第二版。[①]

二、《逻辑哲学论》的结构

《逻辑哲学论》从多个方面引人瞩目。它以内容和形式的高度凝缩，让人望而生畏却又不断想去探究和解释。其中占绝大多数篇幅所阐述的东西，却被他的作者看作是次要的东西，由此引起内容上的紧张和读者的无所适从。它对哲学史几乎毫无引证并宣布解决了所有哲学问题，却又事实上关涉着西方哲学史最为核心的问题。

《逻辑哲学论》由大小标题的格言构成，每一条格言都有着无可争辩的断定形式。第一级的 7 个标题如下：

1. 世界是所发生的事情。

2. 发生的事情，即事实，是诸事态的存在。

3. 事实的逻辑图像就是思想。

4. 思想是有意义的命题。

5. 命题是原初命题的真值函项。（原初命题是其自身的真值函项。）

6. 真值函项的普遍形式是 $[\bar{p}, \bar{\xi}, N(\bar{\xi})]$。这就是命题的普遍形式。

---

① 对于《逻辑哲学论》文本来源的详细解读可参阅两个文献：一是冯·赖特的论文“《逻辑哲学论》的起源”（见其文集《维特根斯坦》，1982）；二是 Casimir Lewy 的论文“关于《逻辑哲学论》文本的一个注解”（*Mind*，76，1967）。

7. 凡是不可说的东西，必须对之沉默。

7个一级标题中，除了第7个标题只有一句话之外，其他6个标题都多少有展开的内容。它们依次探讨了世界-事实-思想-命题-真值函项-真值函项的普遍形式，这些内容很容易让我们感觉到这是一个现代版的实在论：名称指称对象，原子命题描画原子事实，语言（所有命题构成的整体）映照世界。不同的只在于，第一，用事实（fact，Sache）而不是事物（thing，Ding）来解释世界。这从一个角度体现了生物学乃至相对论和量子力学冲击之下的现代人与牛顿力学主导的古典人看待世界的重要区别：世界是动态的、流动的过程，而不是静态的、僵硬的点状物。第二，反映世界的思想和语言借用数理逻辑被净化，形成可与世界对应的命题结构。被净化的理想语言是现代逻辑对日常语言进行处理的结果，它更为清楚地显现世界和思想（语言）共有的逻辑形式。

按照后来解释者的看法，《逻辑哲学论》的内容结构可以重新做如下的细分：[①]

1. 本体论（1—2.063）：尽管《逻辑哲学论》关涉符号表征，但它从本体论开始，因为表征的性质以及用于表征之物（思想 / 语言）的性质，跟所表征之物的性质是同构的。

2. 描画（2.1—3.5）：在指出了世界是事实的总体之后，《逻辑哲学论》进而考察了这一总体的一个种类，即作为特定命题的图像，它们是可以表征其他事实的事实。

① Hans-Johann Glock ed. *Wittgenstein: A Critical Reader*. Malden and London: Blackwell Publishers Ltd., 2001, p. 364.

3. 哲学（4—4.2）：跟科学不同，哲学不是由命题组成，因为语言和世界共有的逻辑形式不能表达于有意义的命题中，但可以显示在经验命题中。

4. 逻辑理论（4.21—5.641，6.1—6.13）：维特根斯坦使用真值函项运算说明分子命题来自基本命题的构成，由此揭示了一般命题形式，并认定逻辑命题是重言式。

5. 数学（6—6.031，6.2—6.241）：数学也作为逻辑运算的一个部分而得到说明，命题借此而得以相互衍生。

6. 科学（6.3—6.372）：科学从赫兹角度被看作包含先验因素，形成我们描述世界的网络。

7. 神秘主义（6.373—6.522）：有关伦理和美学的内容，它们是不可言喻的。

8. 扔掉梯子（6.53 以下）：《逻辑哲学论》旨在表明可说的界限，但承认自己的声明也远在界限的一端。它们应该被用作爬上去之后便扔掉的梯子。

如果没有第 7 个标题以及在第 6 个标题之下有关宗教、美学、伦理、人生意义等神秘的东西，就像到 1915 年年末维特根斯坦对《逻辑哲学论》所思考的那样，那么我们就将得到一个争议较少的古典哲学的现代版本。但是，维特根斯坦不仅加入神秘的东西，认为它们不可说，而且对《逻辑哲学论》的主旨赋予了跟其中内容比例不相称的指认，认为可说 / 不可说的区分从而伦理问题才是该书的主旨。有三个地方常被人们引用，用以说明维特根斯坦对《逻辑哲学论》主旨的赋值：一是维特根斯坦 1919 年 8 月 19 日给罗素的信中说：《逻辑哲学论》的“主要之点是关于可用命题——即用语言——

表达(gesage)的东西(以及可被思考的东西,这是一回事)与不可用命题表达而只能显示(gezeigt)的东西的理论。我认为这才是哲学的首要问题。”[①] 二是维特根斯坦在给出版商冯·费克尔(Ludwig von Ficker, 1880—1967)的信中说:“[本]书的要点是伦理的……我的论著包含两部分:写下的这个部分,和我未写的部分。恰恰第二个部分是重要的部分。”[②] 三是维特根斯坦在《逻辑哲学论》序和内容末尾的话语:“本书是要为思维划一条界限,或者说得更确切些,不是为思维而是为思维的表达式划一条界限。”“世界的意义在世界之外”,“即使一切可能的科学问题都被解答了,我们的人生问题还是全然没有触及”,“哲学的正确方法实际上是这样的:除了可说的东西……之外,不说任何东西……这却是唯一严格正确的方法。”[③]

对于《逻辑哲学论》,到底维特根斯坦倾尽心力所写的部分重要,还是他没有写出的部分重要,成为解释者从始至终最为困惑的问题,也是造成后面我们要详细讨论的“正统”解释和“新”解释的主要分歧所在。

第2节 罗素、摩尔和拉姆齐

如果不算罗素两本著作提及维特根斯坦在其逻辑原子主义哲

① 布瑞恩·麦克奎尼斯编:《维特根斯坦剑桥书信集:1911—1951》,张学广、孙小龙、王策译,商务印书馆2018年版,第166页。

② 瑞·蒙克:《维特根斯坦传:天才之为职责》,王宇光译,浙江大学出版社2011年版,第182页。

③ 维特根斯坦:《逻辑哲学论及其他》,陈启伟译,商务印书馆2014年版,第5、94页。

学形成中的重要作用的话，他的“导言”可以说开启了百年维特根斯坦哲学解释史，这当然不是在单纯时间起点的意义上。尽管该导言从一开始就使维特根斯坦本人大失所望，但它很大程度上开辟了此后很长时间解释《逻辑哲学论》的一条主要路径。此后的拉姆齐虽然就《逻辑哲学论》有更长与维特根斯坦接触的时间，但在主要观点上，并没有多大程度偏离这一路径。更不要说维也纳小组成员，在相对来说更多人员和更多文献中，展开了探索这一路径的重要谱系。

一、罗素

在《逻辑哲学论》前言中，维特根斯坦感谢了弗雷格和罗素。维特根斯坦是罗素的学生、朋友和（某种意义上的）老师。《逻辑哲学论》成书过程中主要时间所讨论的以及成书之后大部分篇幅所论述的论题来自罗素（和弗雷格）。1911 年之后的两年多时间中维特根斯坦不仅了解了罗素所教的内容，而且在某些方面成为可以平等讨论的朋友，甚至影响罗素放弃了已将近完成的一部关于认识论的重要著作[①]。当罗素 1914 年在美国哈佛作洛威尔讲演和 1918 年在伦敦（戈登广场）做八次讲演的时候，他已经公开宣布自己的某些观点来自维特根斯坦。这便是维特根斯坦如此希望罗素能理解他的原因。

这样，在评述罗素为《逻辑哲学论》所写的“导言”之前，我们需要先简略地介绍一下罗素对维特根斯坦前期哲学的最初评价。

① 罗素的这部书稿 1984 年由乔治·艾伦-昂温出版社作为《罗素论文集》第 7 卷出版，书名为《认识论：1913 年手稿》。

这一点很大程度上谈的是罗素指出的维特根斯坦对他的影响。在1914年洛威尔讲演的序言中，罗素说在这些讲演所讨论的纯粹逻辑方面，“我曾受惠于我的朋友路德维希·维特根斯坦先生尚未发表的一些非常重要的发现”。[①] 在1918年《逻辑原子主义》系列讲稿的序言中，罗素又指出，“这些讲稿在很大程度上是关于我从我以前的学生和朋友路德维希·维特根斯坦那里得到的某些观点的阐明”，并在第三讲中再次声明，“在这些讲演中我所谈论的大量的都是我从我的朋友维特根斯坦那里得到的观点”。[②] 这某种意义上是真的，而某种意义上是罗素的谦虚。然而，罗素认为的维特根斯坦使他第一次受惠（第一次世界大战之前）的具体内容究竟是什么，他在1914年和1918年的两个系列讲演中没有具体阐述，在他后来阐述自己的哲学发展历程时也只肯定维特根斯坦打字稿短文和多次谈话影响了他“在战时那几年的思想”，但具体是哪些方面却“不确实知道”[③]。

罗素的长篇“导言”一开始就与《逻辑哲学论》如此紧密地连接在一起，以至于在几乎所有《逻辑哲学论》单行本中，它都成为一个必要的部分。应该说，罗素带着十分谦逊的态度在撰写这一“导言”。他称维特根斯坦为“先生”，不只是一般的礼貌用语。他在导言开头指出，《逻辑哲学论》“由于它的广度、视界和深度，确实应

① 伯特兰·罗素：《我们关于外间世界的知识——哲学上科学方法应用的的一个领域》，陈启伟译，上海译文出版社1990年版，“序”第2页。

② 伯特兰·罗素：《逻辑与知识》，苑莉均译，张家龙校，商务印书馆1996年版，第213、247页。

③ 伯特兰·罗素：《我的哲学的发展》，温锡增译，商务印书馆1982年版，第100页。

该被认为是哲学界的一个重要事件”；在导言结尾又认为“它成为一本任何认真的哲学家都不能忽略的书”。[①]

然而，尽管有这样的赞誉，在维特根斯坦看来，罗素仍然没有抓住《逻辑哲学论》的要旨。罗素所赞誉的是《逻辑哲学论》的逻辑理论及其对解决传统哲学问题的启示。他根据自己对逻辑的娴熟把握，陈述（很大程度上也在评述）《逻辑哲学论》的逻辑理论，认为维特根斯坦所谈论的是“一种逻辑上完善的语言所必须满足的条件”，也就是“**精确的**符号系统的条件，即在符号系统中，一个语句要‘意指’某种完全确定的东西的条件。”[②] 他说明维特根斯坦如何就对象与名称、事实与命题、世界与语言（思想）而建立基于共同逻辑形式的图像关系，由此“建造出一个在任何点上都没有明显错误的逻辑理论”，“完成了一件极其困难而且重要的工作”[③]。依据这一逻辑理论，维特根斯坦诊断出传统哲学误用语言的错误根源——不懂得我们语言的逻辑，并厘清哲学与自然科学的界限：哲学不是一门学说，而是从逻辑上澄清思想的活动。

到此为止，罗素对《逻辑哲学论》的内容持赞赏态度。但在恰好是维特根斯坦最为看重的不可说之点上罗素提出了质疑：第一，在唯我论部分，维特根斯坦提出“多少有些奇怪的议论”[④]：唯我论所意指的东西完全正确，却不能说出，只能显示。第二，维特根斯坦在对待神秘之物的态度上，将整个逻辑和哲学都包括进去，认为

① 维特根斯坦：《逻辑哲学论》，贺绍甲译，商务印书馆 1996 年版，第 3、19 页。

② 同上，第 3、4 页。

③ 同上，第 19 页。

④ 同上，第 14 页。

在哲学上一旦做出断言就只能产生无意义的东西，然而“归根到底维特根斯坦先生还是在设法说出一大堆不能说的东西”[①]，这会使读者产生犹豫、怀疑甚至（首先对罗素自己而言的）不快。第三，维特根斯坦似乎陷入了逻辑上的自相矛盾，“逻辑上不能说的这个总体［世界上事物的总体］，却被他认为是存在的，并且是他的神秘主义的主题”[②]。（这里先需要指出，罗素将逻辑形式也放入神秘之物显然并不符合维特根斯坦的思想，因为他将只能显示而不能说出之物等同于神秘之物。但是，二者在维特根斯坦那里并不等同：语言和世界共有的逻辑形式只能显示而不能说出，但它并不神秘，显然只能显示而不能说出的领域要大于神秘东西的领域。）

像维特根斯坦对不可说之处说得很少一样，罗素对此也说得很少，但跟这种量上的对应相反的是，维特根斯坦对不可说而只能显示尤其其中的神秘之物给予远高于可说之物的重要性，却没有得到罗素相应的理解和认可。这当然反映了罗素反对神秘主义的一贯立场，早在 1914 年的洛威尔讲演中，罗素就认为“神秘主义用以为自己辩护的逻辑，在我看来是一种谬误的逻辑”。[③] 所以，罗素将《逻辑哲学论》看作一部语言哲学和认识论的著作，主要阐述意义理论、指称理论、形式逻辑、元逻辑等等，从而实在论与非实在论的讨论占据其中核心地位，而对其中所谈论的神秘之物不够重视甚至大为不快，就是顺理成章的。他对《逻辑哲学论》这一总的结构重心的

① 维特根斯坦：《逻辑哲学论》，贺绍甲译，商务印书馆 1996 年版，第 18 页。

② 同上，第 19 页。

③ 伯特兰·罗素：《我们关于外间世界的知识——哲学上科学方法应用的一个领域》，陈启伟译，上海译文出版社 1990 年版，第 14 页。

判定大致规定了此后直到系统化的正统解释的解释路径。

罗素对《逻辑哲学论》的反应并未到此为止。我们索性将维特根斯坦去世之前罗素对维特根斯坦的所有书面评价和解释做一勾勒。1924 年，在“逻辑原子主义”一文中，他注释说，他在关系问题上“非常感谢我的朋友维特根斯坦”，尽管没有接受《逻辑哲学论》的全部学说，但“从中受惠甚多”。[①] 在 1925 年再版的《数学原理》中，他在导言中承认，他根据维特根斯坦《逻辑哲学论》真值函项理论对自己的理论进行了较大修改。1927 年，在《物的分析》一书中，他在有关推理规则应用于观察陈述的有效性问题、逻辑的重言式性质以及命题结构和事实结构之间的同构性等三个地方以《逻辑哲学论》提供支持，并在最后一点上承认“我在很大程度上受到了其观点的影响”。[②]1931 年，在为拉姆齐的文集《数学基础》写作的书评中，他多次提到维特根斯坦，并以拉姆齐 1923 年对《逻辑哲学论》的评论为例，指出重视理智结构还是经验传统这两种哲学家之间的区分。1935 年，在“经验主义的局限”一文中，他参照了《逻辑哲学论》，以便于具体说明经验主义的一个典型论点。1940 年，在《对意义和真理的探究》一书中，他在论及类型论、同一概念、逻辑主义原则和内蕴陈述时多处提到《逻辑哲学论》。1950 年，在“逻辑实证主义”一文中，他强调《逻辑哲学论》对逻辑句法的重视如何影响了维也纳小组，而后者又如何避免了其中的神秘主义。

---

① 伯特兰 · 罗素：《逻辑与知识》，苑莉均译，张家龙校，商务印书馆 1996 年版，第 405 页。

② 伯特兰 · 罗素：《物的分析》，贾可春译，商务印书馆 2016 年版，第 18、177、246 页。

二、摩尔

尽管没有像罗素那样承担对维特根斯坦的导师职责，也没有像罗素那样撰写长篇解释文献并不时宣示自己的亦师亦友关系，但摩尔在维特根斯坦人生和哲学中的重要性却一点也不比罗素低。他们之间是另一种亦师亦友关系，性灵相契中的、音乐爱好上的、日常守护式的关系。所以，尽管在维特根斯坦生前，摩尔留下很少评析维特根斯坦的文献，我们在这里还是要给摩尔保留重要的一席之地。

在《逻辑哲学论》的形成中，摩尔并没有发生太多思想的影响，却某种程度上扮演了助产士的作用。年轻的维特根斯坦要解决的是弗雷格和罗素留下的问题，尽管他参加了摩尔的讲座，也建立了良好的友谊，却没有对摩尔所思考的问题产生兴趣，对摩尔的《伦理学原理》甚至评价很低。但是这些并不妨碍他们之间的亲密和尊重，以至于当维特根斯坦 1914 年初在挪威的孤独思考中有所收获时，便迫不及待地需要摩尔的讨论、陪伴和记录。《向摩尔口述的笔记》该年 4 月份由摩尔在挪威卑尔根记录，成为《逻辑哲学论》成长过程的一个重要关节点。

在 15 年(1914—1929)的中断之后，他们之间又度过 20 多年良好的友谊。对于重返剑桥并从事教学的维特根斯坦来说，摩尔是最值得信赖的交谈伙伴和灵魂住所。他不仅经常去摩尔家里合奏音乐，度过美好的业余生活，而且几乎每周一次定期地拜访和讨论，往往将在给学生讲述之前的哲学思考陈述给摩尔。因而摩尔又一次担当维特根斯坦思想的助产士角色，而且诚实地像个真正学生一样。摩尔诚恳、谦逊、好学、关怀、大度的最好例子表现在他参加1930—1933 年的维特根斯坦讲演课，他在 9 个学期中对维特根斯坦的课堂内容做了逐字逐句的详细记录，成为十分珍贵的文献。他的听课和记录对维特根斯坦讲演课的质量起到弥足珍贵的保障作用，以至于课堂往往成了他们两人之间的（心灵）对话。这些如实记录的笔记的重要性，正如编者所说，"这些笔记不仅为维特根斯坦作为讲师的最初几年提供了极为周详的记载，而且向我们展示了有关中期维特根斯坦的新视角"，"是 1930 年代早期维特根斯坦在这些课程中所讲内容的最完全和最可靠的记载"。[①] 摩尔除了如实记录之外，还在笔记中留下了不少评论和质疑，也具有重要的研究价值。维特根斯坦去世之后，摩尔又对这些笔记进行清理和总结，形成 1954 和 1955 年间以"维特根斯坦 1930—1933 年讲演集"为题发表于《心》的系列文章，成为下一阶段维特根斯坦哲学解释的重要事件。

摩尔对维特根斯坦唯一一次公开评述是在 1942 年的一篇自传中。在发表于《摩尔的哲学》的这篇自传中，摩尔分析了他与维特根斯坦开始于 1912 年的关系，说他接触不久就认识到维特根斯坦的哲学才能，《逻辑哲学论》发表后他曾反复阅读并受益良多，尤其是他参加了维特根斯坦讲演课而再次感到某种羡慕，也经受维特根斯坦某种尚不确定的影响，即便当时并不完全理解后者所成功采

---

① David G. Stern, Brain Rogers, and Gabriel Citron ed. *Wittgenstein: Lectures, Cambridge 1930–1933: From the Notes of G. E. Moore*. Cambridge: Cambridge University Press, 2016, editorial introduction, p. x.

用的完全不同于他所使用的哲学方法。[1]这毫无疑问是非常经典而简明的维特根斯坦定位。

除了日常语言哲学这一(与维特根斯坦后期哲学的)共同线索之外,就哲学主题而言,摩尔在维特根斯坦哲学中所扮演的最重要角色无疑是后者在生命最后18个月中对摩尔两篇文章“捍卫常识”(1925)和“外在世界的证明”(1939)驳斥怀疑论所用方法的批判。维特根斯坦的思考所结集的《论确实性》被许多解释者看作是《逻辑哲学论》和《哲学研究》之后最重要的著作,甚至被一些推崇者看作是维特根斯坦第三个哲学阶段的代表作,也带来了大量的解释文献。哪怕仅仅这一点也足以使摩尔成为维特根斯坦哲学解释中躲不过的重要人物。

三、拉姆齐

天才而早逝的著名数学家和哲学家拉姆齐(Frank P. Ramsey, 1903—1930)还是一名大学生时就协助奥格登将《逻辑哲学论》从德文译为英文,并由此开始长达10年的《逻辑哲学论》解释。作为忘年交的朋友,拉姆齐在维特根斯坦生命中的重要性还在于,他是维特根斯坦重返剑桥的重要推手,也是维特根斯坦向后期哲学转变的重要启发者。

在协助翻译《逻辑哲学论》之后,拉姆齐1923年在《心》杂志发表“《逻辑哲学论》述评”这一影响深远的书评(后来被至少收集

---

① K. T. Fann ed. *Ludwig Wittgenstein: The Man and His Philosophy*. (Originally Dell Publishing Company, Inc., 1967) Reprinted by New Jersey: Humanities Press, 1978, p. 39.

在 4 种论文集中）。他在论文的开头便评价《逻辑哲学论》说："这是一部特别重要的著作，对一大堆论题充满原创观点，构成一个连贯的系统，它……十分有趣，值得所有哲学家去关注。"[①] 在具体评述上，他从罗素"导言"切入，也将解释《逻辑哲学论》的重心放在它的语言哲学和逻辑理论方面。但是难能可贵的是，拉姆齐从一开始便不是亦步亦趋地同意罗素，相反，在有关维特根斯坦理论的具体内容上他与罗素开展一定的争论（也同时意味着与维特根斯坦的争论）。所以，就拉姆齐欣赏维特根斯坦的思想和人格以及用心陪伴后者而言，罗素把他当作"维特根斯坦的一个门人"倒也不错，但是当罗素说拉姆齐对维特根斯坦除了神秘主义之外"一切都跟着他走"时，罗素却未能深刻洞察即便在拉姆齐这篇书评中也已经反映出来的与他以及与维特根斯坦的区别。[②]

一个重要的区别点在于，罗素认为维特根斯坦在阐述逻辑上完善的语言，而拉姆齐认为维特根斯坦旨在将逻辑理论应用于日常语言。罗素将《逻辑哲学论》论符号语言的部分的主旨概括为"维特根斯坦所讨论的乃是一种在逻辑上完备的语言必须满足的条件"，而拉姆齐认为这似乎是非常可疑的概括，维特根斯坦虽涉及逻辑上完善的语言，但"总体上他似乎坚持认为他的学说应用于日常语

① Frank P. Ramsey. Critical Notice of L. Wittgenstein's *Tractatus Logical-Philosophicus*. In Frank P. Ramsey. *The Foundations of Mathematics and Other Logical Essays*. Edited by R. B. Braithwaite, with a preface by G. E. Moore. London: Kegan Paul, 1931, p. 270.

② 伯特兰·罗素：《我的哲学的发展》，温锡增译，商务印书馆 1982 年版，第 113 页。

言”。[①] 这显然不是一个琐屑的争论，而是有关维特根斯坦语言哲学目的的重要争论，展开了维特根斯坦解释的不同层面。这两个层面的区别，曾被罗素看作两种哲学家之间的文化差异：维特根斯坦将自己的智力完全献身于达到逻辑的完美无缺，而拉姆齐更坚守经验传统，更趋向于实用的解决办法。[②] 显然，罗素把维特根斯坦拉向自己追求的方向，而拉姆齐则认为维特根斯坦可能更像自己（如果罗素对拉姆齐的定位准确的话）。

还有一个重要区别是，拉姆齐对维特根斯坦所谓“无意义”提出了自己的批判性理解，认为“我们不能说的东西，我们不能说它，我们也不能对它发声”。[③] 他从维特根斯坦对逻辑形式的理解开始，认为哲学中的一些无意义话语是违反语言逻辑的产物，但是导致无意义的话语并非神秘而不可说，也并非没有产生的根源，相反，哪些句子是无意义的，是可以找出原因的，我们对其起源和明显意义可以给出一般阐释，其中并没有什么神秘的意蕴。[④] 这意味着，对

① Frank P. Ramsey. Critical Notice of L. Wittgenstein's *Tractatus Logical-Philosophicus*. In Frank P. Ramsey. *The Foundations of Mathematics and Other Logical Essays*. Edited by R. B. Braithwaite, with a preface by G. E. Moore. London: Kegan Paul, 1931, p. 270.

② Guido Frongia and Brian McGuinness ed. *Wittgenstein, A Bibliographical Guide*. Oxford: Blackwell, 1990, p. 67.

③ 参见 Matthew B.Ostrow. *Wittgenstein's Tractatus: A Dialectical Interpretation*. Cambridge and New York: Cambridge University Press, 2002, p.5.

④ Frank P. Ramsey. Critical Notice of L. Wittgenstein's *Tractatus Logical-Philosophicus*. In Frank P. Ramsey. *The Foundations of Mathematics and Other Logical Essays*. Edited by R. B. Braithwaite, with a preface by G. E. Moore. London: Kegan Paul, 1931, p. 280.

拉姆齐来说，不能说的东西也就不能对之做出任何种类有意义的认可。拉姆齐的这一批评也许一度被解释者们遗忘，但在“新”解释中却成为一个难得的资源。

拉姆齐撰写该书评的时间应该早于他对维特根斯坦的访问。1923 年 9 月，拉姆齐前往下奥地利的普赫贝格拜访维特根斯坦。他们在两周时间内每天花四、五个小时反复讨论《逻辑哲学论》，维特根斯坦向他阐述自己的思想。讨论过程中维特根斯坦就英译文和部分德文本做了一定数量的改动和修正，这些改动和修改被拉姆齐记录在所保存的《逻辑哲学论》书上，1967 年得以公开。[①] 这些修改内容已经全部插入 1933 年出版的该书第二版。

除了这次拜访之外，拉姆齐还助推凯恩斯与维特根斯坦重新建立联系，劝说维特根斯坦访问剑桥，于 1924 年春夏天待在维也纳时候与维特根斯坦家人建立联系，并把所有这些情况报告给剑桥。他在剑桥开设讨论《逻辑哲学论》的讲座。尽管维特根斯坦 1925 年 8 月重访剑桥不是直接来源于拉姆齐的邀请，但谁说拉姆齐的拜访、联系、劝说不是在为维特根斯坦的这次访问以及后来的完全重返做好心理准备？

除了 1923 年那篇著名的书评之外，拉姆齐在此后的几年中对维特根斯坦也多所论述。1925 年，他在“共相”一文中指出，《逻辑哲学论》的逻辑理论对解决“共相”和“殊相”之间的区分带来重要启示；在另一文“数学的基础”中，他采用《逻辑哲学论》的工作，

① 布瑞恩 · 麦克奎尼斯编：《维特根斯坦剑桥书信集：1911—1951》，张学广、孙小龙、王策译，商务印书馆 2018 年版，第 231—232 页。

说明人们可以如何克服《数学原理》所存在的困难。1926年，他在“数理逻辑”一文中指出《逻辑哲学论》对数理逻辑尤其通过处理一般命题、存在命题和逻辑命题而做出的重要贡献。1927年，他在“事实和命题”一文中强调不仅要依据《逻辑哲学论》的逻辑概念建立自己的命题理论，而且要用实用主义的倾向填补维特根斯坦系统的某些理论空隙。在此后的其他文献中(很大部分在拉姆齐生前未曾发表)，拉姆齐对维特根斯坦的批判更加严重，甚至上升到对于哲学本身的看法。所有这些阐释一方面表明拉姆齐对维特根斯坦思想的深入理解和详细阐发，另一方面也表明他在某些方面逐渐离开《逻辑哲学论》的立场，并为他后续批评和影响维特根斯坦的转型奠定了基础。

维特根斯坦在《哲学研究》序中对拉姆齐深表谢忱，“拉姆齐对我的观点所提的批评在很大程度上——我自己几乎无法判断这程度有多深——帮助我看到了这些错误——在他逝世前的两年里我在无数谈话中和他讨论过我的观点。我感谢他那些中肯有力的批评。”[①] 拉姆齐对维特根斯坦的批评究竟在哪些方面并达到怎样的程度，部分可以从上面所列举的文献中看到，而更重要的持续多年的私下交谈我们却无法判断。这是一项需要费力推敲的工作，将来也许有人去做，显然拉姆齐对《逻辑哲学论》的阐释以及他对维特根斯坦的影响值得比现在更多地关注和研究。

① 维特根斯坦:《哲学研究》，陈嘉映译，商务印书馆2016年版，第2页。

第 3 节　维也纳小组

前面曾指出，维特根斯坦在多大程度上影响了维也纳小组[①]，几十年来一直存在着争议。但是，《逻辑哲学论》跟维也纳小组（本节下面如不影响正常理解，简称“小组”）有密切关联却是不容争辩的事实。根据有关资料，小组成员曾逐字逐句阅读和讨论过该书，所以不少小组成员及其弟子将《逻辑哲学论》当作小组内部的著作，并将维特根斯坦与小组成员并提，也就不足为怪了。当然，反过来也有人主张，1927—1931 年维特根斯坦在与小组部分成员的交往中，与其说他影响了后者，倒不如说后者影响了他，可能也有一定的道理。所以，要真正说清其中的关系，根据更小的时间段、更具体的论题和不同的成员而加以甄别，或许更为合适。

维也纳小组是 20 世纪分析哲学早期阶段最有影响的支脉，其逻辑经验主义的基本主张不仅轰动一时，而且影响深远。主要观点包括：将语言看作任何哲学论题的必要框架，认定经验科学是人类知识由以旋转的轴心，将逻辑当作任何研究工作的有约束力的方法论，强调反形而上学的科学世界观。[②]1929 年所发表的宣言“科学

① 德文 Wiener Kreis，英文多译为 Vienna Circle，中文早期使用“维也纳学派”（为洪谦等老一代使用），或许强调它跟其他思潮或流派不同的一场运动、一种思想，后来也有人曾将其直译为“维也纳学圈”，倒是能反映它越来越扩大的学者圈层，但这称呼没有流行开来，最近人们更多使用“维也纳小组”，旨在说明它内部并非思想统一的学派。其实，名称的使用，一半在表意，一半是习惯。

② Anat Biletzki. *(Over) Interpreting Wittgenstein*. Dordrecht, Boston, London: Kluwer Academic Publishers, 2003, p.42.

的世界概念：维也纳小组”，不仅打出彻底的反形而上学旗帜，而且将弗雷格、罗素、维特根斯坦看作从逻辑上启发他们建立新的世界概念的先驱(当然还有其他一系列先驱)。

一、主要人物

小组成员跟维特根斯坦的距离以及对维特根斯坦的接受各有不同。鉴于本书需要，这里挑选三位与维特根斯坦有深入接触并对维特根斯坦有深刻解释的代表人物：石里克、卡尔纳普、魏斯曼。[①]处于这一阶段的维特根斯坦解释的一个重要特点是，解释和使用难以真正分清，这对于小组成员来说尤其如此。

1. 石里克

石里克被公认为维也纳小组的创立者。作为从物理学进入的哲学家，石里克 1917 年第一个从哲学角度阐释了爱因斯坦的相对论。1922 年到达维也纳之后，不同领域的学者在石里克周围逐渐聚集起来并致力于科学的世界概念，他们形成反对形而上学的共同目标。据可靠研究，在阅读《逻辑哲学论》之前，石里克已经建立

① 如果在相对狭窄的意义上使用“维也纳小组”一词的话，其中的人员便不包括持相近观点在欧洲其他国家以及在美国的同行。在这一意义上，除了上述三人之外，在维特根斯坦去世前的 20 多年中，对《逻辑哲学论》有过学术性写作的小组成员还有纽拉特(O. Neurath, 1929、1931)、弗兰克(P. Frank, 1930、1949)、考夫曼(F. Kaufmann, 1930、1950)、费格尔(H. Feigl, 1931、1943)、汉恩(H. Hahn, 1931)、亨佩尔(C. G. Hempel, 1935)、冯·米泽斯(R. von Mises, 1939)、克拉夫特(V. Kraft, 1950、1951)、伯格曼(G. Bergmann, 1950)等。而在小组的欧美同行中，这些年对《逻辑哲学论》乃至维特根斯坦后期思想有过关注的还有杜比斯拉夫(W. Dubislav, 1930)、约尔根森(J. Jørgensen, 1931、1932、1951)、斯梯宾(L. S. Stebbing, 1932、1933、1939)、莫里斯(C. W. Morris, 1935)、内格尔(E. Nagel, 1936)、赖兴巴赫(H. Reichenbach, 1936、1938)等。

了自己反对形而上学、坚持经验主义的基本立场。在他出版深有影响的《普通认识论》(1918)之前，不可能阅读《逻辑哲学论》。但在阅读《逻辑哲学论》之后，既使石里克坚定了他在《普通认识论》中业已表达出来的经验主义立场，又使他修正了有关哲学与科学关系等等一系列观点。用费格尔的话说，“石里克把许多深刻的哲学见解都归功于维特根斯坦，而在我看来，这些见解在石里克本人的早期著作中已经表述得比较清楚。”[①]

石里克对《逻辑哲学论》的解释最引人注目的是他在 1930—1931 年《认识》杂志第 1 卷上的文章“哲学的转变”。在此文中，他对维特根斯坦在导致“哲学上彻底的最后转变”中的地位给予很高评价，认为这一转变依赖于掌握一些方法。“这些方法是从**逻辑**出发的，Leibniz 曾模糊地看到这些方法的端倪，在最近几十年里，Gottlob Frege 和 Bertrand Russell 曾开拓了重要的道路，而 Wittgenstein（在 1922 年的 Tractatus Logico-Philosophicus [《逻辑哲学论》]）则是一直推进到这个决定性转变的第一人。”[②] 除了发现逻辑在哲学中的作用，从而确立了哲学转变的方法之外，石里克还对维特根斯坦将哲学与科学严格区分开来大为赞赏。他经典性地概括说：“哲学不是一种知识的体系，而是一种**活动**的体系……哲学就是那种确定或发现命题**意义**的活动。哲学使命题得到澄清，科

① 费格尔：“维也纳小组在美国”，载克拉夫特：《维也纳小组——新实证主义的起源》，李步楼译，商务印书馆 1999 年版，第 178 页。

② Moritz Schlick：“哲学的转变”，载洪谦主编：《逻辑经验主义》（上卷），商务印书馆 1982 年版，第 6—7 页。

学使命题得到证实。科学研究的是命题的真理性，哲学研究的是命题的真正**意义**。科学的内容、灵魂和精神当然离不开它的命题的真正**意义**。因此哲学的授义活动是一切科学知识的开端和归宿。”[①]石里克显然在维特根斯坦思想的基础上做了进一步阐释，而且将哲学的积极方面按照自己的理解加以强调，而哲学如此强调的积极作用却未必是维特根斯坦所着力的甚或同意的。

在1932年发表的“哲学的未来”一文（在1931年第7届国际哲学大会论文基础上修订而成）中，石里克详细考察了《逻辑哲学论》所提出的哲学概念，认为哲学不是由理论组成，而是一种对思想进行逻辑澄清的活动。他对这样一种哲学观进行历史考察，说明其产生的思想资源和逻辑线索。石里克力图在怀疑论和独断体系之外找到哲学的第三条道路，这条道路就是把哲学看作“揭示意义的活动”，它不像科学那样由一套真命题构成，而是在科学命题的真假之前对其意义进行澄清。他认为，这样的哲学观在现代哲学中正是维特根斯坦“最明晰地表达于”《逻辑哲学论》。[②]他的这一阐释某种程度上在弘扬维特根斯坦的前期哲学观，某种程度上也预示着维特根斯坦的后期哲学观。

在发表于1936年的另一篇文章“意义和证实”中，石里克认为，问一个句子的意义是什么就是问这个句子在什么条件下为**真**命题，在什么条件下为**假**命题。这意味着一个词或一组词的意义由一系列规则决定，这些规则规定了词的用法。他认定自己关于词和句子

---

① Moritz Schlick：“哲学的转变”，载洪谦主编：《逻辑经验主义》（上卷），商务印书馆1982年版，第9页。

② M. 石里克：“哲学的未来”，叶闯译，《哲学译丛》1990年第6期，第7页。

意义的说法，“大部分是和 Wittgenstein 交谈的结果；那些交谈对我在这些问题上的看法影响极大。我丝毫没有夸大这位哲学家对我的帮助。”[①] 至于石里克从《逻辑哲学论》以及与维特根斯坦的交谈中如何得出被称为维也纳小组一个重要信条的“证实原则”，我们将在下面论题中谈及。

作为石里克的弟子，洪谦（1909—1992）不仅纠正学界对石里克的不公正待遇，而且专门对石里克和维特根斯坦之间的观点异同做过一番颇有见地的比较。他指出，认为“石里克的哲学最终不过是维特根斯坦的哲学，或者认为，维特根斯坦哲学的影响几使石里克的哲学‘败坏’殆尽”，都是不正确的，而他对二者关系的基本判断是，“石里克在他思想发展的最后一个时期，有许多重要的见解应当归功于维特根斯坦，但这些见解正是石里克先前的思路所想到的，或者说，只是在某些重要的观点上补充了他的研究成果。”[②] 洪谦以经验命题和逻辑数学命题的重要区别为例说明维特根斯坦对石里克已有思想的推进，然后指出下面三个地方更体现着维特根斯坦的影响：一是证实原则，二是通过语言的逻辑分析拒斥似是而非的假问题，三是哲学的任务在于澄清我们语言的意义。[③] 但是，除了维特根斯坦的影响，洪谦更为强调的是石里克与维特根斯坦在是否承认“神秘之物”等方面的差异，以及石里克的“知识分析方法”超越维特根斯坦“语言逻辑分析”的地方。

---

① Moritz Schlick：“意义与证实”，载洪谦主编：《逻辑经验主义》（上卷），商务印书馆 1982 年版，第 39 页。

② 韩林合编：《洪谦选集》，吉林人民出版社 2005 年版，第 350 页。

③ 同上，第 352—354 页。

2. 卡尔纳普

卡尔纳普(Rudolf Carnap, 1891—1970)是小组除石里克之外影响最大也最有创造力的哲学家。他在大学时期听过弗雷格课程,其后阅读罗素的《数学原理》,这二人对他的哲学思考影响最大。他虽然加入维也纳小组相对较晚(1926),但一经加入就很快成为核心人物之一。在卡尔纳普到达维也纳的第一年,小组成员开始第二遍阅读维特根斯坦的著作(卡尔纳普自己曾读过《逻辑哲学论》在《年鉴》上的部分章节)。1927 年夏天之后的一段时间(到 1929 年年初),卡尔纳普也参加了与维特根斯坦的会面。由于这些原因,他在描述自己在维也纳的思想经历时给维特根斯坦以很大的分量。

卡尔纳普后来在自述中承认"维特根斯坦的这本著作给我们小组以巨大影响",但是认为对维特根斯坦许多观点的接受依赖于"书中许多观点与我们的基本观点相似"。[①] 对卡尔纳普自己来说,维特根斯坦是除罗素和弗雷格之外对他的哲学"影响最大的哲学家",其影响主要在如下两种观点:第一,"逻辑陈述的真理性仅仅依据其逻辑的结构和词语本身的意义",与世界的偶然事实无关,也没有实际内容;第二,"许多哲学句子,特别是传统的形而上学的那些句子,都是一些毫无认识内容的假句子",维特根斯坦的这一观点坚定了他业已从其他科学家和哲学家那里获得的这一思想。[②]

在与维特根斯坦的交流中,卡尔纳普感觉受到影响,既兴奋但也产生不快,然而对他来说最重要的是,他发现了自己与维特根斯

① 鲁道夫·卡尔纳普:《卡尔纳普思想自述》,陈晓山、涂敏译,上海译文出版社 1985 年版,第 37 页。

② 同上,第 38 页。

坦的三点深刻分歧：一是他和小组成员对科学和数学有浓厚兴趣，而维特根斯坦对这些科学持冷淡甚至轻蔑的态度；二是小组成员坚持构造一种理想语言的重要性，而维特根斯坦对使用符号逻辑澄清日常的和哲学的问题持有怀疑甚至否定态度（或许因为维特根斯坦在与小组成员交往时期已经不再那么坚定《逻辑哲学论》立场）；三是小组成员认为句子的逻辑形式以及语言与世界的关系完全可以有意义地谈论，而维特根斯坦认为它们只能显示而不可说出。[①]

在面对《逻辑哲学论》的时候，卡尔纳普和小组的其他成员一样，对于其中的“神秘之物”最初予以忽视，认为它们是维特根斯坦仍保留的形而上学尾巴。他在《语言的逻辑句法》(1934) 中，认为维特根斯坦在《逻辑哲学论》最后的那种消解语句 (6.54、7) 使科学逻辑的研究不再包含句子，“只或多或少包含些模糊的说明，读者随后必须将之当作伪句子而放弃。对科学逻辑的这样一种解释是肯定非常令人不满的”。[②] 但是，当进一步意识到它们在《逻辑哲学论》中占有重要地位时，以及在交谈中知道维特根斯坦并不认为科学是对宗教的一种替代，并且为叔本华的形而上学辩护时，他认识到维特根斯坦由情感生活与理性思维之间的“尖锐的内部冲突”而来的情感痛苦：一方面有着细致而深邃的理智，另一方面又知道宗教和形而上学的“毫无内容”。卡尔纳普认为，维特根斯坦“关于形而上学的这种矛盾心理只是他性格中一种更基本的内部冲突的特

① 鲁道夫·卡尔纳普：《卡尔纳普思想自述》，陈晓山、涂敏译，上海译文出版社 1985 年版，第 43—45 页。

② Rudolf Carnap. *Logical Syntax of Language*. Translated by Amethe Smeaton. London: Kegan Paul, 1937, p. 283.

殊方面，这种内部冲突使他痛苦万分”。[①] 卡尔纳普对维特根斯坦《逻辑哲学论》的结构乃至于其整个哲学内部张力的这种归因，在后来的研究者中曾反复被感受到，尤其是在追究其家庭教育、城市文化、个人经历和时代条件时。

从 1928 年出版《世界的逻辑构造》开始到 1951 年维特根斯坦去世，卡尔纳普在将近 20 篇学术文献中论及维特根斯坦，是同一时间段谈论维特根斯坦最多的哲学家。他强调自己的工作从《逻辑哲学论》所获得的受益，认为自己在诸多方面是在维特根斯坦基础上往前推进，但也不断指出他不同于和不同意《逻辑哲学论》的地方。

3. 魏斯曼

魏斯曼（Friedrich Waismann，1896—1959）是石里克的得意门生，也是小组成员中与维特根斯坦交谈最多之人。一些研究者认为，魏斯曼在哲学上的重要性被低估了，不管是在小组中还是在维特根斯坦解释者中。[②] 这种情况如果属实，至少对于维特根斯坦哲学解释来说，笔者认为可能有如下一些客观原因：在小组那里，魏斯曼当时还只是学生，在小组成员与维特根斯坦交谈时担任的是记录和转达的角色，不可能在小组最为兴盛的 20、30 年代扮演重要的思想角色；在维特根斯坦解释者那里，他未能及时出版小组与维特根斯坦交谈的记录稿，他进一步解释和阐发维特根斯坦哲学的著作也因为维特根斯坦思想的不断变化而未能在生前出版，所以当时

---

① 鲁道夫 · 卡尔纳普：《卡尔纳普思想自述》，陈晓山、涂敏译，上海译文出版社 1985 年版，第 41—42 页。

② 徐强：“弗里德里希 · 魏斯曼和他的‘语言层次’观念”，《科学技术哲学研究》2018 年第 1 期，第 44 页。

没有产生本应产生的影响便难以避免，尽管后来有研究者极为推崇魏斯曼的解释，可是理应产生历史影响的时机已然一去不返。

魏斯曼在跟维特根斯坦哲学有关的事业中做出了三项贡献：一是完整记录了小组成员与维特根斯坦的谈话，形成维特根斯坦那段思想的重要文献《维特根斯坦与维也纳小组》、《维特根斯坦的声音》；二是转述小组部分成员与维特根斯坦的交谈内容，成为除了阅读《逻辑哲学论》、与小组部分成员交谈之外，维特根斯坦影响小组的第三条途径；三是在记录交谈结果的基础上准备了一部专门著作（当然还有他当时出版和发表的其他文献），既力图解释维特根斯坦的哲学观点，也打算对维特根斯坦哲学做进一步详细而系统的阐发。

魏斯曼所记录的《维特根斯坦与维也纳小组》当时并未面世，1967 年方以德文整理出版，1979 年才被译为英文。英文版编译者认为，“维特根斯坦当时虽心存疑虑，却也乐意看到他的思想通过魏斯曼的记录整理至少在维也纳得到传播。”[①]《维特根斯坦与维也纳小组》记录的最早材料开始于 1929 年 12 月 18 日，已是维特根斯坦重返剑桥将近 1 年以后。交谈之所以从这时候开始才被记录下来，一个原因是维特根斯坦此时已有可以交流的书面成果，另一个原因是维特根斯坦认为这是向小组转达他的思想的最好方式。[②] 记录的最后一条时间为 1932 年 7 月 1 日，整个记录延伸三年半时间。这种交流方式中断的原因是“维特根斯坦似乎已感到，以这种方式

① 维特根斯坦：《维特根斯坦与维也纳小组》，徐为民译，孙善春校，同济大学出版社 2004 年版，“英文版编译者序言”，第 3 页。

② 同上，第 11 页。

传播他的思想可能会导致对他的思想的歪曲的传播和不恰当的理解”。[①] 这一时期维特根斯坦虽然仍主要立足于《逻辑哲学论》，但也明显开始从《逻辑哲学论》出发前行。

《维特根斯坦的声音》来自魏斯曼文稿的德文材料和一些英文翻译，时间为 1928—1939 年，其中大部分内容没有清楚指明来源或目的。但是，有一点是清楚的，它们都由魏斯曼收集整理，或多或少与维特根斯坦直接相关，也跟完成魏斯曼预期的那本解释著作有关。一些材料是魏斯曼对他听写或与维特根斯坦讨论的逐字逐句记录，而更多材料则是魏斯曼对听写或讨论的转述，但无论如何都可以看作维特根斯坦思想的表达（也许一些较长的文本除外）。该文献与《维特根斯坦与维也纳小组》相比有如下不同：(1) 1929 年 12 月 8 日至 1932 年 7 月 1 日的材料，在后一文献中有详细日期，而在前一文献中则没有；(2) 后一文献有清楚地归于维特根斯坦的对话记录，而前一文献的出处则不确定；(3) 后一文献的某些文本明显不是记录稿，其中一些是魏斯曼对记录稿的复述。当然，在得到维特根斯坦的授权并助益魏斯曼的解释著作方面，两份文献是共同的。[②]

尽管魏斯曼所记录的交谈内容（有时是他与石里克，有时是他一人）未能及时刊印，但我们相信这些记录（至少其中大部分）曾在

① 维特根斯坦：《维特根斯坦与维也纳小组》，徐为民译，孙善春校，同济大学出版社 2004 年版，第 17 页。

② Gordon Baker. Transcribed, edited and with an introduction. *The Voice of Wittgenstein: The Vienna Circle, Ludwig Wittgenstein and Friedrich Waismann*. London and New York: Routledge, 2003, Preface, pp. xvi–xvii.

小组成员的聚会上被口头转达或被传阅，从而对小组成员（至少其中一部分，当然首先是石里克）产生了重要影响。其实，魏斯曼所转达的不只维特根斯坦原原本本的话语，还有他自己的解释。其解释包括，一是他 1936 年就出版的《数学思想导论》，其中糅合了维特根斯坦关于数学哲学的许多观念；二是停止记录之后，维特根斯坦转而与他合作准备一本阐述其哲学的著作《逻辑、语言和哲学》。[①] 尽管该书未能得到维特根斯坦的首肯，因而迟迟未能出版，但它很可能以某种方式曾在小组成员中传播。所以魏斯曼的这种媒介角色肯定功不可没，小组不少成员很久以后仍还铭记这一事件便是明证。

最初打算以《逻辑、语言、哲学》为书名作为维也纳小组系列丛书《科学世界观》第一卷而最终以《语言哲学原理》出版的这本维特根斯坦哲学解释著作，就其成书时间而言，毫无疑问是维特根斯坦解释的第一部著作。1929—1931 年间他们二人已谈及写作这一著作的合作，但维特根斯坦却要求魏斯曼不断进行修改，并给后者自己的不少手稿，直至维特根斯坦越来越不满意魏斯曼的工作，以及石里克的突然去世加速解体了他们之间的合作关系。该书在维特根斯坦共同体中尽管没有起到该起的历史作用，却无疑具有重要的历史价值。其中所包含的内容既是魏斯曼对《逻辑哲学论》有关思想的理解和解释，也是他对维特根斯坦从前期到后期“过渡阶段”思想的理解和阐发。当然，从维特根斯坦哲学解释史的角度看，

① 该书几经修改，在魏斯曼去世 6 年后最终以《语言哲学原理》名称出版（英文版，1965，伦敦；德文版，1976；英文第 2 版，1997）。

其历史价值只能留到它正式出版之后谈及。

魏斯曼所竭力从事的是维特根斯坦过渡时期思想的解释和传递，他自己承认不仅从与后者的谈话中，而且从后者尚未出版的文献的阅读中获益良多。但《逻辑哲学论》对他的影响太大，以至于他未能敏锐而及时地把握到维特根斯坦离开《逻辑哲学论》的许多方面，这或许也是维特根斯坦渐渐失去合作兴趣的一个重要原因。

二、主要论题

小组的重要成员之一克拉夫特（Victor Kraft，1880—1975）在总结小组时说："大量有影响的建议来自维特根斯坦，虽然后者从未亲自参加集会。维特根斯坦当时在维也纳，他的建议是通过与他有个人接触的石里克及魏斯曼来传达的。这样，维特根斯坦的影响就远远超过了他的《逻辑哲学论》一书的作用。"[①] 小组成员当然主要根据他们已有的观点和倾向，吸收、使用和剪裁维特根斯坦的《逻辑哲学论》以及与维特根斯坦的对话的，并对不同意的地方加以反对，做出修正。焦点主要集中于以下三点：

第一，逻辑在哲学中的重要作用。克拉夫特指出，"对维也纳小组来说，新逻辑有着特别的意义"，"新逻辑及其与数学的关系对于维也纳小组的哲学倾向有着决定性的影响"。[②] 这一观点由弗雷格和罗素奠定基础，而维特根斯坦起了至关重要的提升作用。《逻辑哲学论》运用新逻辑对哲学与科学的关系做了前所未有的深入清

① 克拉夫特：《维也纳小组——新实证主义的起源》，李步楼译，商务印书馆 1999 年版，第 9 页。

② 同上，第 22、24 页。

理，将哲学确定为对科学命题的含义澄清。小组对维特根斯坦提升逻辑在哲学中的作用以及将逻辑命题看作重言式的观点极为赞赏，因为如此以来康德意义上的先天综合判断便不再可能存在。

但是，小组成员并不满意维特根斯坦将哲学与科学的界限划分得如此清楚，尤其不同意他对“神秘之物”的某种形而上学重视。克拉夫特认为，小组“有一个共同的信条：哲学应当科学化。对科学思维的那种严格要求被用来作为哲学的先决条件。”而从内容上说，科学应限于实证知识，而“哲学则应限于科学的逻辑”，“哲学问题只能涉及科学知识的逻辑结构”，“哲学是科学的逻辑，而科学的逻辑则是科学语言的句法”。[①] 小组成员从维特根斯坦关于逻辑本性的观点中得出“哲学科学化”的信条，并与实证主义（经验主义）紧密关联起来，这是维特根斯坦无论如何也想不到更不可能同意的。因为他在《逻辑哲学论》中说“哲学的目的是对思想的逻辑澄清”，“哲学的结果……是对命题的澄清”[②] 时，他所说的“澄清”（elucidation，更准确地，应翻译为“阐释”）的任务既不是自然科学的简单继续，也不限于“科学的逻辑”的范围。

第二，证实主义的主张。关于经验命题的意义，小组有一些标志性的“证实主义”口号。石里克的表述是，“一个命题的意义，就是证实它的方法”。[③] 卡尔纳普的表述是，“当且仅当一个语句是可

---

① 克拉夫特：《维也纳小组——新实证主义的起源》，李步楼译，商务印书馆 1999 年版，第 20、29、30、72 页。

② 维特根斯坦：《逻辑哲学论及其他》，陈启伟译，商务印书馆 2014 年版，第 32 页。

③ Moritz Schlick：“意义和证实”，载洪谦主编：《逻辑经验主义》（上卷），商务印书馆 1982 年版，第 39 页。

证实的时，它才是有意义的，而它的意义即是它的证实方法。”[①] 克拉夫特的表述是，“命题的意义由它的证实方法决定”[②]。应该还有其他一些不同表述。这些表述都把一个命题（句子）的意义（含义）与证实它的方法密切结合起来。

证实主义主张被小组成员普遍认为来自维特根斯坦。在《逻辑哲学论》中，维特根斯坦虽然使用“证实”（verification）概念较少，但他区分句子的有意义和无意义，以及对（有意义）命题的使用加以确定，将命题划分为复合命题和初始命题，复合命题的真值取决于初始命题的真值，成为小组得出证实主义观点的思想来源。克拉夫特认为，“在这里，也还是维特根斯坦的《逻辑哲学论》作为出发点，最初提供了处理这个问题的总的路线。”[③] 当然，这里所说的证实并不是实际证实，而是可证实性，也就是原则上可以证实。一个命题是否具有意义，并不用实际上得到证实，只有当要确证一个命题是否为真时，才需要实际证实。更进一步，当维特根斯坦说“了解一个命题，意即知道当其为真时是什么情形。（因此无须知道其是否为真，我们就能了解这个命题。）”[④] 时，他实际上还区分了经验的可证实和逻辑的可证实。克拉夫特认为，“如果证实的条件不与自然律相矛盾，证实就是在**经验**上可能的。如果命题的结构不与逻辑规

① Rudolf Carnap：“可检验性和意义”，载洪谦主编：《逻辑经验主义》（上卷），商务印书馆 1982 年版，第 70 页。

② 克拉夫特：《维也纳小组——新实证主义的起源》，李步楼译，商务印书馆 1999 年版，第 35 页。

③ 同上，第 104 页。

④ 维特根斯坦：《逻辑哲学论及其他》，陈启伟译，商务印书馆 2014 年版，第 27 页。

则相矛盾，不与作为组分的语词的应用规则相矛盾，证实就是在**逻辑**上可能的。一个陈述之有意义只取决于证实它的逻辑可能性，不取决于证实它的经验可能性。”[①] 这正是对维特根斯坦思想的进一步阐发。

尽管克拉夫特没有说明，但从后来的文本看，小组成员的证实主义主张，甚至其中的不同表述，都更可能来自维特根斯坦与小组成员的交谈尤其是有记录的交谈时期。维特根斯坦在这一时期的确更多谈到经验命题的意义以及证实的方法。《维特根斯坦与维也纳小组》在 1930 年 1 月 2 日记录的一次交谈中便有维特根斯坦关于证实的清楚表述：他们在谈到心理学家的实验研究时，维特根斯坦问道，“对他们来说，什么是证实?”后面甚至精确地表达道，“命题的意义就是它的证实方法”。[②] 在 1930 年 3 月 22 日的一次交谈中，在谈到对于颜色表象（比如“这是黄颜色的”）与现实的相应情况加以证实时，维特根斯坦指出：“根据每种不同的方法（我允许作为证实的方法），命题就有完全不同的意义。”[③] 如此等等的表述远不止一两处。显然不管是因为受到小组的科学立场的影响，还是基于自己离开《逻辑哲学论》的内在逻辑，维特根斯坦都在努力从逻辑走向科学，从可能世界走向现实世界，而证实方法正是这一过程的产物。

① 克拉夫特：《维也纳小组——新实证主义的起源》，李步楼译，商务印书馆 1999 年版，第 35 页。

② 《维特根斯坦全集》，第 2 卷，B. F. McGuinness 编，黄裕生、郭大为译，河北教育出版社 2003 年版，第 45 页。

③ 同上，第 61 页。

但是即使在这里，小组成员也并不同意维特根斯坦的全部主张。对于全称命题的有效性，他们便不认为可以将全称命题的真值表示为单称命题的真值函项。克拉夫特指出，将全称命题全部分析为单称命题的合取，“在大多数情况下，这是不可能的”。[①]

第三，反形而上学立场。拒斥形而上学是小组从维特根斯坦那里得到支撑的最重要最一致的立场，也是他们所理解的哲学科学化的必然结论。在小组成员看来，剖析形而上学的独断-思辨弊病，势必将使哲学发生彻底的转变。维特根斯坦将形而上学归结为违反逻辑的无意义的话语，无疑对小组成员本来就亲近科学而反对传统哲学的态度带来最有力的支撑。至少在他们看来，这也是维特根斯坦的基本态度。他们在《逻辑哲学论》中找到最根本的证据，该书指出，“有关哲学的东西所写的命题和问题大多并非谬误，而是无意义的。因此，我们根本不能回答这类问题，而只能明确指出其无意义性。哲学家的问题和命题大多是基于我们不了解我们的语言逻辑。”[②]

对拒斥形而上学抱持最激烈态度的当属卡尔纳普，他承认自己是在维也纳主要受到维特根斯坦决定性的影响才坚定拒斥形而上学立场的。他认识到，“许多传统的形而上学命题不仅没有任何用处，甚至毫无认识内容。它们只是一些假句子。这也就是说，虽然在表面上它们似乎作出了对某些问题的论断，因为它们具有陈述

① 克拉夫特：《维也纳小组——新实证主义的起源》，李步楼译，商务印书馆 1999 年版，第 118 页。

② 维特根斯坦：《逻辑哲学论及其他》，陈启伟译，商务印书馆 2014 年版，第 24 页。

句的语法形式，而且其中的词也能引起许多强烈的和富于情感的联想。可是，在事实上，它们并没有作出任何判断，也不代表任何命题，因而也就毫无正确或错误可言。”[①] 这段话看上去就是上面维特根斯坦那段话的翻版，或者至多加上维特根斯坦与小组成员交谈时所做的证实主义发挥。卡尔纳普的这一激进态度最明显地展示于他那篇著名的文章“通过语言的逻辑分析清除形而上学”。他强调“**现代逻辑**的发展，已经使我们有可能对形而上学的有效性和合理性问题提出新的、更明确的回答”，因为逻辑分析可以告诉我们，形而上学的假陈述中要么包含无意义的词语，要么句子的构成方式违反了句法规则，这样就可以将全部形而上学断言看作无意义的假陈述而彻底清除出去。[②] 在卡尔纳普看来，形而上学至多有表达人生态度的内容，而不具有理论方面的内容，这便是人们仍然对它们保留热情的原因。

在反形而上学问题上，小组成员显然只吸收了维特根斯坦对哲学问题根源的逻辑分析，却无法理解甚至反感后者仍然保留着的对神秘之物的高度评价。当维特根斯坦认为，命题只表达世界中的偶然事实，而不可能表达高妙玄远的东西，真正有价值的东西——人生意义、宗教、意志、善恶、伦理、美，都在世界之外，只能显示而不可说时，这样的立场显然超过了小组成员可以理解的范围，而让他们几乎完全置之不理。

---

① 鲁道夫・卡尔纳普：《卡尔纳普思想自述》，陈晓山、涂敏译，上海译文出版社 1985 年版，第 70 页。

② Rudolf Carnap：“通过语言的逻辑分析清除形而上学”，载洪谦主编：《逻辑经验主义》（上卷），商务印书馆 1982 年版，第 13—14 页。

第 4 节 其他哲学家

除了紧密接触的罗素、摩尔和拉姆齐之外，维也纳小组成员的确是那个年代解释《逻辑哲学论》的最主要力量。但是，分散在欧美的其他哲学家，不管是直接对文本的兴趣，还是由于维也纳小组成员的影响，都已经在某种程度上关注这本杰作。维特根斯坦的学生 30—40 年代也已经初步介入维特根斯坦哲学的解释，正在成为日渐活跃的力量。

一、欧美其他哲学家

除了罗素、摩尔和拉姆齐之外，分散于英国和欧美而关注《逻辑哲学论》或维特根斯坦后期思想并且后来成为重要哲学家的也不乏其人，但是从维特根斯坦哲学解释的影响程度考虑，对于这一时期的欧美其他哲学家，我们只简要介绍赖尔、波普尔、韦斯顿、布莱克 4 人。①

1. 赖尔

赖尔（Gilbert Ryle，1900—1976）差不多是最早以批判视角看待《逻辑哲学论》和维也纳小组的年轻哲学家。1931 年在一篇深有

---

① 其他人还包括麦克塔加特（J. E. McTaggart，1923）、理查兹（I. L. Richards，1923）、布雷斯威特（R. B. Braithwaite，1931、1933）、艾耶尔（A. J. Ayer，1933、1934、1936）、康福斯（M. Cornforth，1933、1946、1950）、温伯格（J. R. Weinberg，1935、1936）等。资料来源：Guido Frongia and Brian McGuinness ed. *Wittgenstein, A Bibliographical Guide*. Oxford: Blackwell，1990。

影响的名为“系统地引人误解的表达式”文章中，他在详细分析似是而非的本体论表达式、柏拉图式表达式和描述性表达式之后，在提示仍然存在的某些难题时，表达了他对维特根斯坦及其追随者关于命题和事实之间图像关系的不信任（尽管这篇文章本身又是罗素和《逻辑哲学论》影响的产物）。且引该文长段内容如下：

> 我本人不能相信那种看来是维特根斯坦及效忠于他的逻辑语法学派的下述学说，即认为，使表达式在形式上能适当地表述事实的东西，是在表达式的组成和事实的组成之间的某种真实的、并非人为约定的意义对应的图象关系。因为我无法看到，除了在一小类特别加以选择的情况之外，怎么能够认为一件事实或事态在结构上会与一个句子、手势或图式相类似。一个句子是一些零碎的声音经过整理排列而形成的集合，一张图画是一些零碎的线条经过整理排列而形成的集合，但一件事实却不是象一个句子或一张图画那样是零碎的东西的集合，更谈不上是经过整理后的有组织的集合了。一件事实不是一个物，从而就更谈不上是一个经过整理组织的物了。无疑，一张图画也许就象是一个国家或一条铁路系统；在更一般、或较不严格的涵义上，作为声音的一个有秩序的系列的句子，也许类似于一种由川流不息的交通车辆所形成的系统或由一星期七个昼夜所形成的时间序列。[①]

① 吉尔伯特·赖尔：“系统地引人误解的表达式”，载涂继亮主编：《语言哲学名著选辑》（英美部分），三联书店 1988 年版，第 197—198 页。

赖尔认为语言的语法形式和逻辑形式之间从而表达结构和事实结构之间的关系不是先验的、固定的、精确的图像关系，而几乎是约定的、习惯形成的，所以才会有系统地引人误解的表达式，而且只有哲学家对这种误解感兴趣，力图寻求展示事实的逻辑形式的最佳方式。他从日常语言的实际运行中发现引人误解的表达式，从而既不认为语言和世界之间、命题和事实之间存在着理想的图像关系，也不认为可以通过构造理想语言而消除这些系统的误解。赖尔的这篇文章理应为维特根斯坦所知，鉴于他们当时已经熟知这一事实，但是否对维特根斯坦产生影响，我们却不得而知。

赖尔的特殊重要性在于几乎是最早从日常语言学派（尽管这个学派的出现还远在之后）角度批判《逻辑哲学论》和维也纳小组的。他在20年代曾倾心于胡塞尔现象学和逻辑原子论，但是"1929年，赖尔碰到维特根斯坦并建立起友谊，这深刻改变了赖尔哲学思维的方向"。[①]他由此转向日常语言研究。他接受了来自摩尔和维特根斯坦的双重影响。摩尔是20世纪日常语言哲学的肇始者，赖尔与剑桥的联系使他不可能不接受摩尔的影响。而对于维特根斯坦，赖尔所受的影响可能在他从事的其他研究工作中，跟维特根斯坦的讨论很大程度上影响了他的哲学，比如后来的《心的概念》的产生，但他又相对有限地使用了维特根斯坦的哲学方法。维特根斯坦曾在给摩尔的信中评价赖尔是"友好、优雅和讨论中谦和的人"。[②]但是，

① 阿弗拉姆·斯特罗：《二十世纪分析哲学》，张学广译，中国社会科学出版社2014年版，第125页。

② 布瑞恩·麦克奎尼斯编：《维特根斯坦剑桥书信集：1911—1951》，张学广、孙小龙、王策译，商务印书馆2018年版，第417页。

除了上述印证内容之外，赖尔在 30—40 年代对于《逻辑哲学论》少有直接评论，几乎 20 年之后才有触及，尽管他在此期间曾对哲学史和当代哲学的不少问题有过关注。在 1950 年的“逻辑和安德森教授”一文中，他将安德森的时空情境概念跟罗素和维特根斯坦的原子事实概念加以对比，说明相互之间的异同，更重要的是认为安德森不同于维特根斯坦，前者强调不必对科学和哲学加以明确区分。

还值得一提的是，早在 1949 年，赖尔就出版了轰动一时的著作《心的概念》。该书不仅是日常语言学派的代表作之一，而且是学派确立起来的一个重要标志。它基于日常语言分析，揭示和批判被称为“机器中的幽灵说”的笛卡尔心灵学说。所提出的“范畴谬误”概念成为语言哲学领域深有影响的概念之一。该书呈现心理概念的逻辑地理学的方法，不是弗雷格、罗素、《逻辑哲学论》和维也纳小组式的，而更像摩尔或后期维特根斯坦式的（维特根斯坦对赖尔从他那里得到哲学问题却又不公开承认而深为不快）。对于初学者来说，《心的概念》跟《哲学研究》看起来如此相近，以至于很难不断定它们之间的思想联系。然而，更加令人想不到的是，该书不到 10 年时间便陷入沉寂，其坠落的速度和兴起的速度一样快。一些学者认为，导致《心的概念》沉寂的一个主要原因便是《哲学研究》的出版，前者所赖以确立的核心主张——物理主义和行为主义，正是后者的精细语法分析所竭力反对的目标之一。[①] 至于日常语言学派和后期维特根斯坦之间的关系，我们在后面适当时候还要触及。

① 其实，在《心的概念》出版之后不久，韦斯顿（A. J. T. D. Wisdom）便通过这一对比对赖尔提出了批评，参见 Guido Frongia 和 Brian McGuinness 主编：*Wittgenstein, A Bibliographical Guide*，第 88 页。

2. 波普尔

在 20 世纪哲学中，波普尔（Karl Popper，1902—1994）是影响深远的哲学家。对于维特根斯坦哲学解释来说，波普尔当然要比维也纳小组成员以及牛津和剑桥的哲学家做的少得多，也不属于这一传统中一员（倒不如说是反对者中的一员），但其中不乏戏剧性的故事。尽管他和维特根斯坦都是维也纳人，在 20 年代中期波普尔曾读过《逻辑哲学论》，在 1935—1936 年对英格兰有过两次长时间访问，但从《波普尔思想自述》看，他们之间截止那时为止并未谋面，而两人之间的学术冲突则更是晚到第二次世界大战之后。

波普尔对《逻辑哲学论》的第一次文献反应是在 1933 年[①]。他在给《认识》杂志的一封信中提出对维特根斯坦的两点批评（他自己后来纠正说并不是要对维特根斯坦进行批评）：一是自然法则的地位，二是科学与形而上学的划界问题，他尤其在第二点提出“证伪标准”作为二者划界的原则，因为他认为如果将维特根斯坦的意义标准贯彻到底的话，“自然法则也会是‘无意义的假命题’，结果也变成了‘形而上学’的”。[②] 在以《研究的逻辑》为名 1934 年出版于维也纳的德文著作（英文版以《科学发现的逻辑》为名出版于 1959 年）中，波普尔多处涉及维特根斯坦，最重要的是在第一部分的第 4 节中（以“划界问题”为题）对维特根斯坦以及逻辑实证主义者提出了批评。沿袭上封信的一贯主张，他认为在科学和形而上学

① Guido Frongia 和 Brian McGuinness 主编的 *Wittgenstein, A Bibliographical Guide* 一书，将年份误为 1932 年，根据《科学发现的逻辑》一书，应是 1933 年。

② 卡尔·波普尔：《科学发现的逻辑》，查汝强、邱仁宗、万木春译，中国美术学院出版社 2007 年版，第 287 页。

的划界这一知识论的关键性任务上，归纳逻辑的意义标准不仅不能将形而上学摈弃在科学之外，而且最终将二者混淆起来。波普尔的结论是：“维特根斯坦的有意义标准，假如首尾一贯地加以应用，就会把那些自然定律也作为无意义的而加以拒绝；它们决不能作为真正的或合理的陈述而接受。”[①] 由于该著作当时的巨大成功，想必波普尔的这一批评维特根斯坦应该知悉，它是否在维特根斯坦走出《逻辑哲学论》和提出证实主义主张中起过作用，尚需要进一步的证据。对于维特根斯坦走出证实主义而迈向更为后期的思想，波普尔似乎没有更多地做出书面表达，也许因为学术观点上的距离（他对实证主义和语言哲学一直持批评态度），也许因为远在新西兰的物理距离（1937—1945 年在位于新西兰克赖斯特彻奇的坎特伯雷大学任教），但根据他们之间后来的冲突看，他对维特根斯坦 30—40 年代的新哲学是熟悉的。

波普尔 1946 年 1 月开始在伦敦经济学院工作之后，终于出现了他与维特根斯坦正面接触终而冲突的机会。按照道德科学俱乐部备忘录的记载，冲突发生在 1946 年 10 月 26 日，这次冲突涉及的是如何看待哲学的问题，但该处对冲突的细节并没有描述。[②] 倒是波普尔对这件事的过程有详细描述，认为自己的玩笑没有得到维特根斯坦及其支持者的理解，而他对所谓不存在真正的哲学问题而只存在需要消除的哲学难题所进行的批评一再激怒维特根斯坦。

---

① 卡尔·波普尔：《科学发现的逻辑》，查汝强、邱仁宗、万木春译，中国美术学院出版社 2007 年版，第 12 页。

② 布瑞恩·麦克奎尼斯编：《维特根斯坦剑桥书信集：1911—1951》，张学广、孙小龙、王策译，商务印书馆 2018 年版，第 624 页。

几个主要节点是：第一，他没有按照秘书的请柬而谈论一些哲学难题，选择了"哲学中的方法"，并在开讲时就此开了玩笑，从一开始便引起了不快。第二，在讲演的过程中与维特根斯坦有过火气比较大的问答(互相打断)，他认为的真正哲学问题都被维特根斯坦否定为逻辑或数学问题。第三，当他提到道德问题和道德规则的有效性时，维特根斯坦在火炉边烦躁地摆弄着拨火棍，挑战性地说"举个道德规则的例子"，而波普尔回答"不要用拨火棍威吓来访的讲学者"，维特根斯坦勃然大怒，扔下拨火棍冲出房间。①

这一交锋还被有心人做了更多挖掘，尽管这里对细节究竟如何没有时间探讨。②重要的是，两人的冲突可能不仅仅是性格冲突，还是两种哲学观的冲突。尽管波普尔不是维特根斯坦解释者，但两个哲学家之间的交锋却是国际哲学界的重要事件，某种意义上可算是维特根斯坦后期著作出版后所发生冲突的一次预演。

维特根斯坦去世之后，波普尔1952年仍在题为"哲学问题的性质及它们的科学之根"一文中考察维特根斯坦的后期思想，批判那种将真正的问题都归于科学而认为哲学问题为伪问题的观点，再次重申自己的主张，即真正的哲学问题总是植根于哲学之外的广大问题。③看来，哲学是否有自己真正的积极的问题将注定成为维特

---

① 卡尔·波普尔：《波普尔思想自述》，赵月瑟译，上海译文出版社1988年版，第169—170页。

② David Edmonds and John Eidinow. *The Wittgenstein's Poker: The Story of a Ten-Minute Argument between Two Great Philosophers*. New York: Harper Collins Publishers, 2001.

③ Guido Frongia and Brian McGuinness ed. *Wittgenstein, A Bibliographical Guide*. Oxford: Blackwell, 1990, p. 94.

根斯坦哲学后续影响的核心问题之一。

3. 韦斯顿

作为维特根斯坦重返剑桥之后的年轻同事，韦斯顿（John Wisdom，1904—1993）是剑桥自罗素和维特根斯坦之后最被广泛引用的哲学家。他很早就关注《逻辑哲学论》，并在 1934 开始的 4 年中参加了维特根斯坦的课程。在 1934 年 11 月 25 日致学生的一封信中，维特根斯坦说："这里现在有一名非常不错的男生，他是哲学讲师，也到我的课上来。他的名字叫韦斯顿。他在我的班上听课非常努力，讨论中表现很好，因而对我和其他学生都是极大的帮助。"[①] 在他们彼此欣赏的近 20 年交往中，也发生过冲突。事情发生在 1940 年 2 月，当维特根斯坦听说韦斯顿对他 2 月 2 日晚以及早几天在亚里士多德学会会议上的表现提出批评时，表达了强烈的不满。韦斯顿为此向维特根斯坦坦诚地写信说明（信已丢失），维特根斯坦写信予以答复，而韦斯顿再行答复的草稿如今得以保存。[②] 尽管有这次不愉快的经历，但第二代维特根斯坦著作执行人之一麦克奎尼斯（Brian McGuinness，1927—2019）认定，"韦斯顿把自己看作维特根斯坦的追随者，坚持认为后者所显示的混淆就其本身来说也是洞见"。[③]

韦斯顿评述《逻辑哲学论》的第一篇文献是 1931 年起连载 3 期发表于《心》的长文"逻辑构造"。在该文（I）中，韦斯顿提出一

① 布瑞恩·麦克奎尼斯编：《维特根斯坦剑桥书信集：1911—1951》，张学广、孙小龙、王策译，商务印书馆 2018 年版，第 382 页。

② 同上，第 503—506 页。

③ 同上，第 504 页。

种描画(sketching)理论,并在第4节将它与《逻辑哲学论》的图像(picturing)理论加以比较,认为二者有着非常相似的关系。他建议在英语翻译中用“句子”代替“命题”,这一点后来得到较多讨论甚至认可(尤其对于后期哲学)。他对《逻辑哲学论》中有关句子(命题)是事实的图像这一观点进行详细辨析,认为句子很难成为事实的图像,哪怕是在日常语言的简单句子情景中,“一个句子在结构上跟它所表达的事实不是同一的,并不像镜像、图像、图表或地图在结构上跟它所反映、描画、表征或绘制的东西是同一的那样。”[①] 这实际上对《逻辑哲学论》的核心主张——图像论提出了批评,其反省思路甚至跟维特根斯坦在这一时期的反省有某种相似性。

在1936年的“哲学疑惑”一文中,韦斯顿感谢维特根斯坦提供给他解决哲学疑惑的方式,因为他从后者从事哲学的方法中受益良多。他在文中提供了他从听课得来的一系列例子,这可算作维特根斯坦后期哲学较早的公开报道。在1938年的“形而上学和证实”一文中,韦斯顿不仅聚焦于阐述“证实原则”,而且再次重申他从听课中得到的维特根斯坦从事哲学研究的方法。1940年起在《心》杂志连载4期的长文“他心”中,韦斯顿从一开始就表达对维特根斯坦的感激,认为这些收获是只有长期听课而不是碰巧获得一些内容才能得到的。正因为长期听课熟悉和掌握了维特根斯坦哲学观和哲学方法,韦斯顿才能在1949年赖尔《心的概念》出版不久即撰写长篇书评,从许多方面对赖尔提出批评,指出维特根斯坦的分析已

① Irving M. Copi and Robert W. Beard ed. *Essays on Wittgenstein's Tractatus*. New York: The Macmillan Company, 1966, p. 54.

经如何促进对心灵问题的解决，由此指明维特根斯坦和赖尔之间的一系列区别。这一书评应该说加速了《哲学研究》出版之后《心的概念》的快速衰落。1952 年，在维特根斯坦去世之后一年，韦斯顿发表了回忆短文“维特根斯坦，1934—1937”，根据自己的记忆（而不是笔记）对 4 年期间与维特根斯坦的交谈以及听课所得进行了总结，涉及维特根斯坦后期哲学的一些重要概念和主题。①

可以说，虽然不是维特根斯坦的真正学生，但韦斯顿从维特根斯坦那里所学甚多，较早有创建性地解释和批评《逻辑哲学论》，并对及时报道后期维特根斯坦的思想和方法起到重要作用。到下一阶段，他仍然是助力维特根斯坦解释的重要哲学家之一，尽管并不处于真正主流。

4. 布莱克

在维特根斯坦哲学解释史中，布莱克（Max Black，1909—1988）享有一定的地位。他跟赖尔有相似的经历，但比赖尔更加专注于《逻辑哲学论》，是一位从始至终对维特根斯坦哲学保持高度关注的哲学家。他在剑桥学习（1929—1931）期间或之后的几年中认识了维特根斯坦（尚不清楚是参加道德科学俱乐部之类活动，还是参加了维特根斯坦为数学家开设的讲演课抑或别的情况），并在后者的影响下从数学转入哲学。之后他们之间的联系中断，直到维特根斯坦于 1949 年访问美国时，他才参与了对维特根斯坦的接待和讨论。维特根斯坦在访问前致马尔科姆的信中表达不想过多打

① Guido Frongia and Brian McGuinness ed. *Wittgenstein, A Bibliographical Guide*. Oxford: Blackwell, 1990, pp. 67-94.

扰布莱克时解释说："我有 16 年以上没见过布莱克，我在剑桥认识他的时候，尽管他看上去非常讨人喜欢，但是我从未真正把他当作严肃的思考者，我们也从不是特殊的朋友。我这么说是因为我不想让他以为我是一个好交际的人。"[①]

在出版于 1933 年的著作《数学的性质》中，布莱克简要考察了《逻辑哲学论》中跟数学基础更直接相关的一些命题和论点，指出维特根斯坦的解决方法跟《数学原理》的不同之处，他还认为维特根斯坦的理论对逻辑斯蒂的论点构成或明或暗的坚决反对，而纯数学在《逻辑哲学论》中被当作每一可能的符号系统的句法。[②]

更重要的是，在 1938 年的"与语言相关的几个问题"一文中，布莱克被研究者们认为已经不满足于对文本的阅读理解，力图提出自己独到的解释，构成《逻辑哲学论》早期解读中罗素、拉姆齐之外的一个重要角度。[③] 布莱克认为《逻辑哲学论》的中心主题是作为语言批判的哲学概念，并批评拉姆齐、卡尔纳普、罗素对该书的误解。但他自己却不只是阐释维特根斯坦的观点，而是分析批评该书的一些矛盾的地方，比如语言分析中"指号"（sign）和"符号"（symbol）的使用存在着一定的混乱，"说出"（saying）和"显示"（showing）之间存在内在矛盾，不过，他不同于其他解释者而认为，维特根斯坦提供的有关"名称"、"命题"、"结构"的语言分析工

① 布瑞恩 · 麦克奎尼斯编：《维特根斯坦剑桥书信集：1911—1951》，张学广、孙小龙、王策译，商务印书馆 2018 年版，第 695 页。

② Guido Frongia and Brian McGuinness ed. *Wittgenstein, A Bibliographical Guide*. Oxford: Blackwell, 1990, p. 69.

③ Anat Biletzki. *(Over) Interpreting Wittgenstein*. Dordrecht, Boston, London: Kluwer Academic Publishers, 2003, p.42.

具不同于语言学家所提供的专门工具，因而跟我们语言中的“词”、“句子”、“句子结构”并不相同。布莱克提出《逻辑哲学论》专门工具应用于我们日常语言的问题，强化了拉姆齐率先提出的解释视角，尽管他给出了不同的解答。尤其重要的是，他在最后认为，不管哪个哲学家提出关于语言的答案都无法穷尽关于语言的说明，因为语言实在太复杂。哲学家们回答的缺陷不是他们的方法造成的，而是因为这样的事实：他们的片段和近似的结论往往被呈现为有关语言整体的结论。①

布莱克此后关注 20 世纪早期剑桥分析学派中维特根斯坦与摩尔、罗素之间的比较。在 1939 年的“逻辑实证主义与剑桥分析学派之间的关系”一文中，他分析两种哲学运动之间的异同，简要介绍了维特根斯坦在剑桥课程中所讲述的论题，并将这些论题跟摩尔和罗素的有关观点加以比较。类似的话题在 1950 年他主编的论文集《哲学分析》中再度重复，认为哲学分析中可以采用相当不同而多样的解决办法，其中罗素、摩尔和维特根斯坦各显自己的特色。

二、维特根斯坦的学生们

在维特根斯坦剑桥教学的近 20 年时间中，有过一大批追随者，可以分为 30 年代早期和 30 年代中后期之后两个阶段（或者可以根据他工作的变化更准确地划分）。尽管他们的影响在当时还无法与维也纳小组成员或欧美其他哲学家相比，但这两个阶段分别有些出

① Max Black. Some Problems connected with Language. In Stuart Shanker ed. *Ludwig Wittgenstein: Critical Assessment*, vols. I. London: Croom Helm, 1986, p.62.

色的学生已经崭露头角，开始在学术界弘扬老师的主张。他们其中的一部分人不仅与维特根斯坦保持着终生友谊，而且成为维特根斯坦哲学解释下一两个阶段的核心力量。

1. 安布罗斯

在 30 年代早期参加维特根斯坦课程的学生中，安布罗斯（Alice Ambrose，1906—2001）率先突破，这主要是因为跟参加课程的本科生相比，她当时已经在美国获得博士学位，正在跟摩尔攻读第二个博士学位。她是《蓝皮书》和《褐皮书》的听写者之一。但是，她与维特根斯坦的相处中存在观点以及其他分歧，据说矫正这种二手传播中对其观点的误解也是促使维特根斯坦最终准备出版《哲学研究》的重要原因。

安布罗斯与维特根斯坦的分歧出现在 1935 年分两期发表于《心》的“数学中的有限论”一文中。在讨论数学哲学中一些问题的有限论立场时，她强调自己的观点受到 1932—1935 年所听维特根斯坦课程的影响，并引证了得自后者的例子和论点。她在第一期总的陈述中鸣谢道：“所陈述的观点自始至终得到路德维希·维特根斯坦博士 1932 年到 1935 年间在剑桥所做讲演中某些建议的指导。”[①] 在第二期中继续鸣谢说：“这是我理解的路德维希·维特根斯坦博士在其讲演中所提出的观点，也是从不可能由我提出的观点。正是在这一意义上，我所提出的任何观点都可以说受到他所提出建议的指导。”[②] 尽管有这些鸣谢，但安布罗斯与维特根斯坦观点

① 布瑞恩·麦克奎尼斯编：《维特根斯坦剑桥书信集：1911—1951》，张学广、孙小龙、王策译，商务印书馆 2018 年版，第 393—394 页。

② 同上，第 394 页。

上的归属争议仍可以看得出来。不管论文能否发表，还是其中观点的归属，抑或由此得来的荣誉，安布罗斯都希望其中不含任何不光彩的或个人的隐情。关于这一囧事在剑桥引起的骚动不再过多陈述。

在 1937 年发表的“有限论与‘经验主义的局限’”一文中，安布罗斯回复了罗素对她 1935 年文章所做的批评。罗素的批评涉及数学表达式重要性的条件以及跟 π 的展开有关的一些问题。她在回复中提到维特根斯坦在 1932—1935 年讲演中关于数学哲学的一系列观点，这些观点可以应用于解决罗素质疑的那些问题。[1]

跟 30 年代中后期之后的一批或更多批且更成熟的学生相比，安布罗斯主要是第一批学生（维特根斯坦的最初尝试）中的开路人，而在此后的岁月中却未能扮演维特根斯坦哲学解释更持久更重要的角色。除了安布罗斯，在 30 年代早期的学生中，也有维特根斯坦交往很久很频密者，比如沃森（William Heliot Watson，1899—1987），由于年龄和 / 或性情相近，与维特根斯坦有更频密的交往，也能将维特根斯坦的哲学理念应用于他自己的物理学领域（《论理解物理学》，1939）。但是，由于专业差异和地理差异（前往加拿大工作），沃森并未成为维特根斯坦的主要解释者之一。还比如斯蒂文森（C. L. Stevenson，1908—1979），跟随摩尔和维特根斯坦学习，后来成为耶鲁和密歇根的教授，以《伦理术语的情感意义》（1937）以及同一主题的伦理学著述而闻名于世。他虽然不是维特根斯坦文献的解释者，却是传承后者精神的重要学者，也有一度的通信往来。

① Guido Frongia and Brian McGuinness ed. *Wittgenstein, A Bibliographical Guide*. Oxford: Blackwell, 1990, p. 77.

2. 里斯

从30年代中后期开始，维特根斯坦遇到更为成熟也交往最久的第一批学生。其中最早也持续最久的一位是里斯(Rush Rhees, 1905—1989)。他是维特根斯坦的亲密朋友和最好的学生之一(1936年开始听课)，在英国斯旺西大学学院将维特根斯坦哲学影响发展为一个派别，在维特根斯坦哲学解释中做出突出贡献。他不仅在维特根斯坦近20年的个人生活中起着重要作用，而且成为维特根斯坦最早的三个著作执行人之一(而且是维特根斯坦唯一指定的遗嘱执行人)，在维特根斯坦遗著的编辑工作中也做出显著贡献。

但是，里斯从事哲学教学和研究的过程比较漫长曲折。虽然颇有才智，他却未能跟随摩尔完成博士学位论文，令摩尔甚是遗憾。他曾在工厂做了3年左右电焊工，其中部分原因是维特根斯坦经常向他的朋友推荐体力劳动带来的影响，并被规劝安心这份工作。然后，由于他无法做好这一"太非个性"的工作，终于于1940年到斯旺西从事哲学教学，并一直工作到退休。退休之后，他仍跟研究生研讨维特根斯坦的著作，直到去世。由于里斯在斯旺西工作，那里成为维特根斯坦此后频繁休假的地方之一。也由于里斯在那里传播维特根斯坦的思想和方法，奠定了这里哲学发展和人才接续的基本风格，斯旺西由此成为后来维特根斯坦研究的重镇。里斯创立的哲学讨论活动从40年代延续到90年代，吸引了一代又一代学人，产生了被称为"斯旺西学派"的一批哲学家。[①] 英国维特根斯坦学

① 代表人物有里斯、温奇(Peter Winch)、霍兰(R. F. Holland)、约翰斯(J. R. Johns)、茅斯(Howard Mounce)、菲利普斯(D. Z. Phillips)、迪尔曼(Ilham Dilman)、比德莫尔(R. W. Beardmore)。参见 John Edelman ed. *Sense and Reality: Essays out of Swansea*. Frankfurt: Ontos Verlag, 2009。

会和《哲学研究》杂志都设在此处。

鉴于里斯复杂的求学和工作经历，尽管他有着不同寻常的智力和原创性，但他似乎对自己的哲学能力并不自信。他不仅在剑桥期间怯于申请奖学金和博士学位，而且在斯旺西的哲学教学也离不开维特根斯坦的一再鼓励和要求。由于这一情况，也许还有维特根斯坦特殊的哲学观的影响，里斯便并不是有关维特根斯坦哲学著述很多的解释者。维特根斯坦去世之前，他只有一次跟维特根斯坦有关的文献。在 1947 年的对“康福特‘科学还是唯心论’的批判性考察”一文中，他考察和批判了康福特 1946 年发表的分析不同形式主观主义的文章，并为《逻辑哲学论》中维特根斯坦的唯我论观点辩护。[①] 当然，这一时期他还从事维特根斯坦哲学之外其他具有独创性的研究。

1953 年以后，里斯在维特根斯坦哲学解释中所发挥的作用，我们将在后续阶段讨论。

3. 马尔科姆

自从 1938—1939 学年从哈佛赴剑桥参加了维特根斯坦讲演课，马尔科姆（Norman Malcolm，1911—1990）便成为前者的忠实伙伴和虔诚信徒，为其哲学解释做出了重要贡献（当然在心灵哲学和认识论方面更有他自己的独创贡献）。他不仅是维特根斯坦往来最多的通信者之一，而且邀请后者访问美国，吸引了更多的美国学者关注维特根斯坦。这次访问以及马尔科姆的独到研究成为维特

① Guido Frongia and Brian McGuinness ed. *Wittgenstein, A Bibliographical Guide*. Oxford: Blackwell, 1990, p. 83.

根斯坦思想进入美国的主要路径之一，康奈尔大学也成为维特根斯坦哲学解释在美国最早的重镇。

马尔科姆承认，直到听课的大约十年之后，当他重新研究笔记的时候，他仍然觉得几乎一点没有搞懂。[①] 这当然多少有些谦虚。不过，他对维特根斯坦进行文献评述的确相对较晚。直到维特根斯坦去世以后，1952 年他才有提到维特根斯坦的文章。在"知识和信念"一文中，他在最后鸣谢中说，文章的大部分内容来自自己与维特根斯坦的交谈。[②] 当然，此后他关于维特根斯坦的大量文章和著作便随之而来，尤其是关于维特根斯坦的心理学哲学、哲学的转变、前后期哲学的联系以及宗教哲学等。这留待我们下一两个阶段来谈。

对维特根斯坦来说，马尔科姆的重要性在于他是一个良好的交谈和通信伙伴，持续了十多年时间。除了专业解读之外，马尔科姆给我们留下了宝贵的信件，以及他对维特根斯坦思想、个性、教学、生活的简明准确的回忆。

4. 冯 · 赖特

1947 年继承剑桥大学三一学院维特根斯坦哲学职位（也得到维特根斯坦支持）的，是一位来自芬兰的年轻哲学家冯 · 赖特。他与维特根斯坦的相识还开始于一次小小的误会。临近 1939 年春季学期末，两个新来者出现在维特根斯坦的讲演课上，使维特根斯坦大为不快，其中之一便是冯 · 赖特。但是误会很快过去，此后的交谈

---

① 诺尔曼 · 马尔康姆:《回忆维特根斯坦》，李步楼、贺绍甲译，商务印书馆 1984 年版，第 19 页。

② John Canfield ed. *The Philosophy of Wittgenstein*, vol. 8, *Knowing, Naming, Certainty, and Idealism*. New York and London: Garland Publishing, Inc., 1986, p. 16.

和通信使两个同样高智力而相互欣赏的心走到一起，奠定了彼此的友谊和理解。他不久之后便向维特根斯坦写信表达了后者的哲学方法对自己所带来的冲击。该方法使他“进入一个思想领域的‘调子’，我正站在这一领域的边界，静心努力地倾听着，以便采取那里的正确道路，而调子正由之发出”。[①]

他的卓越工作和备受信赖使他成为维特根斯坦最早的三个著作执行人之一，并为此完成了巨量的文献编辑工作，是他确定了维特根斯坦所遗留的手稿和打印稿的正式文献编目。当然，维特根斯坦文献整理和解释只是他的部分工作，他在归纳逻辑、哲学逻辑、伦理学、行动理论、心灵哲学、文化哲学领域都有卓越建树，成为《在世哲学家文库》的入选人之一(1989)。

但在维特根斯坦去世之前，冯·赖特解释维特根斯坦哲学的文献只有一篇。在 1949 年发表的“形式和内容”一文中，他花了很大力气澄清《逻辑哲学论》所提出的逻辑真理概念，以及它与重言式和真值函项的关系。他还讨论了这一理论在应用上的局限性。对于他在《哲学研究》出版之后对维特根斯坦哲学所做出的贡献，我们将在下两个阶段予以陈述。

5. 安斯康姆

对于维特根斯坦文献的整理、翻译和研究都做出最卓越贡献的，当属维特根斯坦最得意的一位女生安斯康姆。她的哲学受到维特根斯坦的强烈影响，反过来成为维特根斯坦最早的三位著作执行人之一，并继任了他在剑桥的哲学教职(1970—1986)。

① 布瑞恩·麦克奎尼斯编：《维特根斯坦剑桥书信集：1911—1951》，张学广、孙小龙、王策译，商务印书馆 2018 年版，第 494 页。

维特根斯坦在推荐安斯康姆研究员职位时曾在一封信中这样评价："毫无疑问，她是我自1930年——我那年开始讲课——以来最有天赋的女学生；而且在我的男性学生中，也只有8人或10人与她相当或超过她。她对哲学有卓越的理解，极其认真，并能胜任艰苦的工作。"维特根斯坦在草稿上还另外写道："真诚；杰出的老师，用清晰和简明的语言解释她自己；总是认真考虑其他人的困难，令人印象深刻地有耐心性格；8或10人与她相当，极少人超过她。她展示出极强的处理哲学问题的能力。在与她讨论时，我发现她说的每一个词都值得听。她不吹牛而是谦虚、真诚和稳健。我应该期待她做出……"①

在维特根斯坦去世之前，安斯康姆同样只有一篇涉及维特根斯坦的文献。在1950年的"过去的实在"一文中，她明确表示该文的观点和方法来自维特根斯坦，并努力理解和使用后者的工作。维特根斯坦去世之后，在1952年给《世界评论》的一封信中，她为维特根斯坦的宗教立场辩护，批评1951年一篇文章对维特根斯坦宗教观的陈述。她对哲学问题的处理的确受到维特根斯坦的强烈影响，不只上述文章，也包括她深有建树的其他两个领域：行动哲学和伦理学。

安斯康姆是众多维特根斯坦遗著的编辑和翻译者，尤其对《哲学研究》的英译和出版费尽心血。在维特根斯坦的最后几年中，她更是多所照顾。她也是《逻辑哲学论》的最典型解释者之一。

---

① 布瑞恩·麦克奎尼斯编：《维特根斯坦剑桥书信集：1911—1951》，张学广、孙小龙、王策译，商务印书馆2018年版，第586、587页。

总之，从罗素导言开始到维特根斯坦去世前，主要由于剑桥著名学者、维也纳小组成员、欧美的其他哲学家、维特根斯坦的学生这几股力量的积极推动，《逻辑哲学论》获得了解释和讨论的多维界面和基本频谱。因为文本有限和关系固定，罗素、摩尔和拉姆齐对维特根斯坦哲学的解释相对清楚。但这一阶段的后期由于维特根斯坦经历了在与维也纳小组成员交流中以及返回剑桥之后的重返哲学过程，所以一些相对复杂的现象交织在一起，令后来学者争论不休。其中包括维特根斯坦对《逻辑哲学论》基本问题的进一步思考，维特根斯坦与维也纳小组主要成员之间的相互影响，维特根斯坦逐渐离开《逻辑哲学论》而做出的多方面探索，维特根斯坦通过自己的打印稿和课程对学生的影响（以及这一影响的逐渐传开）。尽管总的基调比较一致，都倾向于将《逻辑哲学论》看作古典哲学问题的现代逻辑分析经典，形成语言与世界关系的现代逻辑重构，从而解决了有意义表达的条件问题，但在一些具体问题的解释上，不同股力量之间以及每一股力量的内部都存在一定的差异。《逻辑哲学论》正统解释的总路径初步形成，各种分叉也被开辟出来。更重要的是，在维特根斯坦从《逻辑哲学论》走向后期的过渡阶段，每一股力量都扮演了连维特根斯坦自己当时也未必认识到的重要角色。

第 4 章　正统解释的强化期（1951—1969）

维特根斯坦 1951 年的不幸逝世无疑是英美哲学界的一大损失，否则他还可以有更多的学术创造，会完善他已有的成果。他逝世的一个直接结果是学者们对他的悼念和总结，对他一生的评价和回忆，一个间接结果是加快了对他著作的出版和研究。尽管《逻辑哲学论》已经过 30 年的流传、讨论和影响，维特根斯坦由于这一杰作在哲学界已获得声名，但是其实《哲学研究》（以及后期其他著作）的出版才是维特根斯坦哲学解释中最具重大意义的事件。《哲学研究》的出版使久已通过打印稿和学生笔记流传（包括一些学生的公开鸣谢）的维特根斯坦后期哲学得以坐实，使坚持《逻辑哲学论》和走出《逻辑哲学论》的研究者之间的争论得以真正发生，反过来也为《逻辑哲学论》更大篇幅的系统解读提供了动力。经过维特根斯坦解释者尤其冯·赖特的努力，终于到 1969 年维特根斯坦手稿和打印稿形成了完整的清单，而里斯甚至编辑了第一个《维特根斯坦著作集》。所有这些都使前一时期开创的正统解释路径得到不断强化，促进前后期的相互激荡，每一阶段的深化，以及整体面貌的产生。

这一阶段有三个特点：第一，单从文献分量看，《逻辑哲学论》仍然是讨论的重点，维也纳小组部分成员、跟他们处于同一战线的研究者以及维特根斯坦的学生都加入这一行列，从而推动形成对《逻辑哲学论》的系统解读；第二，随着维特根斯坦的逝世和《哲学研究》（以及前后期其他手稿和打印稿）的出版，讨论的重心开始向后期哲学以及完整的维特根斯坦哲学转移；第三，主要由维特根斯坦学生组成的维特根斯坦解释主渠道更加成型，他们的解释不仅更具系统性和权威性，而且形成他们与其他学者的争论，从而吸引了越来越多的学者参加，也培养着哲学解释的新生代。所有这些因素为进一步系统解释《哲学研究》以及全面展现包括维特根斯坦前后期哲学在内的正统解释奠定了基础。

第 1 节　维特根斯坦的逝世

维特根斯坦的逝世迅速引起老师、朋友、学生的追念，回忆他的文献此后不断涌出，成为维特根斯坦哲学解释的重要参考资料。从短篇追忆到长篇传记，附带着熟人圈越来越大范围的信件汇集和记忆总结，成为维特根斯坦思想的一条重要支流。

一、逝世之初的追忆

维特根斯坦逝世 3 天之后（5 月 2 日），《泰晤士报》发表了专文“讣告：L. 维特根斯坦博士，语言哲学”，对维特根斯坦一生的最主要阶段及其工作所产生的影响进行了回顾，并提及他的学生记录稿、私下流传的笔记以及未出版的手稿。维特根斯坦的朋友和战友亨泽尔(L. Hänsel)在《科学与世界图景》上以德文发表"路德维希·维特根斯坦(1889—1951)"一文,介绍维特根斯坦的个性、《逻辑哲学论》的内容。两位学生加斯金(D. A. T. Gasking)和杰克逊(A. C. Jackson)很快在《澳洲哲学杂志》发表纪念文章,回忆维特根斯坦的个性、讲演课进行的环境、哲学研究的方法以及对待宗教的态度,并否定维特根斯坦坚持纳入意义理论的证实原则。维也纳小组成员克拉夫特很快在《维也纳哲学、心理学、教育学杂志》撰文评价维特根斯坦的个性和著作。维特根斯坦的三位著作执行人致信《心》杂志,表达出版维特根斯坦笔记的版权声明。[①]

作为老师和朋友,罗素在《心》发表文章,纪念这位比他小17岁的学生和朋友率先离世。文章虽然很短,却表达真挚。他回忆与维特根斯坦的相遇,以及后者天才的显现,"他在数理逻辑方面进步很快,不久就了解我所教的全部"。[②]他讲述《逻辑哲学论》的形成以及他与该书的关系,但没有指出维特根斯坦早期思想对他的影响,也未能对1919年之后维特根斯坦的发展加以评价。罗素总结指出,"认识维特根斯坦是我人生最为兴奋的理智遭遇之一",并对维特根斯坦强烈的激情感到羡慕。[③]

跟罗素在《心》发表纪念维特根斯坦专文一样,赖尔在《分析》

① Guido Frongia and Brian McGuinness ed. *Wittgenstein, A Bibliographical Guide*. Oxford: Blackwell, 1990, pp. 91–92.

② B. Russell. Ludwig Wittgenstein. In G. K. Fann ed. *Ludwig Wittgenstein: The Man and His Philosophy*. (Originally Dell Publishing Company, Inc., 1967) Reprinted by New Jersey: Humanities Press, 1978, p. 30.

③ Ibid, p. 31.

发表“路德维希·维特根斯坦”，对这位刚刚去世的剑桥教授进行了简要却有洞见的介绍和评价。他以当代哲学的总体框架为背景对维特根斯坦的前后期哲学进行评价性分析，但集中在一个核心问题：哲学与科学的关系以及哲学的性质和方法。赖尔的这一聚焦是富有洞见的，而这一核心问题直到很久以后才被解释者们广泛关注。他从这一洞见中看到维特根斯坦前后期哲学的连续性和一贯性，这在当时绝对是新颖独到的。他强调，“对维特根斯坦来说，[哲学与科学的区别]问题以其英国形式出现。因而他不能被认为是逻辑实证主义者的一员。”这一断定对后来谈论维特根斯坦与维也纳小组的关系应该有较大的影响。他还将维特根斯坦后期哲学与摩尔关联起来，看到这种探究的历史渊源和广泛前景。他对维特根斯坦的总体评价是，“维特根斯坦已使我们这代哲学家获得关于哲学本身的自我意识”。[1]

二、后续的纪念和回忆

韦斯顿 1952 年在《心》杂志撰文“路德维希·维特根斯坦，1934—1937”，对他在这些年参加维特根斯坦课程以及跟维特根斯坦交流加以总结和说明。但他并未留下笔记，而是依靠记忆。他简要讲述维特根斯坦在课程中批评人们追求概念定义的本质主义思维，强调概念含义的家族相似特征，以及使用例子说明概念的重要性。是否能够使用尽可能多的例子说明概念的含义和用法，正是形

① Gilbert Ryle. *Collected Papers*, vol. 1, *Critical Essays*. Oxford: Thoemmes Antiquarian Books Ltd., 1990, pp. 251, 256.

而上学跟维特根斯坦自己新方法的区别所在。但是，维特根斯坦当然不是简单否定形而上学，而是深入发现其中所潜藏的困惑。[①]

维特根斯坦逝世加之《哲学研究》出版，促使摩尔抓紧时间重新翻阅、整理和总结了他 1930—1933 年参加维特根斯坦讲演课程所做的详细笔记，并在《心》杂志连续 3 期(1954、1955)发表，成为当时理解维特根斯坦后期哲学尤其转折时期哲学的重要文献。除了对 3 年 9 个学期的详细笔记进行再理解和再总结外，摩尔还在第一次的开首回忆了维特根斯坦 1929 年重返剑桥之后外人并不详知的一些细节，并集中探讨维特根斯坦对自己新哲学的性质和方法的阐述。摩尔认为，令他惊奇的是维特根斯坦对传统哲学和他自己哲学的区分，后者将自己的新哲学看作哲学中的伽利略革命，旨在通过综览语言的用法(那些已为人知的东西)来消除让人们陷入不安的哲学困惑。[②]

罗素 1955 年在《听者》发表“哲学与白痴”一文，继续进行维特根斯坦的个性描述，并首次披露第一次世界大战之前他们交往的一些不为人知的细节。他承认自己受到维特根斯坦早期学说的很大影响，而后来一些年他们之间的观点日益分野，而在最后一些年他们则很少相见。罗素坦承，在他们相知甚多的那些年，维特根斯

① John Wisdom. Ludwig Wittgenstein, 1934-1937. In John Canfield ed. *The Philosophy of Wittgenstein,* vol. 5, *Method and Essence*. New York and London: Garland Publishing, Inc., 1986, pp. 43-45.

② G. E. Moore. From “Wittgenstein's Lectures in 1930-33”. In G. K. Fann ed. *Ludwig Wittgenstein: The Man and His Philosophy*. (Originally Dell Publishing Company, Inc., 1967) Reprinted by New Jersey: Humanities Press, 1978, pp. 31-33.

坦的深入钻研和理智水准的超常程度都给他留下了极深印象。[①]

在 1959 年出版的《我的哲学的发展》中，罗素专辟一章“维特根斯坦的影响”。跟“导言”主要客观陈述维特根斯坦的思想不同的是，罗素在该章中力图说明《逻辑哲学论》原稿 1919 年寄给他以后维特根斯坦对他的第二次影响。他认为，维特根斯坦对逻辑结构的重视、对同一性的看法、所提出的外延性原理和原子性原理都影响了他，两条原理甚至吸收进了《数学原理》的第二版（1925）。[②]

在 1967 年的《自传》（三卷本）中，罗素在很多地方提到维特根斯坦。最重要的是如下几处：第一，在第二卷第二章的几大段，他回忆了他一战后与维特根斯坦讨论《逻辑哲学论》的情况，并透露维特根斯坦生活的很多细节，附有维特根斯坦给他的多封来信以及奥格登讨论《逻辑哲学论》出版的来信[③]；在第二卷第五章，罗素介绍跟摩尔的书信往来中多次商议维特根斯坦研究员职位的情况，指出为维特根斯坦有关数学基础的研究提供了审查报告[④]；在第三卷第三章，罗素在与艾耶尔的书信往来中，提到他并不反对在新译本的《逻辑哲学论》（1961）中使用他的导言。[⑤]

此后，维特根斯坦的家人、学生、朋友相继撰写回忆文章，形

---

① B. Russell. Philosophers and Idiots. In G. K. Fann ed. *Ludwig Wittgenstein: The Man and His Philosophy*. (Originally Dell Publishing Company, Inc., 1967) Reprinted by New Jersey: Humanities Press, 1978, p. 30.

② 罗素：《我的哲学的发展》，温锡增译，商务印书馆 1985 年版，第 98—113 页。

③ 伯特兰 · 罗素：《罗素自传》（第二卷），陈启伟译，商务印书馆 2003 年版，第 146—149、171—179 页。

④ 同上，第 304—311 页。

⑤ 伯特兰 · 罗素：《罗素自传》（第三卷），徐奕春译，商务印书馆 2003 年版，第 184—185 页。

成了反映维特根斯坦生活的《回忆录》和反映一生每个节点的4卷本《维特根斯坦画像》。[①]

三、传记的形成

冯·赖特撰写了广为流传的第一份传记“维特根斯坦传略”(1954年芬兰文,1955年英文,后来更有不断的增补,终版于1982年,收集在各种有关文集中)。能在短短20页左右篇幅将维特根斯坦一生的思想、生活、个性都十分精准地勾勒清晰,除了作者自己的富于观察、善于总结和神来之笔外,毫无疑问还有他对维特根斯坦本人的熟知。在与维特根斯坦的长期通讯和日常交往中,冯·赖特已经获得大量外人难以知晓的信息,而他对维特根斯坦思想的理解和情性的投缘更加深了他平素的积累。所以,总体上可以说,他对维特根斯坦的描述和总结成为一个范本,在许多方面成为后来引证的第一手材料,而且为后来多方面的探索提供了生长的种子。关于维特根斯坦思想有一个“转型期”的提法直到很久以后才为解释者们所真正重视,关于维特根斯坦思想来源和学术影响的判断对后来的研究者也多所启发,对维特根斯坦性格特征的刻画甚至具有不可撼动的结论性。他说,“维特根斯坦极其非凡和坚强的人格对其他人产生了巨大的影响”,“维特根斯坦最典型的特征是他伟大纯正的严肃性和能量非凡的才智”,“对维特根斯坦来说,知与行是内

---

① Rush Rhees ed. *Recollections of Wittgenstein: Hermine Wittgenstein, Fania Pascal, F. R. Leavis, John King, M. O'C. Drury*. Oxford and New York: Oxford University Press, 1984; F. A. Flowers III ed. and Introduced. *Portraits of Wittgenstein*, vol. 1–4. Bristol: Theommes Press, 1999; revised edition, 2016.

在地联在一起的”，“可以十分肯定地说，维特根斯坦的著作和人品将来会引起各种评论和不同解释”。[①] 所有这些评价都成为后来传记的固定路径和完全兑现的预言。

马尔科姆 1958 出版的《回忆维特根斯坦》享有特殊的重要地位。它与其说是一本回忆录倒不如说是一本袖珍版的传记。作者回忆了 1938 年 9 月到 1951 年逝世这段时间维特根斯坦的工作、生活、交往，详细、亲切、精准地刻画了维特根斯坦的哲学、价值和个性。这期间，不仅发生了马尔科姆与维特根斯坦的相识、交谈和通信，还有维特根斯坦对美国的访问。该书还包括对维特根斯坦讲演课的简要总结（1938—1940、1946—1947）以及维特根斯坦访问美国的谈话记录。在第二版（1984）中，它还收录了维特根斯坦致马尔科姆的书信。该书被翻译为法文、意大利文、德文、西班牙文、中文等。不到 3 年时间获得 7 个书评。[②] 马尔科姆的好友冯·赖特在其追忆中曾这样评价该回忆录：“在我看来，诺曼的《回忆维特根斯坦》是一本经典的传记文献。它迅即以‘生命之真实’竟可如此而震撼着我。它准确地描画了我也熟识的维特根斯坦：他磁铁般的精神魅力，他对诚实和率真不可遏制的渴望，而且包括他的多变和不耐烦，这使他的朋友都对他有些害怕。像维特根斯坦这样的性格复杂性，其最好的捕捉方式也许是在对话和交流的印象闪现瞬间而不

① 冯·赖特：《知识之树》，陈波编选，陈波等译，三联书店 2003 年版，第 185、186、187、189 页。

② Guido Frongia and Brian McGuinness ed. *Wittgenstein, A Bibliographical Guide*. Oxford: Blackwell, 1990, pp. 119-120；亦参见诺尔曼·马尔康姆：《回忆维特根斯坦》，李步楼、贺绍甲译，商务印书馆 1984 年版。

是全方位的事实描述中。”①

维特根斯坦跌宕起伏而充满传奇色彩的生活本身是令人着迷的，引起崇拜者和研究者的极大兴趣。此后，撰写维特根斯坦传记成为解释者们的一项重要内容，当然一些人着重他的生活，一些人着重他的思想，而另一些人则力图将生活和思想结合起来。②

第2节 《哲学研究》的出版

《哲学研究》(*Philosophische Untersuchungen. Philosophical Investigations*, 1953)是维特根斯坦后期哲学最重要的代表作，集结了从1929（实际文献版本开始于1936年）到1949这20年其哲学思考的精华(如果按照最新的版本，去掉其中第二部分，那么时间节点则截止1945年)。该书的成书过程颇费周折，编辑、翻译也十分费劲。所涉及的内容极为广泛，展示着影响后来维特根斯坦哲学解释甚至英美哲学走向的各种研究论题。尽管根据一些学者考证，即便是后来印行的《哲学研究》第一部分或第一卷，也“并不是一个真正完成了的稿子”“不是维特根斯坦心目中的那个待完成的作品”。③

---

① Norman Malcolm. *Wittgensteinian Themes: Essays 1978-1989*. Ed by G. H. von Wright. Ithaca and London: Cornell University Press, 1995, p. 210.

② 最著名的传记有：William Warren Bartley. *Wittgenstein*. London: Cresset, 1986; Brain McGuinness. *Wittgenstein: A Life: Young Ludwig, 1889-1921*. Berkeley, Los Angeles, London: The University of California Press, 1988; Ray Monk. *Ludwig Wittgenstein: The Duty of Genius*. London: Routledge and Kegan Paul, 1990 等十多种。

③ 韩林合：维特根斯坦《哲学研究》写作和出版情况简述，载《学习与探索》，2008年第4期，第39页。

一、成书、英译和出版

1945 年所写下的序言只针对该书的第一部分，维特根斯坦明确表示它是过去 16 年哲学研究的积淀。第二部分内容则取自 1947—1949 年间，编者安斯康姆和里斯认为，如果维特根斯坦自己编辑的话，会大大压缩第一部分而适当补充第二部分。尽管维特根斯坦从思想线索角度将该书第一部分的时间一直追溯到 1929 年，但他的实际文献版本则要晚好几年，比较公认的起点是 1936 年。冯·赖特的追踪结果是，《哲学研究》从《褐皮书》开始，"可以把它视为《哲学研究》开头部分的预备版本"，而这本书是 1934—1935 学年维特根斯坦向学生口述记录的。1936 年 8 月他准备对德文本《褐皮书》加以修订，并形成了修订本 *Philosophische Untersuchungen*（《哲学探究》），但他很快放弃了这一工作，到秋天开始新的尝试。实质上这新的尝试才构成了《哲学研究》的前 189 节（应该不包括第 189 节，下同）。[①] 但从内容上看，《哲学研究》的前 189 节跟《褐皮书》、《哲学探究》都有着很大的重叠。

尽管从 1929 年起，维特根斯坦便进行巨大量的写作，形成《哲学评论》、《大打字稿》、《哲学语法》、《蓝皮书》这些重要著作，但他真正想出版自己的著作的时间是在 1935 年春天，他当时跟凯恩斯（John Maynard Keynes，1883—1946）讨论出版他当时正写作的著作的计划。[②] 这一计划显然不是上面提到的 4 本打印稿。这当然

① 冯·赖特：《知识之树》，陈波编选，陈波等译，三联书店 2003 年版，第 182 页。

② 布瑞恩·麦克奎尼斯编：《维特根斯坦剑桥书信集：1911—1951》，张学广、孙小龙、王策译，商务印书馆 2018 年版，第 398 页。

也印证了冯·赖特的说法。所以，虽然构成《哲学研究》开头的《褐皮书》及其变体跟1929年以来维特根斯坦的思考和写作有必然的联系，但从文献学角度看，《哲学研究》前189节第一个版本的开端是1936年。从该年8月份起，他将1936—1937学年的大部分时间用于《哲学研究》的准备工作（包括那个不成功的修改），地点主要在1921年他亲手搭建的挪威小木屋。1936年11月20日维特根斯坦向摩尔写信说："大约两周前，我通读了迄今为止的工作，发现全部或几乎全部乏味造作。因为有英语版在面前束缚了我的思维。所以我决定全部重新开始，除了它们自身，别让自己的思想受任何东西的引导。"[①] 即便在下一年，他也对这一重写的部分进行了许多增改。

冯·赖特在"《哲学研究》的起源和构成"一文中对此有详细记载。1937年9月中旬到11月中旬，维特根斯坦继续完成这一手稿的主要部分。至少截至1938年8月，维特根斯坦已经将现在为《哲学研究》第一部分的打印稿交给了剑桥大学出版社。他为此在这同一月写下一篇前言，指出这是他过去9年所写的哲学评论的一个选本，而以这样方式集结这一版本开始于大约4年前（冯·赖特认为可能是"2年前"之误），然后他表达了对这种评论方式的无可奈何的接受，他出版这些内容的原因，以及接受拉姆齐和斯拉法的影响等等。[②]1945年的前言保留了1938年前言的大部分内容。1939年

① 布瑞恩·麦克奎尼斯编：《维特根斯坦剑桥书信集：1911—1951》，张学广、孙小龙、王策译，商务印书馆2018年版，第417页。

② Ludwig Wittgenstein. Preface. In Venturinha, Nuno ed. *Wittgenstein after his Nachlass*. Hampshire: Palgrave Macmillan, 2010, p. 187.

初，他仍然对这一打印稿增添了 16 页的内容。[①]

这是《哲学研究》的第一版本（早期版本），由篇幅差不多的两个部分构成，主要由 1936 年秋和 1937 年秋两个时段完成。第一部分是最终收录的 188 节之前的部分，第二部分没有包括在最终版本中。这第二部分由维特根斯坦自己重新编排，成为后来出版的《关于数学基础的评论》的第一部分。1945 年 1 月维特根斯坦重写了序言的打印本是《哲学研究》的第二版本（中间版本），因为 1944 年下半年，他开始再次对该书进行修改。这一版本除了前 188 节外，另一部分是他 1944 年新写的。篇幅略少于第一部分，形成该书最终的 189—421 节。1945 年夏，维特根斯坦准备了被称为《评论 I》的打印稿，其中一些部分是中间版本之后写下的，而主要部分则采集自 1931 年以来的打印稿。很可能在 1945—1946 学年，他将《评论 I》中超过 400 条评论放进中间版本，形成《哲学研究》的第三版本（最终版本）。这意味着该书最终版本的第一部分大部分是前两个版本之外新写的。所有这三个版本是就该书第一部分而言，第二部分则选自 1946 年 5 月到 1949 年 5 月的评论。[②]

《哲学研究》的第一个可能的英译者是巴赫金（Nicholas Bachtin，1894—1950）。这位在剑桥获得博士学位（1932—1935）的俄国（苏联）人，当时在剑桥讲授古典学。维特根斯坦 1936 年长假中多次与巴赫金见面，估计商定后者翻译当时计划中的著作。此后他们之间也多所交往，正是他们在 1943 年的交往中，维特根斯

---

① Georg Henrik von Wright. *Wittgenstein*. Oxford: Basil Blackwell, 1982, pp. 113-114.

② Ibid, pp. 114-115.

坦“对巴赫金解释了《逻辑哲学论》，并意识到他的后期思想最好与前期思想相对照并以之为背景来理解”。[①] 但巴赫金是否做了翻译，则不很清楚。该书的第二位英译者是里斯，他至少到 1938 年后期已经翻译了其中很大一部分，但也许不是供出版，而是急需向哲学教授选举人展示一些东西。但是，无论如何，里斯的翻译并不令维特根斯坦满意。他在 1939 年 2 月 2 日致摩尔的信中抱怨，英文译本“翻译得相当糟糕”，2 月 3 日致凯恩斯的信中更是指出，对于英文译本“发现它比我期待的要糟糕得多，所以修改它几乎无望”，2 月 8 日致凯恩斯的信中继续说“译本相当糟糕”。[②] 里斯当然也就不可能成为该书的真正英译者。

最终，维特根斯坦同意由安斯康姆来承担翻译工作。后者为此频繁与维特根斯坦见面，讨论和理解《哲学研究》。1950 年 2 月期间，安斯康姆在维也纳呆了很长一段时间，拜访维特根斯坦家人和朋友，跟维特根斯坦一周见 2 到 3 次，进行有关主题的讨论，同时也为翻译该书而提高她的德语。[③] 只是在维特根斯坦去世以后，她增加了紧迫性而可能加快了翻译进度。当然，即便如此，在《哲学研究》出版之后，她仍然不断发现不妥之处，而立即在《心》杂志声明纠错。

在 1938 年交由剑桥大学出版社又犹豫修改而未能出版之后，维特根斯坦与出版社的第二次接触是 1943 年 9 月。促使他这么做的细节并不清楚，但冯·赖特认为，至少一个因素是他 1943 年跟

---

① 布瑞恩·麦克奎尼斯编：《维特根斯坦剑桥书信集：1911—1951》，张学广、孙小龙、王策译，商务印书馆 2018 年版，第 420 页。

② 同上，第 468—470 页。

③ 同上，第 714 页。

巴赫金的交谈和一起阅读《逻辑哲学论》的结果。这些交谈阅读活动解释着维特根斯坦在《哲学研究》前言所说的话，“我有机会重读了我的第一本书（《逻辑哲学论》）并向人解释其中的思想。当时我忽然想到应该把那些旧时的思想和我的新思想合在一起发表：只有与我旧时的思想方式相对照并以它作为背景，我的新思想才能得到正当的理解。”[①] 出版社到 1944 年 1 月 14 日接受了一起出版的建议，此后《逻辑哲学论》的原出版商也同意重印（后来又撤销了）。[②]

除了《哲学研究》第一部分所经历的版本变化并使维特根斯坦最终放弃出版之外，第二部分也经历了一系列变化。第二部分开始于 MS130（1946 年 5 月 26 日），结束于 MS138（1949 年 5 月 20 日）。其中的内容在这几年间有来回拣选的一些变化。但是，这里要交代的是 1953 年版本《哲学研究》的第二部分是否应该包括进该书成为后来研究者的一大问题。冯·赖特并没有质疑，但为以后的质疑提供了根据。他指出，维特根斯坦 1949 年 7 月访问美国之前，手抄选出他近 3 年所写的评论，“这一手稿，MS144，除了少量删去的评论外，在内容上与《哲学研究》的第二部分相同”。[③] 德国学者率先撰文质疑“《哲学研究》第二部分的地位”，强调该部分的临时地位。[④] 而这一观点很快得到热烈讨论和积极响应，编者舒尔特（J.

① 维特根斯坦：《哲学研究》，陈嘉映译，商务印书馆 2016 年版，第 2 页。

② Georg Henrik von Wright. *Wittgenstein*. Oxford: Basil Blackwell, 1982, p. 121.

③ Ibid, pp. 134–135.

④ Oliver Scholz. Zum Status von Teil II der Philosophische Untersuchungen. Referred to David Stern's "Availability of Wittgenstein's Philosophy", in Hans Slug and David Stern eds. *The Cambridge Companion to Wittgenstein*. London, New York: Cambridge University Press, 1996, p. 449.

Schulte)在 2003 年德国 Suhrkamp 出版社的《哲学研究》中去掉了第二部分,编译者哈克(P. M. S. Hacker)在 2009 年 Blackwell 出版的德英对照第四版中也去掉了第二部分,将原来第二部分重新命名为《心理学哲学——一个未完成稿》。[①] 于是,最新的中文译本也便去掉了第二部分。

二、基本框架

冯·赖特详细澄清了《哲学研究》第一、二部分的资料来源,但他并没有指出该书内容上的基本框架。按照后来解释者的详细分析,该书第一部分 693 节内容可以从哲学主题角度做不同区分,这里介绍 4 种影响较大的分类(根据时间先后顺序):

第一种是吉诺瓦(Judith Genova)的分节考察,他将《哲学研究》第一部分划分为 5 个研究和 24 小节:[②]

研究 1:对《逻辑哲学论》的批判(§§1—133)

A. 意义的图像理论(§§1—59)

B. 语言分析的目标和预设(§§60—88)

C. 逻辑的崇高(§§89—108)

D. 哲学的性质和局限(§§109—133)

研究 2:认识论概念:知道与理解(§§134—242)

---

① 参见韩林合为《哲学研究》中文版所写的“编译前言”(商务印书馆 2019 年版,第 xxxix-xl 页)。

② Judith Genova. A Map of the *Philosophical Investigations*. In Stuart Shanker ed. *Ludwig Wittgenstein: Critical Assessment,* vol. 2. London: Croom Helm, 1986, pp. 63-64.

A. 命题（§§134—142）

B. 理解（§§143—155）

C. 阅读（§§156—178）

D. 知道（§§179—184）

E. 遵从规则（§§185—242）

研究 3：感觉概念：疼痛、视觉、感觉等（§§243—314）

A. 我的感觉在何种意义上是私人的？（§§243—255）

B. 私人语言的不可能性（§§256—314）

研究 4：心理概念：思维与想象（§§315—430）

A. 思维和言说（§§316—343）

B. 想象力的作用（§§344—366）

C. 意象（§§367—402）

D. 个人同一性（§§403—411）

E. 意识（§§412—430）

研究 5："未满足的"心理概念：期待、愿望、相信、意向、意图、意志（§§431—693）

A. 期待（§§434—445）

B. 否定（§§446—448，§§547—557）

C. 意图（§§449—468，§§503—524，§§558—570，§§661—693）

D. 确证（§§466—502）

E. 理解（§§525—546）

F. 心理过程是状态吗？（§§571—610）

G. 意志（§§611—630）

H. 愿望(§§631—660)

第二种是贝克(G. P. Baker)和哈克(P. M. S. Hacker)的分类,他们在4部7卷本《哲学研究》诠释中将其分为如下4个部分(卷)和22小节(后面还会对其内容做详细介绍):

第1卷:意义与理解(§§1—184)

A. 奥古斯丁语言概念(§§1—27(a))

B. 名称的幻象(§§27(b)—64)

C. 家族相似性、意义的决定性和追求本质(§§65—88)

D. 哲学(§§89—133)

E. 一般命题形式(§§134—142)

F. 理解和能力(143—184)

第2卷:规则、语法与必然性(§§185—242)

A. 符合规则(§§185—188)

B. 遵从规则、掌握技巧、实践和私人语言(§§189—202)

C. 定义的一致、判断和生活形式(§§203—237)

D. 语法和必然性(§§238—242)

第3卷:意义与心灵(§§243—427)

A. 私人语言论证(§§243—315)

B. 思想(§§316—362)

C. 想象(§§363—397)

D. 自我和自我指称(§§398—411)

E. 意识(§§412—427)

第4卷:心灵与意志(§§428—693)

A. 意向性：语言和实在的和谐（§§428—465）

B. 由经验确证（§§466—490）

C. 意义的内在性和含义的边界（§§491—470）

D. 心理状态和过程（§§571—610）

E. 意志（§§611—628）

F. 意向和回忆者的意向（§§629—660）

G. 意指某物（§§661—693）

第三种是格洛克（Hans-Johann Glock）提供的标题划分，共有 19 小节（未分大类）：[①]

§§1—64 奥古斯丁语言图像

§§65—88 对《逻辑哲学论》与弗雷格含义确定性理想的批判

§§89—133 哲学的性质、逻辑对理想语言的追求

§§134—142 一般哲学形式与真理的性质

§§143—184 语言理解与阅读概念

§§185—242 遵从规则与语言框架

§§243—315 私人语言论证

§§316—362 思想与思维

§§363—397 想象与心象

§§398—411 第一人称代词“我”与自我的性质

§§412—427 意识

① Hans-Johann Glock. *A Wittgenstein Dictionary*. Oxford: Blackwell Publishers Ltd., 1996, p. 286.

§§428—465 意向性——语言与实在的和谐

§§466—490 归纳与经验信念的论证

§§491—546 语法与感觉束

§§567—570 同一性与语言意义的差异

§§571—610 心理状态与过程：期待、信念

§§611—628 意志

§§629—660 意向

§§661—693 意指某物

第四种是两位编者阿迈赖勒（Erich Ammereller）和费舍尔（Eugen Fischer）邀请一些著名解释者所做的分节专门讨论（因为带有主题评价性，此处且做较详细的介绍）：①

§§1—37，确立批判目标。维特根斯坦从长篇引证奥古斯丁《忏悔录》有关最初如何学习母语的段落开始，形成这段话所隐藏的一般观念，即“奥古斯丁图像”。该图像形成有关语言和世界的简单对应关系。他然后引入建筑者语言，形成考察语言用法的最简单模型，集中探讨名称与被命名事物之间的关系，由此提出贯穿全书并被看作后期维特根斯坦看待语言本性最具根本性的“语言游戏”概念。

§§38—88，初步诊断治疗。“奥古斯丁”图像所隐含的一般观念及其延伸观点是需要治疗的哲学问题。维特根斯坦探讨这一问题的理论成分，分析名称与其承载物的关系，说明名称简单性的

---

① Erich Ammereller and Eugen Fischer ed. *Wittgenstein at Work: Method in the Philosophical Investigations*. London and New York: Routledge, 2004.

含义，名称指向的真正意蕴，由此引出《哲学研究》下一个重要的比喻概念——家族相似。名称并不是在亚里士多德意义上概括了所包含事物本质的词语，名称之下各种事物之间形成“家族相似”关系。“家族相似”概念成为后期维特根斯坦反本质主义语言立场的重要概念支撑点。

§ §89—137，治疗性哲学观。从前面的诊断治疗中，维特根斯坦得出对哲学性质的对比性的一般看法，形成自己独特的哲学观。相对于传统哲学受语言抽象性和逻辑崇高性的蛊惑而提出的各种纸房子式的理论，他倾向于认为哲学的目的应该是通过看清语言的实际用法，汇集提醒性的材料，去诊断语言使我们陷入困惑的哲学问题，去治疗困扰我们的思想疾病，从而使我们的心灵恢复宁静。

§ §138—197，认知自我治疗。这是维特根斯坦对理解问题进行深入思考和批判的部分。他从各个角度和小线索反复回到同一主题，涉及对“立方体”一词的突然理解，对数字系列的理解或突然理解，关于阅读乃至机器阅读，抓住语词全部用法的感觉等等。这些讨论看上去杂乱无章，其实构成某种意义上的有机整体：对作为心灵重要事项的“理解”概念的辨析，并解开对于理解现象的种种谜团和误解。

§ §185—242，遵从规则辨析。跟上一部分稍有重叠。维特根斯坦集中探讨人们遵从语言规则的困境和悖论，并进一步深化了他的哲学观以及关于意义和理解的看法。一种语言由许多规则（技术、习俗、制度）构成，使用语言便需要遵从规则。但是，应用才是语言理解的标准，而每次应用又都包含着新的决定，并非机械地照搬规则。这便形成遵从规则的悖论，反映了人与语言的特殊关系和语言实践(生活形式)的真实情况。

§§243—315，私人语言论证。维特根斯坦将前述讨论的方法和观点应用于解决传统哲学中的一个(或同一系列)问题：私人语言是否可能？认为可以存在私人语言，因而心理概念的意义在于指向和表达只有说话者自己才知道的心理过程和心理内容，成为维特根斯坦在《哲学研究》开首所指出的“奥古斯丁图像”的进一步延伸。它们共同具有的语言模式是“名称和对象”模型，而在心理概念本性的理解上形成了心理主义和行为主义的共同问题。该主题成为《哲学研究》受到最多讨论的部分。

§§316—693，相对分散的讨论。学者们认为，“《哲学研究》前315节显然被细心整合为连贯的论证”，是“《哲学研究》显然最为精致的部分”，而余下的378节则相对而言结构松散，是对私人语言论证及相关论题的进一步讨论。[①] 这主要是因为维特根斯坦自己也还没有来得及或无兴趣对这部分内容进行细心打磨。

跟《逻辑哲学论》相比，《哲学研究》在写作风格和语言态度上有较大变化，但这当然并不意味着它要比前者易于理解。《哲学研究》放弃了对理想语言的追求，不再认为可以通过发现日常语言的逻辑句法，在理想语言的基础上实现语言和世界的严密对应，从而一劳永逸地排除哲学问题。相反，维特根斯坦现在认为，日常语言本身并没有什么大的问题，哲学问题反倒是语言空转的结果，因而

---

① Erich Ammereller and Eugen Fischer ed. *Wittgenstein at Work: Method in the Philosophical Investigations*. London and New York: Routledge, 2004, p. xvii.

通过综览语言的用法，发现语言蛊惑人们的理智的地方，从而引导哲学家走出语言的误区，才是哲学真正要做的工作。

围绕这一目标，他不惜通过对话（与自己、与虚拟的对话伙伴）、比喻、故事等各种方式展开问题，“穿行在一片广阔的思想领地之上，在各个方向纵横交错地穿行”，成为“在这些漫长而错综的旅行途中所做的一系列风景速写”。[①] 所以，从表面上看，《哲学研究》由散文式日常语言构成，几乎每个句子都不难理解，但为什么又那么令阅读者和研究者困惑呢？显然，如果不理解维特根斯坦的哲学观以及他探查哲学问题的方式，的确看不到也抓不住该书所显示给读者的问题。不去建构理论的哲学主张，展现细节的洞察方式，对话辨析的展开过程……都使已经习惯于体系论证和明晰结论的传统阅读者感到茫然。然而，也正因如此，包括《哲学研究》在内的维特根斯坦后期哲学（也包括《逻辑哲学论》及其准备材料）才会引发如此多解释和争议。

三、其他原作出版

在《哲学研究》出版之后，维特根斯坦尚未出版的前后期手稿和打印稿得到快速整理出版，《哲学研究》也很快出版了修订第二版。截止 1969 年，除 1953 年版《哲学研究》之外，共出版维特根斯坦著作（只限著作篇幅，含修订再版、重译以及前期和后期）7 部、书信集 2 部（单封书信除外）（以下按出版前后顺序排列，并做简要介绍）。

① 维特根斯坦：《哲学研究》，陈嘉映译，商务印书馆 2016 年版，“序”第 1 页。

1. 其他著作 7 部

(1)《关于数学基础的评论》(*Bemerkungen über die Grundlagen der Mathematick. Remarks on the Foundations of Mathematics*, 1956; 2nd edition, 1978), 冯·赖特、里斯和安斯康姆编。这些评论大部分选自维特根斯坦 1937 年 9 月到 1944 年 4 月的打印稿。该书依照时间顺序编为 7 个部分。第 I 部分完全是对《哲学研究》最早版本的复制, 第 II、III、IV、V、VII 部分选自各种手稿, 第 VI 部分几乎由 MS164 组成(维特根斯坦写于 1941 到 1944 年间, 主要论题是遵从规则)。该书 1974 年出版增订版。

(2)《哲学研究》(revised edition, 1958)。英译者安斯康姆对一些地方进行了重译, 订正了 1953 年版的一些错误和疏漏(大部分内容见 1953 年她给《心》杂志的信)。

(3)《蓝皮书和褐皮书》(*The Blue and Brown Books*, 1958), 以英文出版, 里斯编。《蓝皮书》是维特根斯坦 1933—1934 学年对 5 个学生的听写稿[①], 共 74 页;《褐皮书》是维特根斯坦 1934—1935 学年对 2 个学生的听写稿[②], 共 110 页。1969 年,《蓝皮书和褐皮书》被译为德文(除原本已为德文的部分外),《褐皮书》还被冠以《一种哲学考察》的名称。1959 年之后, 该书得到巨多评论。几十年之后, 更有学者欲将《蓝皮书》上升到代表作的高度。

(4)《逻辑哲学论》(*Tractatus Logico-Philosophicus*, 1961), 皮尔斯和麦克奎尼斯重译本(被大多数解释者认为是更好的翻译),

① 5 个学生是 Francis Skinner、Louis Goodstein、H. M. S. Coxeter、Margaret Masterman 和 Alice Ambrose。

② 2 个学生是 Francis Skinner 和 Alice Ambrose。

仍是德英对照。作为公认为“最难读的书”，新的译本旨在做出更好的澄清和说明，对不少地方进行重译并给予注释，引起解释者们有关《逻辑哲学论》关键概念含义的重新争论。

(5)《1914—1916 年笔记》(*Notebooks 1914-1916*, 1961; 2nd edition, 1979)，冯·赖特、安斯康姆编，德英对照本，取材于《遗著》的 MS101、MS102、MS103。笔记实际上已经到 1917 年(有 3 条)，这是维特根斯坦这几年以日记形式写下的笔记，但是去除掉了私人内容部分。私人部分直到 1985 年才在西班牙出版。哲学部分和私人部分全部合成于 2000 年的 CD-ROM 版。

(6)《关于美学、心理学和宗教信仰的讲演与谈话》(*Lectures and Conversations on Aesthetics, Psychology and Religious Belief*, 1966)，巴雷特编，取自斯麦瑟斯(Yorick Smythies)、里斯(Rush Rhees)和泰勒(James Taylor)的笔记。这些笔记是维特根斯坦 1938 年至 1946 年的讲演和谈话，美学和心理学部分以里斯的笔记为主，宗教信仰部分以斯麦瑟斯的笔记为主。

(7)《纸条集》(*Zettle*, 1967)，吉奇(Peter Geach, 1916—2013)最初编辑整理，后来由安斯康姆和冯·赖特编辑，安斯康姆译，德英对照版。内容最早始于 1929 年，最晚写于 1948 年，但大部分内容写于 1945—1948 年。其中一些评论已被用于《哲学研究》和《哲学评论》。

2. 通信集 2 部

(1)《来自路德维希·维特根斯坦的书信，附保罗·恩格尔曼的回忆》(*Letters from Ludwig Wittgenstein, with a Memoir by Paul Engelmann*. Oxford: Blackwell, 1967)，麦克奎尼斯编，L. 福特米

勒(L. Furtmüller)英译。维特根斯坦1916年认识保罗·恩格尔曼(Paul Engelmann, 1891—1965), 1925—1926年一起设计维特根斯坦姐姐的房子。在致后者的信中,维特根斯坦表明自己的一些价值观。

(2)《致路德维希·冯·费克尔的书信》(*Briefe an Ludwig von Ficker*. Salzburg: Müller, 1969),冯·赖特和迈特拉格(W. Methlagl)编,收集书信20封。冯·费克尔为奥地利一杂志主编,维特根斯坦1914年资助过他的杂志1万克朗,并通过他向艺术家、诗人等捐助9万克朗,一战后曾联系他出版《逻辑哲学论》事宜,表达了该书的核心观点。

第3节　《哲学研究》的初步反响

尽管大多数文献还沉浸在对《逻辑哲学论》的讨论中,但《哲学研究》的出版还是引起很大轰动,学者们(尤其维特根斯坦的学生)的注意力开始转移到维特根斯坦的后期哲学。早有准备的学者很快便发表了有分量的评论和解释,"接着发生了激烈争论,一些维特根斯坦的亲密学生扮演解释和捍卫维特根斯坦后期工作的角色"。[①] 这是有关维特根斯坦后期哲学的最早争论。随着更多的维特根斯坦后期著作出版,评论和解释得以不断深入,形成了影响深远的相对稳定的视角和共识。研究著作到60年代后期已经出现高

① Guy Kahane, Edward Kanterian, and Oskari Kuusela eds. *Wittgenstein and His Interpreters: Essays in Memory of Gordon Baker*. Oxford: Blackwell Publishing, 2007, p. 3.

峰，尽管大部分篇幅相对较短。当然，主要的维特根斯坦研究者还处于专题论文研究层次，但为后续综合研究汇聚着力量。

一、最早回应

《哲学研究》出版之后，不少人立即做出回应。1954 年完全可以看作《哲学研究》解释元年，正如 1922 年可以看作《逻辑哲学论》解释元年一样。对《哲学研究》的最初回应中不乏一直关注维特根斯坦动向的学者，但主要是维特根斯坦的朋友和学生，他们扮演了维护他立场的角色。就以对维特根斯坦哲学解释的重要性而言，我们这里只列举最具分量的 4 位主要哲学家：斯特劳森、马尔科姆、艾耶尔、里斯。正是他们 4 人在 1954 年各自发表了影响深远的重要文献，甚至形成斯特劳森-马尔科姆、艾耶尔-里斯两次争论。

1. 斯特劳森-马尔科姆争论

在发表于《心》第 63 期的长文“对维特根斯坦《哲学研究》的批判性评述”中，斯特劳森考察了该书的一系列主题。这位牛津年轻学者对《哲学研究》（下面的数字表示各分节）做了最早的主题列述，涉及：意义和用法（1—37）、语言、分析和哲学（38—137）、意义和理解（132—142、319—326、357—436、454）、疼痛和人称（142、243—315、350—351、384、390、398—421、II. iv、v）、思想和语词（316—394、427、501、540、633—637、II. pp. 211、216—223）、心灵状态和内省（437、465、572—587、II. i、ix、x）、看和看作（II. xi、pp. 193—214）。在陈述各个部分的主要内容之后，斯特劳森进行批判性分析，主要的批评之点在心理语言的使用规则、公共语言和私人意识状态间的关系、哲学分析的治疗方法这些主题。他尤其批评维特根斯坦对记忆的可靠性、语词命名感觉的可能性的否定。他指出，对维特根斯坦来说，"没有什么词代表或命名特定的经验"，"没有词命名感觉（或'私人经验'）；尤其是'疼痛'一词不行"；维特根斯坦"坚持这样的观点，即一个人不可能有意义地辨认或识别任何东西，除非他使用**标准**；其结果是，人们无法辨认或识别感觉"。维特根斯坦对"疼痛**表达式**的迷恋"使他"否定感觉可以被识别并拥有名称"，也对不可观察（看到、听到、闻到、碰到、尝到）的东西不予信任，尤其不认为不可观察的东西可以在任何意义上被识别、描述和报道。斯特劳森由此认为，维特根斯坦反对"内在"的偏见使他否定人们能报告自己心里所发生的东西，他将维特根斯坦的这些错误不仅归结为偏见，而且归结到以往的证实主义观点。① 根据这些批评，尽管斯特劳森认为维特根斯坦的特定学说极为有趣和重要，该书作为哲学方法样板的价值甚至更为重要，但对《哲学研究》的核心观点和结论却持否定态度。②

在发表于美国《哲学评论》第 63 期的长文"维特根斯坦的《哲学研究》"中，马尔科姆也以一系列主题去解开而不是压缩维特根斯坦所探讨的各种主题之间的关联，使看上去分散而没有关联的个

---

① P. F. Strawson. A critical notice of W's *Philosophical Investigations*. In John Canfield ed. *The Philosophy of Wittgenstein,* vol. 4, *The Later Philosophy – Views and Reviews*. New York and London: Garland Publishing, Inc., 1986, pp. 183, 184, 186, 187, 190, 191, 192, 194, 198.

② 严格说来，斯特劳森并不属于维特根斯坦哲学解释的主要人物，他只是由于亲熟而做出快速反应。稍后的费耶阿本德在另一种意义上也属于类似情况。他们的学术兴趣都不在维特根斯坦，所关注的时间和贡献的文献还远不及艾耶尔这样虽不属解释主流却在持续关注的哲学家。

人探索集成为有联系的整体。但他没有分散地全部罗列（他认为该书本来也是有机关联的），而是集中于一个主题——语言如何关联内在经验的问题。马尔科姆在这一主题下处理如下小的问题：私人语言、同一东西、私人规则、他人的感觉、感觉的表达、标准、第三人称感觉句子、生活形式。他坚信维特根斯坦处理这些问题的深度和力量，并通过回溯历史材料和该书的各处论述，对每一个小问题进行仔细的剖析。他的结论是，这本复杂、艰深而令人兴奋的著作的一股线索，以及无数其他内容，带着天才般的激情和深广度，以无穷力量的语言呈现出来。[①] 在文章最后，马尔科姆专门以一长节回应了斯特劳森的批评。他在引证了后者的一系列批判性结论之后，较为详细地分析了斯特劳森如何错误地阐释了维特根斯坦。他认为，维特根斯坦一点也不否认一个人具有私人经验，只是认为这些经验跟他使用心理语词（语言）没有必然的和根本的联系，它们不是我们公共的语言游戏的一部分。"如果一个标记或声音要成为一种**感觉**的语词，它也必须进入语言游戏，尽管是不同种类的语言游戏。"[②] 马尔科姆指出，维特根斯坦之所以认为私人语言逻辑上不可能存在，是因为我们关于心理概念的语言不可能也不需要既有公共标准，又悄悄地指向个人的感觉，因而"私人语言不可能是我们所有人理解的语言的底层结构"。[③] 在他看来，维特根斯坦所针对的

① Norman Malcolm. Wittgenstein's *Philosophical Investigations*. In John Canfield ed. *The Philosophy of Wittgenstein,* vol. 4, *The Later Philosophy – Views and Reviews*. New York and London: Garland Publishing, Inc., 1986, p. 229.

② Ibid, p. 223.

③ Ibid, p. 225.

并不是我们对感觉等概念的日常使用，而是它们的哲学用法，属于私人对象概念的用法，正是哲学的用法将“感觉”、“识别”、“同一性”、“私人”推到错误的路上。[①] 此后马尔科姆在1959年的著作《梦》、1967年的长文“经验的私人性”等文献中对维特根斯坦心理学哲学论题做了进一步的阐释。

2. 艾耶尔-里斯争论

在述及1954年的文章之前，我们先对艾耶尔（Alfred Jules Ayer，1910—1989）做点介绍。他是第一个向英国全面报道维也纳小组的哲学家。他参加了维也纳小组活动，其观点也多所相近，因此被后来的研究者们一直列为该小组成员。他在前往参加小组活动之前，已经对《逻辑哲学论》产生了兴趣。在1933年发表于《分析》的文章“原子命题”中，他对原子命题与初始命题的等同产生怀疑。在1934年发表于《心》的文章“对形而上学不可能性的论证”中，他对《逻辑哲学论》以及石里克和卡尔纳普的观点加以辩护。在1936年出版的《语言、真理和逻辑》一书中，他将支持自己著作的理论归于罗素和维特根斯坦，并多次提到《逻辑哲学论》，尤其是在谈到逻辑和哲学性质的问题时。在同年发表于一本论文集的文章“当代英国哲学的分析运动”时，他将20世纪英国经验主义重新定位为罗素、摩尔所引导而由《逻辑哲学论》进一步推动的结果。由此可见，艾耶尔某种程度上一直在关注着维特根斯坦，尽管后者对他的（也许只针对艾耶尔参加的某一次公开讨论的）评价是

① Norman Malcolm. Wittgenstein's *Philosophical Investigations*. In John Canfield ed. *The Philosophy of Wittgenstein,* vol. 4, *The Later Philosophy – Views and Reviews*. New York and London: Garland Publishing, Inc., 1986, p. 227.

“令人难以置信的肤浅”。[1]

在 1954 年以“可以存在私人语言吗?”为主题的论坛上，艾耶尔和里斯分别宣读的文章刊载在了当年的《亚里士多德学会会刊》（增刊）上，形成一次不小的交锋和争论。艾耶尔认为在日常含义上，明显存在着私人语言，因为只要满足单个人或少数人理解就行。即便在哲学意义上，他认为也是存在的，并引证了卡尔纳普对“记录语句”的支持。尽管在《哲学研究》中，维特根斯坦采取了比卡尔纳普更限制的理解，认为这种语言不仅无法跟他人交流，而且也无法有意义地跟自己交流。但是，艾耶尔还是花了巨大篇幅以鲁滨逊为例，来论证私人语言存在的可能性。他认为，维特根斯坦主张不存在私人语言的论证基于两个他认为皆为假的假设：一是逻辑上不可能理解一个指号，除非一个人能观察所指的对象或者至少观察这一对象自然连结着的东西；二是一个人要能给指号赋予意义，必须使他人也能够理解。通过一番分析，艾耶尔得出支持私人语言存在的两个结论：第一，对于一个人有意义地使用描述语来说，任何他人应该理解他并非是必要的；第二，对于理解描述陈述的任何人来说，他本人能够观察所描述的东西也并非是必要的。他认为，如果这两条是我们使用语言所必要的，那么我们便无法完全理解物理事物，无法理解他人感觉和自己感觉，甚至无法理解记忆中过去发生的事情。[2]

---

① 布瑞恩·麦克奎尼斯编:《维特根斯坦剑桥书信集:1911—1951》，张学广、孙小龙、王策译，商务印书馆 2018 年版，第 696 页。

② John Canfield ed. *The Philosophy of Wittgenstein,* vol. 9, *The Private Language Argument*. New York and London: Garland Publishing, Inc., 1986, pp. 1, 2–3, 7–8, 14.

里斯以更长的篇幅回应艾耶尔的论文。他在一开头就确定问题的性质:“关于私人语言的问题是语词如何意指的问题。这很大程度上也是语言规则是什么的问题。”[③]然后,他分析语言得以存在的条件,认为在人们获得语言的一致性之前甚至必须有行为反应的一致性。只有大家认同的这些规则和一致性才是人之为人、语言之为语言的前提。“因为存在这种一致性,我们才能理解彼此。而因为我们理解彼此,我们才有规则。”[④]我们对于事物的识别和指向,正依赖于我们拥有语言,“我无法学会颜色,除非我看到它;但是除了语言,我无法学会它。我知道它,因为我知道语言。而这跟感觉也相似……同一性——同一东西——来自语言。”[⑤]尽管我们对待感觉可能某种程度上不同于对待语言,但关于什么构成感觉语言的规则却是相同的,因为我们无法私人地知道语言——不管哪种语言。私人语言问题由此还原为语词以什么方式获得意义的问题。如果指号完全是私人的,那就既不存在理解,也不存在知道,因为不存在规则和同一性。不能联系一种用法,一种我学到而大家都可以学到的用法,我的语词便不能有所指。一个人能用语言去指称自己的感觉,那是因为已经有一种语言在使用。他可以增加新的表达,但他不可能发明语言本身。在表达了这些观点之后,里斯开始有针对性地用维特根斯坦的观点回答艾耶尔提出的问题和质疑。他的最后结论是“语言是某种被说出的东西”。[⑥]

---

③ John Canfield ed. *The Philosophy of Wittgenstein,* vol. 9, *The Private Language Argument*. New York and London: Garland Publishing, Inc., 1986, p. 15.

④ Ibid, p. 17.

⑤ Ibid, p. 19.

⑥ Ibid, p. 32.

不管是因为马尔科姆和里斯曾经听过维特根斯坦的讲演课还是因为他们有过多年的密切联系，他们对维特根斯坦关于心理概念语法的理解要比斯特劳森和艾耶尔更符合维特根斯坦本人的观点。这一点当毫无疑问，也是维特根斯坦的学生起而为维特根斯坦辩护的真正意义所在——当然不是一种感情的维护，而是避免维特根斯坦被人误解的理性辩护。马尔科姆和里斯的观点奠定了关于《哲学研究》核心部分争论的基调。斯特劳森和艾耶尔在遭遇批评之后，没有再予回应。

二、继起研究

除了上面介绍的摩尔、罗素之外，从 1955 年起的 15 年中，由《哲学研究》所引起的对后期哲学以及前后期哲学整体的解释逐渐积累起来。除了上述提到的维特根斯坦的学生（包括他所影响的学者）处于学术前沿和引领地位之外，有更多的学生加入其中，[①] 其学生的学生也逐渐成长起来。维特根斯坦哲学主要解释者群体逐渐形成，为 70 年代之后更具规模和细节的深度解释奠定了基础。

1. 1955—1957 年的著名反应

费耶阿本德（Paul Feyerabend，1924—1994）真正的重磅文章在 1955 年，但他 1954 年便以德文发表了两篇评述维特根斯坦的文章，这里一并加以介绍。在 1954 年的“路德维希·维特根斯坦”一文中，他认为《哲学研究》所运用的分析方法和解决方案是对第一阶段新实证主义这一一般哲学趋向的批判，而这一点尤其体现在维

① 主要有布里腾（K. britton，1954、1955）、尤因（A. C. Ewing，1956）、莱维（C. Lewy，1967）、图尔明（Stephen Toulmin，1969）等。

特根斯坦对心理语言的分析和对实在论意义理论的批判中。在另一文“维特根斯坦与哲学”中，他批判性地重建了维特根斯坦后期哲学及其治疗方法，但将其限定于新实证主义范围，并批判后者将哲学减化为纯粹的批评否定活动。[①] 在 1955 年发表于美国《哲学评论》的长文“维特根斯坦的《哲学研究》”中，费耶阿本德使用理论重建（维特根斯坦所批判的通常理论，T）和理论还原（维特根斯坦用于批判的，尽管也许不能叫作“理论”的理论，T'）的方法，集中于他认为是《哲学研究》的核心点——从《逻辑哲学论》便已开始的对本质主义的批判，然后加以对比分析，形成他对维特根斯坦后期哲学的总体评价。重要的是，他在最后的批判性评价中质问维特根斯坦，如何能在后者所批判而将之视为“纸房子”的传统哲学与日常语言游戏之间划出一条截然分明的界限？后者所批判的传统形而上学为什么不也可以是基于生活形式的一种（或多种）语言游戏？[②] 在笔者看来，他对后来的解释者具有最明显影响的是三点：第一，强调《哲学研究》和《逻辑哲学论》的连续性，尽管他认定的连续的原因或许与后来解释者的看法有所不同（他基于维特根斯坦对哲学与科学的一贯区分）；第二，认为维特根斯坦自己的哲学也在传统哲学之内，并且将与自己所批判的哲学问题一起消融在传统之中；第三，哲学并非一定要与它所研究的语言游戏处于一个层面，而按照元语言和对象语言的区分（他认为维特根斯坦一直未意识

---

① Guido Frongia and Brian McGuinness ed. *Wittgenstein, A Bibliographical Guide*. Oxford: Blackwell, 1990, p. 100.

② Paul Feyerabend. Wittgenstein's *Philosophical Investigations*. In John Canfield ed. *The Philosophy of Wittgenstein*, vol. 4, *The Later Philosophy – Views and Reviews*. New York and London: Garland Publishing, Inc., 1986, p. 263.

到)，哲学未必一定要去扰乱人们正在从事的语言游戏，否则就会引起矛盾。[①]

怀特(Morton White，1917—2016)在1955年出版的《分析的时代》一书中，专辟第14章“语言的用法：路德维希·维特根斯坦”，将维特根斯坦列入黑格尔哲学解体以来以分析为特征的13位代表性哲学家的最后一位。虽然篇幅并不长，其评价却站在相当的高度，提出很多后来为人们所关注的视角，一些提法也颇具预见性。首先，他对《逻辑哲学论》和《哲学研究》的共同哲学主旨有较好的把握，认为它们都是“想通过重新安排读者的精神模式，通过一种理智上的休克治疗，提高哲学的洞见”。其次，他不仅在维特根斯坦与摩尔、罗素和卡尔纳普(他在该书所选的4位分析哲学家)的比较中，而且在维特根斯坦与胡塞尔、杜威以及柏拉图、笛卡尔的比较中，试图显示维特根斯坦哲学的相似性和独特性。尤其是，他在将维特根斯坦与摩尔、罗素和卡尔纳普比较时，认为他们之间的差别之大“足以使我们有充分根据不把后期的维特根斯坦叫作分析哲学家”。最后，他认为，由于维特根斯坦对哲学内和哲学外的广泛影响，“至少有一个二十世纪完整的思想体系将要完成”，使人们看到分析传统也深入地关涉着广大的生活历史和人生问题。[②] 与他的这些哲学洞见相似的观点直到很久以后才被解释者们真正提出。

在致力于《哲学研究》以及维特根斯坦其他著作的编辑和翻译，

---

① Paul Feyerabend. Wittgenstein's *Philosophical Investigations*. In John Canfield ed. *The Philosophy of Wittgenstein*, vol. 4, *The Later Philosophy – Views and Reviews*. New York and London: Garland Publishing, Inc., 1986, pp. 264-265.

② M. 怀特编著：《分析的时代：二十世纪的哲学家》，杜任之主译，商务印书馆1987年版，第227—231页。

以及就《逻辑哲学论》展开争论，对西方哲学史一些重要哲学家进行研究的同时，安斯康姆对维特根斯坦后期哲学也多所涉及。在出版于 1957 年的著作《意向》(*Intention*)中，她参引了维特根斯坦在《哲学研究》所提及的很多论题以及各种意向表达式的用法，因为在她看来"意向"是维特根斯坦心理学哲学一系列相关概念中的核心概念之一。该书虽然篇幅不大，却成为行为哲学的开山之作。其写作风格，虽然不像《哲学研究》那般散文化，却也拒绝给出明确的定义和结论，因为该书的目的在于揭示对于行为、理由、意向、他心知识等等概念和问题，我们的思维所常常陷入的各种哲学混淆。看上去没有什么歧义的"意向"一词，却存在着各种不同的使用情景，因而展示出不同的意义。尤其是，她表明知识不需总是被动的，一个人打算做什么的知识并非得自内省或其他观察种类。[①] 该书主题主要集中于三个方面：未来意向表示、意向性行动和行动时意向。该书成为对《哲学研究》某一核心点进行更为系统的延伸研究的开创之作。[②]

同一年，安斯康姆的丈夫彼得·吉奇在其出版的《心理行为：其内容和对象》(*Mental Acts: Their Content and Their Objects*)一书中，专辟一章论述维特根斯坦对心理行为的看法。作为哲学心理学的一本重要著作，吉奇比较了从笛卡尔"我思"到罗素的判断理论和赖尔所谓的"机器中的幽灵"等等学说，对心理行为的一组概

① Duncan Richter. *Historical Dictionary of Wittgenstein's Philosophy*. Lanham, Maryland, Toronto, Oxford: The Scarecrow Press, Inc., 2004, p. 24.

② 安斯康姆发表于 1969 年的"论维特根斯坦写作的形式"是探讨《哲学研究》风格和方法的最早文献之一。

念包括思想、情感、知觉等进行辨析。他对维特根斯坦涉及私人事件的预言加以分析和辩护，批评那些将维特根斯坦心理学哲学指责为行为主义的观点。尽管吉奇不是典型的维特根斯坦解释者，他的主要贡献在哲学逻辑、意义理论和逻辑史，但该书却对于提升后期维特根斯坦心理学哲学的地位，促使赖尔《心的概念》中的行为主义趋向走向衰落具有重要作用。鉴于他与安斯康姆在维特根斯坦去世前的若干年中与后者有过密切交往，因而他对维特根斯坦思想能够理解更深和把握更准，也就不足为奇了。

还是 1957 年，其他三位学者也做出独特的反应。学术出身于牛津后来在澳大利亚工作并产生重要影响的哲学家斯马特（J. J. C. Smart，1920—2012）在“语言游戏”一文中，对《哲学研究》的“语言游戏”和“家族相似”概念进行批判性分析。他并不是典型的维特根斯坦解释者，但该文的重要性在于，当作者此后在心灵哲学中以主张心（脑）身同一论而著名时，我们从他最初对维特根斯坦心理学哲学的解读中可发现某些线索。赖尔在《科学美国人》杂志和论文集《世纪中的英国哲学》中分别介绍维特根斯坦的生平和哲学，指出后者的思想从《逻辑哲学论》到《哲学研究》的转变。第一篇文章关注作为科学哲学家的维特根斯坦，第二篇文章以“意义理论”为题阐述维特根斯坦的“意义”概念从指称视角向使用视角的转变。澳大利亚哲学家约翰·巴斯摩尔（John Passmore，1914—？）在《哲学百年》第十五章解释了《逻辑哲学论》，在第十八章将后期维特根斯坦与日常语言哲学结合起来加以阐述，力图将维特根斯坦哲学放在 19 世纪中期以来的百年哲学史中加以评价。在后面各次修订的版本中，他包括进更多出版的维特根斯坦哲学著作。

2. 新一批维特根斯坦学者崭露头角

这一时期，一批后来在维特根斯坦解释中发挥核心作用的学者崭露头角（另一些关于维特根斯坦前期哲学的学者我们将在第 4 节介绍）。

彼得·温奇（Peter Winch, 1926—1997）1958 年出版的《社会科学的观念及其与哲学的关系》一书首次将维特根斯坦后期哲学方法应用于社会科学，强调人们遵从的规则、使用的概念和所进行的自我理解对其行为的重要性，并批评斯特劳森（1954）和艾耶尔（1954）对维特根斯坦的误解，还对赖尔（1949）的一些观点提出批评（另有 1964、1965、1968 年的文章问世）。他还主编了首发论文集《维特根斯坦哲学研究》（1969），收集了连他自己的导论在内的 8 篇论文，他在导论中首次提出维特根斯坦哲学的统一性。他是“斯旺西学派”的主要成员之一，1989 年里斯去世以后，他继承了后者的著作执行人位置。

出身于牛津的大卫·皮尔斯（David Pears, 1921—2009）在 1958 年发表的论文“认识论”（后来有 1966、1969 年的论文）中指出，将语言分析应用于认识论的例子在《哲学研究》中随处可见，其中最典型的便是对私人语言的讨论，该讨论首先旨在批判经验主义的基本信条。

来自牛津的迈克尔·达米特（Michael Dummitt, 1921—2011）在发表于 1959 年的论文“维特根斯坦的数学哲学”中，从维特根斯坦的观点与柏拉图主义和直觉主义的比较中，探讨前者在《关于数学基础的评论》中所采取的对逻辑必然性的约定论解决方案。

法国学者阿多（Pierre Hadot, 1922—2010）在 1959 年的论文

“维特根斯坦的语言哲学”（后来还有 1962 年的文章）中探讨维特根斯坦《哲学研究》、《关于数学基础的评论》、《蓝皮书》之间的关系，以及与《逻辑哲学论》在消除形而上学焦虑上的相同旨趣。

来自牛津的安东尼·肯尼（Anthony Kenny，1931— ）在 1959 年的论文“阿奎那与维特根斯坦”（后来有 1966 年的文章）中认为，维特根斯坦对新实证主义的本质主义、现象主义和逻辑原子主义的批判跟阿奎那对唯名论者的批判具有一定的相似性。他 1990 年成为新一代维特根斯坦著作执行人之一。

德国学者卡尔-奥托·阿佩尔（Karl-Otto Apel，1922—2017）从 1965 年开始关注分析哲学与解释学之间的关系，在次年的文章“维特根斯坦与解释学理解问题”中思考《哲学研究》对解释学理解问题的贡献，并在 1967 年对维特根斯坦与海德格尔加以比较研究。

就学于牛津的美国学者斯坦利·卡维尔（Stanley Cavell，1926—2018）在 1962 年深有影响的批评波尔著作的论文“维特根斯坦后期哲学的有效性”中，认为波尔对维特根斯坦思想的阐述肤浅而虚假；在 1964 年的论文“存在主义和分析哲学”中，他将维特根斯坦与克尔凯郭尔加以比较。

美国学者理查德·罗蒂 1967 年编选了一本后来广为流传的论文集《语言转向：哲学方法中的最近论文》（28 篇文章），使“语言转向”这一概念成为语言哲学众所周知的标志。在该论文集题为“语言哲学的元哲学困难”的导论中，他将维特根斯坦与胡塞尔和海德格尔的大陆传统联系起来。早在 1961 年的“实用主义、范畴和语言”一文中，他便将皮尔士和后期维特根斯坦加以比较。

三、第一批著作篇幅的研究

其实，即便在这一阶段，著作篇幅（不包括论文集）的维特根斯坦后期哲学研究（含部分前后期打通者）已经较大规模地出现（共有约 18 部，下面对每本加以简单介绍）。[①]

第 1 部是波尔（D. Pole）1958 年出版的《维特根斯坦后期哲学》（60 年代获得 8 个评论）。在前三章，他总结了维特根斯坦《哲学研究》、《关于数学基础的评论》中的主要论题。在第四章，他批评了维特根斯坦理论的某些方面，认为维特根斯坦的理论似乎并不注视将新的规则系统和新的用法引入语言的可能性。在最后一章，他考察韦斯顿的著作，并对韦斯顿和维特根斯坦的异同做了比较。[②] 作为第一部著作篇幅的解释，难免有粗糙偏颇的地方，受到卡维尔等人的强烈批评，但其开创性还是值得称赞。

第 2 部是哈特南克（J. Hartnack）1960 年以丹麦文出版的《现代哲学中的维特根斯坦》（1965 年英文版，1986 年新版，被译为德文、意大利文、西班牙文、日文，60 年代获得 10 个书评）。这是一本简要却全面展示维特根斯坦思想的著作，其基本立场是《逻辑哲学论》和《哲学研究》的对立。两个维特根斯坦的划分和认定贯穿

① 里斯在 1957—1960 年间对《哲学研究》有过深入思考，写下大量具有高度原创性的笔记。可惜当时未能由本人整理为系统性的著作，直到很久以后（1998）才由他的学生编辑出版。该书在维特根斯坦后期解释中的价值是毫无疑问的，不管因为观点还是作者。参见 Rush Rhees. *Wittgenstein and the Possibility of Discourse*. Edited by D. Z. Phillips. Cambridge: Cambridge University Press, 1998。

② D. Pole. *The Later Philosophy of Wittgenstein*. London: Athlone Press, 1958, p. 129; Guido Frongia and Brian McGuinness ed. *Wittgenstein, A Bibliographical Guide*. Oxford: Blackwell, 1990, p. 121.

在正统解释的全过程。作者认为《逻辑哲学论》离开了新实证主义立场（这一观点在当时的确富于远见），而《哲学研究》的治疗方法则对当代英国哲学有显著的影响。①

第 3 部著作是施贝希特（E. K. Specht）1963 年以德文出版的《维特根斯坦后期哲学的基础》（1967 年英国版、1969 年美国版，60、70 年代共有 4 个书评）。本书的最大特点是从西方哲学史的视角解释维特根斯坦哲学的本体论问题，将《逻辑哲学论》的语言原子论观点溯至亚里士多德，将维特根斯坦后期哲学的语言理论溯至柏拉图和康德的古典问题。作者认为，后期维特根斯坦的语言游戏和使用规则避免了唯名论和实在论，但同时维护了遵从语言规则中的自发性和原创性；规则所发挥的作用类似于康德的先天综合判断，既确保指号和对象的关联，又无须陷入某种约定论。②

第 4 部是里弗索（E. Riverso）1964 年以意大利文出版的《路德维希·维特根斯坦的思想》（1970 年修订扩展版）。这也是一本力图囊括维特根斯坦前后期思想的著作。作者在前半部分阐述《逻辑哲学论》不同于新实证主义和罗素逻辑原子论的图像理论，在后半部分解释以《哲学研究》、《关于数学基础的评论》为代表的新哲学。在作者看来，维特根斯坦从前期到后期转变的关键在于超越《逻辑哲学论》的本体论概念并对唯我论加以消解。本书还有一个

① J. Hartnack. *Wittgenstein og den Moderne Filosofi*. Copenhagen: Gyldendal, 1960, p. 124; Guido Frongia and Brian McGuinness ed. *Wittgenstein, A Bibliographical Guide*. Oxford: Blackwell, 1990, p. 153.

② E. K. Specht. *Die sprachphilosophischen und ontologischen Grundlagen im Spätwerk L. W.'s*. Cologue: Kölner Universitätsverlag, 1963, p. 176; Guido Frongia and Brian McGuinness ed. *Wittgenstein, A Bibliographical Guide*. Oxford: Blackwell, 1990, pp. 146–147.

重要特色是，作者不断参照胡塞尔和现象学问题。①

第 5 部是魏斯曼出版于 1965 年的《语言哲学原理》(1976 年德文原版)。作者主要讲述维特根斯坦 30 年代初期思想的转变过程，其中包括对《逻辑哲学论》有关语言与实在同构性理论以及对石里克一些观点的批判性考察。遗憾的是，该书成书于 30 年代并几经修改，却未能及时出版并发挥它当时应该发挥的重要作用。当维特根斯坦更为成熟的思想广为流传，维特根斯坦自己的著作已经出版的情况下，该著作便只具有历史资料的作用。所以，出版之后没有引起多大反响。②

第 6 部是加格妮(A. G. Gargani) 1966 年以意大利文出版的《维特根斯坦的语言与经验》(3 年内获得 6 个书评)。该书旨在重建维特根斯坦从《逻辑哲学论》到以《哲学研究》为标志的“第二阶段”的思想发展过程。作者认为，第一阶段的标志是维特根斯坦建立了一个被经验严格限定的封闭意义系统中的逻辑语言设置，也就是作为表征的语言理论，而第二阶段他设定了适于生活形式和人类行为系统的语言展示计划，即对本质主义和私人语言进行语义批判。③

第 7 部是德 · 莫罗(T. De Mauro)1967 年出版的《路德维希 · 维

① E. Riverso. *Il pensiero di Ludwig Wittgenstein*. Naples: Libreria Scientifica Editrice, 1964, p. 484; Guido Frongia and Brian McGuinness ed. *Wittgenstein, A Bibliographical Guide*. Oxford: Blackwell, 1990, p. 151.

② F. Waismann. *The principle of linguistic philosophy*. Edited by R. Harré. London: Macmillan; New York: St. Martin's Press, 1965; Guido Frongia and Brian McGuinness ed. *Wittgenstein, A Bibliographical Guide*. Oxford: Blackwell, 1990, p. 158.

③ A. G. Gargani. *Linguaggio ed esperienza in Ludwig Wittgenstein*. Florence: Le Monnier, 1966, pp. XII, 504; Guido Frongia and Brian McGuinness ed. *Wittgenstein, A Bibliographical Guide*. Oxford: Blackwell, 1990, pp. 160-161.

特根斯坦：他在语义学发展中的地位》。作者认为，《逻辑哲学论》提出极端且导致悖论的命名语言理论，其起源可以追溯至亚里士多德以及整个语义学发展史，而《哲学研究》对这一理论进行了系统彻底的批判，跟索绪尔等语言学家一起提出新型的语义学理论。[①]这是一本相对具体化的语言学研究著作，因而在专门哲学解释中没有多大反响。

第 8 部是哈利特（G. Hallett）1967 年出版的《维特根斯坦对意义作为用法的界定》（3 年内获得 6 个书评）。该书从维特根斯坦前后期哲学比较的视角探讨主要在《哲学研究》核心部分建立的新意义理论。作者认为，这一理论尽管在《逻辑哲学论》的许多地方有所提示，在转型期得到一定的发展，但在《哲学研究》中才得到完整表述。他还对批评维特根斯坦的一些意见作出回应。[②]

第 9 部是亨齐（D. F. Henze）和桑德斯（J. T. Saunders）1967 年出版的《私人语言问题：一场哲学对话》。作者设想了一场针对《哲学研究》的核心主题“私人语言”的对话，一方是维特根斯坦的支持者，另一方是传统哲学家，涉及该主题可以想象的各种意义。这些意义的展开都可以追溯至历史上一些重要哲学问题。[③]

---

① T. De Mauro. *Ludwig Wittgenstein: his place in the development of semantics*. Dordrecht: Reidel; New York: Humanities Press, 1967, p. 63; Guido Frongia and Brian McGuinness ed. *Wittgenstein, A Bibliographical Guide*. Oxford: Blackwell, 1990, p. 165.

② G. Hallett. *Wittgenstein's definition of meaning as use*. Bronx, N. Y.: Fordham University Press, 1967, pp. 210; Guido Frongia and Brian McGuinness ed. *Wittgenstein, A Bibliographical Guide*. Oxford: Blackwell, 1990, pp. 167–168.

③ D. F. Henze and J. T. Saunders. *The private-language problem: a philosophical dialogue*. New York: Random House, 1967, p. 205; Guido Frongia and Brian McGuinness ed. *Wittgenstein, A Bibliographical Guide*. Oxford: Blackwell, 1990, p. 168.

第 10 部是赫斯特（M. B. Hester）1967 年出版的《诗性比喻的意义：依据维特根斯坦意义即用法主张的分析》。作者依据后期维特根斯坦的意义理论对比喻的若干要素进行分析，认为维特根斯坦关于语言规则必须具有公共性质的看法对于理解诗性比喻的大部分特征来说也是合适的。[①]

第 11 部是海伊（D. M. High）1967 年出版的《语言、人格和信仰：维特根斯坦〈哲学研究〉及语言的宗教用法研究》（3 年内获得 6 个书评）。作者将得自《哲学研究》的语言论点运用于分析宗教语言的用法，尤其是第一人称和第三人称的“相信”等等论题。[②] 这是维特根斯坦宗教哲学研究的第一部著作，这一主题得到更多人研究还是此后较远的事情。

第 12 部是米可莱蒂（M. Micheletti）1967 年出版的《维特根斯坦的叔本华》（1973 年第二版，3 年内获得 6 个书评）。作者阐述了叔本华对《逻辑哲学论》某些主题的影响：图像理论、唯我论、伦理学和美学。[③] 这是以著作篇幅研究叔本华影响维特根斯坦《逻辑哲学论》的第一部书。

---

① M. B. Hester. *The meaning of poetic metaphor: an analysis in the light of Wittgenstein's claim that meaning is use*. The Hague: Mouton, 1967, p. 229; Guido Frongia and Brian McGuinness ed. *Wittgenstein, A Bibliographical Guide*. Oxford: Blackwell, 1990, p. 168.

② D. M. High. *Language, persons, and belief. Studies in Wittgenstein's Philosophical Investigations and religious uses of language*. New York: Oxford University Press, 1967, p. 216; Guido Frongia and Brian McGuinness ed. *Wittgenstein, A Bibliographical Guide*. Oxford: Blackwell, 1990, p. 168.

③ M. Micheletti. *Lo Schopenhauer di Wittgenstein*. Bologna: Zanichelli, 1967, p. 190; Guido Frongia and Brian McGuinness ed. *Wittgenstein, A Bibliographical Guide*. Oxford: Blackwell, 1990, p. 170.

第 13 部是舒尔茨（W. Schulz）1967 年出版的《维特根斯坦：哲学的否定》（1979 年第二版，1970 年西班牙文版，两年内获得 5 个书评）。作者发现，在《逻辑哲学论》的“实证主义”和《哲学研究》的“语言哲学”中都包含着通过反省主题而否定自己的趋向，而这一趋向也很大程度上是包括存在主义在内的当代哲学的典型趋向。①

第 14 部是哈德森（W. D. Hudson）1968 年出版的《路德维希·维特根斯坦：其哲学对宗教信仰的惩治》。这是一本薄册子，旨在向神学方向的读者简要介绍维特根斯坦。在总结了维特根斯坦前后期哲学之后，作者讨论维特根斯坦的分析方法对神学问题的启示。②

第 15 部是施密特（S. Schmidt）1968 年以德文出版的《语言和思想：从洛克到维特根斯坦的语言哲学问题》（3 年内获得 4 个书评）。作者将维特根斯坦放在语言哲学的发展史进行思考和定位，在维特根斯坦之前涉及洛克、赫尔德、洪堡以及 19 世纪的诸多哲学家。他对维特根斯坦的分析方法、对思想和语言关系的处理、哲学性质概念进行了批判分析。③

---

① W. Schulz. *Wittgenstein: die Negation der Philosophie*. Stuttgart: Neske, 1967, p, 113; Guido Frongia and Brian McGuinness ed. *Wittgenstein, A Bibliographical Guide*. Oxford: Blackwell, 1990, p. 172.

② W. D. Hudson. *Ludwig Wittgenstein: the bearing of his philosophy upon religious belief*. London: Lutterworth; Richmond: Va, John Knox, 1968, p. 74; Guido Frongia and Brian McGuinness ed. *Wittgenstein, A Bibliographical Guide*. Oxford: Blackwell, 1990, pp. 175-176.

③ S. Schmidt. *Sprache und Denken als sprachphilosophische Problem von Locke bis Wittgenstein*. The Hague: Nijhoff, 1968, p. 202; Guido Frongia and Brian McGuinness ed. *Wittgenstein, A Bibliographical Guide*. Oxford: Blackwell, 1990, p. 178.

第16部是范光棣1969年出版的《维特根斯坦的哲学概念》(有3个书评)。作者在1967年已编辑维特根斯坦文献索引和论文集,对早期维特根斯坦解释做出贡献。在该书中,作者简明而系统地阐述了维特根斯坦从《逻辑哲学论》经由“转型”期(他的这一提法后来得到广泛使用,但认为维特根斯坦受到摩尔影响这一点尚有争议)到达后期放弃先验分析方法的过程,并对批评维特根斯坦的声音给出回应。著作最后还附有截止1967年的维特根斯坦解释文献目录。[①]

第17部是范·坡伊森(C. A. van Peursen)1969年出版的薄书《维特根斯坦:其哲学导论》(1965年丹麦文的英译本,1969年伦敦,1970年纽约)。作者简要考察了维特根斯坦的人格和一系列哲学主题,集中于他与传统大陆哲学家莱布尼茨、康德、叔本华、迈农的联系。[②] 该书改革开放之后较早被译为中文。

第18部是伍赫特(K. Wuchter)1969年以德文出版的《维特根斯坦的结构与语言游戏》。他考察了维特根斯坦在从《逻辑哲学论》发展到第二“阶段”时有关逻辑和数学基础的思想,认为两个阶段尤其后期的维特根斯坦哲学接近“建构主义”立场。[③]

---

① K. T. Fann. *Wittgenstein's conception of philosophy*. Berkeley: University of California Press; Oxford: Blackwell, 1969, p. 178; Guido Frongia and Brian McGuinness ed. *Wittgenstein, A Bibliographical Guide*. Oxford: Blackwell, 1990, pp. 181–182.

② C. A. van Peursen. *Ludwig Wittgenstein. An introduction to his philosophy*. London: Faber & Faber, 1969; New York: Dutton, 1970, p. 120; Guido Frongia and Brian McGuinness ed. *Wittgenstein, A Bibliographical Guide*. Oxford: Blackwell, 1990, pp. 186–187.

③ K. Wuchter. *Struktur und Sprachspiel bei Wittgenstein*. Frankfurt: Suhrkamp, 1969, p. 220; Guido Frongia and Brian McGuinness ed. *Wittgenstein, A Bibliographical Guide*. Oxford: Blackwell, 1990, p. 187.

第 4 节　《逻辑哲学论》的系统解读

尽管《哲学研究》以及其他维特根斯坦后期著作的出版已经吸引学者们足够多的注意力，但也许出于惯性和学者的群体效应，《逻辑哲学论》仍然在文献数量尤其解释水平上处于领先地位。甚至可以说，维特根斯坦后期思想的某种传播尤其《哲学研究》等著作的出版（还包括《逻辑哲学论》的重新翻译）反倒对原本便对《逻辑哲学论》感兴趣的学者发挥了助燃的作用，在某些方面甚至起到增加视角的作用。还有一种可能性，就是按照维特根斯坦在《哲学研究》序言中的说法，需要对照其前期哲学来解读该书，这一提示也会促使那些想整体上理解维特根斯坦哲学的学者从《逻辑哲学论》着手。当然更重要的是，从事维特根斯坦解释的大多数学者都从逻辑和数学开始其学习和学术生涯，《逻辑哲学论》自然成为他们的起点，而适应《哲学研究》这种自然语言风格的写作和主题分散的对话尚需时日。无论如何，一种系统解读需要假以时日且依赖一种共同体的形成。《逻辑哲学论》正是经过 40 年的解释才终于达到安斯康姆、布莱克等学者系统的标准的解释。

一、旧视角和新视角

按照贝莱茨基的理解，对《逻辑哲学论》的精致解读从 1930 年代的维也纳小组成员已经开始。[①] 但是，笔者认为，此后的 10 到 20

① Anat Biletzki. *(Over) Interpreting Wittgenstein*. Dordrecht, Boston, London: Kluwer Academic Publishers, 2003, p. 48.

年虽然肯定有积累和细化，但总的立场并没有发生变化，仍然是一种旧视角。引起视角变化和引发重要争论来自于两个主要事件：一是《哲学研究》(及其他后期著作)的出版，二是《逻辑哲学论》的重新英译。

1. 旧视角的延续

虽然维特根斯坦后期哲学经过其打印稿和学生笔记已经在一定范围流传，甚至部分学生已经公开宣传和应用他的哲学观点和方法，但是已经深潜《逻辑哲学论》的学者还是很难适应维特根斯坦的新哲学和新方法。至少对于罗素和维也纳小组成员以及接近这一传统的成员来说如此。

罗素在 1959 年出版的《我的哲学的发展》和 1967 年出版的《自传》中所着重评述和赏识的还是《逻辑哲学论》，还是 20 年代初所理解的《逻辑哲学论》，而对维特根斯坦后期哲学则不愿置评或者评价较低。他甚至对维特根斯坦转折期的变化不甚了解，正如他 1930 年评阅《哲学评论》时所已指出的，对该书是否真确还不知道。此后由于他们很少接触，更由于哲学立场和个人气质的差异而渐行渐远。所以，当维特根斯坦逝世和《哲学研究》出版而被应邀评述前者时，他只能谈论旧视角的《逻辑哲学论》。

维也纳小组及其相近成员可以比罗素向后延伸，但也基本上只到维特根斯坦的转折期。由于小组成员的分散、年老和这场运动本身的衰落，维特根斯坦的逝世以及《哲学研究》等后期著作的出版在小组成员中并没有引起太大反响。维特根斯坦逝世之后不久，克拉夫特的纪念文章所理解的还是跟维也纳小组密切接触过的维特根斯坦，一位跟维也纳小组接近的哥本哈根哲学教授约尔根森(J.

Jørgensen）在文章中关注的仍是维特根斯坦对维也纳小组所做的贡献。波普尔一如既往地坚持哲学问题来源于哲学外广大领域的观点，而反对维特根斯坦对哲学问题和哲学理论的否定（1952），认为《逻辑哲学论》那种极端的证实性标准将排除掉科学规律（1957）。[①]

魏斯曼更多依旧停留在维特根斯坦的转折期，关注超越《逻辑哲学论》而重新理解语言的可能性（1953）。作为维也纳小组成员之一，伯格曼（Gustav Bergmann，1906—1987）1938 年移居美国之后仍然在关注哲学动向，并活跃在哲学舞台上。他细心确定《逻辑哲学论》对逻辑实证主义运动所带来的否定影响（1953），批评维特根斯坦前后期哲学都持有的语言不能谈论自身的观点（1955），同时对牛津哲学家批评罗素和《逻辑哲学论》的观点做出回应（1957），认为维特根斯坦后期哲学对《逻辑哲学论》的矫正并不成功（1960、1961）。卡尔纳普在 1963 年的《学术自述》中只是讲述他 20—30 年代与维特根斯坦的相遇以及来自后者的学术影响。[②]

马斯洛（A. Maslow）1933 年写作的《维特根斯坦〈逻辑哲学论〉研究》（1961）（以旧时式样出版）很大程度上反映了逻辑实证主义的观点，并从历史上和理论上涉及罗素、拉姆齐和石里克。他总体上将《逻辑哲学论》解读为研究意识的形式方面以及一般符号系统的著作，有些类似康德的现象主义。[③]

---

① Guido Frongia and Brian McGuinness ed. *Wittgenstein, A Bibliographical Guide*. Oxford: Blackwell, 1990, pp. 92, 94, 115–116.

② Ibid, 1990, pp. 98, 96, 106, 113, 131, 135, 143.

③ Ibid, 1990, p. 137; A. Maslow. *A Study in Wittgenstein's Tractatus*. Berkeley: University of California Press; Cambridge: Cambridge University Press, 1961, p. 162.

其实，沿着这一方向，一批不知名的研究者一直在继续深化对《逻辑哲学论》某些概念、理论和问题的讨论。

2.《哲学研究》所投射的光

《哲学研究》及维特根斯坦后期其他著作的出版带来一些视角的变化，使原本对他后期哲学有所了解的人更多在参照中看待前期哲学，也使那些从前期哲学入手的人逐渐过渡到对后期哲学以及整个维特根斯坦哲学的关注。

艾耶尔虽然更多站在维特根斯坦前期哲学和维也纳小组的立场上，对《哲学研究》的一些论题（比如“私人语言论证”）和方法并不认可，但他已经在尽力关注维特根斯坦的后期哲学。除了1954年强调存在私人语言的那篇著名文章外，在为其主编的论文集《逻辑实证主义》（1959）所写的长篇导言中，他回顾了新实证主义运动，并多次提到维特根斯坦对该运动的影响。在同一年的论文“现象学与语言分析”中，他谈到两种运动之间的异同，简要考察了维特根斯坦更成熟思想中的一系列论题。[①] 艾耶尔是维也纳小组成员中唯一始终对维特根斯坦解释保持较高热情的哲学家。

作为维特根斯坦重返剑桥之后最早的一批学生之一，安布罗斯在维特根斯坦的主题上沉寂了近20年之后，对维特根斯坦的数学基础研究发表了一系列有见地的文章，促进了《关于数学基础的评论》的整理出版和进一步讨论。她讨论维特根斯坦1934—1935学年和1939年讲演中关于数学基础的论题，并着力阐述后者的一个

① Guido Frongia and Brian McGuinness ed. *Wittgenstein, A Bibliographical Guide*. Oxford: Blackwell, 1990, p. 126.

重要观点，即数学命题为经验命题的使用提供标准(1955)。《关于数学基础的评论》出版之后，在论文“证明和被证明的定理”中，她分析了该书中“一个命题‘p’的证明”、“一个陈述‘p’的含义”、“理解‘p’”之间的关系以及所面对的诸多理论困难(1959)。在论文“维特根斯坦论共相”中，她根据维特根斯坦 1933—1934 年讲演内容中对共相的批评，认为只有对这一观点做出正确理解才能发现对维特根斯坦哲学的许多解释是没有根据的(1966)。[①]

虽然皮尔斯逐渐成为整体上解释维特根斯坦的大家，但他是从《逻辑哲学论》的研究开始自己的解释之路的。早在 1956 年，他便在“逻辑原子主义：罗素与维特根斯坦”一文中联系罗素、摩尔甚至布拉德雷，说明《逻辑哲学论》提供的反对休谟心理经验主义的形而上学语言理论。跟皮尔斯一起重译《逻辑哲学论》的麦克奎尼斯也是从维特根斯坦前期哲学起步，走到对维特根斯坦的整体研究，并成为第二代维特根斯坦著作执行人之一，为后者的遗著编辑出版做出重要贡献。在 1956 年的“维特根斯坦《逻辑哲学论》中的图像和形式”一文中，他力图连贯地理解这部著作中关于结构和形式的区分所引起的混乱，认为在维特根斯坦所说的对象本身中存在着逻辑类型的区别。在 1966 年发表的“《逻辑哲学论》的神秘主义”一文中，他考察了维特根斯坦前期的与叔本华既相似又不同的神秘主义，并说明这种神秘主义跟《逻辑哲学论》中其他观点的关系。[②]

依照这一路径开展研究的，绝不止于如上介绍的主要解释者。

① Guido Frongia and Brian McGuinness ed. *Wittgenstein, A Bibliographical Guide*. Oxford: Blackwell, 1990, pp. 106, 124, 159.

② Ibid, pp. 111, 110, 162.

其中还包括一些不大著名的研究者以及后面所要介绍的更为著名的系统解释者。也正是依照这一新路径，才能形成真正意义上的系统解读。

3.《逻辑哲学论》的重译所引发的新理解

《逻辑哲学论》本是一部由晶体般的断言构成的“天书”，如果还存在着德英翻译的理解问题，那更会加重其中的误解甚或不同理解。该书的前几句便隐藏着谜一样的不明确性，断言“世界是所发生的事情”(1)，接着引入该书的核心概念之一“事实”，说“世界是事实的总和，而非事物的总和”(1.1)。这一断言提供了将该书的本体论区别于以往本体论的重要立足点：事实而不是事物。尽管在进一步的分析中，事实要由对象构成，但对象(事物)并不具有对事实的优先性。

在1922年的奥格登译本中，在阐述事实(facts，德文词为Tatsachen)之后不久而进一步说明事实的句子“发生的事情，即事实，是原子事实的总和”(2)中，“原子事实”一词对应的是德文词Sachverhalten。将“原子事实”与“事实”对应起来的用意是，前者强调事实的多样性，而后者强调事实的简单性。但是这一翻译很快便将解释者推到更加困惑的境地，他们不仅面对事实与原子事实之间的关系问题，而且面对原子事实的存在和事实的可能性之间的对立。在皮尔斯和麦克奎尼斯的译本中，“Tatsachen”仍翻译为“facts”(事实)，但现在不再强调其简单性，而是强调构成世界的因素的现实性，因为“Sachverhalten”现在翻译为“states of affairs”(事态)①。

① 张申府当年将它翻译为“事体”看来要比英译为“atomic facts”更合适，接近于新译本的“事态”。

这样，讨论便围绕事态的可能性和现实性展开，1922 年译本的一些困惑得以消除。[①] 当然，尽管如此，对其中有关“事态”、“实在”、“世界”一些段落的连贯理解仍是一大问题。

从此，对《逻辑哲学论》的解释，其他语种的翻译基本上遵循这一新译本。但是，新译本对如上核心概念译法的改变以及其他的重译或修订并非人人满意，也有解释者抱怨 1961 年译本未必在一些方面胜过 1922 年译本，当属众口难调吧。

二、《逻辑哲学论》的系统解释

经过 30 年以上的持续研究和影响，尤其经过《哲学研究》等后期著作的冲击，加之“逻辑笔记”（1913）和“向摩尔口述的笔记”（1914）亦已面世，《1914—1916 年笔记》正在（或业已）编辑出版，罗素与维特根斯坦 1912—1921 年的通信也已准备出版（早已在圈内广为人知），所有这些因素终于推动《逻辑哲学论》在维特根斯坦共同体中形成一系列系统解读，成为这一阶段维特根斯坦解释中最为亮丽的成果（这里不包括绝大部分将维特根斯坦前后期哲学打通而进行简要评述的解释作品，它们已经在上一节做了简述，并占到简述著作的将近一半）。下面我们按出版先后顺序对这些系统解释著作加以陈述。

1.《维特根斯坦〈逻辑哲学论〉导论》（1959）

安斯康姆的这部著作是真正意义上对《逻辑哲学论》的第一个

① Anat Biletzki. *(Over) Interpreting Wittgenstein*. Dordrecht, Boston, London: Kluwer Acadamic Publishers, 2003, p. 49.

系统研究，并且是具有典范意义的研究。[①]之所以是系统的，不仅因为它是著作篇幅，而且涉及《逻辑哲学论》的所有主题，无所遗漏，其13章的顺序完全依照《逻辑哲学论》本身的文本顺序。之所以是典范的，是因为第一，她处于最有利的解释立场，对维特根斯坦及其后期哲学的精熟，不久前完成对《哲学研究》的英译，便于且利于实现维特根斯坦所说的以后期哲学为背景来审视其前期哲学；第二，她对《逻辑哲学论》的总主题、次主题以及某些细节的分析获得了无法轻易推翻的“正统解释”的重要地位，认为“该书的主要论题是语言或思想与实在之间的关联。对此的主要论点是，句子或其心理对应物是事实的图像”。[②]安斯康姆解读的一个重要特点是依据叔本华、弗雷格、罗素对维特根斯坦的影响而力图重建《逻辑哲学论》，尤其强调常常被以往的解释者所忽视的弗雷格对维特根斯坦的巨大影响。这样一个宽广的历史视角，引发了人们对维特根斯坦跟以往三位（或许更多位）哲学家关系的分析。该书1963年出版修正二版，1966年意大利文，1978年西班牙文，3年内获得7个书评。

2.《维特根斯坦的〈逻辑哲学论〉》(1960)

斯泰纽斯（Erik Stenius）稍后以更长篇幅对《逻辑哲学论》的思想主线进行了批判性分析。他从较远的历史视角入手（对于“实体”等概念远溯至亚里士多德和近代哲学家），对《逻辑哲学论》的主要

---

① 这样说是因为不算马斯洛1933年写作却1961年才出版的著作。

② G. E. M. Anscombe. *An Introduction to Wittgenstein's Tractatus*. London: Hutchinson University Library, 1959, p. 19.

论断和主要概念进行了语义学和形而上学层面的分析，以图像论作为立论的核心。其逻辑展开过程也跟《逻辑哲学论》的论题出现过程一致。斯泰纽斯得出的主要结论是，《逻辑哲学论》的维特根斯坦更像德国形而上学家，尤其是康德，而不是英美的逻辑原子主义者（比如罗素）。他将维特根斯坦与康德加以类比的视角得到后来的广泛研究和认可。施太格缪勒（W. Stegmüller，1923—）在此后的《当代哲学主流》(1965) 中对斯泰纽斯的著作大加赞赏，对维特根斯坦哲学 I 的阐述在很多地方借鉴了斯泰纽斯的分析。[①] 斯泰纽斯的著作 1969 年被译为德文，在 60 年代获得 11 个书评。

3.《维特根斯坦〈逻辑哲学论〉导读》(1964)

布莱克提供了第一个对《逻辑哲学论》文本逐条进行深入细致分析的解释文献，不管对初学者还是对研究者都具有重要的参考意义。该书有两个目的：一是对阅读《逻辑哲学论》原作提供支持，二是通过对以往解读的对比，对后者的核心内容提出自己的解释。对于第一个目的，布莱克将《逻辑哲学论》划分为 90 个段落，每个段落设置一个主题，提供历史的、理论的导论，并对内容加以详细分析。这些主题涉及：事态的重要性，对象、关系、性质之间的关系，否定事实的存在，原初命题的可证实性，唯我论和伦理学问题等等。对于第二个目的，他通过对《逻辑哲学论》德文版和奥格登英文版、安斯康姆解释和斯泰纽斯解释的对比，提出自己对于相应主题的看

① 施太格缪勒：《当代哲学主流》（上），王炳文、燕宏远、张金言等译，商务印书馆 1986 年版，第 521、529 等页；E. Stenius. *Wittgenstein's Tractatus*. Oxford: Basil Blackwell; Ithaca, N. Y.: Cornell University Press, 1960, p. 241.

法。该书 1967 年出版意大利文版，60 年代获得 11 个书评。[①]

4.《维特根斯坦〈逻辑哲学论〉解释和批判》(1964)

法夫霍特(David Favrholdt)将《逻辑哲学论》的根基论题看作是外延性。这一论题不仅构成“图像理论”的假设基础，而且贯穿于命题与思想关系的这一心理方面、形式概念的性质和逻辑关系，甚至唯我论和不可说东西之中。他最后考察了《逻辑哲学论》的严格哲学特征，并对维特根斯坦所采用的研究方法以及一些根本论点的有效性提出了批评。该书最终获得 7 个书评。[②]

5.《维特根斯坦的逻辑原子主义》(1964)

格里芬(James Griffin)的著作篇幅并不长，而且也不是对《逻辑哲学论》全部内容的解读。该书的特色是集中于《逻辑哲学论》的特定主题，即其中最有代表性的语言理论——关于原子命题、对象和事态的性质问题，提出了自己实在论的而不是认识论的解释。他认为，语言中不可定义的简单要素对应的并不是感觉材料，而是外部世界的实体，其存在只是出于纯逻辑的、先验的理由，使语言描述外部世界成为可能。只有这样，原初命题才能是关联外部世界的命题。如此理解的维特根斯坦原子论便既不同于罗素的逻辑原子论，也不同于卡尔纳普的还原论，而更像赫兹研究经典力学时所

---

① Guido Frongia and Brian McGuinness ed. *Wittgenstein, A Bibliographical Guide*. Oxford: Blackwell, 1990, p. 147; M. Black. *A Companion to Wittgenstein's Tractatus*. Ithaca, N.Y.: Cornell University Press, 1964, pp. XV, 451.

② Ibid, p. 148; D. Favrholdt. *An interpretation and critique of Wittgenstein's Tractatus*. Copenhagen: Munksgaard, 1964; New York: Humanities Press, 1966, p. 229.

使用的模型。该书 60 年代同样获得 11 个书评。[①]

6.《维特根斯坦哲学》(1964)

皮彻(George Pitcher)提供了一本有深度的将维特根斯坦前后期哲学进行连贯阐述的著作，第一部分讨论《逻辑哲学论》，第二部分讨论《哲学研究》。作者在前言中认为维特根斯坦是 20 世纪伟大哲学家之一，也许是最伟大的，但至少有两个维特根斯坦。他在前半部分主要联系罗素的摹状词理论阐述《逻辑哲学论》的核心概念尤其是图像理论的本体论方面，而在后半部分阐释《哲学研究》如何拒斥了“逻辑原子主义”和本质主义，并对心理学概念加以语法分析，力图提供一个完全的理解图景。作者最后总结了维特根斯坦频繁使用类比的语言风格和哲学方法。该书获得了维特根斯坦解释者的极大关注，1967 年德文版，不到 3 年获得 13 条书评。[②]

7.《维特根斯坦〈逻辑哲学论〉中的意义和真理》(1968)

莫里森(James C. Morrison)的这部著作篇幅不长，也未得到充分关注，但它不失为《逻辑哲学论》最初的系统研究时期有自己特色的著作。该书简要介绍了《逻辑哲学论》的主要内容，以图像论和真理论为核心。它先是关注对象和事实的性质这些本体论方面，批判这些内容中所包含的现象学和实证主义维度，然后对否定的逻辑问题加以分析，最后对《逻辑哲学论》的神秘结论进行阐述，并

① Guido Frongia and Brian McGuinness ed. *Wittgenstein, A Bibliographical Guide*. Oxford: Blackwell, 1990, p. 149; J. Griffin. *Wittgenstein's Logical Atomism*. London, New York: Oxford University Press, 1964, p. 164.

② Ibid, pp. 150-151; G. Pitcher. *The Philosophy of Wittgenstein*. Englewood Cliffs, N. J.: Prentice-Hall, 1964, p. 340.

批判性地评价维特根斯坦的哲学方法。[①]

总之，到 1969 年，维特根斯坦前期哲学得到第一批著作篇幅的系统解读，而他的后期哲学也随着《哲学研究》等著作的出版而逐步进入研究高潮。虽然占主导地位的看法是维特根斯坦具有前后期两个不同阶段和两种对立学说，但从整体上把握维特根斯坦显得越来越重要，并产生了一系列尝试。维特根斯坦学术共同体初步形成，他的遗著已经得到清楚的编目，为下一波更为系统深入的研究奠定了基础。正是在这一年，不仅冯·赖特编制了维特根斯坦文献的系统目录，而且里斯编辑了第一部《维特根斯坦著作集》。作为一个文献清单和第一套著作集，它们可算为维特根斯坦哲学解释第二阶段划上了圆满的句号。

① Guido Frongia and Brian McGuinness ed. *Wittgenstein, A Bibliographical Guide*. Oxford: Blackwell, 1990, p. 177; J. C. Morrison. *Meaning and Truth in Wittgenstein's Tractatus*. The Hague: Mouton, 1968, p. 148.

第5章　正统解释的成熟期（1970—1990）

这20年是维特根斯坦哲学解释史真正的“喜马拉雅山脉”，不仅是空前的而且也许是绝后的。之所以叫成熟期，是因为维特根斯坦哲学解释史中最具标志性的事件都发生在这一阶段。维特根斯坦共同体（Wittgenstein community）完全形成，维特根斯坦的几乎所有重要著作皆已出版，重要的代表人物都出版了自己的研究成果，解释材料数量剧增并有了历史性遴选汇编，每年一度的维特根斯坦国际论坛开启了，最重要的学术期刊创办起来，出版全部遗著的工作也已立项进行。对《逻辑哲学论》的解释以实在论和唯我论为核心，充分强调其形而上学方面和框架的均衡性质。对《哲学研究》的解释则形成逐段逐节详细解读的深广度，并充分运用了维特根斯坦的遗著。在后期哲学中形成以“私人语言论证”和“遵从规则”为核心的论题讨论高潮，众多学者参与其中。对前后期哲学的解释都形成了一系列为共同体所认可的“正统解释”，尽管共同体内部彼此之间尚有一定争议，甚至有解释者或有个人的前后变化，但占主导地位的解释策略和基本主张不仅完全成熟而且处于绝对主导地位。

第1节　维特根斯坦共同体

一个学术共同体在形成中会发生一系列作为显著标志的典型事件。正是在第三阶段的这20年中维特根斯坦共同体以一系列典型事件标志其完全成熟。活跃的维特根斯坦共同体成为20世纪后半期英美哲学(甚至部分大陆哲学)最靓丽的一幕。

一、代表人物和原作出版

1. 维特根斯坦共同体代表人物

在这一时期的维特根斯坦学者中,第一阶段便已开始的老学者仍保持活跃状态(大约20世纪前20年出生),第二阶段开始的中年学者处于研究的核心(大约20世纪第二个20年出生),更为年轻的学者已经加入研究队伍(大约20世纪中间20年出生)。这些学者除了代表著作(有些学者有多部)外,各自都有一大批重要文章。所有这些学者成为这一阶段的中坚力量,并奠定维特根斯坦解释很难超越的高度。

第一阶段便开始的学者有:里斯、安布罗斯(以及拉茨洛维茨)、艾耶尔、马尔科姆、冯·赖特、安斯康姆(尽管他们之间也有一定的差异,甚至是较大的论争)。[①] 不管是编辑整理维特根斯坦文献(对

① R. Rhees. *Discussions of Wittgenstein*. London: Routledge and Kegan Paul; New York: Schocken Books, 1970; G. E. M. Anscombe. *The Collected Philosophical Papers by G. E. M. Anscombe,* vol. 1-3. Oxford: Basil Blackwell; Minneapolis: University of Minnesota Press, 1980; G. H. von Wright. *Wittgenstein*. Oxford: Basil Blackwell; Minneapolis, Minn.: University of Minnesota Press, 1982; M. Lazerowitz and

于著作执行人来说），还是开展著作的或历史定位的解释研究，他们都做出了卓越贡献。

第二阶段已有所表现的学者有：皮尔斯、达米特、温奇、卡维尔、麦克奎尼斯、罗蒂、肯尼等等。他们在第二阶段已经崭露头角，并发挥一定的作用，但在第三阶段才有更出色的、具有代表性质的表现。①

真正属于第三阶段的是哈克(P. M. S. Hacker, 1972、1980、1985、1990)、巴特利(W. W. Bartley, 1973)、贝克(G. P. Baker, 1980、1985、1988)、皮特金(H. F. Pitkin, 1972)、迪尔曼(I. Dilman, 1973、1975、1981、1984、1987)、欣提卡(J. Hintikka, 1973、1976、1983、1986)、布弗勒塞(J. Bouveresse, 1976)、福格林(R. J. Fogelin, 1976)、芬奇(H. L. Finch, 1977)、哈里特(G. L. Hallet, 1977)、菲利普斯(D. Z. Phillips, 1977、1986)、怀特(C. Wright, 1980)、坎菲尔德(J. V. Canfield, 1981、1986)、茅斯(H. O. Mounce, 1981)、克里普克(S. A. Kripke, 1982)、布鲁尔(D. Bloor, 1983)、芬德莱(J. N. Findlay,

---

A. Ambrose. *Essays in the Unknown Wittgenstein*. New York: Prometheus Books, 1984; A. J. Ayer. *Wittgenstein*. London: Weidenfeld & Nicolson; New York: Random House, 1985; N. Malcolm. *Nothing is Hidden: Wittgenstein's Criticism of his Early Thought*. Oxford: Blackwell, 1986.

① D. F. Pears. *Wittgenstein*. New York: Viking Press, 1970; London: Fontana, 1971; Anthony Kenny. *Wittgenstein*. London: Allen Lane, 1973; M. Dummett. *Truth and other enigmas*. London: Duckworth; Cambridge, Mass.: Harvard University Press, 1978; Richard Rorty. *Philosophy and the Mirror of Nature*. Oxford: Blackwell, 1980; Stanley Cavell. *The Claim of Reason: Wittgenstein, Scepticism, Morality and Tragedy*. New York: Oxford University Press, 1982(Originally published 1979); Anthony Kenny. *The Legacy of Wittgenstein*. Oxford: Blackwell, 1984; David Pears. *The False Prison*, vol. 1, Oxford: Clarendon, 1987; vol. 2, 1988; Peter Winch. *Trying to Make Sense*. Oxford: Blackwell, 1987; Brain McGuinness. *Wittgenstein: A Life: Young Ludwig, 1889–1921*. Berkeley, Los Angeles, London: The University of California Press, 1988.

1984)、麦金(C. McGinn, 1984)、尼瑞(J. C. Nyíri, 1983、1986)、舒尔特(J. Schulte, 1986)、麦克道夫(Richard McDough, 1986)、山科尔(S. G. Shanker, 1986、1987)、汉福林(Oswald Hanfling, 1989)、马霍尔(Stephen Mulhall, 1990)等等(他们的著作部分会在下面提到,不再一一列举)。

这些学者从最初分布于维特根斯坦工作和生活过的地方(剑桥、牛津、斯旺西、维也纳、挪威、康奈尔等),从主要是维特根斯坦正式或非正式的学生(20—40 年代),而逐渐扩大到欧美主要国家越来越多的大学和越来越远的研究者。这一阶段的解释文献产出是前两个阶段之和的两三倍(1000 篇 / 部左右)。最重要的是,维特根斯坦哲学解释史中几乎所有最重要的、最经典的、篇幅最长的文献都产生于这一阶段。

2. 维特根斯坦著作的出版

在前一阶段已经出版的维特根斯坦著作的基础上,本阶段完成了几乎全部重要的维特根斯坦著作,而且全部遗著的出版工作也已于 1975 年启动,1984 年出版了八卷本德文版《维特根斯坦著作集》。这期间出版的单行本(不包括重印或再版,以及在杂志发表的短篇,但包括信件)情况如下(以英文版时间为准):

(1)《〈逻辑哲学论〉初稿》(*Proto-Tractatus*, 1971)

由皮尔斯和麦克奎尼斯翻译,冯·赖特做序,麦克奎尼斯、尼伯格(T. Nyberg)、冯·赖特编辑。影印出版。冯·赖特认为它是 1918 年《逻辑哲学论》成书之前的另一份手稿,尽管后人有所质疑。

(2)《致奥格登的信》(*Letters to C. K. Ogden*, 1973)

冯·赖特编辑。与维特根斯坦同一年出生的奥格登,帮助维特根斯坦出版《逻辑哲学论》（德英对照本），并在拉姆齐协助下将该书译为英文。所收录的信件主要反映他们这一期间的交往。

(3)《致罗素、凯恩斯和摩尔的信》（*Letters to Russell, Keynes and Moore*, 1974; 2nd edition, 1977）

冯·赖特编辑。收录维特根斯坦致罗素信件（1912—1935）57 封，致凯恩斯信件（1913—1939）31 封，致摩尔信件（1913—1948）57 封。反映的时期从 1912 年 6 月至 1948 年 12 月，伴随着维特根斯坦在剑桥的近 40 年。

(4)《哲学语法》（*Philosophical Grammar*, 1974）

安东尼·肯尼翻译，里斯编辑。该书写于 1932—1934 年，恰在《蓝皮书》听写之前。由两部分内容构成，一部分关于命题和意义，另一部分关于逻辑和数学。

(5)《哲学评论》（*Philosophical Remarks*, 1975）

哈格里夫斯（R. Hargreaves）和怀特（R. White）翻译，里斯编辑。维特根斯坦重返剑桥之后写作的最早著作，写于 1929 年 2 月 2 日至 1930 年 4 月 24 日，1930 年 5 月维特根斯坦曾将打印稿呈罗素审阅。

(6)《维特根斯坦 1939 年关于数学基础的剑桥讲演录》（*Wittgenstein's Lectures on the Foundations of Mathematics, Cambridge 1939*, 1975）

取自维特根斯坦 4 个学生鲍桑葵（R. G. Bosanquet）、马尔科姆、里斯和斯麦瑟斯（Yorick Smythies）的笔记，戴蒙德（Cora Diamond）编辑。编者做了较大幅度的重新整理。

(7)《关于颜色的评论》（*Remarks on Color*, 1977；2nd edition,

1980）

麦卡利斯特（Linda L. McAlister）和舍特尔（Margarete Schättle）翻译，安斯康姆编辑。收录了维特根斯坦最后 18 个月关于颜色的 350 条评论。

（8）《路德维希·维特根斯坦与维也纳小组》（*Ludwig Wittgenstein and the Vienna Circle*, 1979）

取自魏斯曼记录的笔记，麦克奎尼斯编辑。记录时间从 1929 年 12 月 19 日至 1932 年 7 月 1 日，共分 7 个部分。附录有魏斯曼当时的撰写提纲，反映了他当时准备写作论述维特根斯坦哲学的著作的一些考虑。

（9）《维特根斯坦 1932—1935 剑桥讲演录》（*Wittgenstein's Lectures. Cambridge 1932–1935*, 1979）

取自安布罗斯和麦克唐纳（Margaret MacDonald）的笔记，安布罗斯编辑。该书以编者的笔记为主，并参照了包括麦克唐纳在内的其他笔记。

（10）《信件》（*Briefe*, 1980）

麦克奎尼斯和冯·赖特编。维特根斯坦书信的德文版，精选已经以英文出版的大部分书信。

（11）《文化与价值》（*Culture and Value*, 德文 1977，英文 1980）

温奇翻译，冯·赖特和尼曼（H. Nyman）编辑。德文版使用的名称是 *Vermischte Bemerkungen*。收录了维特根斯坦从 1914 年至 1951 年各种主题的思想。

（12）《关于心理学哲学的评论》（*Remarks on the Philosophy of Psychology,* vols. I–II, 1980）

卷 I 由安斯康姆翻译，安斯康姆和冯·赖特编辑；卷 II 由卢克哈特（C. G. Luckhardt）和奥伊（M. A. E. Aue）翻译，冯·赖特和尼曼编辑。该书收录维特根斯坦《哲学研究》第一部分完成之后关于心理学哲学的评论，共 1874 条。

(13)《维特根斯坦 1930—1932 年剑桥讲演录》（*Wittgenstein's Lectures. Cambridge 1930–1932*, 1980）

取自金（J. King）和李（Desmond Lee）的笔记（同时参照了其他学生笔记），由李编辑。时间从 1930 年 1 月到 1932 年 5 月。

(14)《关于心理学哲学的最后著述》（*Last Writings on the Philosophy of Psychology*, vol. I, 1982; vol. II, 1992）

卢克哈特和奥伊翻译，冯·赖特和尼曼编辑。卷 I 所包括的评论是对《哲学研究》第二部分的预备研究，时间从 1948 年 10 月 22 日到 1949 年 5 月 20 日。卷 II 是 1949 到 1951 年期间以内在和外在为主题的评论。

(15)《维特根斯坦 1946—1947 年关于哲学心理学的讲演录》（*Wittgenstein's Lectures on Philosophical Psychology, 1946–47*, 1988）

取自吉奇、肖（K. J. Shah）和杰克逊（A. C. Jackson）的笔记，吉奇编辑。该讲演录的特点是，没有相互参照而整理为一本，而是三本笔记并行印制。

二、学术研讨和文献清理

这一阶段不仅主要维特根斯坦学者走上舞台，引领并贡献了海量的文献，维特根斯坦的重要著作悉数出版，而且维特根斯坦学术会议达到空前的频率和周期性，最有影响的维特根斯坦期刊创办出来，维特根斯坦研究文献得到彻底的汇集整理。

1. 维特根斯坦国际论坛（International Wittgenstein Symposium）

除了频率更高的各种小型和专题讨论会，吸引了很多重要的维特根斯坦学者，增加了不少专题论文集外，这一阶段发生的一个重要学术事件是从 1976 年开始，由奥地利维特根斯坦学会（ALWS）创办的一年一度的盛会“维特根斯坦国际论坛”（除了两年有所耽误外），已经持续不断地举办了 42 届（截止 2019 年）。由学会支持建立的国际维特根斯坦研究所（ILWI）具体开展这一论坛活动，成为对维特根斯坦哲学进行研究和交流的跨学科平台。论坛得到奥地利联邦科技部的支持，每年 8 月举办，永久会址设在维特根斯坦曾当过小学教师的下奥地利科尔茨堡（Kirchberg am Wechsel）。

论坛吸引了来自世界各地的维特根斯坦学者，从 1977 年第二届开始，每年论坛至少出版一本论文集（精选的会议论文），展示国际学界的研究动态，进一步推动维特根斯坦学术。论坛从各个角度细化维特根斯坦哲学的论点和问题，维特根斯坦哲学与其他哲学的关系，以及该哲学与现实的关联。从 2009 年第 32 届开始，在论坛之前还举行维特根斯坦暑期学校，由知名维特根斯坦学者引导学习维特根斯坦著作，之后举办工作坊、维特根斯坦讲演报告，乃至进行长期研究工作。

40 多部论题各异的论文集成为国际维特根斯坦共同体难得的一笔财富，展示着维特根斯坦哲学繁荣发展的历程。

2.《哲学研究》（*Philosophical Investigations*）杂志

由英国维特根斯坦学会（British Wittgenstein Society）主办的

第一份维特根斯坦研究国际性杂志，以维特根斯坦后期哲学代表作名称为刊名，1978 年创办于斯旺西大学。《哲学研究》杂志为季刊，发表原创性论文，开展主题讨论，登载书评，支持跟维特根斯坦有关系的广泛研究资料。

刊物创办之时，既是国际维特根斯坦研究正在进入的鼎盛时期，也是“斯旺西学派”最为繁荣的时期。由里斯所吸引的那些知名学者，为刊物的创办、高质量文章的登载和刊物不断扩大的影响做出了重要贡献。

除了《哲学研究》之外，国际维特根斯坦研究此后还创办了德国的《维特根斯坦研究》（*Wittgenstein-Studien*，以书代刊的年刊，创办于 2010 年）和挪威的《北欧维特根斯坦评论》（*Nordic Wittgenstein Review*，在线刊物，创办于 2012 年）。

3. 两本大型文选

此处再次强调（参见本书第 2 章第 2 节），对于维特根斯坦哲学解释史来说，1986 年是最充满奇迹的年份之一。两本精选维特根斯坦研究几十年文献的大型论文选本在同一年出版。此后的维特根斯坦研究基本上可以在此坚实的平台基础上攀登。维特根斯坦哲学本身由于其内容和风格相对难以理解，而解释文献是十分必要的阶梯，但是浩瀚的解释文献本身又可能成为雾障，进行甄选清理便是十分必要的。

加拿大多伦多大学的坎菲尔德教授编辑了 15 卷本《维特根斯坦哲学》，甄选了 278 篇论文，每一卷代表一个或几个主题。其中的文章具有两套页码系统：文章原发表或出版的杂志或论文集的页码，以及文选中的页码，便于研究者以不同方式引用或查找。编者指出，“在每一论题领域，文章都历时排序，表明维特根斯坦研究中主要论题的兴起、发展和当下状态”，而这一选编则期望促进对维特根斯坦丰富哲学遗产的更好理解。①

英国约克大学的山科尔教授编辑了4卷本《路德维希·维特根斯坦：批判性评价》，精选了99篇(除他自己的维特根斯坦传略和4篇导论外)富有历史价值和学术深度的文献。正如编者指出的，这些文献的选编“对维特根斯坦研究的激增提供了无价的指导”，鉴于涉及维特根斯坦的文献已经是如此海量，而且来自大量不同的国家、出版社和杂志，这样一种指导的需求毫无疑问是急切的。②4卷文选之外，第5卷专门搜集整理了截止当时的维特根斯坦研究文献目录5868条，包括主要著作、论文、评论和书评。

综上可见，最主要的维特根斯坦学者，最重要的解释成果，最大量的产出文献，永久的维特根斯坦国际论坛，有影响的国际专业期刊，对以往文献的精致梳理，所有这些展示了作为一个群体的维特根斯坦共同体和作为一种现象的维特根斯坦研究，将这一阶段高耸在维特根斯坦哲学解释史的最高处。

第2节 对《逻辑哲学论》的“元解读”

就对《逻辑哲学论》的解释而言，到维特根斯坦哲学解释的第

① John V. Canfield ed. *The Philosophy of Wittgenstein*, vol. 1, *The Early Philosophy – Language as Picture*. New York and London: Garland Publishing, Inc., 1986, General Introduction.

② Stuart Shanker ed. *Ludwig Wittgenstein: Critical Assessments*, vols. I. London: Croom Helm, 1986, Preface.

三阶段，产生了两个显著标志：一是更加重视《逻辑哲学论》主体内容和边缘框架的关系，明确地强调说出和显示的关系；二是对它做进一步的形而上学探究，使用实在论和唯我论这些“主义”加以概括，将其提升到整体理论的高度。贝莱茨基由此将这一阶段维特根斯坦学者的解读称为“元解读”，因为其具体表现是在解释中形成了更富结构性、更具包容性的框架构造倾向。[①]

一、说出-显示的区分

《逻辑哲学论》的确有一些让初读者看不懂的东西，哪怕这些读者老练和深刻如罗素和维也纳小组成员。维特根斯坦在该书“序”中明确指出，“本书的全部旨义可概述如下：凡是可说的东西，都可以明白地说，凡是不可说的东西，则必须对之沉默”。[②] 扔了这么一句之后，维特根斯坦仿佛暂时忘记了这句话，说了很多有关世界、语言、思想、命题的话语。但是到了该书最后部分，又谈到不可说的甚至神秘的东西，认为哲学的正确方法实际上是除了可说的东西（自然科学命题）之外，不说任何东西（因为它们是形而上学的东西），而他自己前面所说的东西也需要被超过而当作无意义的东西，像爬上梯子之后扔掉梯子一样。他甚至只以一句重复了“序”的那些著名提示的话而作为第 7 个一级命题，“凡是不可说的东西，必须对之沉默”。[③]

① Anat Biletzki. *(Over) Interpreting Wittgenstein*. Dordrecht, Boston, London: Kluwer Academic Publishers, 2003, p. 59.

② 维特根斯坦：《逻辑哲学论及其他》，陈启伟译，商务印书馆 2014 年版，第 5 页。

③ 同上，第 94 页。

处于第一阶段的罗素和维也纳小组，便看不懂或完全忽视维特根斯坦所强调的显示和沉默而径直将它们抛在一边。罗素在“导言”中认定《逻辑哲学论》的中心问题是语言、逻辑和哲学问题，是任何一个精确的符号系统的条件问题。他看到不可说内容和神秘之点，但他看不到维特根斯坦所强调的重要性。他认为维特根斯坦关于唯我论的观点是“多少有些奇特的议论”，而关于神秘之物以及维特根斯坦所可能进行的申辩则使他“产生某种理智上不快的感觉”。[①] 这就难怪维特根斯坦在收到罗素“导言”之后感觉上同样极其不快了。而比罗素更为坚决地抛弃《逻辑哲学论》中不可说和神秘之物的是维也纳小组成员，他们只吸收能支持自己主张的部分。卡尔纳普承认《逻辑哲学论》对小组的巨大影响，并从中学到不少东西，但将维特根斯坦关于形而上学和神秘之物的看法归结为后者情感生活和理性思维之间的冲突以及性格中更基本的冲突，并指出小组的重要代表之一纽拉特从一开始就批判维特根斯坦的神秘主义态度。[②]

到第二阶段的系统精致解释中，解释《逻辑哲学论》的最大变化是将其中的核心部分做了更加完整系统的解读，那些边缘框架部分虽仍受到某种程度的轻视和忽略，却已被历时性地安排，虽认为爬上梯子之后要扔掉梯子，却实际上只是嘴上说说而已。安斯康姆在她的《维特根斯坦〈逻辑哲学论〉导论》中，13 章中只给“‘神秘

① 维特根斯坦：《逻辑哲学论》，贺绍甲译，商务印书馆 2002 年版，第 4、14、18 页。

② 鲁道夫·卡尔纳普：《卡尔纳普思想自述》，陈晓山、涂敏译，上海译文出版社 1985 年版，第 37、41—43 页。

主义'和唯我论"最后一章。这从《逻辑哲学论》本身的比例来看当然也是合适的。她在"导言"中说，由此非常明显的是，"该书的主要论题是语言或思想与实在之间的关联。对此的主要论点是句子或其心理相伴物是事实的图像。"[①] 在谈到神秘主义和唯我论之前，她并没有充分注意到维特根斯坦不时对"显示"的强调。即便在这最后一章中，她虽也尽力阐述了维特根斯坦所说的显示、不可说和神秘之物，但其基本结论（尤其针对维特根斯坦的意志学说）是"在我看来，《逻辑哲学论》的这一部分很显然是错误的"。[②] 框架部分显然没有得到她的足够重视，并且与前面的主体部分存在着某种紧张。

布莱克的《维特根斯坦〈逻辑哲学论〉导读》完全按照该书的顺序，共划分了 90 节加以详细阐述。他将维特根斯坦所使用的主要概念总结如下（按照维特根斯坦使用的比喻）：实在（世界）是独立元件（事实）的拼图，每一事实都是对象彼此系挂的链子，对象在逻辑可能性的网络中关联着，最简单的原初命题是原子事实的图像，所有命题都是原初命题的真值函项，语言是逻辑网络在其中显现的大镜子。他无论如何极力强调的还是维特根斯坦关于语言、逻辑、世界的这一本体论和形而上学方面。他认为，《逻辑哲学论》的本体论是作为独立原子事实聚合的宇宙的原子主义概念和逻辑形式（逻辑空间）的有机概念之间令人震惊的结合。维特根斯坦或多或

① G. E. M. Anscombe. *An Introduction to Wittgenstein's Tractatus*. Edited by H. J. Paton. London: Hutchinson University Library, Hutchinson & Co. (Publishers) Ltd., 1959, p. 19.

② Ibid, p. 171.

少不同于罗素以及以往的本体论者，提供了一种新的哲学神话。尽管他认为这一哲学神话其最终结果并不成功，但也不认为它像维特根斯坦自己或其他一些人认为的那样可以轻易抛弃。[①]

跟前两个阶段的解释者对《逻辑哲学论》的边缘和框架部分有所否定或者有所轻视的情况不同（第二阶段对中心和边缘的历史性并置实际上已经比第一阶段有所推进，并为第三阶段奠定基础），第三阶段的解释者力图做得公平合理，更加重视注意一种“平衡”，即中心和边缘的平衡。像第二阶段的解释者那样只是按照《逻辑哲学论》文本的顺序做历时性并置的情况不能再继续下去，即便边缘框架中需要保持沉默和加以抛弃的那些段落只是说说而已却也需要做进一步更为合理的说明。这些促发了第三阶段的解释者使用说出-显示的著名区分。这一区分在前两个阶段即便不是没有看到，也至少没有得到足够的重视。

维特根斯坦其实不只在《逻辑哲学论》的序和结尾中谈到说出-显示之间的区分，只是前两个阶段的解释者都有意无意地忽视了而已。他在谈到命题所共享的逻辑形式在命题中显示而不是说出时，便指出“可显示的东西是不可说的”[②]，因为语言的逻辑形式揭示事实，但逻辑形式本身不能被说出，否则就要处于逻辑之外了。他在意义理论上的确区分有意义的可说的东西和无意义的不可说的东西。这样一种说出-显示结构其实贯穿于《逻辑哲学论》的全过程：“语言的结构不能被描述；它只能被显示（在语言中）。语言和世界

---

① Max Black. *A Companion to Wittgenstein's Tractatus*. Ithaca, N. Y.: Cornell University Press, 1967, pp. 3, 8, 18.

② 维特根斯坦：《逻辑哲学论及其他》，陈启伟译，商务印书馆2014年版，第33页。

之间的匹配无法被陈述；它只能被显示（在语言中）。对象的本体论位置（及其在事实中的数量）不能被谈论；它只能被显示（在语言中）。对象的内在特质无法被谈论；它们只能被显示（在语言中）。”[①] 所有这些在《逻辑哲学论》中被谈论的东西也可以同时看作是显示出来的，因而《逻辑哲学论》本身就是关于显示的杰作。

大卫·皮尔斯的《维特根斯坦》不管在时间节点上还是在内容上都是第三阶段的起点。出版于 1970 年的该书对《逻辑哲学论》的说出-显示区分做了简短但精彩的分析。他认为，维特根斯坦要在《逻辑哲学论》完成两个主要任务：对逻辑基础的考察和对语言界限的确定。两者的关联在于，逻辑先于经验便涵盖了所有可说的东西，经验只告诉我们事实的世界，但这世界浮在先验给定的可能性空间中。可说出的是经验世界中的事实，而使经验中的世界可以被说出的则是逻辑形式，但世界和语言共有的逻辑结构（那些作为重言式的逻辑命题），却只能被显示。《逻辑哲学论》正在于对这一结构的研究，因而少有对特定类型命题的分析。对语言逻辑的先验结构的这一分析因而与康德对先验能力的分析具有极大的相似性。以前的解释者注意到了这一相似性，而皮尔斯则持续关注这一相似性，并注意探究二者之间的区别。皮尔斯还将维特根斯坦对宗教、道德和美学的论述与逻辑形式放在一起，都作为只能显示的东西，尽管前三者属于不同的显示类型，属于神秘之物。当然，皮尔斯在说出-显示的结构性阐释中仍然并不认同维特根斯坦自己在《逻辑

---

① Anat Biletzki. *(Over) Interpreting Wittgenstein*. Dordrecht, Boston, London: Kluwer Academic Publishers, 2003, p. 62.

哲学论》序中以及在给罗素和费克尔的信中所表达的思想，仍然将说出看作该书的真正重心。[①]

在1975年的一篇文章中，布洛克（Irving Block）在对维特根斯坦与罗素的比较中讨论了作为《逻辑哲学论》核心之点的显示学说。他认为，维特根斯坦批评罗素《数学原理》的地方、罗素不理解《逻辑哲学论》的地方以及他们两人从一开始就存在分歧的地方，正是维特根斯坦的显示学说。如果一个学者理解并欣赏维特根斯坦的显示学说，他就会看到维特根斯坦批评罗素《数学原理》以及其他逻辑学家的重要性所在，并由此理解他关于语言性质、语言意义和哲学问题的一系列学说。布洛克详细论述了维特根斯坦在对逻辑的形式主义概念的批评中、在无限性公理中、在类型论中所表达的显示学说，以及由此表明该学说在《逻辑哲学论》中的关键作用。[②]

在1976年发表的论文中，彼得·吉奇通过将维特根斯坦与弗雷格加以比较来谈论《逻辑哲学论》中说出-显示之间的区分。他认为，关于显示而不可说的学说是《逻辑哲学论》最为典型而困难的学说之一，而这一学说的某些根本特征则在弗雷格的著作中已经显露出来，尽管在弗雷格那里只体现在逻辑哲学中。弗雷格主张存在着逻辑的范畴区分，它们在充分建构的形式化语言中清楚地显示自己，但不能在语言中加以恰切地断定：我们用于传达它们的句子

---

① David Pears. *Wittgenstein*. New York: Viking Press, 1970; Glasgow: William Collins Sons and Co. Ltd., 1971, pp. 83–91.

② Irving Block. "Showing" in the *Tractatus*: The Root of Wittgenstein and Russell's Basic Incompatibility. In Stuart Shanker ed. *Ludwig Wittgenstein: Critical Assessment*, vol. I. London: Croom Helm, 1986, pp. 136–138.

在逻辑上并不恰切，也无法转化为符号逻辑中良好组织的公式；这一范畴区分既是我们语言的也是我们语言所描述的实在的特征，其结果是，要想把对世界上事物的谈论转变为对语言中表达式的谈论基本上不再可能。维特根斯坦将这一区分完整地接受下来，加以强调，并进一步扩展到伦理、美学和宗教。①

跟前两个阶段相对轻视框架的态度相反，第三阶段的大多数论者都能给框架和边缘部分一定的地位，在对语言、逻辑和本体论部分相对重视的同时，对可说-显示区分保持了高度的兴趣，小心地保持中心和边缘之间的平衡。与这种态度密切相关的另一个表现是，前面受到较少探讨的伦理、美学和宗教问题得到极大的重视。尽管第一阶段便开始有人注意叔本华对维特根斯坦的影响，尽管第二阶段有过对维特根斯坦宗教等价值问题的专题讨论，但正是第三阶段才有了对于这些问题巨大的关注度。对于这种变化的原因，维特根斯坦后期关于美学、心理学和宗教信仰的评论的出版可能有所助益，但主要还是得力于解释者们对《逻辑哲学论》框架的重视。单纯从发表的相关文献的数量看，这一点便非常明显。学者们意识到，对于理解维特根斯坦来说，仅仅狭隘地局限于《逻辑哲学论》明显的被大量表述的文本已经远远不够，那些处于边缘地带而较少论及的部分甚至那些未曾说出而显示的部分（包括神秘的部分）对于理解维特根斯坦来说也具有不可替代的地位。

在坎菲尔德编辑的文献中，“我的世界及其价值”占据了其中

① P. T. Geach. Saying and Showing in Frege and Wittgenstein. In John Canfield ed. *The Philosophy of Wittgenstein,* vol. 3, *“My World and its Value”*. New York and London: Garland Publishing, Inc., 1986, pp. 30-32.

一卷(第3卷),所包含的文献主要来自这一阶段。在这一时期的杂志文献、会议论文和学术专著中,维特根斯坦与叔本华、托尔斯泰、詹姆斯的关系,维特根斯坦价值思想的维也纳文化根源等等论题,都得到更多人的更多关注。

二、唯我论和实在论

除了重视中心和边缘之间的平衡而突出说出-显示之间关联,并带动对《逻辑哲学论》中伦理、美学和宗教的研究外,"元解读"的另一个重大表现在于解释者们对其中的哲学问题进行更为一般的探讨,乃至最终上升为传统的主义(论)探讨,形成实在论(realism)和唯我论(solipsism)的典型范式。在所有解释者中,最为典型的是皮尔斯、哈克和欣提卡。

1. 皮尔斯

在分别出版于1987、1988年的两卷本《虚假的监禁》中,皮尔斯较早地将维特根斯坦前后期哲学进行整体研究,专门用了第一部分整体上概述维特根斯坦的工作,在大多数研究者要么专注前期要么专注后期、将维特根斯坦哲学看作截然对立的两个阶段的解释氛围中,这种整体解释无疑具有重要开创性。从他对维特根斯坦后期哲学的阐释中,处处可以看到维特根斯坦前期哲学的某种不断变化着的痕迹。他很大程度上按照维特根斯坦在《哲学研究》序中所提的建议而将两部著作放在一起阅读,并以前期为背景去理解后期。

在对《逻辑哲学论》的阐述中,皮尔斯注重维特根斯坦前期哲学作为一个整体的框架结构研究,强调中心和边缘之间的平衡,尤其开创性地进行实在论和唯我论解释,在维特根斯坦共同体中带来较大的争议且引发一批追随者。当然，将《逻辑哲学论》的中心部分当作不同于罗素版的逻辑原子主义而加以研究，以及把该书所谈论的语言、意义和世界之间的关系概括为“图像理论”，已经由来已久。皮尔斯除了也阐述逻辑原子主义和图像理论之外，第一次以实在论和唯我论更加突出《逻辑哲学论》的理论层面，在上书第二部分专辟两章分别加以阐述。实在论与唯名论、实在论与非实在论、唯我论和唯理论、唯我论和经验论等等都是由来已久的传统哲学论题。皮尔斯的解释由此将维特根斯坦纳入西方传统哲学的路径中，在这些共同性论题基础上彰显《逻辑哲学论》的特色。

在第一阶段的素朴解释者强调《逻辑哲学论》前大半部分有关语词描画世界的逻辑图像理论，以及第二阶段的精致解释者从更为根本的语言理论中发掘维特根斯坦的形而上学立场的基础上，作为元解读的重要开创者和代表人物，皮尔斯在探讨《逻辑哲学论》基本实在论的第 5 章中一开始就认定，维特根斯坦的前期系统基本上是实在论的。他这样来描述这一实在论系统，“任何事实句子都可以完全分析为原初句子，而后者是逻辑上彼此独立的，因为它们是单一对象的名称。在这一基本层面上，所有语言都具有实在的结构所强加的同一结构。的确，不同语言以不同方式合成这一结构，因而它们在表层展现相当多的变体，但在最终的分析中却并非异样。上层结构各异，但基础却一定相同。一个名称一旦贴在一个对象上，对象的性质便进而控制该名称的逻辑行为，使它在一些句子语境中而非其他句子语境中有意义。”[①] 可见，这一实在论是基本的，

① David Pears. *The False Prison*, vol. 1, Oxford: Clarendon, 1987, p. 88.

但并非简单的。

维特根斯坦逻辑原子主义的实在论受到罗素的逻辑原子主义的影响，正如罗素承认自己的逻辑原子主义受到维特根斯坦的影响一样。这一点在不管哪个阶段的维特根斯坦解释中都是不容置疑的基本结论。皮尔斯在前面阐述维特根斯坦接受罗素影响的基础上，在进一步揭示《逻辑哲学论》的基本实在论立场时，指出维特根斯坦与罗素的两个重要区别：第一，在罗素的逻辑原子主义中，基本命题依赖于名称，正如原子事实依赖于对象那样，而维特根斯坦的逻辑原子主义所坚持的基本观点却恰恰相反，名称依赖于基本命题，正如对象依赖于原子事实那样。第二，在罗素那里，名称乃至于基本命题都与感觉材料有着密切关系，语言（名称和命题）通过感觉材料才与对象和事实相关联，而在维特根斯坦那里，语言和世界之间，也就是名称、命题与语言、事实之间是一种逻辑关联，一种结构上的同构映照关系。

正是由于这两点区别，罗素的逻辑原子主义本体论就与经验主义（感觉材料理论）有着密切关联，他要经常不断地讨论和例举经验事实和经验对象。他的观点与古典经验论有着更紧密的联系，也与心理学以及其他自然科学有着不可分割的关联，因而需要关注和探讨心理现象的私人性问题。相反，维特根斯坦的逻辑原子主义本体论强调语言和实在之间的逻辑关联，它们之间的关系是一种先验关系，因而他不需要去讨论和例举经验事实和经验对象，《逻辑哲学论》中的原子事实和对象没有也不需要具体的例证。维特根斯坦的观点更接近康德的先验论，与心理学和其他自然科学没有必然的联系，因而他不需要去探讨心理现象的私人性问题。就这一点而言，他的哲学在前后期是保持一致的。

通过对罗素和维特根斯坦的对比分析，皮尔斯在该章最后总结说："没有理由否认，却有很多理由断定，《逻辑哲学论》中的名称的确进行独立的指称，而在这一意义上，该书基本上是实在论的。"①但是，在贝奈斯基看来，皮尔斯眼中的这一实在论还是素朴的、非批判性的，充满着自我强制的幻觉，因而维特根斯坦经过转折期而从另一角度去看，立即发现我们无法通过诉诸立足于语言中的事实去确证实际的语言，因而便会从早期的实在论走向后期的非实在论。②

在专门论述唯我论的第 7 章中，皮尔斯处理了被认为是《逻辑哲学论》最困难且解释者很少达成一致的部分。他指出，唯我论构成维特根斯坦思想中多个线条的交叉面，维特根斯坦引入它是要说明语言所强加的个人限制，但这不是一般的、非个人的限制，而是一种自我中心的限制。③皮尔斯所说的多个线条涉及从柏拉图到近代经验论者、康德以及罗素的西方哲学传统。其中两个思想线条尤为重要，一是我将一种经验归属于我自己的思想方式，一是唯我论者造成的自我拒斥的困境。这两个思想线条彼此紧密关联，因为经验的自我归属预设了我的心灵的具身，而这一摧毁唯我论的具身似乎是避免陷入空无的唯一方式。④

---

① David Pears. *The False Prison*, vol. 1, Oxford: Clarendon, 1987, p. 114.

② Anat Biletzki. *(Over) Interpreting Wittgenstein*. Dordrecht, Boston, London: Kluwer Academic Publishers, 2003, pp. 64–65.

③ David Pears. *The False Prison*, vol. 1, Oxford: Clarendon, 1987, p. 153.

④ Ibid, p. 158.

皮尔斯将维特根斯坦的唯我论与休谟、叔本华、罗素关于自我的观点加以比较。休谟认为自我无法通过内省而发现，维特根斯坦则在此基础上进一步发展，将自我与感觉经验彻底剥离开，尽管不幸的是他在《1914—1916年笔记》和《逻辑哲学论》中只是做了不完整的描画。在叔本华看来，自我并不出现在意识视野中，正如眼睛并不出现在视觉视野中一样，维特根斯坦采用了叔本华的这一观点，发现了唯我论者的困境：如果叔本华的观点是一种自我拒斥，那么这种自我就是空的。维特根斯坦讨论唯我论的最直接背景是罗素关于自我知识和唯我论的观点(1913)。罗素的观点是，自我之被认识只能通过描述而绝不能通过亲知，维特根斯坦将它进一步发展为“我的语言的界限意谓我的世界的界限”(5.6)，但这里的语言并不述说经验世界，并非事实话语，也就是说，维特根斯坦的唯我论不是罗素那种基于经验、感觉材料的唯我论。

在皮尔斯看来，维特根斯坦的唯我论不是面对事实的偶尔为真的理论，而是一种形而上学理论，一种无法用实际语言来真正表达的洞察。这不只是一种形而上学理论，而且标志着维特根斯坦心灵理论的开端，因为当唯我论者宣称只有他知道的事情才存在时，他只能说他是唯一知道这些事情的主体。唯我论者识别自我同一性的唯一标准是他自己，其中的所有内容都得自他的唯我论宣称。皮尔斯认为，维特根斯坦对唯我论的否定不是基于唯我论的宣称中不包含任何东西，而是基于唯我论的真正之点不是由句子表达，而只能显示出来。在维特根斯坦那里，唯我论不仅隐含着《逻辑哲学论》贯穿始终的一个重要区分——说出-显示的区分，而且以否定的方式揭示了实在论，因为自我的主体性凝缩为一个点之后，所充满的便是整个的客体性。皮尔斯由此认为，维特根斯坦从中期到后期进一步扩展了形而上学的唯我论的意蕴，促进了对心灵的新理解，从此私人语言便不可能存在，行为主义和内省主义都是错误的。皮尔斯的这种解释不仅使《逻辑哲学论》成为内在连贯的，而且使维特根斯坦的前后期哲学得到内在的交融。①

我们不能不说，皮尔斯对《逻辑哲学论》的解读充满着新意，甚至具有极大的开创性。他通过实在论和唯我论话语将维特根斯坦提升到与西方哲学史其他哲学家同等程度的形而上学水平，使维特根斯坦前期哲学本身以及前后期哲学之间得到连贯的解释。

2. 哈克

哈克（P. M. S. Hacker, 1939—）在对维特根斯坦《哲学研究》进行逐节逐段的标准阐释之前，已经对《逻辑哲学论》进行了跟皮尔斯同一水平的精道解释。在出版于 1972 年的《洞察与幻象——维特根斯坦论哲学与经验的形而上学》一书中，他不仅将维特根斯坦哲学中的有关论题总是提高到形而上学的水平上加以探讨，而且对维特根斯坦的前后期哲学做了令人惊异的连贯解释。这本著作在出版之后受到极大的关注，几年之内获得了 11 个书评，1975 年重印，1978 年被译为德文，1986 年出版了大幅度修订的新版。

事实上，如果解释维特根斯坦也是接受维特根斯坦的哲学观点而使自己发生改变的话，那么哈克从《洞察与幻象》1972 年第一版到 1986 年修订第二版的改变（11 章中 6 章重写，其他各章做了

① Anat Biletzki. *(Over) Interpreting Wittgenstein*. Dordrecht, Boston, London: Kluwer Academic Publishers, 2003, pp. 69-70.

程度不等的修改，著作的副标题也改成了“维特根斯坦哲学中的论题”)便是极好的例证。如果说第一版已经对维特根斯坦哲学进行了令人震惊的包括前期、中期和后期的宏大解释的话，那么第二版则向我们展示了一个勇于自我修正和善于向维特根斯坦学习的学者典范。

哈克承认，他在《洞察与幻象》第一版中将《逻辑哲学论》看作实在论或真值条件语义学的范型，将《哲学研究》看作是受到数学中构造主义或直觉主义(也就是反实在论或断定条件语义学)启发的对意义的完全不同种类探究。[①] 在第一版中，他对维特根斯坦哲学从《逻辑哲学论》到更为成熟的被称为“极端构造主义”的转变进行了完整的解释，尤其关注隐藏在经验的三个主要成分背后的形而上学因素：自我、他心和对象。在第 2、3 章对《逻辑哲学论》和第 4 章对中间阶段进行考察之后，哈克开始研究新的阶段，即他认为维特根斯坦已彻底离开《逻辑哲学论》的那些论题，并认定维特根斯坦对标准的论述是彻底不同于《逻辑哲学论》的非归纳证据。在哈克看来，对标准的重视以及相关的对“语法”的强调在后期维特根斯坦消解传统哲学问题(以唯我论和私人语言观念为代表)的分析上具有决定性的功能。他的这一研究论证是建立在对洛克、罗素和新经验主义的深刻反省基础上的，而他对维特根斯坦立场的阐述却频繁地指向康德。[②]

① P. M. S. Hacker. *Insight and Illusion: Themes in the Philosophy of Wittgenstein*. Revised edition. Oxford: Clarendon Press, 1986, p. vii.

② Guido Frongia and Brian McGuinness ed. *Wittgenstein, A Bibliographical Guide*. Oxford: Blackwell, 1990, p. 204.

在第一版的序言中，哈克将《洞察与幻象》的内容比喻为有着一定背景的舞台上上演的戏剧。所要处理的维特根斯坦关于经验的形而上学就是上演的戏剧。他就是要说明维特根斯坦与康德的相近关系，不管是在《逻辑哲学论》中还是在重返剑桥之后的哲学中。在贝克看来，维特根斯坦关于经验的形而上学所处理的问题包括：自我意识、我们关于他心的知识、我们关于对象的知识。他所说的这些戏剧上演的舞台就是维特根斯坦关于哲学的一般概念，这一概念将从戏剧的展开中显现出来。背景则由维特根斯坦的语义理论从《逻辑哲学论》的严格实在论到《哲学研究》中由构造主义启发的约定论的发展构成。这样，通过这一比喻，哈克说明自己在该书所要处理的就是三个最为困难的问题：维特根斯坦关于经验的形而上学的性质，对认识论的一般贡献，他的哲学概念。①

关于维特根斯坦前后期之间的关系，哈克当时的基本看法是，维特根斯坦拥有两种完整的哲学，后期对前期有着实质性的批判和拒斥。在《洞察与幻象》第一版的 10 章内容中，前 4 章阐述维特根斯坦从"逻辑笔记"经过《逻辑哲学论》到 20 年代末和 30 年代初的有关主题，而后 6 章处理维特根斯坦此后的相同主题。哈克既关注两个时期之间的转变，也关注其中的连续性。在哈克看来，要说清维特根斯坦后期对实在论和唯我论的关涉和拒斥，不去发掘《1914—1916 年笔记》对叔本华执迷的根源以及《哲学评论》的"方法论唯我论"是不可能的。要理解维特根斯坦后期的哲学概念和形

① P. M. S. Hacker. *Insight and Illusion: Themes in the Philosophy of Wittgenstein*. Revised edition. Oxford: Clarendon Press, 1986, p. xi.

而上学就必须比较其前期的相应观点；要抓住其后期的语义学就必须以他对前期实在论的拒斥为背景。①

15年之后再看，哈克便觉得自己当时的理解已经是完全误解和不合时宜的了。《逻辑哲学论》并不阐发任何可称之为真值条件语义学或实在论的东西，《哲学研究》也不阐发任何可称为反实在论的东西，更不要说是基于断定条件的意义理论了。把后期维特根斯坦对标准的评论看作新的语义理论的基础更是极其错误，因为这样理解就把维特根斯坦看作在建构一种新的哲学意义理论。哈克在修订版中还对章节内容进行重大的修订：增补替换了第2、3两章新内容，旨在更好地澄清维特根斯坦与以往哲学家的关系，在《逻辑哲学论》中对意义的阐述，以及之所以不能用实在论-反实在论二分法来解释维特根斯坦前后期哲学的理由。在几乎完全重写的第5章中，哈克解释了维特根斯坦抨击《逻辑哲学论》和批判其中图像论的理由，重新考察了维特根斯坦与布劳威尔1928年讲演的关系，以及他短暂的证实主义阶段的情况。在第11章，哈克勾画了标准不是新语义理论的一部分以及他的后期哲学不能被看作反实在论的理由。②

在第二版中，哈克提出的另一个重大修正是关于维特根斯坦与康德之间的类比亲缘关系，他认为此前关于第一人称心理学话语的讨论是完全错误的。在第一版中，他将维特根斯坦关于经验和经验对象的关系看作新康德版的话语，现在用完全重写的第10章来修

① P. M. S. Hacker. *Insight and Illusion: Themes in the Philosophy of Wittgenstein*. Revised edition. Oxford: Clarendon Press, 1986, pp. xii–xiii.

② Ibid, p. viii.

正这一论断。他认为自己以前夸大了两位哲学家之间的相似性并歪曲了他们之间的关系，错误地认为维特根斯坦对私人语言不可能性的证明便某种程度上是一种超验论证。他因而重写了第 7 章，澄清了维特根斯坦对形而上学的批判，专门增加了有关康德和维特根斯坦的一节以撇清“维特根斯坦关于经验的形而上学”这一提法。[①]

但是，令人惊奇的是，专门阐述维特根斯坦唯我论的第 5 章却基本上保持不变，只是做了有限当然也重要的修改，而在第 8 章专门对维特根斯坦拒斥唯我论的过程加以阐述，这似乎展示了唯我论在维特根斯坦哲学中一以贯之的中心地位。哈克甚至认为，唯我论是维特根斯坦自己难以飞出的捕蝇瓶，尽管他在后期将哲学目标看作“给苍蝇指出飞出捕蝇瓶的出路”。[②] 对哈克来说，维特根斯坦的唯我论需要澄清两个重要问题：第一，将维特根斯坦确认为一个唯我论者，并把这种唯我论还原为实在论；第二，这样一种唯我论与维特根斯坦《逻辑哲学论》中的语言和意义理论的关联。对于第一个问题，哈克追溯到休谟、康德和叔本华，将这种唯我论认定为一种语言唯我论，进而将其与实在论关联起来。哈克总结说：“实在论想说一切东西都可以说出；而超验唯我论想说的东西没有什么可以说出。它们之间不存在实际的不一致，对于日常语言命题的真值它们也没有什么争议。但是，对这类命题的分析将表明不可说的超验之真。维特根斯坦《逻辑哲学论》中的学说最好被描述为经验实

① P. M. S. Hacker. *Insight and Illusion: Themes in the Philosophy of Wittgenstein*. Revised edition. Oxford: Clarendon Press, 1986, p. ix.

② 维特根斯坦：《哲学研究》，陈嘉映译，商务印书馆 2016 年版，第 112 页。

在论和超验唯我论。"[①] 对于第二个问题，哈克追溯了维特根斯坦唯我论的演变过程。在他看来，维特根斯坦对唯我论的拒斥有三个阶段：早期从超验唯我论转向方法论唯我论（由证实主义推动着），中期放弃唯我论和实在论（伴随着对所有形而上学理论的批判），最终拒绝使用私人语言论证。维特根斯坦从前期的唯我论经过中期的详细辨析而在后期放弃了唯我论。他通过详细追溯维特根斯坦拒斥唯我论的演化阶段而指出，"应该注意的是，它不是在将唯我论显现为**假理论**的意义上（因为这样人们就会竭力去追寻一种'真理论'），而是在将它显现为无意义的意义上加以'拒斥'。"[②] 哈克由此通过唯我论而将维特根斯坦前后期哲学关联起来。

总之，哈克《洞察与幻象》的第一版从某种特定角度深入系统且颇具独创性地解读了作为既是两个独立阶段又具有内在关联性的维特根斯坦哲学，而其第二版不仅展示了作者具有巨大勇气的自我修正（基于对维特根斯坦《遗作》和大量新出版物的阅读思考，以及对《哲学研究》所着手进行的深度解读），而且对"元解读"的这一反思某种意义上为下一个阶段铺平了道路。

3. 欣提卡

跟皮尔斯和哈克一样，欣提卡（Jaakko Hintikka，1929—2015）对《逻辑哲学论》以及维特根斯坦从前期到后期转变的形而上学探究在这一阶段也具有代表性。甚至在第二个阶段，欣提卡便已有突出的表现。由此开始，这一探讨过程延续了近 40 年（从第二个阶段

---

① P. M. S. Hacker. *Insight and Illusion: Themes in the Philosophy of Wittgenstein*. Revised edition. Oxford: Clarendon Press, 1986, pp. 103-104.

② Ibid, p. 243.

到第四个阶段，所以如下阐述在时间上会适当超越第三个阶段）。

欣提卡在一系列论文中对维特根斯坦哲学进行了独到而系统的解释。说他的解释有独到之处是因为，他不是从传统哲学的角度而是根据维特根斯坦自己的著作尤其《遗作》理解维特根斯坦，并从中看到维特根斯坦哲学中那些独特的东西。他对《逻辑哲学论》的形而上学解释提供了从现象学角度解读的新视角，甚至在转折期的维特根斯坦及其整个后期哲学中，都看到维特根斯坦与胡塞尔之间的某种联系，甚至将维特根斯坦看作某种现象学家。他着眼于创造性的发展，力图运用维特根斯坦的概念和问题在不同方向上建构新的哲学。说他的解释比较系统是因为，他从《逻辑哲学论》到《哲学研究》提出了对维特根斯坦哲学不同阶段的完整解读。他从维特根斯坦与罗素（亲知理论）的联系中挖掘《逻辑哲学论》的哲学，尤其是其中图像理论的结构。他从维特根斯坦对传统哲学的拒斥所看到的并非虚无主义，而是看到维特根斯坦所发掘和陈述的新问题，看到维特根斯坦拒斥传统哲学的深度和贡献以及积极建构的方面。他将维特根斯坦后期哲学的核心论题概括为“游戏理论语义学”，并阐述其演化历程。所有这些使欣提卡从总是处于不安的维特根斯坦那里看到一个深邃独到而顺应时代的哲学家。①

虽然欣提卡很少像皮尔斯和哈克那样明确地使用“实在论”和“唯我论”两个概念去框定《逻辑哲学论》的主旨，但他的基本倾向同样十分明显。他力图阐述维特根斯坦前期所谓“图像论”的一

① Jaakko Hintikka. *Ludwig Wittgenstein: Half-Truth and One-and-a-Half-Truth*. Selected papers vol. 1. Dordrecht, Boston and London: Kluwer Academic Publishers, 1996, Introduction, pp. vii–xii.

些基本要素，由此说明维特根斯坦在中期乃至后期只是修改或放弃了其中一些要素，因而不存在是否放弃图像论的问题。在他看来，所谓"图像论"不过是至少下列因素的合成物：(1)一个基本命题表征着（可能的）事态，它实际上作为这一事态的同型复件来表征；(2)简单对象之可能结合的整体匹配着可能的基本命题的整体；(3)每个名称（原初符号）都与它所表征的对象有着相同的逻辑形式（逻辑的和范畴的类型）；(4)基本命题是彼此独立的；(5)所有的非基本命题都跟基本命题在同一意义上是事实的（复合的或其他衍生的）图像；(6)在逻辑上正确的语言中，命题的逻辑（图像）形式是其句法形式。[①]

在欣提卡所归纳的维特根斯坦图像论的这些要素之下，他所揭示的实际上就是一种实在论观点。他认为，维特根斯坦的对象并不是一种无形式意义上的简单物，因为后者无疑主张，对象的逻辑形式是跟对象一块儿给出的。前期维特根斯坦的信念正是，支配一个对象跟其他简单对象结合的可能性给我们展现了逻辑规律。在《逻辑哲学论》的维特根斯坦看来，每个不可还原的符号都通过代表直接经验的对象而表征着它所表征的东西。《逻辑哲学论》的世界是由我们每个人的直接经验所给定的对象即现象学的对象而构成的，跟它们一块儿被给定的还有其逻辑形式。[②] 欣提卡所描述的这一实

① Jaakko Hintikka. *Ludwig Wittgenstein: Half-Truth and One-and-a-Half-Truth*. Selected papers vol. 1. Dordrecht, Boston and London: Kluwer Academic Publishers, 1996, Introduction, p. 22.

② Anat Biletzki. *(Over) Interpreting Wittgenstein*. Dordrecht, Boston, London: Kluwer Academic Publishers, 2003, p. 66.

在论究竟多大程度上跟传统实在论相似，我们尚不敢断定。但他提醒我们，维特根斯坦到后期将表征确定的对象的命题改变为表征不确定对象的命题，这体现在他后期对"历史图像"和"基因图像"的区分上，这对概念在他后期思想中曾反复出现。欣提卡显然表明，维特根斯坦后期远不是放弃了图像论，而是从某些方面发展了《逻辑哲学论》所提出的图像论。[①]

至于唯我论，欣提卡早在 1958 年便做了专题论述。他从早期解释者错误地翻译维特根斯坦那句著名的唯我论断语开始，指出正是对"世界是**我的**世界，这一点就显示在**语言**（唯一能为我所理解的语言）的界限意谓**我的**世界的界限"（5.62）这句话中括号里的话的误译甚至误释才引发了对维特根斯坦唯我论的诸多纷争。误解的焦点在德文词 allein，括号里的话在最初的英译中是"the language which I alone understand"（我个人所理解的语言），而在欣提卡看来应该翻译为"the only language that I understand"（我理解的唯一语言）。按照第一种翻译，读者们便容易聚焦于这种语言的私人性或公共性问题。像欣提卡一样选择第二种翻译，人们便会思考一种语言的独特性。正是由于这一误译，当维特根斯坦的唯我论所说的东西是正确的时，很多读者把这一唯我论看作普通的唯我论。实际上，在维特根斯坦的思想中，唯我论所想说的东西迥然不同于哲学家们通常所认定的东西。当他说唯我论所表达的东西是正确的时，他指的是他对唯我论的特定理解，也就是只有在《逻

---

① Jaakko Hintikka. *Ludwig Wittgenstein: Half-Truth and One-and-a-Half-Truth*. Selected papers vol. 1. Dordrecht, Boston and London: Kluwer Academic Publishers, 1996, Introduction, pp. 53–54.

辑哲学论》其他学说的上下文中才能理解的唯我论。①

欣提卡通过一番分析而认定，维特根斯坦的唯我论并不是通常意义上的经验论的唯我论，而是超验的、形而上学的唯我论，他的形而上学主体(我)是语言的、逻辑的而不是经验的。②他对《逻辑哲学论》中唯我论的这一解读对后来的读者有不小的影响，但是他对翻译的矫正以及对唯我论的洞察并未成为第三阶段的典型学说，却进一步向前走向了第四阶段。因为欣提卡并没有像第三阶段的典型解读者那样深究维特根斯坦是否将基本命题归于我的还是你的这类怀疑论问题，而是关注维特根斯坦的唯我论通过语言的、形而上学的主体来对我们的哲学错误进行划界。这使他至少在这一探讨中横跨了第二、第四两个阶段(如果他就这一点在第三阶段无法与皮尔斯和贝克相提并论的话)。③

在贝莱茨基看来，对《逻辑哲学论》(以及维特根斯坦的部分中后期哲学)进行实在论和唯我论的探讨是正统解释全面确立这一阶段的典型例证。这种颇具包容性的“主义”探讨不仅展现了《逻辑哲学论》的内在张力，而且具有从维特根斯坦前期向后期转移的重要特征，甚至形成这一时期具有典范意义的维特根斯坦解读文本。在这种“主义”探讨之下，维特根斯坦前后期哲学的众多主题既被分别探讨，也被勾连出密切的相互关联，甚至生发出诸多的其他“主

① Jaakko Hintikka. On Wittgenstein's 'Solipsism'. In John Canfield ed. *The Philosophy of Wittgenstein,* vol. 3, *"My World and its Value"*. New York and London: Garland Publishing, Inc., 1986, p. 178.

② Ibid, p. 180.

③ Anat Biletzki. *(Over) Interpreting Wittgenstein*. Dordrecht, Boston, London: Kluwer Academic Publishers, 2003, pp. 70-71.

义”。[①] 我们这里只是例举了皮尔斯、哈克和欣提卡，其实这种“主义”讨论之所以被称为这一时期对《逻辑哲学论》解释的典型特征，正是因为诸多的解释者都参与其中，其中不乏跟他们三人旗鼓相当的人物（比如麦克奎尼斯、肯尼等）。

第 3 节　《哲学研究》的系统解释

在正统解释全面确立阶段，解释者们不仅对《逻辑哲学论》做了系统解读，而且对《哲学研究》的解释更是达到此后很难超越的系统性和精细化。维特根斯坦的学生辈以及学生的学生辈皆加入其中，形成经典性的解释文本。

一、典型的解释者

《哲学研究》出版之后，经过一段时间的讨论，尤其是在维特根斯坦大部分代表作已经出版以及《遗著》亦可方便使用的时代，对《哲学研究》以及维特根斯坦整个后期哲学的解释才真正达到经典的阶段。学生及其同代人首先成为其中的代表（冯・赖特和麦克奎尼斯做了大量的后期维特根斯坦文本搜集、整理、翻译工作，在维特根斯坦的学术中成绩巨大，但是单就文本解释而言，他们的工作还不足以跟其他顶尖的解释者相比；这一时期对于系统解释维特根斯坦做出贡献的还有福格林等，恕不一一详述，其中一些论者后面还会提及。）。

① Anat Biletzki. *(Over) Interpreting Wittgenstein*. Dordrecht, Boston, London: Kluwer Academic Publishers, 2003, p. 71.

1. 皮尔斯

有关维特根斯坦后期哲学的解释，我们再次回到皮尔斯，并关注他的两部著作。在《维特根斯坦》一书中，皮尔斯整体上将维特根斯坦哲学与康德哲学加以对比，探寻前者在西方哲学中的地位和任务。尽管这种对比并非他首创，却具有自己的独到之处。借助这一比较，皮尔斯既发现了维特根斯坦前后期哲学的区别，也发现了其中的关联性。将维特根斯坦哲学既划为明确的两个阶段（通过中间的转折），又发现其中的某些联系之处，是这一解释阶段的典型特征。皮尔斯在维特根斯坦前后期工作的区别之外，所发现的便是，后期哲学在方法上的转变并非与前期的截然分割，而是对《逻辑哲学论》观念的逐渐转变。[①]

皮尔斯这里关注的是维特根斯坦后期在任务和方法上与其前期的区别和联系。在他看来，后期维特根斯坦的任务依然是语言的界限问题，只不过该任务所包含的内容已有所不同。他不再期待通过一个连续的线条进行这种划界，因为从某个单一本质中无法得出丰富多样的现实话语。所以，后期维特根斯坦所看到的新的逻辑空间存在着多种起源和多个分支，他的任务便是将这些分支关联在一定的网络中。[②] 这样一种任务变化意味着，《逻辑哲学论》对于有意义语言和无意义语言的划界是一种外在划界，将道德、宗教、美学的话语划在了事实（科学）语言之外，而《哲学研究》所进行的相应划界是一种内在划界，所有有意义和无意义的话语都没有明显的内

① David Pears. *Wittgenstein*. Glasgow: William Collins Sons and Co. Ltd., 1971, p. 95.

② Ibid, pp. 95–96.

外之分。这种任务变化还意味着，《逻辑哲学论》并不关注事实话语之间的差异，它关注的是所有有意义话语的共同形式特征、共同逻辑条件，而《哲学研究》则十分关注特殊情况、各种个例，关心不同话语之间的差异以及语境敏感性。任务的变化当然还引起维特根斯坦前后期哲学关于哲学性质、哲学理论等等的其他一些区别。

随着任务的转变，方法也要求相应的转变。皮尔斯认为，维特根斯坦在《逻辑哲学论》中使用本质主义方法，力图找到所有话语的共同本质，从而在有意义话语和无意义话语之间划一条固定的界限。而到维特根斯坦后期，既然各种不同话语不再具有共同的本质，那么他所使用的方法便成为反本质主义的。他关注语言使用的各种具体例子，概括和定义这些传统哲学以及《逻辑哲学论》发现本质的形而上学思维被抛到一边，因为它并不适合实际语言。由此，他也不再进行先验的语言研究，而代之以对人类语言现象的实际考察，只有这样才能发现语言内部不同话语之间边界的网络，从而找到语言迷惑我们理智的根深蒂固的地方。对于理解后期维特根斯坦来说，困难甚至首先在方法而不是任务和内容，因为正是这种不同于传统的描述方法使得读者们不知维特根斯坦所云。

依据对不同于前期的任务和方法的诊断，皮尔斯才能对后期维特根斯坦所关注的哲学内容做相应的分析。他并未打算在这本薄书中概括后期维特根斯坦的全部观点，而是精选了两个主要观点：必然性和感觉。这两点都与维特根斯坦后期的人类中心主义转向有着密切关系，而对它们的探讨也反过来印证了后期维特根斯坦所使用的方法。就必然性而言，在《逻辑哲学论》中，维特根斯坦认为必然真理都是重言式，它们显示了语言和世界的共同逻辑形式，而其中的基本命题一定是相互独立的，但是当他将这一必然性观点进一步落地时，首先在颜色上出现了不相容性问题，实在论受到严重的挑战。颜色的内部复杂性（一个黄色的东西不再是蓝色的、绿色的……）使描画它的基本命题之间的分割成了难以进行的事情。基于颜色问题而不得不承认基本命题相互关联着，这使维特根斯坦逐渐从原子论走向整体论，同时也意味着他从实在论走向非实在论。[①]就感觉而言，后期维特根斯坦主张描述我们感觉的语言不可能是私人的、不是不可教授的。维特根斯坦要批判的是休谟式的感觉论观点，即认为感觉就像物质对象那样为一个人所拥有，如果这样的话，每个人的感觉跟其他人的感觉就完全不可接近，因而感觉语言便是不可教授的。后期维特根斯坦力图消除感觉和物质对象的这种混淆。关于感觉的语言之所以不可能是私人的，是因为在维特根斯坦看来，“意义与意向联结着，而意向与公共标准联结着。结果是，尽管后期哲学是人类中心主义的，但它不再是唯我论的。我们必须总要返回的基线是具有公共标准的共享语言。”[②]

在皮尔斯看来，尽管必然性和感觉这两个论题在内容细节和论证方式上有差异也有相似性，但它们的一个基本指向却是共同的，那就是一种极端的人类中心主义趋向，它构成了维特根斯坦后期哲学的真正中心。后期维特根斯坦认为，在人类思想和语言之外，不可能存在独立的、客观的支撑点，意义和必然性也只存在容留它们的语言实践中。它们之所以是安全的，是因为这些实践从规则中获

---

① David Pears. *Wittgenstein*. Glasgow: William Collins Sons and Co. Ltd., 1971, pp. 127–141.

② Ibid, p. 147.

得了某种稳定性。但即便规则也无法提供固定的参照点，因为它们总是允许多样的解释。真正给予实践以稳定性的是我们在对规则的解释中保持了某种一致。[①]

在《虚假的牢笼》第二卷（两卷本的第三部分，第 9—18 章），皮尔斯以心理学哲学、自我、私人语言论证和遵从规则为中心（很少谈到逻辑和数学）阐述 1929 年之后维特根斯坦的哲学。为了跟第一卷对《逻辑哲学论》的解释相一致，第二卷径直沿袭了两条线索：一条是从唯我论开始的探讨，一条是从早期的语言理论着手。皮尔斯频繁地参照《逻辑哲学论》来探讨《哲学研究》，因为他坚信，脱离开对其前期哲学的把握，很难对维特根斯坦后期哲学有一个真正理解，也因为对《哲学研究》的很多误解来自对前期维特根斯坦形成一种现象主义的努力有所忽视。[②]

皮尔斯从维特根斯坦前后期哲学观的区别入手阐释两个阶段哲学的变化。在《逻辑哲学论》中，维特根斯坦对哲学做出如下的界定：

> 哲学不是一门自然科学。
>
> （“哲学”这个词必是指某种超乎自然科学或低于自然科学而非与自然科学并列的东西。）
>
> 哲学的目的是对思想的逻辑澄清。
>
> 哲学不是一种学说，而是一种活动。

---

① David Pears. *Wittgenstein*. Glasgow: William Collins Sons and Co. Ltd, 1971, p. 168.

② David Pears. *The False Prison*, vol. 2. Oxford: Clarendon, 1988, Preface.

> 一部哲学著作本质上是由阐释构成的。
>
> 哲学的结果不是得到"哲学的命题"，而是对命题的澄清。
>
> 哲学应当把不加以澄清似乎就暗昧而模糊不清的思想弄清楚，并且给它们划出明确的界限。①

在这里，维特根斯坦尽管也力图将哲学与科学加以区分，但他并没有像在后期那样对哲学中使用科学方法做出如此激烈的批判。在后期，他在《蓝皮书》中指出，"哲学家们经常看重自然科学的方法，并且不可抗拒地试图按照自然科学的方式提出问题和回答问题。这种倾向是形而上学的真正根源，它使得哲学家们陷入绝境。"② 自然科学的研究方法就是对于普遍性的追求，力图将复杂多样的现象还原为少数规律，而他强调哲学的方法应该是纯粹的描述。他在《哲学研究》中更是指出，"我们不可提出任何一种理论。我们的思考中不可有任何假设的东西。必须丢开一切**解释**而只用描述来取代之。"③ 尽管都力图将哲学与自然科学区分开来，但维特根斯坦前期和后期还是至少有两点不同：第一，他的前期哲学仍然受到自然科学追求普遍性的本质主义影响，力图在语言和世界之间发现隐含的逻辑形式，力图将复杂多样的话语还原为基本命题的一般形式，寄希望于未来（有人）能发现基本命题的实例，而到后期，

---

① 维特根斯坦：《逻辑哲学论及其他》，陈启伟译，商务印书馆 2014 年版，第 32 页。为了便于表述，笔者将 4.111 和 4.112 断开的小段落合并为一个大段落。

② 维特根斯坦：《蓝皮书和褐皮书》，涂继亮译，北京大学出版社 2012 年版，第 25 页。

③ 维特根斯坦：《哲学研究》，陈嘉映译，商务印书馆 2016 年版，第 52 页。

他彻底放弃了对普遍性的追求，完全面向具有家族相似特征的实例；第二，他的前期哲学还力图构造理论，他关于语言与世界之间图像关系的阐释实际上构成图像理论，一种同以往的意义理论并列的理论（所以称其前期哲学观点为“理论”并不过外），而他在后期则坚决杜绝假设和理论，只对语言的用法进行描述，以便达到对语言用法的综览，而无意于去发现任何隐藏的东西。

跟第一卷讨论《逻辑哲学论》时以唯我论作为一个重要主题相对应，皮尔斯在第二卷中也在唯我论的方向之下用了 6 章篇幅讨论自我和私人语言论证问题。这涉及维特根斯坦讨论感觉语言的可能性问题，并由此演变为全新的心灵哲学。在皮尔斯看来，这一新哲学并没有提出什么新理论，相反倒通过各种方法在设法使我们从两种传统的错误哲学理论中解放出来——内省主义和行为主义。他从维特根斯坦对待自我的态度开始，后者从 1929 年起对自我重新进行反省，将自我当作处理感觉语言地位而批判唯我论的起点。1929 年开始的反思中得到的反对唯我论的新论证，成为维特根斯坦后来在《哲学研究》中批判私人语言的有力支撑。在皮尔斯看来，如果没有这一历史性追溯和前提性考察，要理解《哲学研究》中间的私人语言论证还真比较困难。[①]

维特根斯坦在 1929 年开始重新审视了《逻辑哲学论》关于唯我论的困境，追问唯我论者是否真的无法跳出这一困境。他通过对有关感觉的语言游戏的详细讨论（《逻辑哲学论》并没有提供细节），发现唯我论者并不能通过遁入感觉的私人领域而走出困境。他提

① David Pears. *The False Prison*, vol. 2. Oxford: Clarendon, 1988, p. 228.

供的新论证是，唯我论者要是提供了他自己知道的某些内容，那就不可能只有他自己知道，因为周围人某种程度上参与其中。维特根斯坦将这里得到的一般论证既应用于1929年之后对感觉所有者的详细考察，也应用于《哲学研究》的私人语言论证，才构成了对唯我论的完整反驳。在皮尔斯看来，“一般规则的两种应用的区别在于，在对感觉所有者的这一处理中所批判的是，当主体并非独立固定时，一套特定感觉便无法得到识别，而在《哲学研究》中所要批判的是，当其正确归属的标准并非独立固定时，类型便无法得到识别。”[①] 后期维特根斯坦对唯我论的批判便由此形成完整的链条，对感觉语言甚至对整个心理学概念的分析形成了具有重要影响的新的心灵哲学。

正如在第一卷关注《逻辑哲学论》意义理论中的实在论一样，皮尔斯在第二卷中同样关注《哲学研究》中的意义理论，区别只在于现在维特根斯坦的立场转向了反实在论。他是在两章以“遵从规则”为题的讨论中完成这一考察的。而在维特根斯坦那里，对遵从规则的讨论与私人语言论证存在着紧密的关联。要想搞清楚我们的感觉语言的秘密，说明我们的经验的拥有情况，我们就必须弄明白日常语言如何思考和表达这类现象，给感觉语言以适当的位置，尤其要看到我们的语言作为经验现象的重要性。没有必要假定，跟一个人的心灵内容相关联的必须有一个自我，就像跟他的周围事物相关联而必须有心灵和身体一样。跟“疼痛”这类词是否必须有感觉的拥有者，以及感觉是否可以离开发生的环境而独立存在这些问

---

① David Pears. *The False Prison*, vol. 2. Oxford: Clarendon, 1988, p. 231.

题相对应，必须对语词有意义使用的标准和条件进行一般的思考和研究。维特根斯坦在《逻辑哲学论》中提及语词之间结合的规则，但没有谈到语词和事物关联的规则。在 1930—1932 年的讲演中他发展了在《逻辑哲学论》中尚不明显的语言意义观点，并最终发展为《哲学研究》中遵从规则的观点。维特根斯坦要在遵从规则问题的探讨中解释语言使用中规则的不确定问题，回应怀疑论者的质疑，回答"一个人知道如何遵从规则"意味着什么，确定使用规则的标准。[①] 这些探讨形成了跟《逻辑哲学论》的实在论意义理论截然不同的反实在论的意义理论（权且使用"理论"一词）。

从《维特根斯坦》在任务和方法的引领下对后期维特根斯坦两个主要观点的阐述，到《虚假的牢笼》第二卷对后期维特根斯坦如何详细批评《逻辑哲学论》中唯我论和实在论的阐述，皮尔斯提供了对后期维特根斯坦哲学的核心勾勒。尽管不是面面俱到，但他的确抓住了维特根斯坦前后期哲学一以贯之的核心主题，既表明维特根斯坦前后期之间的差异，也说明两个阶段之间的连贯性。

2. 肯尼

肯尼 1973 年出版的《维特根斯坦》（写作于 1967—1971 年间）是解释者们对维特根斯坦哲学整体较早进行全面阐释的典范。但他也并非面面俱到，而是重点选择了维特根斯坦关于语言和心灵的哲学，几乎忽略了数学哲学。他还是较早关注维特根斯坦哲学连续性的解释者，不是那种先分为两个阶段然后再寻找联系，而是以中间阶段为连接点，始终重视维特根斯坦观点有机演进的那种类型。

① David Pears. *The False Prison*, vol. 2. Oxford: Clarendon, 1988, pp. 431–433.

他在该书的首尾两章对这种连续性进行较为系统的梳理，这一点使他超越了第三阶段对维特根斯坦哲学的划分，而成为第四阶段解释者的重要同道人。在首尾两章探讨的连续性之间，肯尼有意没有按照这一阶段大多解释者典型的前后期分段方法，而是以维特根斯坦一生的主要著作和重要主题为节点，对其哲学演进过程进行了分章探讨。

该书观点新颖，成就斐然，3 年内便有 10 个书评，很快被译为法文、丹麦文、意大利文、西班牙文、德文、韩文、日文。截止 2006 年修订再版的 25 年中它一直在重印。修订版在内容上并无太多变化，因为肯尼认为最初进行的研究和所持的观点仍然是正确的，并且可以说时间证明了他的主要观点更加正确。他所感慨的倒是，尽管越来越多的维特根斯坦文献得以出版，维特根斯坦的全部《遗著》亦已面世，甚至产生了一些顶级的百科全书式的解读，但是维特根斯坦所主张的哲学观和哲学方法却很少有人坚持和应用，相反，维特根斯坦所极力反对的形而上学却在以不同的面目公然恢复和加强，这使维特根斯坦哲学的实际影响似乎流于表面。肯尼在 2006 年版序言中对此状况颇为感慨。

尽管这本《维特根斯坦》没有在章节上明确地将维特根斯坦哲学标识为前后期两个阶段，但《哲学研究》很大程度上不同于《逻辑哲学论》却是连维特根斯坦自己都提醒大家注意的不争的事实。所以，注意在与《逻辑哲学论》的对比中谈论《哲学研究》，也是该书从始至终的重要之点。肯尼在本书第一章便对这两本著作进行整体的比较，认为“跟《逻辑哲学论》一样，《哲学研究》很大程度上旨在讨论语言的性质，但在三十年代的发展之后，《哲学研究》

以大量的细节处理语言与思想以及与心理状态的关系。其结果是，《哲学研究》不仅是语言哲学的而且是心灵哲学的经典之作。正如《逻辑哲学论》占主导地位的是命题和图像的比较一样，《哲学研究》也一再地回到这样的观念，即我们在语言中用词做游戏。像意义的图像论那样，语言游戏概念更像是一个比喻。”[①] 当然，肯尼所进行的比较是建立在他认定维特根斯坦前后期存在着消解哲学的一致哲学观的基础之上。

肯尼讲述了弗雷格和罗素对《逻辑哲学论》的影响，以及维特根斯坦反过来对他们提出的种种批评，并在命题的性质这一重要主题上实现了升华。命题性质涉及语言和世界之间的关系，维特根斯坦提出一种颇具动态性质的图像理论，认为命题（以及所有相似的表征材料）与事实（其总和是存在着的现实世界）是一种图像关系。这种图像关系如何能达成呢？在维特根斯坦看来，这是因为命题和事实之间具有共同的图像形式（逻辑形式）。为了支撑命题的图像理论，维特根斯坦甚至提出了自己的（不同于罗素的）逻辑原子主义形而上学：对象构成事态，存在着的事态就是事实，而事实的总和便是世界；在我们的语言中也有对应的存在，即名称结合而构成原子命题，所有命题都是原子命题的真值函项，命题的总和就是（可有意义表达的）语言，即思想。从《1914—1916 年笔记》到《逻辑哲学论》，维特根斯坦便在弗雷格和罗素的影响之下，形成了自己在哲学和逻辑上独到的语言意义的图像论以及语言和世界同构的

① Anthony Kenny. *Wittgenstein*. Revised edition. Oxford: Blackwell Publishing, 2006, p. 11.

逻辑原子主义。通过这样的(准)理论构造，维特根斯坦将可说的东西和不可说的东西从内部做了划界，从而完成了哲学不同于科学的授义活动。但是，肯尼并没有像皮尔斯、哈克、欣提卡那样大谈实在论(尽管涉及了其中的内容)，更没有像后者那样对唯我论进行专题研究。

在肯尼看来，维特根斯坦从《逻辑哲学论》的逻辑原子主义中解脱出来是一个渐进过程。在 1929 年发表的“略论逻辑形式”一文(维特根斯坦重返剑桥之后发表的唯一文献)中，尽管在其他方面并没有什么不同于《逻辑哲学论》的，但至少有一点值得关注：那就是，维特根斯坦意识到基本命题之间并非彼此独立。关于颜色命题以及关于性质的程度问题的命题都不可能彼此独立，这一发现开辟了走出《逻辑哲学论》的新路子。对颜色排除问题和程度标尺问题的探讨一直延续到维特根斯坦跟维也纳小组成员的对话(1929—1930)以及这一阶段写作的《哲学评论》。在肯尼看来，正是不再相信基本命题是彼此独立的，维特根斯坦意识到句子的真值函项联结的规则需要补充以来自句子的内在句法的规则。正是对这些内在规则以及基本命题之间的内在关系的研究，使维特根斯坦走向在其后期哲学起着重要作用的语言游戏理论。① 当然，维特根斯坦这里只是放弃了原子主义，而要放弃《逻辑哲学论》中的大部分逻辑观点和意义理论，还需要较长的过渡时期。如果说《哲学评论》在仍相对模糊的论证中为后来的私人语言论证提供了许多因素，那

① Anthony Kenny. *Wittgenstein*. Revised edition. Oxford: Blackwell Publishing, 2006, p. 91.

么《哲学语法》则相对明确地探讨了语言游戏的许多问题。从这些材料出发，维特根斯坦逐渐累积而打磨出《哲学研究》第一部分的基本结构(截止 1945 年)，其中私人语言论证成为核心部分。肯尼接受冯·赖特的建议，专门对《论确实性》进行了专章解释。这样，该书构成了维特根斯坦哲学从《1914—1916 年笔记》到《论确实性》以文本和论题为基本线索的完整解释，其中连续性和内在勾连便是不言自明的。

如果说一本薄书《维特根斯坦》反映了肯尼很早就对维特根斯坦哲学的深刻洞察，那么 10 年后他的论文集《维特根斯坦的遗产》则在某些专题尤其是维特根斯坦的哲学观、语言哲学和心灵哲学方面有所深化，尽管这里的一贯立场仍然是强调维特根斯坦哲学的连续性。肯尼在 10 篇文章中既阐述维特根斯坦自己的思想，还将维特根斯坦的思想应用于考察其他哲学家的思想或者对他们加以比较。因而论文集既在维特根斯坦专题上着力深化，也在讨论语境上有所扩充。即使在维特根斯坦学术兴旺发达的高峰时期，肯尼亦已敏锐地意识到来自形而上学复兴和科学主义繁荣给维特根斯坦哲学带来的挑战。

在对维特根斯坦哲学的解释上，沿着其前后期哲学一贯性的立场，肯尼将维特根斯坦后期哲学的核心主题之一心灵哲学创造性地延伸到其前期哲学。在“维特根斯坦的早期心灵哲学”一文中，肯尼集中于《逻辑哲学论》的 3—3.5 和 5.541—5.5423 这些节，阐述维特根斯坦前期心灵哲学的主要之点：思想的性质、思想与命题及命题符号的关系、对报告信念的命题的分析以及判断。肯尼的核心观点是：对《逻辑哲学论》来说，心理状态的报告是伪命题。尽管其中的阐述还比较模糊也不尽如人意，但《逻辑哲学论》与《哲学研究》在此有两个重要的共同点：一是内省主义心理学无法说明意义，二是意义的最终制造是不可描述的。在“《逻辑哲学论》的幽灵”一文中，肯尼认为，维特根斯坦后期对《逻辑哲学论》的批判与其说是有针对性的呈现，倒不如说被人们做了高估，因而他针对的不是真正的《逻辑哲学论》而是它的幽灵。在“从《大打字稿》到《哲学语法》”一文中，肯尼从《大打字稿》翻译者的角度既提供维特根斯坦中期文献整理的背景，也预求一种学术版的维特根斯坦《遗著》。在“维特根斯坦的哲学观”一文中，肯尼阐释维特根斯坦一生两种哲学观之间的张力：作为治疗理解上的病症的哲学和作为对语言和世界进行综览的哲学。[①] 所有这 4 篇文章都有打通维特根斯坦前后期哲学的味道，对《维特根斯坦》一书是很好的补充，尽管在内容上有所侧重。

我们这里并没有完全聚焦于肯尼对维特根斯坦后期哲学的解释，主要因为他相对于其他同时代的解释者而言，最大的特点正是发掘维特根斯坦哲学的前后期连续性，所以他比其他解释者更强调在前期的对照中甚至前后期的连贯性中看待其后期哲学。这种独特性使他在第三阶段显得有些另类。尽管他本人和他的著作在维特根斯坦共同体中深有影响，但他的观点的真正影响却更多到第四阶段才发挥出来。

3. 马尔科姆

在第二阶段以《回忆维特根斯坦》而为维特根斯坦解释增色不

---

① Anthony Kenny. *The Legacy of Wittgenstein*. Oxford, New York: Basil Blackwell Publisher Ltd., 1984, pp. ix–xi.

少之外，马尔科姆在第三阶段基本上没有参与以实在论和唯我论为特色的维特根斯坦前期哲学探讨，但在后期哲学的研究中却成绩卓著，且有自己的鲜明特色，即一直沿着自己心理学哲学和心灵哲学的路径在深入探索。从 1971 年的《心灵问题：笛卡尔到维特根斯坦》到 1986 年的《无所隐藏：维特根斯坦对其早期思想的批判》，外加一批有影响的论文，使马尔科姆在后期维特根斯坦哲学的解释中具有举足轻重的地位。

《心灵问题：笛卡尔到维特根斯坦》是马尔科姆在 1954 年与斯特劳森的争论之后在心理学哲学领域独立探索尤其对维特根斯坦心理学哲学深入思考的第一个著作篇幅成果。在此期间和在此之后，马尔科姆进行卓有成效的知识论和心灵哲学研究，汇集成四本论文集《知识与确实性》(1963)、《思想与知识》(1977)、《记忆与心灵》(1977) 和《知识与心灵》(1983)。这本《心灵问题》薄书算是一篇长的论文(作者也称它为论文)，分为三个部分。第一部分反思分析了以往哲学中关于心身问题的观点，尤其指出一种认为人的心灵是非物质东西的观点，是从笛卡尔到近代英国经验论乃至现当代主流哲学都普遍持有的观点。马尔科姆经过研究得出的结论是，维特根斯坦对心理学概念(思维、感知、记忆、信念、意志等等)的语法分析彻底颠覆了笛卡尔的身心二元论、洛克的内省说等等认为心灵可以离开身体而存在的观点。第二部分用维特根斯坦的立场延伸讨论当代的心脑同一论——心身问题上的唯物主义观点，支持者是两位澳大利亚哲学家斯马特(J. J. C. Smart, 1920—2012) 和阿姆斯特朗(David Armstrong, 1928—)。心脑同一论观点来自心理现象的内省说，而这正是维特根斯坦所反对的。心脑同一唯物主义者也许可以说明心理和身体的地点同一问题，但却无法解决心脑的沟通机制。第三部分处理逻辑行为主义学说，它是行为主义和还原论的一种。逻辑行为主义认为我们的心理概念从逻辑上来自于和依赖于我们的外在行为，这种观点尽管在拒斥洛克式的内省说上有道理，但它并不理解心理概念真正重要的东西，即由心理概念的非对称性所展示的心理概念的本质。①

《无所隐藏：维特根斯坦对其早期思想的批判》无疑是第三阶段的代表作之一，有着自己的独特视角和论证方案。在该书中，马尔科姆也秉持当时的典型立场，即认定维特根斯坦两种极为不同的哲学观之间存在着尖锐冲突。他认为，读者要能对比《逻辑哲学论》更难抓住其中意图的《哲学研究》有所理解，一个重要途径是意识到后者是对前者基本观点的一种反驳。马尔科姆并不同意有些解释者（比如肯尼）认为的关于后期哲学针对其前期哲学只是维特根斯坦自己一种夸大的观点，好像维特根斯坦不再理解、不再感兴趣甚至遗忘了《逻辑哲学论》的主要观点似的。② 相反，他相信，“当维特根斯坦写作《哲学研究》时，他对《逻辑哲学论》有着准确的知识。在《哲学研究》和他第二阶段的其他著作中，有着对《逻辑哲学论》主要观点的大量批判。”③ 马尔科姆列举了15条为维特根斯坦后期哲学所批判的《逻辑哲学论》观点，将这些观点列出也许是合

---

① Norman Malcolm. *Problem of Mind: Descartes to Wittgenstein*. New York, Evanston, San Francisco, London: Harper & Row Publishers, 1971, pp. vii–xi, 81–82.

② Norman Malcolm. *Nothing is Hidden: Wittgenstein's Criticism of his Early Thought*. Oxford and New York: Basil Blackwell Ltd., 1986, p. vii.

③ Ibid, p. viii.

适的，因为该书的前 8 章正是阐述维特根斯坦后期如何坚决反对这些观点的：

(1) 存在着世界的固定形式，一种逻辑可能性的不变秩序，无论发生哪些情况它都保持独立。

(2) 世界的固定形式由事物组成，而事物在绝对意义上是简单的。

(3) 简单对象是思想和语言的基底。

(4) 由“心理成分”构成的思想是语言句子的基础。

(5) 一种思想本质上是一个特定事态的图像。

(6) 一个命题或思想不可能有模糊的含义。

(7) 一个命题是否有含义不能依赖于另一个命题是否为真。

(8) 要理解一个命题的含义，知道其构成成分的意义便足够了。

(9) 一个命题的含义无法加以解释。

(10) 存在着所有命题的一般形式。

(11) 每个命题是一个且仅仅是一个事态的图像。

(12) 当一个句子跟一种投射方法相联结时，相应的命题便一定不再有分歧。

(13) 一个人以句子所**意味**的东西是通过逻辑分析的内在过程得以说明的。

(14) 我们大多数日常命题的图像性质是隐藏的。

(15) 每个有含义的句子都表达一种思想，该思想可以跟实在相比较。[①]

① Norman Malcolm. *Nothing is Hidden: Wittgenstein's Criticism of his Early Thought*. Oxford and New York: Basil Blackwell Ltd., 1986, p. viii.

这些观点并不是《逻辑哲学论》的全部内容，而仅仅是后期维特根斯坦着力加以批判的部分。马尔科姆没有像皮尔斯、贝克、欣提卡那样将实在论当作重要标签，或者将唯我论当作令人瞩目的亮点，而仅仅聚焦于维特根斯坦后期对前期的批判。只是到该书的后3章，马尔科姆才阐述了后期维特根斯坦超出《逻辑哲学论》的新观点：遵从规则、心灵哲学（针对心物平行轮和心脑同一论）和确实性。

在前8章中，马尔科姆将上述列举的观点加以归并，归纳为世界、语言、思想、含义、逻辑分析、心灵等专题，并详细指出这些观点在《1914—1916年笔记》、《逻辑哲学论》、《哲学评论》等前期或过渡期著作以及与维也纳小组成员谈话中的论述。在详细描述这些观点之后，他展开维特根斯坦后期文献尤其《哲学研究》中对这些观点的批判，一个重要方法就是将《逻辑哲学论》的概念放在日常语言的使用情景和具体例子中加以描述和分析，并阐释维特根斯坦是如何逐渐意识到其前期观点的问题所在的。这种对比分析有着准确的针对性，未必多么系统连贯，但一定具有足够的震撼。

马尔科姆认为，维特根斯坦区别于前期哲学的第二种哲学有三个标志性的地标：第一，拒斥"本质主义"。维特根斯坦从《蓝皮书》到《哲学研究》使用很多例子说明本质主义的问题所在，并指出自己所使用的方法正是纯粹描述，而不做任何科学的假设和理论的解释。第二，使用"生活形式"观念。维特根斯坦强调人类的语言是其自然史的产物，人类使用语言就像他们的其他活动一样，语言和行为交织在一起，"语言游戏"概念正是用来说明语言和行为的不可分割。第三，强调语境主义和整体论。维特根斯坦认为词和句子的意义跟使用它们的语境、环境、人类活动密不可分。反对语言的含义独立于它们被使用的生活环境这一点也许是《哲学研究》在思维方式上最重要的突破。[①]

不过最终，马尔科姆还是悲伤地指出，尽管《哲学研究》被广泛阅读，甚至产生很多模仿，但其中的主要观点和方法却没有得到消化和理解，更别说被推广坚守了。《无所隐藏》就是为那些想理解《哲学研究》并可能受其中哲学观影响的人而写作的。[②]马尔科姆的这一担心和肯尼后来的忧虑(2006 年修订版的《维特根斯坦》)都表明维特根斯坦哲学(以及所有大哲学家)的可能命运。

跟前四本论文集不同的是，马尔科姆 1978—1989 年发表的系列论文(结集为《维特根斯坦论题》)都是有关维特根斯坦的，因而成为这一阶段上述两本著作的重要补充。补充集中于两点：第一，某些专题上的深化。在语言哲学方面，马尔科姆进一步探讨了语言游戏概念和遵从规则论题。他通过论证认为，《哲学研究》第二节所描述的建筑工人与其助手的对话无法成为一种部族使用的全部语言。他也维护维特根斯坦关于遵从规则需要预设一个语言共同体的立场。他非常有洞察力地讨论维特根斯坦前后期的所谓唯我论问题，更多时候使用“唯心论”概念进行讨论，当然对此持显而易见的否定态度。在心灵哲学方面，马尔科姆对思维、主体性、直觉概念、意向性等做了进一步阐述，通过批判心脑同一论、强行为主义、心理主义而维护维特根斯坦在《哲学研究》中所表达的心理学哲学观点。第二，这些文章体现了马尔科姆在维特根斯坦共同体

① Norman Malcolm. *Nothing is Hidden: Wittgenstein's Criticism of his Early Thought*. Oxford and New York: Basil Blackwell Ltd., 1986, pp. 236-241.

② Ibid, p. ix.

内外的争论。在共同体内，他跟哈克和贝克争论遵从规则问题，反对后者认为人们遵从规则而无需存在语言共同体的观点，跟里斯争论语言游戏(2)是否可以成为一个族群的唯一语言，跟威廉姆斯争论维特根斯坦是否存在所谓的“唯心论”问题，跟安斯康姆争论如何理解第一人称话语问题，跟克里普克争论自然类型和标准米问题，等等。在共同体外，他跟语言学家(那些理性主义者，比如乔姆斯基、福多等等)争议维特根斯坦的行为主义倾向问题，跟斯马特和阿姆斯特朗争论心脑同一论问题，等等。①

总之，马尔科姆通过这三部著作给出了自己这一阶段的独特答案。《心灵问题》溯及笛卡尔等心理主义者和斯马特等唯物主义者，对《哲学研究》的核心论题做了深入的历史回溯和现实回应。通过《无所隐藏》，他真正落实了维特根斯坦在《哲学研究》前言所提出的将其后期哲学与前期哲学加以对照的期望，这种深入的对照解读在当时以及之后的解释者中并不多见，他由此看到维特根斯坦两个阶段的真正差异，同时也洞悉了两个阶段的连续性。《维特根斯坦论题》既在某些点上有所深化，又尽显维特根斯坦共同体内外的争论，正是这种内外多样性彰显了维特根斯坦学术的生机活力。

4. 安斯康姆

跟她对《逻辑哲学论》形成著作篇幅的系统解读相比，安斯康姆对维特根斯坦后期哲学却没有形成著作篇幅的论著。这当然并不意味着在维特根斯坦前后期哲学中她更为熟悉和喜欢前期而不

① Norman Malcolm. *Wittgensteinian Themes: Essays 1978–1989*. Edited by G. H. von Wright. Ithaca and London: Cornell University Press, 1995, pp. vii–x.

是后期，情况恰恰相反。《逻辑哲学论》使她有固定的文本加以解释，而后期哲学则使她进入人类生活情境和鲜活的哲学史。所以她不仅在维特根斯坦《遗著》的编辑整理上功劳卓著，而且在将维特根斯坦（主要是后期的）哲学观和方法运用于延伸研究（例如意向问题和行为理论）和哲学史考察方面（例如考察古希腊、中世纪和近代哲学）也有着自己的独创性贡献。

就对维特根斯坦哲学（不管前期还是后期）的理解而言，很少有人能像安斯康姆那样敏锐而深入。她既是维特根斯坦最得意的女弟子，也是维特根斯坦最信任的朋友之一，为翻译维特根斯坦的著作而苦学德文，对维特根斯坦遗作的整理出版不遗余力，所以她对维特根斯坦哲学的解释当令后人倍加珍视。她之所以没有就后期维特根斯坦形成著作篇幅的解释，恐怕也与她深谙后者的哲学观和哲学方法有关。凡是打算遵从和应用后期维特根斯坦哲学观和哲学方法的人，都无不竭力避免哲学工作中的理论化和系统化。尽管如此，在去世前 20 年和去世后 10 年出版的两本以维特根斯坦为半个名称的论文集中，安斯康姆还是将一大部分精力用于解释维特根斯坦，或从维特根斯坦哲学角度解释传统哲学家。从与伟大哲学家的对话中学习和讨论哲学问题，正是她从维特根斯坦那里学到的。正如她的女儿所回忆的，在认识维特根斯坦之前，以往的伟大哲学家对她来说只是美丽的雕像，而认识他之后，他们对她来说才真正鲜活起来。[①] 她的哲学史论文因而成为他应用维特根斯坦诊断

① G. E. M. Anscombe. *From Plato to Wittgenstein*. Edited by Mary Geach and Luke Gormally. Exeter: Imprint Academic, 2011, p. xiii.

方法的鲜活例证，而与伟大哲学家对话的结果是，她从中发现了自己应该真正珍视的问题，也找到他们哲学探讨中的缺陷所在。

《从巴门尼德到维特根斯坦》(1981)的系列论文主要是探讨从巴门尼德到维特根斯坦一致探讨的某种观点。在将它们结为一个集子时，安斯康姆在“序言”中曾对维特根斯坦与以往哲学家在某些观点上的关联有过简要的提示，尽管其中所有的文章都没有使用维特根斯坦的名字为标题。不过，这里涉及的主要是《逻辑哲学论》的思维，这个集子算是她对维特根斯坦前期哲学延伸解释的一个补充。在安斯康姆看来，关于思想与实在的一致性以及思考不存在的事物，巴门尼德和柏拉图的(彼此相反的)观点成为后来很多哲学上的理论化和困惑的根源。到亚里士多德那里，该问题转化为跟实体相关的一些理论。在笛卡尔哲学中，该问题表现为这样的断定，即我们用于构造世界上虚假图像的描述词本身一定代表着实在。休谟认为，对象符合词语，思想中缺乏的东西，所反映的现实也缺乏。在布伦塔诺看来，唯一的谓项联结词就是一种承认，他忘了谓词不需要断定，而且断定也未必为真。他应该像维特根斯坦在《逻辑哲学论》中那样指出，**如果**命题是真的，他**显示**事物是什么。维特根斯坦本人在《逻辑哲学论》中通过简单名称而将语言与实在固定在一起。[①] 通过这一历史反省，安斯康姆揭示了维特根斯坦前期哲学深远的哲学史背景，以及他对这一问题的当代解答，并且或多或少带着维特根斯坦的哲学视角和诊断方法。在维特根斯坦哲学解释

---

① G. E. M. Anscombe. *From Parmenides to Wittgenstein*. Oxford: Basil Blackwell Publishers, 1981, p. xi.

史中，跟第一阶段的那些解释者极力将《逻辑哲学论》跟传统分割开来相比，第三阶段的解释者似乎更想将维特根斯坦与哲学史关联起来。

跟《从巴门尼德到维特根斯坦》不同，论文集《从柏拉图到维特根斯坦》(2011)则有一半论文的标题直接论及维特根斯坦。安斯康姆在该论文集（由遗著、笔记整理而成）中做了两项与维特根斯坦后期哲学相关的工作：第一，将维特根斯坦所教给她的东西与以往哲学家的论述或观点加以比较，从中发现以往哲学的问题。这相当于维特根斯坦教学过程（其观点和方法）的一个延伸（应用）。比如，基于对《逻辑哲学论》乃至维特根斯坦后期的理解，安斯康姆在几篇文章中比较他与柏拉图的"形式"概念；在另几篇文章中，他对比分析了维特根斯坦与安瑟伦、阿奎那和罗素有关真理的永恒性问题；她在休谟、罗素和维特根斯坦的比较中讨论因果性、过往知识和专名之间的关系。第二，他对维特根斯坦的哲学风格、哲学观和某些观点做了深入研究，帮助我们理解维特根斯坦作为哲学家的哲学家（一些文字的时间范围可能超出了这个阶段）。她对维特根斯坦后期哲学的片断评论式写作风格（除《蓝皮书》之外）进行了专门思考，这在她长期的编辑和翻译工作中印象应该尤为深刻。她也有关于维特根斯坦一生经历和思想的极简版传记，其中不乏独到的故事和细节，尤其在她临近生命终结时，带着对维特根斯坦以及以往哲学家的反省。她不认为后期维特根斯坦提出了什么可称为理论的哲学，因为维特根斯坦告诉她，自己并不像以往哲学家那样提出一般的认识论原则或有一个系统的框架。她由此将哲学家分成两个种类：一种是作为普通人的哲学家，而一种是作为哲学家的哲学家，而柏拉图和维特根斯坦就是第二种哲学家，因为他们看到问题，对作为哲学家标记的问题感兴趣，其主要思想来自对这些问题的讨论。

所以，我们不必为安斯康姆没有一部维特根斯坦后期哲学的论著而感到遗憾，她以自己的独特方式理解和应用了维特根斯坦的观点和方法。皮尔斯有他高度的理论概括，也许因为他没有受到维特根斯坦观点和方法的过多影响。肯尼谨慎地保持着对维特根斯坦前后期哲学连贯性的思考。马尔科姆从心灵哲学的角度关注维特根斯坦前后期哲学，尤其对两者的关系给予文本性的对比解读。这些经典解释者各自体现了自己的风格，并做出了自己的独到贡献，形成第三阶段解释的多样性。

二、贝克和哈克的系统诠释

就对维特根斯坦单个文本的解释而言，没有谁比贝克（G. P. Baker，1938—2002）和哈克对《哲学研究》所下的功夫更深（G. L. Hallett 厚厚一本评述著作提供的主题解读是贝克和哈克更为详细的解读的前奏，他将《哲学研究》划分为 41 个论题，并对最为重要而有争议的段落进行详细评述[①]）。他们对《哲学研究》（第一部分）做了逐句、逐段、逐节的注疏、解读和回溯，形成了 4 卷 7 部的百科全书式的顶级文献——《对维特根斯坦〈哲学研究〉的分析评述》。如果说维特根斯坦共同体集中展示的这一阶段像喜马拉雅山的话，

---

① G. L. Hallet. *A companion to Wittgenstein's Philosophical Investigations*. Ithaca, N. Y. and London: Cornell University Press, 1976, p. 801.

他们二人对《哲学研究》的这一系统诠释绝对是珠穆朗玛峰。前两卷由两人合作完成，后两卷由哈克单独完成（由于两人在解释观点上的分歧而分道扬镳）。

1. 诠释意图

在《哲学研究》出版的四分之一世纪中，对该书的解释已经形成了卷帙浩繁的二手资料，那么贝克和哈克为什么还要进行如此细致的诠释？二手资料不仅繁多，而且观点五花八门，维特根斯坦共同体之内和之外有关该书的争议更是层出不穷。关于该书的历史地位、哲学立场、方法风格的战略性问题，关于该书一些核心论题的策略性问题，以及关于特定段落解释的细节问题，都存在诸多的讨论甚至争议。二手文献一方面反映着研究的繁荣局面，另一方面也说明某种混乱和困境。正是这种表面繁荣而实质上迷乱的局面使他们二人感到从细节上加以解释而在总体上进行刻画的必要性和迫切性。

具体而言，之所以决心完成这样一项重大的工程，他们有如下三点考虑①：

第一，完成这一工程已经具有可行性。维特根斯坦《遗著》（*Nachlass*）的日渐可用使得对《哲学研究》中的各种问题进行系统清理变成可以合理完成的事情。《遗著》不仅对《哲学研究》特定段落的理解而且对 1929 年之后维特根斯坦思想的发展都具有无可估量的启发作用。

---

① Gordon Baker and P. M. S. Hacker. *Wittgenstein: Understanding and Meaning: An Analytical Commentary on the Philosophical Investigations*. Oxford: Basil Blackwell,1983, p. xvii.

第二，实施这一工程变得尤为急迫。这项工程再延迟半个世纪或更久，维特根斯坦工作（尤其是弗雷格、罗素和维也纳小组）的智力环境和哲学氛围由于已经日渐远离他们这代人，将变得格格不入（例如康德《批判》的命运）。他们已经经历的由于缺乏长远视角而导致歪曲和误解的风险必须在维特根斯坦工作的语境依然敏感而且有价值的信息依然充分的时候加以克服。

第三，当前的解释局面再也不容漠视。通过各种误解、教条解释、适应潮流和天真地相信进步而导致伟大哲学洞察的丧失的情况不是不可能。尽管几乎全部维特根斯坦哲学都参与了当今哲学争论的中心论题（通常是否定性的），但其中许多内容还是被忽视了，甚至通过使用各种勉强的"理论"而受到伤害。因而通过误解和漠视，大量争论是在完全忽视或轻视维特根斯坦著作的有力论证的情况下发生的，它们全部或部分地颠覆了这些著作的预设、方法或解决方案。

贝克和哈克由此指出："我们的希望之一便是，这一研究将某种程度上改变在我们看来可悲的事态。不管维特根斯坦的论证是否正确，它们都应受到直面。它们提出的质疑对许多哲学问题的流行解决方案具有震撼作用。"①

2. 篇章结构

贝克和哈克的这一系统诠释立足于他们对《哲学研究》（第一部分）结构和主题的理解，整个 4 卷是这样分卷标识的：

---

① Gordon Baker and P. M. S. Hacker. *Wittgenstein: Understanding and Meaning: An Analytical Commentary on the Philosophical Investigations*. Oxford: Basil Blackwell, 1983, p. xvii.

第 1 卷 维特根斯坦：理解与意义（第 1—184 节）（写作于 1976—1979 年之间）（初版 1980，哈克深度修订版 2005）

第 2 卷 维特根斯坦：规则、语法与必然性（第 185—242 节）（写作于 1981—1984 年之间）（初版 1985，哈克深度修订版 2009）

第 3 卷 维特根斯坦：意义与心灵（第 243—427 节）（初版 1990，深度修订版 2019）

第 4 卷 维特根斯坦：心灵与意志（第 428—693 节）（1996 两部分册 2000）

第 1 卷出版之后，在准备精装版时，他们将原本一卷拆分为两部，一部由专题论文组成，一部由相应的诠释组成。这样，拆分之后的每一部都可以单独阅读和使用，但两部之间又构成互补关系的一卷。此后的 3、4 卷沿袭了这样的拆分办法，因而整体上成为 7 部的系列著作。

每一卷的专题论文部分（部分 I）依照《哲学研究》的展开顺序，以相互区别的诸多标题，各自概要地论述维特根斯坦对特定主题的处理。该部分章节的数量要明显多于诠释部分，体现维特根斯坦关注的更详细的主题变化。它们旨在追溯维特根斯坦思想的发展，尤其是将他《逻辑哲学论》的第一个哲学与他在 20 世纪 30 年代演变着的观念尤其是《哲学研究》中更为确定的陈述进行对比。[①]

每一卷中的诠释部分（部分 II）相对紧扣《哲学研究》的连续各节内容，分成连续多节的各章。每一章的前面都有一个导论，说明

---

① G. P. Baker and P. M. S. Hacker. *Wittgenstein: Understanding and Meaning, Part I: Essays*. Second, extensively revised edition by P. M. S. Hacker. Oxford: Blackwell Publishing, 2005, p. xiii.

本章内的单个评论及其地位，多个评论之间的论证展开过程和论证的结构，并用树状图形表明内部的相互关系。导论末尾还有一张文献来源表，说明各节内容来源于哪些打印稿（乃至手稿）。随着《遗著》卑尔根电子版的出版，后来的各卷中的资料来源表便做得更为详尽。[①]

将《哲学研究》的693节内容分成4卷加以研究，两位作者（后两卷为一位作者）有各卷之间内容均衡的考虑，但更是依据这些内容的历史来源和主题构成：

第1卷包括第1—184节，一个主要依据是它基本上符合截止1937年的《哲学研究》版本，当时这一版本结束于第189节。同时这也兼顾了《哲学研究》这部分内容后来的增补修改和内容变化。而在内容上，这些节作为《哲学研究》的开题部分，构成了包括语言游戏、家族相似、生活形式等概念在内的语言哲学和后期哲学观的连贯主题。

第2卷包括第185—242节，其主要划分依据是《哲学研究》第143—242节是整个著作的核心部分，讨论了维特根斯坦后期哲学核心主题——遵从规则问题（涉及必然性和可能性、规则及其应用、同一性、判断和定义中的一致等），而其中最关键的部分是第185—242节。既然无法将第242节之前的内容纳入一卷，那就兼顾《哲学研究》的最初版本中遵从规则这一核心内容。

第3卷之所以包括第243—427节，是因为第198—427节的

① G. P. Baker and P. M. S. Hacker. *Wittgenstein: Understanding and Meaning, Part II: Exegesis §§1–184*. Second, extensively revised edition by P. M. S. Hacker. Oxford: Blackwell Publishing, 2005, p. xi.

内容大部分来自 1938—1945 年，尤其是来自 1944—1945 年。从内容上看，维特根斯坦在此处理了私人语言论证以及心理学概念的其他问题（思想、想象、记忆、意识等），尤其是第 243—315 节是讨论私人语言论证的核心部分。这些部分即便不是维特根斯坦心灵哲学的基础，也提供了方法论指导和根本性洞察。

第 4 卷包括第 428—693 节，《哲学研究》最后的这 266 节跟前面更加核心的主题——语言游戏、哲学批判、遵从规则和私人语言论证相比，通常受到较少的关注。但在哈克看来，它们在维特根斯坦的哲学观中所处的中心位置一点也不少于前面的内容，一个人忽视了它们，很大程度上也就失去了对作为一个整体的维特根斯坦后期哲学的理解。它们仍然是被维特根斯坦细心编排和系统交织的内容，从初看的模糊不清中，可以发现他深刻的洞察和原创。①

鉴于《哲学研究》第二部分是否应该属于该书存在着争议（2001 年出版的德文批判版已经去掉了第二部分），哈克（他认同第二部分不应该是《哲学研究》的一部分）就没有再继续对第二部分进行如同第一部分那样的系统诠释。

3. 突出贡献

在第 1 卷的精装版前言中，两人对他们的诠释工作做了这样的说明："在对维特根斯坦文本的诠释中，我们分析每一个评论，考察它在他的论证策略中的作用，而凡是在如此进行阐释的地方，便将其渊源追溯至维特根斯坦卷帙浩繁的《遗著》。一旦需要，我们将他的论证跟《逻辑哲学论》的论证加以对比，而若有可能，我们

① P. M. S. Hacker. *Wittgenstein: Mind and Will, An analytical commentary on the Philosophical Investigations*, vol. 4. Oxford: Basil Blackwell, 1996, p. xiii.

在弗雷格和罗素的著作中识别他的意旨……这里，我们不仅力图给出他哲学观念的一种综览，将它们与弗雷格、罗素和《逻辑哲学论》的观点加以比较和对比，而且力图搞清它们在当代哲学事业尤其是哲学逻辑和语言哲学中的地位。"①

第一，文献的相互参证。后期维特根斯坦的写作风格在于对自己所写的评论条目不断加以修正、重写，乃至于一部著作尤其《哲学研究》会形成不同的版本，多年之中在不断变化。这种追求完美无缺的细致思考过程会形成相似性或大或小的种种痕迹。解释者只有细心搜集和辨认，才能发现其中的相近或相似的评论。这需要对维特根斯坦全部文献尤其《遗著》十分熟悉才行。

贝克和哈克系列诠释的一个重要工作就是进行维特根斯坦自己文献的系统互参（以缩写形式放在有关内容后面的括号内）。一是维特根斯坦后期（含转折期）著述的互参，包括《哲学研究》前后之间、《哲学研究》不同版本之间、《哲学研究》与其他已出版的著作之间、《哲学研究》与《遗著》的手稿和打印稿之间。例如，对于《哲学研究》开首引证的奥古斯丁那段话，维特根斯坦将其宗旨称为"奥古斯丁的语言概念"，《哲学研究》第 4 节，也在《大打字稿》第 25 页，将它称为"奥古斯丁的语言描述"，涉及《哲学研究》第 2 节以下、第 32 节，也涉及《大打字稿》第 27 页，还涉及《哲学考察》(1970) 第 117 页。② 这种参照涉及主要人物、主要概念、主要论题以及整段内容，为读者进一步研究维特根斯坦思想的变化及其著作

① G. P. Baker and P. M. S Hacker. *Wittgenstein: Understanding and Meaning: Essays on the Philosophical Investigations,* vol. 1. Oxford: Blackwell, 1980, p. xi.

② Ibid, p. 1.

的内在关系提供了重要的线索。二是维特根斯坦前后期著作之间的互参，包括他前期的《1914—1916 年笔记》、《逻辑哲学论初稿》、《逻辑哲学论》和“略论逻辑形式”。由于文献量的原因，前后期之间的参照当然是无法与后期内部的参照相比拟的。前后期之间的参照主要是在维特根斯坦批评自己的前期观点时，比如对奥古斯丁语言概念的讨论，不仅在其他地方偶有涉及，而且设了专门一节讨论《逻辑哲学论》中的有关观点。

第二，论证的逻辑梳理。由于维特根斯坦非理论化的写作风格，所以他的哲学观点并非那么明确，其观点的展开过程也跳跃性很大。二手材料的一个主要工作就是搞清维特根斯坦论点和论题的逻辑展开过程，论证的主要方式，形成的基本结论。贝克和哈克以超过 10 倍的篇幅诠释《哲学研究》的最多之处正是力图发掘维特根斯坦论点和论题的论证逻辑（尽管各卷内部、各个主题内部的逻辑紧密度有所不同）。通过还原观点、论证之间的逻辑关系，人们才发现，维特根斯坦哲学其实是相互关联的整体，绝不像表面看去的那么散漫无序（他们甚至使用线条和简表澄清每一部分尤其每一论题的逻辑结构）。正如他们在第一版导论中所说：“维特根斯坦的哲学就像一座拱门；每个石块都支撑着所有其他石块——或者至少在一切到位之前，没有哪块立得起来。”①

在贝克和哈克看来，维特根斯坦选择材料和进行论证绝不是随意而为。我们试以维特根斯坦引证奥古斯丁那段话的逻辑展开为例，看他们如何分析维特根斯坦的逻辑论证过程。在他们看来，维

① G. P. Baker and P. M. S Hacker. *Wittgenstein: Understanding and Meaning: Essays on the Philosophical Investigations,* vol. 1. Oxford: Blackwell, 1980, p. xx.

特根斯坦以奥古斯丁的一段话作为《哲学研究》的开首，就有自己的独到考虑，因为他从奥古斯丁简单直白的这段话中看到了关于人类语言本质的一幅图画：语言中的每个词都是对象的名称，而句子是名称的组合。接着，维特根斯坦出于进行意义讨论的目的，将每个词都是对象的名称这一观点发展为更为复杂的三个论点：每个词都有意义，这一意义是跟该词关联的某种东西，它是该词所代表的对象。在此基础上，维特根斯坦至少又做出两点进一步的扩展：一是奥古斯丁的概念等于这样的论点，即指物定义是解释一个词的意义的根本形式，由此开展对指物定义的大篇讨论；二是奥古斯丁的概念也等于这样的论点，即每个句子是对某种东西的描述，或者说命名和描述构成语言的两个本质功能，由此进行句子功能的若干讨论。[①]

贝克和哈克认为，维特根斯坦实际上所要指出的是，奥古斯丁的语言概念构成了一幅关于人类语言的图像，哲学上关于语言意义的一系列说法从这一图像中产生，并形成一系列“理论”家族。这一家族可以称为“奥古斯丁图像”，他们对《哲学研究》所揭示的这一图像所包含的哲学理论进行了详尽分析。[②] 对这一图像及其哲学意蕴展开讨论既是《哲学研究》前 184 节的主要论题，也是贝克和哈克系列诠释第 1 卷的主要任务。所有的论点讲述和论证展开都无不以维特根斯坦自己文本的引证和互参作为基础。

第三，思想的对比溯源。《哲学研究》首先是一部批判性著作，

---

① G. P. Baker and P. M. S Hacker. *Wittgenstein: Understanding and Meaning: Essays on the Philosophical Investigations,* vol. 1. Oxford: Blackwell, 1980, p. 1.

② Ibid, pp. 4-13.

维特根斯坦是在对以往哲学家（包括他自己的《逻辑哲学论》）观点的批判对比中展开自己的治疗任务的。尽管他直接点出这些哲学家的名字的时候并不多，他也较少引证以往哲学家的材料，但是通过他所设想的对话人以及通过他们观点的展开，其中所包含的对以往哲学思想的批判（当然也有肯定）还是可以发现的。贝克和哈克的一个任务便是对这些哲学家及其观点进行回溯对比，以便展现维特根斯坦的批判所在。

第 1 卷，像贝克和哈克所说的，主要将《哲学研究》的观点“与弗雷格、罗素和《逻辑哲学论》的观点加以比较和对比”。在奥古斯丁的语言图像、逻辑专名、语境论、含义的确定性、哲学的性质、意义和理解等部分，对弗雷格、罗素和《逻辑哲学论》的对比参照甚至体现在章节标题上。第 2 卷，讨论的是规则、遵从规则、实践和技巧方面的内容，基本主题是遵从规则问题。他们在展开这部分时涉及的以往内容除了《逻辑哲学论》外，其他哲学家主要有笛卡尔、康德和维也纳小组成员。第 3 卷，讨论的是私人语言论证和其他心理学概念，其中核心的也是争议最多的是私人语言论证。他们在进行这部分诠释的时候，除了涉及弗雷格、罗素和《逻辑哲学论》外，用于对比分析的最主要哲学家是笛卡尔和休谟。第 4 卷，讨论的是意向性、语法的自洽以及心理学哲学的其他领域，仍然是维特根斯坦经过长期深入思考的一些问题。他们在这部分溯及的哲学家包括亚里士多德、笛卡尔、休谟、康德、布伦塔诺、科勒、弗雷格、詹姆斯、罗素等等。

第四，争论的系统展示。自从《哲学研究》出版之后，学术界几乎在其中每一重要议题上都产生了不少甚至尖锐的学术争论。

贝克和哈克的系统诠释的一个重要任务就是及时吸收截止当时为止相关论题的争论观点，并有针对性地提出自己的观点。所以，每一次版本的更新和修订都包含对相关学术争论的系统更新，这使得该系统诠释还是反映维特根斯坦共同体学术争论的重要平台。

对于弗雷格的评价，贝克和哈克便接受了学术界关于历史上的弗雷格与其最新解释的巨大鸿沟的观点，而对弗雷格做出专门修改（尤其在第1卷），甚至出版学术专著加以修正。第2卷在遵从规则部分，集中反映了克里普克的解释所引起的有关争论，一些解释者赞成而另一些反对，马尔科姆等人一方面不同意克里普克对遵从规则的怀疑论解释，另一方面却同意他有关共同体的看法。第3卷有关私人语言论证和其他心理学哲学概念部分，在主题一致的表面认可之下，实际上也存在着巨大的争议、误解甚至歪曲，私人语言论证与前面的遵从规则是怎样的关系，维特根斯坦坚持不存在私人语言的证据是否合理，私人语言论证与其他心理学哲学问题是怎样的关系等等，都无不引起解释者的争议。对于《哲学研究》的最后266节（第4卷），安斯康姆的《意向》首先引起了有关主题的讨论，该论题与前面的心理学哲学是怎样的关系，跟其他心理学概念有什么联结，这些都引发对维特根斯坦整个心理学哲学以及整个《哲学研究》的反思。

经过维特根斯坦共同体几位主要成员的经典解释，尤其是贝克和哈克卷帙浩繁的系统诠释，《哲学研究》的内在结构、主题关联和论题逻辑得到足够的线索梳理和引证参照，它在当下共同体中的争论状况被系统呈现出来，甚至它的各种论题与以往哲学的关联得到全面回溯。尽管他们的解释不可能平息共同体内外有关《哲学研究》以及整个维特根斯坦哲学的争论，但所有这些艰苦努力和系统探索使维特根斯坦的哲学主题得以明晰，将维特根斯坦共同体推向最为成熟的阶段，使维特根斯坦哲学成为二十世纪后期西方哲学论争的一个热点，将《哲学研究》在哲学史和当代哲学中的杰出地位真正确立了起来。

第 4 节　私人语言论证和遵从规则

后期维特根斯坦的许多重要概念一直处于解释维特根斯坦的核心，比如“语言游戏”、“家族相似”、“语法”、“生活形式”、“标准”等等，它们的确是维特根斯坦后期哲学特有的标志性概念，经常不断地被人讨论。但是，在《哲学研究》所讨论的各种论题中，就所涉及维特根斯坦核心文本的数量而言，就所涉及的解释者人数之众、发表的各种文献之多、讨论的时间之久而言，私人语言论证和遵从规则这两个密切相关的核心主题毫无疑问要超过所有其他主题。

贝莱茨基搜集了将这一主题当作第三阶段解释需要特别强调的内容的三个理由：第一，在前三个阶段中，语言与世界的关系一直是维特根斯坦哲学解释的轴心，而到第三阶段，这一轴心得到更加精致的解释，并面对更为细致的关系，即语言和私人感觉世界的关系。第二，到第四、五个阶段，私人语言论证基本上不再是讨论的主题，因而第三阶段是讨论这一问题的最好时间。第三，在这一主题上发表解释文献的数量和质量此前此后存在着较大反差，无法与维特根斯坦解释的整个系统化事业相比，因而不能在最后去总结它，就只好放在中间阶段来讨论。[①]但是，不必像贝莱茨基那样把私人语言论证和遵从规则放在这里看作是差强人意的事情，它们实际上的确构成《哲学研究》乃至后期维特根斯坦哲学的核心部分。两个论题也是多次维特根斯坦国际会议（包括论坛）的主题和主要内容。

由于克里普克在这两个论题中扮演着极其重要的承上启下作用（尽管他的解释进路更多是对主流的正统解释的一种挑战），我们可以将这一论题的几十年争论划分为前克里普克解释和后克里普克解释。为了便于陈述后面的有关争论，在此对私人语言论证和遵从规则的历史根和资料源做一个总的概述也许是合适的。

一、历史和资料概述

1. 私人语言论证

私人语言论证（private language argument）因为使用了“论证”一词，初学者和外行容易理解为在为私人语言的存在做辩护，实际上指的是对于私人语言是否存在而开展的辩论。维特根斯坦的观点是明确的，他否认私人语言的存在，尽管对于维特根斯坦的观点有人支持有人反对，支持和反对的人内部又有各种差异，因而形成围绕维特根斯坦论述的各种争议。

就《哲学研究》的文本而言，广义上说，这一论证指的是《哲学研究》第243—315节就心理与行为的关系所开展的研究。狭义上说，它指的是讨论“私人语言”观念的一条论证线索（MS165，

---

① Anat Biletzki. *(Over) Interpreting Wittgenstein*. Dordrecht, Boston, London: Kluwer Academic Publishers, 2003, pp. 73-74.

101—102)。这样一种语言指的并不是一种个人密码或个人独立使用的记法或只有一个人说的语言(鲁滨逊的语言，MS124、221)，不是实际上没有被个人之间共享的语言，而是指一种原则上不可在个人之间共享和教授的语言，因为其中的词只指称说话者个人知道的私人感觉经验。在讨论这一论题的 63 节中，第 243—255 节引入私人语言观念并认为我们的心理词汇不是这样一套私人语言，第 256—271 节论证私人语言观念是不连贯的，第 272—315 节认为这并不意味着心理是非实在的。①

认为存在着一种私人语言的观念实际上为从笛卡尔到英国古典经验论者、从康德主义者到当代认知表征主义者所共同主张。这一观点来自两个基本的假设：第一，作为奥古斯丁语言图像的一部分，他们认为语词的意义是它所代表的东西赋予的；第二，心理语词所代表的是只有个人能接近的私人东西，感觉、经验、思想都是外人不可接近的私人内容。正是以这两个假设为基础，近代以来哲学中占主导地位的观点便都认为存在着一种私人语言(对于心理概念来说)。②

笛卡尔发现思维是属于我的一个属性，只有思维是跟我分不开的，因此"严格来说我只是一个在思维的东西，也就是说，一个精神，一个理智，或者一个理性"。③ 思维等心理现象由此便被锁定于个人

① Hans-Johann Glock ed. *Wittgenstein: A Critical Reader*. Malden and London: Blackwell Publishers Ltd., 2001, pp. 309-310.

② Ibid, p. 310.

③ 笛卡尔:《第一哲学沉思集：反驳和答辩》，庞景仁译，商务印书馆 1986 年版，第 26 页。

的内在世界，只有自己知道，而他人只能推知。英国经验论者洛克不仅认为人的感觉经验阈于内心，而且认为人的观念还有另一个来源即心理活动，人通过反省获得知觉、思想、怀疑、信仰、推论、认识、意欲等观念，而“所供给的那些观念是不能由外面得到的”。[①]他在英国经验论者中率先并奠定了一个观念，即语词的意义来自于人心底的观念。此后，贝克莱强调知识对象中除感官印象外，还来自记忆和想象的心灵运作。[②]休谟则强调我们心灵中不同于感觉印象的反省印象，由此形成其他观念。[③]既然思想和观念是内在的，封闭在个人的内在世界，他人无法直接看到和理解，只能通过拥有这些思想和观念的人的言行而表征出来，那么语言的意义就在于表征这些内在观念，个人对自己的思想和观念尤其是感觉进行私人表征就是可能的。所有这些观点都形成了直接或间接地支持私人语言存在的流行结论。

罗素直接继承了洛克关于观念为自己所有和所知而对于他人的认知只能通过他人的言行而推知的观点。他指出，“显然，只有在我们自己的心灵中发生的事情，才能通过这种方式被直接知道。至于发生在他人心灵中的事情，我们是通过我们关于他们的身体的知觉而知道的，也就是通过我们所拥有的与他们的身体相联系的感觉材料而知道的。要不是我们亲知了我们自己的心灵的内容，我们就不能想象他人的心灵，而且我们因此也绝不能获知他们具有心

① 洛克：《人类理解论》(上册)，关文运译，商务印书馆 1983 年版，第 69 页。

② 贝克莱：《人类知识原理》，关文运译，商务印书馆 1983 年版，第 20 页。

③ 休谟：《人性论》(上册)，关文运译，郑之骧校，商务印书馆 1997 年版，第 19 页。

灵。”[①] 从语义学角度看，这一知识观还意味着认可这样一些结论，即意义是一种私人经验，而语词的意义一定是感觉材料，两个人之间在语言理解上永远也不可能达到完全一致。

维特根斯坦对于包括罗素在内的这些以往观点的反应有一个过程。罗素的上述观点或多或少影响了《逻辑哲学论》的维特根斯坦。在该书中，尽管作为简单名称的意义的对象不是感觉材料，但它们也是人们亲知的颜色斑点和视觉之点。在 1932 年之前的证实阶段，他跟维也纳小组成员一起坚持“现象学”语言的首要性，这种语言指称着直接经验。在 1932—1935 年之间，维特根斯坦先是放弃了首要语言观点，然后对唯心论和唯我论进行批判。私人语言概念第一次出现在 1935—1936 学年的讲演课上，反对私人语言的论证则在 1937—1939 年的手稿中加以发展，之后完成于 1944—1945 年。[②]

集中于《哲学研究》第 243—315 节的私人语言论证是经过打磨和压缩的版本。在此之前的遵从规则研究中是否已经预设了甚至展开了私人语言论证，则是一个有争议的论题，我们将在下面加以介绍。私人语言赞成者认为，我们可以给自己的感觉私下命名并加以使用而不可为其他任何人所知。维特根斯坦则认为，一个人不可能对自己的感觉进行有效的私人的指物定义，因为对于这个感觉是否在不同时间保持一致甚至是否有这个感觉，并没有可以检测的合理标准。依赖自己的记忆，保持对自己某一感觉的命名，实际上

① 罗素：《哲学问题》，贾可春译，商务印书馆 2019 年版，第 56—57 页。

② Hans-Johann Glock ed. *Wittgenstein: A Critical Reader*. Malden and London: Blackwell Publishers Ltd., 2001, p. 310.

是并不可靠的。在他看来，语言是公共之物，即便一个人谈论自己的感觉，“感觉”一词也是一种公共语言。维特根斯坦有关私人语言论证的实质是从逻辑上否定能够存在一种“指涉只有讲话人能够知道的东西；指涉他的直接的、私有的感觉”的私人语言。[③]

2. 遵从规则

遵从规则（rule-following）是在《哲学研究》中比私人语言论证靠前提出和讨论的另一个核心论题。但就解释者讨论时间的长短以及受到的关注度来说，它还的确赶不上私人语言论证，而且就其分量来说也是无法跟后者比拟的，因为在整个第二阶段当私人语言已受到广泛关注时，遵从规则还是很少受到注意的论题。

该论题的重要性来自“规则”在维特根斯坦所理解的语言中的一贯重要性（不只是后期）。规则之所以重要是因为，第一，语言是一项规则指导的活动；第二，逻辑、数学和哲学的先验地位来自于这样的规则。在《逻辑哲学论》中，维特根斯坦强调作为逻辑句法的语言规则的重要性，认为在日常语言的背后总是潜藏着作为逻辑演算的规则。在其中期阶段，他放弃了语言的演算模型，尤其是拒斥对于这样规则的观念，即它们指导着我们的语言行为、决定着我们有意义地说什么而我们却又不知道它们。搞清楚规则如何指导人们的行为和决定语词的意义，正是开展遵从规则讨论的意旨所在。因为语言的意义、理解和逻辑必然性密切相关，遵从规则便在维特根斯坦的语言哲学、哲学心理学和数学哲学中处于核心地位。除了《哲学研究》的第185—242节外，该论题还出现在维特根斯

③　维特根斯坦：《哲学研究》，陈嘉映译，商务印书馆2016年版，第96页。

坦其他著作中:《维特根斯坦与维也纳小组》第 153—154 页,《维特根斯坦 1932—1935 年剑桥讲演集》第 153—155 页,《大打字稿》第 241 节,《哲学语法》第 117—118 节,《蓝皮书》第 90—98 页,《关于数学基础的评论》第 321 节,《维特根斯坦伦理观的某些发展》第 24 节,《语言哲学原理》第 87、138—144 页。[①]

"规则"论题在维特根斯坦哲学中有一系列内容,包括规则是正确性的标准,规则与其表达之间存在区别,规则从其本性上说便是一般的,表达语言规则的语法命题具有规范功能,相信遵从规则和实际遵从规则是不同的,遵从规则的行为和仅仅按照规则行事的机械(自发)行为也是不同的。遵从规则从而涉及两个相互关联的问题:一是对规则的理解,二是规则的规范性。规则与应用之间似乎总是存在着一条鸿沟,一个人对规则的应用正确与否,取决于他的理解,也取决于他的每一步应用。对于规则如何指导人的行为以及规则如何确保一个人的正确应用,维特根斯坦反对机械论的、柏拉图主义的、心理主义的和诠释学的各种错误解释。机械论者从人的心理或生理的因果联系中寻找规则决定行为的原因,柏拉图主义者将规则变成独立于我们而超越于应用的永恒实体,心理主义者把规则的正确应用看作应用者具有直觉把握的心理状态,而诠释学者则把规则的应用理解为应用者的解释行为。维特根斯坦拒斥这些对遵从规则的理解,但未必一定陷入规则怀疑论,因为在他看来,遵从规则本质上是一种内在关联的具有社会共同体性质的实践活

① Hans-Johann Glock ed. *Wittgenstein: A Critical Reader*. Malden and London: Blackwell Publishers Ltd., 2001, pp. 323-324.

动，将规则与其应用看作具有一条鸿沟的观点本身就是一种心理陷阱。[1]

二、前克里普克解释

前克里普克解释的一个重要特征是私人语言论证和遵从规则是两个几乎不相关联的论题。不同的解释者共同或分别加以研究，但并没有深入地将它们关联起来。这里的“前克里普克解释”并非严格的时间节点概念（更像一个范围概念），而是这一争论是在受到克里普克影响之前还是之后。一些研究者即便在克里普克发表自己的成熟观点之后仍然在延续他之前的研究，或者自己观点的形成是在克里普克的著作之前（尽管可能发表在此之后）。

对私人语言的争论从《哲学研究》一出版便已开始，前面介绍了 1954 年围绕私人语言开展的最初争论。这是关于《哲学研究》内容的最早争论之一。斯特劳森和马尔科姆之间的争论的一个中心论点就是，在维特根斯坦的眼中我们的感觉是否可以被识别和命名，斯特劳森持否定态度并对维特根斯坦提出批评，而马尔科姆则持肯定态度并为维特根斯坦做出辩护。这一争论构成马尔科姆专心研究心灵哲学和维特根斯坦心理学哲学的一个重要起点。艾耶尔和里斯之间的争论甚至直接以“可以存在私人语言吗？”为标题而更加针锋相对，艾耶尔坚持认为在我们的日常生活中是可以存在私人语言的，而里斯则为维特根斯坦辩护，认为维特根斯坦否定私

① Hans-Johann Glock ed. *Wittgenstein: A Critical Reader*. Malden and London: Blackwell Publishers Ltd., 2001, pp. 324-327.

人语言的目的乃是强调语言之所以为语言的一致性条件。

在整个 50、60 年代，关于私人语言的讨论一直是维特根斯坦解释中重要的热点之一，不仅有相当的文献存在，而且组织了关于私人语言论证的专题讨论。尽管在第二阶段的后来解释中再没有形成像斯特劳森-马尔科姆和艾耶尔-里斯那样具有影响的相应争论，但不同的主张仍在形成中的维特根斯坦共同体中不时出现（也不乏不时产生的新文献）。解释者们讨论的焦点在是否存在私人语言，维特根斯坦对私人语言是否有清楚的主张，维特根斯坦的“私人语言”概念的真正含义是什么等等。就著作篇幅而言，海斯（D. F. Hense）和桑德斯（J.T. Saunders）虚拟了一场维特根斯坦支持者和承认私人语言存在的传统哲学家之间的对话，私人语言的各种含义和历史重要性得以揭示。[①] 莫里克（H. Morick）编辑了《维特根斯坦与他心问题》论文集，收集了 1954 年以来有关私人语言和他心问题所发表的论文（其中部分文章为摘要，其中部分文章 1968 年被译为德文）。[②]

进入第三个阶段之后，关于私人语言论证争论明显在加强。约内斯（O. R. Jones）编辑的《私人语言论证》结集了上一阶段有关私人语言论证已经发表的 15 篇文章（除了补加的肯尼的 1 篇新文章，其他文章至多用了新标题或做了缩减）。[③] 坎菲尔德汇编的系

---

① O. F. Henze and J. T. Saunders. *The private-language problem: a philosophical dialogue*. New York: Random House, 1967.

② H. Morick ed. *Wittgenstein and the problem of other minds*. New York: McGraw-Hill, 1967; Atlantic Highlands, N. J.: Humanities Press, 1981.

③ O. R. Jones ed. *The private language argument*. London: Macmillan; New York: St. Martin's Press, 1971.

列文献中专门设立一卷（第9卷）“私人语言论证”，其中收集的大部分文献（论文或著作节选）属于第三阶段的前期。[①] 在山科尔编辑的系列文献的第2卷（专门讨论从《哲学研究》到《论确实性》的后期哲学）同样将一半文献给了有关私人语言论证的材料，而且材料的时间大多在第三阶段的前期。[②] 这一阶段在这一论题中做出重要贡献的有David Pears、Norman Malcolm、A. Kenny、P. M. S. Hacker、G. P. Baker、Richard Rorty、W. B. Smerud、J. Hintikka、J. Bouveresse、O. Hanfling、J. W. Cook、R. J. Fogelin、J. V. Canfield、D. F. Gustafson、G. Vesey、J. F. M. Hunter等。

该时期争论有两个重要特点，一是将私人语言论证与近代以来哲学家的观点联系起来进行研究，二是解释者们就它是否为维特根斯坦前后期哲学共有的论题而展开了重要争论。马尔科姆在该论题上持续深入研究（参见他70、80年代发表的心灵哲学系列论文及专著《心灵问题：笛卡尔到维特根斯坦》《记忆与心灵》），将它与笛卡尔以来的哲学家加以对比，并开展共同体之外的相关争论。皮尔斯在其《维特根斯坦》中将维特根斯坦讨论私人语言的部分与休谟的感觉理论加以比较，认为休谟过分将感觉的同一性看作物质对象的同一性，这正是维特根斯坦及其支持者所要强调指出的。[③] 接着，他进行前后追溯，讨论笛卡尔的知觉理论和贝克莱的感觉材料，

① John Canfield ed. *The Philosophy of Wittgenstein*, vol. 9, *The Private Language Argument*. New York and London: Garland Publishing, Inc., 1986.

② Stuart Shanker ed. *Ludwig Wittgenstein: Critical Assessment*, vol. 2. London: Croom Helm, 1986.

③ David Pears. *Wittgenstein*. Glasgow: William Collins Sons and Co. Ltd., 1971, p. 143.

对这一论题的哲学史意义进行了深入发掘。皮尔斯不管是在《维特根斯坦》，在论文集《心灵哲学的某些问题》(1975)，还是在后来的两卷本《虚假的牢笼》中都竭力发掘维特根斯坦前后期(尤其知识论和心理学哲学)与康德等传统哲学之间的关联。哈克则很早就将维特根斯坦的私人语言论证追溯到弗雷格，说明维特根斯坦前期的接受影响和后期的加以拒斥。罗蒂在《哲学与自然之镜》(1980)中把维特根斯坦与海德格尔和杜威频频加以比较，将他们都看作反笛卡尔和反康德革命的当代奠基者。

哈克几乎是最早将维特根斯坦前后期心灵哲学进行连贯研究，并上升到唯我论层面加以讨论的人。他在 1972 年的《洞察与幻象》一书中指出，维特根斯坦在《1914—1916 年笔记》中(某种程度上也在《逻辑哲学论》中)就将名称与对象的联系看作是心理的，只有借助于我的意志、我的感觉，名称才能被有意义地使用(这一观点很可能是受到罗素影响的结果)。[①] 维特根斯坦对意志的强调由此导向他的形而上学自我(唯我论)问题。“正是心理行为(尽管是形而上学自我的而不是心理学所研究的自我的心理行为)将意义或重要性置入记号，不管在思想中还是语言中。”[②] 维特根斯坦的确坚持一种唯我论，不过主要不是经验的而是超验的形而上学唯我论，这种观念直到 30 年代以后才逐渐放弃，并在《哲学研究》才彻底完成。《哲学研究》对私人语言的批判可被看作对前期唯我论和唯心论的真正清算，因为“维特根斯坦特定地反对唯我论和一般地反对唯心

---

① P. M. S. Hacker. *Insight and Illusion: Themes in the Philosophy of Wittgenstein*. Revised edition. Oxford: Clarendon Press, 1986, pp. 72-74.

② Ibid, p. 75.

论的最重要论证便是其反对私人语言可能性的论证”。[①] 哈克由此通过唯我论这一论题将维特根斯坦前后期心理学哲学连贯起来，并说明私人语言论证在后期哲学中的地位。

对于遵从规则论题，第二阶段在语言哲学之下对其有一定程度的讨论（关于“标准”、“实践”、“逻辑必然性”、“怀疑论”等），但几乎没有专题性论文。第三阶段开始明显有遵从规则的论文出现（C. Ginet，1970），但是这一阶段早期所聚焦的文献分散在“标准”、“规则”、“语法”、“必然性”、“怀疑论”等标题之下。维特根斯坦使用“标准”一词主要旨在说明合理地使用语言的逻辑充分条件，这不可避免地跟是否遵从了语言的规则有密切关系。他还经常将“语法”与“规则”连用，表明他所探讨的语法是语言使用的深层语法，而不是语言学的表层语法。将“规则”与“（逻辑）必然性”联系起来，主要是因为规则对于我们使用语言来说具有强制性，而逻辑真理正是要指明我们使用语言的规则。在怀疑论的有关文献中，解释者们部分地探讨维特根斯坦关于一个人无法一次遵循规则的观点，而意义怀疑论也涉及语词的有意义使用在于遵从规则的问题。所有这些概念都直接或间接与遵从规则尤其规则本身有某种关联。

以“遵从规则”为主题的一次小型讨论会 1979 年在牛津召开，并于 1981 年出版了包含 9 篇文章的论文集。但这本论文集中只有前 3 篇文章直接论述维特根斯坦的著作，其他文章的作者则从维特根斯坦的有关观点出发，力图发展自己的学说。[②] 坎菲尔德主编的

---

① P. M. S. Hacker. *Insight and Illusion: Themes in the Philosophy of Wittgenstein*. Revised edition. Oxford: Clarendon Press, 1986, p. 229.

② Steven H. Holtzman and Christopher M. Leich ed. *Wittgenstein: to Follow a Rule*. London: Routledge & Kegan Paul, 1981.

系列文献中没有单列遵从规则一册，（遵从）规则和逻辑必然性一起放在第 9 卷，位列“私人语言论证”之后。山科尔主编的系列文献只在第 2 卷有少量文章论述规则和遵从规则。这种编选状况大概是《哲学研究》出版以来有关这一主题讨论的大略缩影。

三、后克里普克解释

严格说来，克里普克并不属于维特根斯坦共同体。维特根斯坦对于他来说只是偶尔研究的一个对象，而不是具有某种师承关系的或者着力献身的解释对象。但他因为对私人语言论证和遵从规则的著名研究却在第三阶段（就该主题而言乃至于此后很久）维特根斯坦解释中扮演了极其重要的角色，1982 年出版的《维特根斯坦论规则与私人语言》也成为维特根斯坦解释中轰动一时的名著，受到此后二、三十年中 500 位以上解释者的反复争论（所以，后面的部分阐述要超出第三阶段）。这是维特根斯坦解释中任何一本书和一个人从未有过的事情。

在扩展为这本著作之前，克里普克已经有 20 年的思考，以论文形式发表了思考成果之前，“主要内容已经分别在不同的场合以讲座、系列讲座和讨论会的形式宣读过”[①]，其成果已经引起学术界的某种关注。在克里普克的解释进路上，前面已有达米特和福格林（Robert J. Fogelin）卓有成效的思考。达米特在 1959 年对维特根斯坦《关于数学基础的评论》的分析中认为，在数学哲学传统的柏拉

① 索尔 · 克里普克:《维特根斯坦论规则和私人语言》，周志羿译，漓江出版社 2017 年版，第 1 页。

图主义和建构主义相互对抗中，后期维特根斯坦持有一种极端的建构主义版本（这一观点对 80 年代学术界主张维特根斯坦前后期哲学拥有一种意义理论起到重要的支撑作用）。尤其是在逻辑必然性问题上，维特根斯坦持有一种十足的约定论，“对他来说，任何陈述的逻辑必然性都总是一种语言约定的直接表达”。[1] 这样，对于任何一条数学定理的应用来说，都不是一件具有充分保障的事情，其正确应用依赖于使用者如何理解那些规则，这导致遵从规则上的怀疑论悖论以及对共同体的某种承诺。达米特在这里已经隐约看到了后来为福格林和克里普克所更为清楚地看到的遵从规则与私人语言论证之间的某种联系。

福格林是第三阶段早期对维特根斯坦哲学做整体解释的重要代表之一，但他的解释并非旨在诠释维特根斯坦哲学的内容和意旨，或者通过借鉴当时的解释成果而重建维特根斯坦哲学的一些分散论证，而在于对其中的论证做出批判性评价。他的《维特根斯坦》（1976 年第一版，1987 年第二版）一书虽然篇幅不长，但论述精要、观点明晰，对维特根斯坦前后期哲学均匀用力，而且有三点超乎当时的解释者：第一，将维特根斯坦的遵从规则论题做了怀疑论的解释，并使该论题成为后来私人语言论证讨论的前导；第二，对维特根斯坦的数学哲学有相当大的关注，并设专章加以讨论；第三，不管当时的解释者怎样将维特根斯坦前后期哲学看作对怀疑论的批判和拒

① Michael Dummett. Wittgenstein's Philosophy of Mathematics. In John Canfield ed. *The Philosophy of Wittgenstein,* vol. 11, *The Philosophy of Mathematics*. New York and London: Garland Publishing, Inc., 1986, p. 115.

斥，他还是将维特根斯坦哲学整体上看作现代版的皮浪怀疑论。①

克里普克的维特根斯坦解释引发的轰动效应完全可以称为“克里普克事件”。该事件至少有两个重要的特点值得我们关注：第一，将遵从规则和私人语言论证明确地联系起来，从遵从规则的角度去解释“私人语言”问题，而且得出怀疑论的结论（甚至“遵从规则”论题本身也因他而引起更多重视，因为此前处于一个几乎无关紧要的位置，现在他将两个论题的重心做了与其他解释者相反的颠倒）；第二，将克里普克和维特根斯坦共同置入了讨论的中心，使得“克里普克的维特根斯坦（解释）”成为维特根斯坦著作文本之外的又一个讨论焦点。克里普克大胆而天才的解释引来了一大批反对者和一部分支持者，形成维特根斯坦解释中十分靓丽的焦点事件。

克里普克的思考重心并没有在通常被讨论的“私人语言论证”部分，他甚至要避开《哲学研究》第 243 节开始的那些小节的讨论。他也并不打算对维特根斯坦后期哲学进行整体的评论，对一些重要论题几乎没有触及，乃至对心灵哲学的丰富材料都没有顾及。他只希望抓住和再现维特根斯坦后期哲学中的一个核心论证——从维特根斯坦的遵从规则悖论入手，找到理解私人语言论证甚至整个维特根斯坦后期哲学的一个入口、一个视角，从而使整个其他问题的理解变得相对容易。他甚至谦虚或虔诚地指出，“在这本书中，我无意于表达我自己的观点，或者说，除了偶尔并且是在一些不显眼的地方，我无意于对这些实质性问题讲述我自己的看法。这本书的主

① Robert J. Fogelin. *Wittgenstein*. London; Sussex: Harvester Press, 1976 and New York: Routledge, 2nd edition, 1987, pp. xi, 226.

要目的是将一个问题和一个论证呈现出来，而不在于对其进行批评性评论。除了在个别地方，读者完全可以把我视为一个代言人在阐述一个打动我的非常重要的哲学论证。”[①] 但在其他解释者看来，尤其在不同意克里普克解释进路的解释者看来，他并不是客观再现了维特根斯坦的论证，而是真真确确在表达他自己视角的理解。

克里普克的颠覆性理解在维特根斯坦哲学解释中带来巨大的冲击是必然的，因为他的理解极其独特、极具创造性，但这里我们不可能详述其中的论证细节。他的独到理解有这样几个基本论点：第一，“私人语言论证”不是开始于《哲学研究》第243节之后，而是在此之前便已出现，尽管在此之后的那些小节同样具有基础的重要性；第二，真正的“私人语言论证”事实上在第202节已经明确给出了结论，维特根斯坦在这一节指出“不可能‘私自’遵从规则：否则以为自己在遵从规则就同遵从规则成为一回事了”[②]，因而关键性的思考已经包含在得出这一结论的那些讨论中；第三，维特根斯坦在第202节及之前对语言规则所进行的一般性思考更为重要，他要解答的是一个“怀疑论悖论”，而给出的是一个怀疑论的解决方案，形成了关于规则和语言的基础思考和基础理由；第四，第243节及其之后的论证只是前面的一般“私人语言论证”在感觉等心理学哲学上的应用，就像它还在同等意义上应用于数学哲学一样；第五，作为两个应用主题的心灵哲学和数学哲学并非彼此孤立，它们不仅在基础上存在相同的思考，而且也不是一般结论的简单应用，

① 索尔·克里普克：《维特根斯坦论规则和私人语言》，周志羿译，漓江出版社2017年版，前言第4—5页。

② 维特根斯坦：《哲学研究》，陈嘉映译，商务印书馆2016年版，第88页。

而是维特根斯坦对照一般情况而重新进行的详细考察。[①]

克里普克的独到理解甫一发表，即引来主流维特根斯坦解释者的一片质疑和反对之声[②]，不管针对他的理解的整体还是几乎任何一个细节，参与讨论的主要文献已被汇集出版[③]。反对者可以分为两类：一类是持全面反对意见者，一类是持部分反对意见者。对每一类反对者，这里仅举例加以说明（而且主要限于第三阶段），不过从中也可以看到同一类中的一些主要反对理由。

贝克与哈克是克里普克解释的坚决反对者。他们一起从事《哲学研究》系列诠释的第 2 卷时，刚好遇到克里普克的讲演以及著作的发表。他们基于对维特根斯坦《遗著》的研究而确信，克里普克的遵从规则"悖论"解释是错误的。他们不认同将维特根斯坦的遵从规则论题划归（休谟式的）怀疑论问题的解决方案，因为克里普克缺乏维特根斯坦文本的依据。他们甚至为此还专门写作了包含三篇文章的小书《怀疑论、规则与语言》（1984），并在第 2 卷诠释第 198—202 节时重点加以回应。[④] 他们不同意克里普克以及全部

---

① 索尔·克里普克：《维特根斯坦论规则和私人语言》，周志羿译，漓江出版社 2017 年版，导论第 2—6 页。

② 后来研究者曾列述主要人员包括 Donald Davidson、John McDowell、Jerry Fodor、Crispin Wright、Paul Boghossian、Philip Pettit、Simon Blackburn、Scott Soames、Paul Horwich、Christophcr Peacocke 等。参见 Martin Kusch. *A Sceptical Guide to Meaning and Rules: Defending Kripke's Wittgenstein*. Chesham: Acumen Publishing Limited, 2006, p. xiv。当然，主要参加者远不止如上所列。

③ Alexander Miller and Crispin Wright ed. *Rule-Following and Meaning*. Chesham: Acumen, 2002.

④ G. P. Baker and P. M. S. Hacker. *Wittgenstein: Rules, Grammar and Necessity: Essays and Exegesis of §§185–242*. Second, extensively revised edition by P. M. S. Hacker. West Sussex: Willt-Blackwell, 2009 (first published in 1985), p. xiii.

或部分支持他的那些解释者提出的“共同体观”，因为后者将维特根斯坦的“实践”概念理解为社会实践。根据这一解读，《哲学研究》第185—242节得出的结论是，遵从规则概念的逻辑-语法分析表明，将一个行为看作有意义地遵从规则的行为仅当规则遵从者属于一个社会小组时，这些人在小组中共享遵从该规则的实践。而在贝克和哈克看来，这种解释误解了维特根斯坦的“实践”概念，没有很好地参照维特根斯坦的各种文本。“实践”概念在维特根斯坦的各种文献中有多重不同应用，但无论如何都在谈论单个人的实践。而且根据材料版本查找，维特根斯坦是在最后打印稿中才增加《哲学研究》第202节的“不可能‘私自’遵从规则”，以便于表明他不是在通常意义上使用“私自”一词的，旨在说明“私人语言”是一种逻辑上阻止了公共使用的可能性的所谓语言。[①]

怀特（Crispin Wright，1942— ）对维特根斯坦数学哲学深有研究，他的《维特根斯坦论数学基础》（1980）在这一论域中深有影响。他尤其强烈认定维特根斯坦前后期哲学拥有一种意义理论。他起初以为克里普克的解读与自己该书的解读多少暗合，但经过仔细阅读才发现前者关于私人语言论证和遵从规则之间关系的理解大有所失。当然，怀特至少是部分地同意克里普克，因为他也隐约地认定私人语言论证是遵从规则的一部分，而且一个人对规则的遵从依赖于服从共同体的约定。但他不同意克里普克的如下两点：第一，在维特根斯坦的私人语言论证中，克里普克过分强调了反对客观意

① G. P. Baker and P. M. S. Hacker. *Wittgenstein: Rules, Grammar and Necessity: Essays and Exegesis of §§185–242*. Second, extensively revised edition by P. M. S. Hacker. West Sussex: Willt-Blackwell, 2009 (first published in 1985), pp. 132–133.

义的“反实在论”前提，因为他的怀疑论论证不需要反实在论（证实主义）的支持；第二，对维特根斯坦处理私人语言的特殊性强调不够，克里普克在私人语言论证的怀疑论意义上的解决方案中对共同体的强调也不够。因而，总体上说，怀特认为，克里普克并没有代表维特根斯坦的权利，尽管其令人振奋的辩证思考极大地刺激我们提高对维特根斯坦后期哲学的理解。[①]

马尔科姆很早就在关注和评论克里普克有关维特根斯坦以及意义理论的一般问题，他不同意后者对维特根斯坦的“遵从规则”做怀疑论的解释，但同意其所提出的共同体解释，即一个人所遵从的是所属共同体共享的规则（马尔科姆在这一点上不同意贝克和哈克对单个人的语言实践的解释）。他认为，克里普克对个人感觉的自然语言表达产生疑惑并陷入困境，错误地将感觉与感觉对象之间的联系看作偶然的、有明确内外区分的联系，因而并不理解感觉语言的语法。马尔科姆指出，我们在人群共同体中成长起来，已经拥有了感觉词语的共同用法。[②] 他对共同体中人们之间的语言共享是遵从规则的前提这一观点的肯定是与克里普克的解决方案一致的，因为克里普克强调个人正确地遵从规则的条件是通过交流共同体的测试和认可，“一个在足够多的其他情况中通过类似测试的人，就会被认可为这门语言的一个合格言说者，并成为这个交流共同体

① Crispin Wright. *Rails to Infinity: Essays on Themes from Wittgenstein's Philosophical Investigations*. Cambridge, Mass.: Harvard University Press, 2001, pp. 91-93.

② Norman Malcolm. *Wittgensteinian Themes: Essays 1978-1989*. Edited by G. H. von Wright. Ithaca and London: Cornell University Press, 1995, pp. 48-51.

的一员”。[①]

私人语言论证和遵从规则(或者相反的顺序)的确是《哲学研究》乃至维特根斯坦后期哲学中密切相关的核心主题。但是,在对这些主题的持久讨论中,没有谁能像克里普克那样引起轩然大波。这既来自他独到的富有联想的解释,也来自他相对远离维特根斯坦共同体的身份。然而,无论如何,这场令几乎所有维特根斯坦研究者都卷入的争论毕竟大大促进了对维特根斯坦哲学的理解,成为第三阶段中最令人目眩的解释事件。在整个第三阶段中(在第一、二阶段积累的基础上),维特根斯坦哲学的正统解释以一系列标志性成果和显著事件而达到自己的顶峰。尽管在维特根斯坦共同体中呈现诸多的争论,展现出多样性和活力,但一些基本结论似乎成为不可动摇的定论,反而使整体的解释状态似乎成为不再可能有大的风浪的一潭静水。

① 索尔·克里普克:《维特根斯坦论规则和私人语言》,周志羿译,漓江出版社2017年版,第122页。

第6章　非正统解释的确立期（1991—2003）

经过60—70年的三个阶段解释，维特根斯坦哲学解释到20世纪80年代末似乎已经成为可以完全没有整体上新见而再进一步解释就会成为过度解释的状态。解释工作达到高峰，似乎难以甚或无须超越；这是一潭深水，却也是一潭死水。的确，随着维特根斯坦共同体的稳定形成，一系列标志性成果的产生，以往解释材料的系统整理编选，维特根斯坦哲学解释已经只能在正统解释的总体模式下进行少量争论。在前后期哲学的系统解释（解释者之间只有较少差异）之外，大概只有中期阶段以及《遗著》中新材料的整理出版偶还引起较多注意。即便这些重点关注也更多是关于数学哲学和心理学哲学以及关于宗教、文化、美学、确实性的研究，而且除了涉嫌过度解释的文本诠释之外，没有什么新东西可以展示。国内迄今所熟识的维特根斯坦哲学解释很大程度上限于这三个阶段所确定的正统路径。

但是，此前50、60、70年代一直零星存在却被忽视的不同解释逐渐汇聚壮大，到80尤其90年代终于开花结果，打破了死气沉沉的解释气氛，形成以美国学者为主的颠覆这种正统解释的新趋向，以“果决解读”（resolute reading）、“治疗性解读”

(therapeutic reading)、"素朴解读"(austere reading)、"虚无主义解读"(nihilist reading)、"新解读"(new reading)、"非正统解读"(non-orthodoxic reading)、"单一维特根斯坦主义"(Mono-Wittgensteinianism)等断语为标志，有时也被称为"美国新维特根斯坦研究"。[①] 这一新趋向的主要代表人物是戴蒙德(Cora Ann Diamond, 1937—)和柯南特(James Conant, 1958—)，他们不仅果决地解读《逻辑哲学论》的"无意义"，而且充分论证前后期维特根斯坦哲学的连续性，将整个维特根斯坦哲学看作连贯的治疗性哲学。这种具有重大突破意义的解释转向不仅已经引起维特根斯坦哲学解释的英美之争，而且势必影响包括维特根斯坦哲学在内的国际哲学研究趋向。但是，需要指出的是，我们对维特根斯坦解释的这一新趋势的展示并不意味着新维特根斯坦研究完全取代或压倒了正统解释。而且就文献和人数而言，正统解释仍然以它旧有的捍卫者和新的支持者占据着维特根斯坦解释的大部分版图。贝莱茨基2003年的《(过度)解释维特根斯坦》成为新维特根斯坦研究向第五个阶段过度的分水岭，因为是她通过深入研究而标出超越非正统解释的种种趋向。尽管以2003年作为新维特根斯坦转入下一阶

① "resolute reading"一词最早由Thomas Ricketts提出，在出版物中首次被Warren Goldfarb用于评述戴蒙德的《实在论精神》(1997)。后来争论的双方认为该词词义模糊，而且道德意味太浓，建议使用更为中性的词语(David Stern, 2004)，一些学者建议使用"治疗性解读"(Marie McGuinn, 1999; Daniel D. Hatto, 2003; Roger White, 2006)；另一些建议使用"素朴解读"(Meredith Williams, 2004)。批评者还赠送了"后现代解读"(P. M. S. Hacker, 2000)或"虚无主义解读"(Alberto Emiliani, 2003; David Stern, 2004)，最终有人将它称为"新解读"(Ian Proops, 2001; Victor Krebs, 2001)。相对于传统的正统解释，新维特根斯坦研究也被普通称为"非正统解释"。柯南特自己则有时将这种新解释称为"单一维特根斯坦主义"。

段的时间点，但正统解释和非正统解释的争论不仅没有结束，而且仍然以激烈的程度在进行着。所以，我们的时间区间主要指向非正统解释的确立，而非终结。

第 1 节　非正统解释的兴起

尽管明确地反对正统解释的美国新维特根斯坦研究并不是上世纪 80 年代才出现，它的萌芽差不多要早 20 年，但是，在正统解释占主导地位的强大环境中，这些不同解释声音即便未必一定处于边缘地带，当时未受足够重视却是肯定的。

一、早期的不同解释声音

一些不同于正统解释的早期声音，尽管在主题的理解上未必一定与后来成熟的美国新维特根斯坦研究完全一致，但也可被当作非正统解释兴起的一些基本线索。它们体现在不同时期的少量文本和代表人物（其中包括维特根斯坦的学生和共同体的重要成员）那里，却是一些最终没有熄灭的火苗。某种意义上说，正是维特根斯坦共同体内部的不同声音才最终演变为一场全新的运动。

美国哲学家卡维尔 1962 年发表的“维特根斯坦后期哲学的有效性”一文也许是不同于正统解释尤其强调后期维特根斯坦哲学治疗性质的最早声音。[①] 该文旨在批判《哲学研究》出版之后的第一

① Stanley Cavell. The Availability of Wittgenstein's Later Philosophy. In John Canfield ed. *The Philosophy of Wittgenstein*, vol. 4, *The Later Philosophy – Views and Reviews*. New York and London: Garland Publishing, Inc., 1986, pp. 267–293.

本著作篇幅的维特根斯坦后期哲学解释著作——大卫·波尔 1958 年出版的《维特根斯坦后期哲学》。他认为该书将维特根斯坦哲学看得过于浅显直接，对维特根斯坦有关“规则”决定“日常语言”的观点存在着误解乃至曲解，没有看到维特根斯坦强调语言规则、语法探究、日常用法并用它们批判传统哲学的真正深意。在他看来，维特根斯坦后期哲学并不能简单地归结为日常语言哲学，理解维特根斯坦哲学旨义本身的简单性并不是一件简单的事情，维特根斯坦通过语法研究所揭示的正是传统哲学的问题。卡维尔对维特根斯坦哲学深意的强调以及对该哲学治疗性质的重视的确远远超出了当时的主流看法，他对《哲学研究》内容主旨和表达风格之内在联系的分析也颇为独到，而将维特根斯坦的治疗与弗洛伊德的治疗加以比较直到很久以后才为麦克奎尼斯和贝克等人所珍视。

石黑英子（Hidé Ishiguro）1969 的文章“用法与名称的指称”或许是质疑《逻辑哲学论》正统解释的第一个文献。在她看来，将《哲学研究》的意义用法理论看作是对《逻辑哲学论》的意义图像理论的一种拒斥是没有道理的，这是对作为意义图像理论基础的命名观的误解。如果我们严肃看待维特根斯坦版本的语境原则，即“唯独命题具有意义；唯独在命题的关联中，一个名字才具有意谓”[①]，那么将名称的意谓（Bedeutung）看作独立于其在命题中的使用的指称（reference）便值得怀疑，认为简单对象可独立于语言而存在，具有存在的优先性，同样值得怀疑，因为名称的意谓在《逻辑哲学论》中主要只是一种意向概念。由此推知，简单对象并不具有本体论的

① 维特根斯坦：《逻辑哲学论及其他》，陈启伟译，商务印书馆 2014 年版，第 18 页。

优先性，正是通过名称的使用才能识别对象。这意味着《逻辑哲学论》并不拒斥名称的使用，只是相对《哲学研究》较弱而已。她认为，“《逻辑哲学论》的‘对象’不是任何通常意义上的特定实体，而是旨在适应一种意义理论的实体，因此当维特根斯坦后期拒斥基本命题的独立性时，他也能清除关于对象的这一特定观念，而无须以任何根本方式去改变他关于名称或指称的理论”。[①] 完全可以肯定，石黑英子开创了看待《逻辑哲学论》的反实在论路径。

10 年之后（1979），哥德法布（Warren Goldfarb）在一篇未发表的论文“《逻辑哲学论》中的对象、名称与实在论”（以及后续的其他工作）中将这一解释路径进一步向前推进。他认为，在“流行的”解释趋向中，看上去我们对独立存在的对象的亲熟从而对象和名称或事态和命题的（通过思想或心理的）连结是《逻辑哲学论》可自然得出的秩序，但实际情况却恰恰相反。除非先理解语言的运行，在理解之后先确定思想的语言，我们便无法理解思想的意义。我们不管断定什么，都是在语言内断定，不能迈出语言宣布对象的存在。所以我们应放弃如下假设，即世界停留在那里有待语言去连结，因为“按照《逻辑哲学论》的看法，离开语言，不可能有关于世界的概念”。因此，《逻辑哲学论》不仅不是实在论的，它甚至没有提供不同于实在论的其他形而上学。[②]

---

① Hidé Ishiguro. Use and Reference of Names. In Peter Winch ed. *Studies in the Philosophy of Wittgenstein*. London: Routledge & Kegan Paul; New York: Humanities Press, 1969, p. 21.

② Warren Goldfarb. Object, Names, and Realism in the *Tractatus*. Unpublished manuscript. Refer to Anat Biletzki. *(Over) Interpreting Wittgenstein*. Dordrecht, Boston, London: Kluwer Academic Publishers, 2003, p. 85.

进入80年代之后，麦克奎尼斯在两篇文章“《逻辑哲学论》的所谓实在论”（1981）和“《逻辑哲学论》中的语言和实在”（1985）中提供了翻转正统解释的精致版本。他很大程度上支持石黑英子所提出的观点，并对之尤其在方法论方面做了更精致的发挥，认为“在维特根斯坦说到命题必然被清楚地表达并由简单记号组成之前，他的确提及事态由对象组成并将对象本身引入《逻辑哲学论》，但我相信他陈述的顺序与他思考的顺序恰好相反。”不仅对象和事实不能离开语言，而且一个命题在我们理解它之前也不存在。“要把握跟可能事态相一致的构成或结构就是要理解一个……这等于说，**直到**一个命题被理解之前并不存在要理解的命题。”[①] 这种精致翻转在解释方法上将反驳《逻辑哲学轮》的外在语言观和实在论形而上学更向前推进一步。

如上这些明确线索，除了卡维尔是关于后期维特根斯坦之外，其他都是关于《逻辑哲学论》的非实在论解读。

对维特根斯坦后期哲学做治疗性解读，在卡维尔之后还有其他一些支持者[②]，最著名的是里斯、贝克、麦克道威尔。在里斯看来，解释者们不被《逻辑哲学论》开始的那些内容所误导是重要的，因为维特根斯坦的意图并不是要在逻辑或我们语言的结构基础上建立一种形而上学。维特根斯坦的意思并不是说，我们的语法由某些东西来决定，因而他并没有想从我们的语言推出世界的特征。认为

---

① Brian McGuinness. The Supposed Realism of the *Tractatus*. In his *Approaches to Wittgenstein: Collected Papers*. London and New York: Routledge, 2002, pp, 87, 91.

② 尤其见韦斯顿(1953)、布斯玛(1961、1986)、安斯康姆、魏斯曼(1997和2003)、普特南和德雷本(Burton Dreben)。

有意义的命题之所以可能是因为它们来自于某些更原始的操作，即名称与对象相联结，因而是世界拥有的某些特征才使命题具有意义，这样的形而上学恰好是维特根斯坦所反对的。①

贝克在维特根斯坦解释中见解独到，他不只在一种而是在至少三种相互竞争的主要维特根斯坦哲学解释中做出了实质性贡献。他对后期维特根斯坦哲学治疗性质的强调也是他与哈克发生解释分歧的关键之处所在。他沿着魏斯曼所提供的解释线索，将维特根斯坦哲学与精神分析联系起来，极力关注后期维特根斯坦所使用的语言、独特的表达方式、特定的写作风格所具有的哲学意蕴。在贝克看来，跟竭力阐释有关语言的学说相反，后期维特根斯坦的目的是阐释一些图像和概念，旨在用于消解哲学家们的“思想束缚”。他将维特根斯坦的哲学看作关注**特定**个人在**具体**历史语境中所拥有的问题——即并不认为这类问题不能为许多人所共有，而只是认为为一个人开的“药”可能不对每个人有效而已。尽管在对《逻辑哲学论》的解读中，贝克确实是忠实的正统解释者，但对于后期维特根斯坦，他却跟（哈克等人的）正统解释保持了相当的距离，竭力强调其中的治疗性质。②

卡维尔自己后来又在其著作中进一步加深对《哲学研究》的独到解读。在他看来，后期维特根斯坦的主要目标是探寻哲学混淆的

---

① R. Rhees. *Discussions of Wittgenstein*. London: Routledge and Kegan Paul; New York: Schoken Books, 1970, pp. 24f.

② Guy Kahane, Edward Kanterian, and Oskari Kuusela eds. *Wittgenstein and His Interpreters: Essays in Memory of Gordon Baker*. Oxford: Blackwell Publishing, 2007, p. 10.

根源，并把我们从哲学困惑中解救出来。维特根斯坦认为，导致我们陷入哲学混淆的是我们被语词所投射的解释所吸引，语词将我们诱向哲学化的反省性理解，去发掘语词可使用的个体事物之间的本质，力图用一个解释支撑另一解释。有些语言投射是自然的，而有一些投射比如哲学的使用则是非自然的，最终远离了日常生活实践。卡维尔以这种治疗性去解读维特根斯坦全部后期著作，并影响了他自己后来的研究和思维，由此走向对情境、特殊性的高度关照。①

跟卡维尔一样，麦克道威尔也是维特根斯坦后期哲学治疗性解读的早期助推者之一。他深入剖析维特根斯坦所批判的一系列图像，其中之一便是铁轨比喻，即人们倾向于把规则的无限应用看作无限长的铁轨，认为一条规则在应用之前已决定了所有的正确行为(《哲学研究》，第 218 节)。在他看来，维特根斯坦通过这一图像提醒我们警惕外在语言观，将规则的应用看作无限延伸的铁轨是我们从事哲学时的一种幻象，它促使我们在实践之外、之后探寻虚幻的根据。维特根斯坦处理遵守规则问题的辩证法最终立足于接近反实在论的天真实在论，没有像传统实在论那样从外在语言观给哲学问题提供解答，而是竭力帮助我们走出这一困惑。②

还有一条线索是，一些解释者一直强调维特根斯坦前后期哲学之间的连续性，这与正统解释之间始终保持一定的距离，并最终导

---

① Stanley Cavell. *The Claim of Reason: Wittgenstein, Skepticism, Morality, and Tragedy*. Oxford: Oxford University Press, 1979, pp. 168–190.

② Alice Crary and Rupert Read eds. *The New Wittgenstein*. London and New York: Routledge, 2000, pp. 8–9.

向美国新维特根斯坦研究。早在 1960 年的《维特根斯坦的〈逻辑哲学论〉》一书中，斯泰纽斯在对维特根斯坦理论的语义和形而上学方面进行深究的同时，便惊问后期维特根斯坦是否也保留了一种新版本的图像理论。温奇在 1969 年主编的论文集《维特根斯坦哲学研究》的导论中专题论述维特根斯坦哲学的统一性。他认为将维特根斯坦哲学看作前期和后期两个完全不同阶段的一些流行看法是错误的，按照这种看法，维特根斯坦后期不再对《逻辑哲学论》中的如下主题感兴趣：逻辑的本性、逻辑与语言的关系、语言的逻辑在现实中的应用。相反，温奇指出，后期维特根斯坦依然对这些问题进行探讨，他对前期观点的某些批判是逐渐进行的。《哲学研究》并不存在对《逻辑哲学论》的一切东西完全放弃的情况，它只是在更大的语境中重置了那些主题而已。[①] 在 1987 年出版的论文集《努力言而有义》（*Trying to Make Sense*）和 1993 年为马尔科姆的论文集《维特根斯坦：一种宗教观？》所写的讨论文章中，温奇继续对维特根斯坦前后期哲学的连续性加以探讨。

肯尼是较早且较系统地说明前后期维特根斯坦连续性的解释者，在 1973 年出版的《维特根斯坦》一书中用最后一章专门讨论维特根斯坦哲学的连续性。他认为，以《逻辑哲学论》和《哲学研究》有不同风格和内容而滋生维特根斯坦前后期有两种不同哲学的观念在维特根斯坦 30 年代的遗著已经出版的新情况下已显得过于简单。其实，维特根斯坦前后期哲学之间有着许多关联和共同假设。

① Peter Winch ed. *Studies in the Philosophy of Wittgenstein*. London: Routledge & Kegan Paul; New York: Humanities Press, 1969, pp. 1–2, 19.

通常人们在三种论点之间进行对比：第一种认为《逻辑哲学论》坚持一种形而上学原子论，而《哲学研究》不再区分简单和复杂，即不再追求最终的基本命题，这一点似乎是确当的；第二种认为前期维特根斯坦将符号逻辑的形式结构当作语言和命题的本质，而后期维特根斯坦放弃对语言本质的追求，而致力于研究日常语言的用法，这一点部分是确当的部分是误导的；第三种认为《逻辑哲学论》认定句子有意义是因为它们是图像，而《哲学研究》指出句子的意义是其使用或应用，这一点却几乎完全令人误导。肯尼经过分析论证最终认为，《哲学研究》前言强调《逻辑哲学论》"包含有严重的错误"，这一点并不说明后期哲学是完全新的哲学，而且也许过分夸大了前后期之间的区别，这可能主要是因为前后期之间的几十年中维特根斯坦聚焦于将两者区分开来的那些问题。但是，一当我们对走向《哲学研究》的过程加以深入研究时就会发现，与《逻辑哲学论》的相似跟与《逻辑哲学论》的区别一样重要。①

由此可见，在新维特根斯坦研究的主要代表人物出场之前，即便当正统解释在三个阶段完全占主导地位时，至少在三个方向上形成了不同的解释声音：第一，对《逻辑哲学论》做反实在论的解释；第二，着力强调后期维特根斯坦哲学的治疗性质；第三，认定前后期维特根斯坦之间的连续性。

二、标志性的人物和成果

真正使美国新维特根斯坦研究变成一种引人注目的非正统解

① Anthony Kenny. *Wittgenstein*. Revised edition. Oxford: Blackwell Publishing, 2006, pp. 173-174, 183.

释趋向的是两个重要代表人物戴蒙德和柯南特。他们的解释成果更加成熟并直接宣布自己的特异性。而将这一新解释变成一个标签而引人注目的则是由于一本论文集《新维特根斯坦》。

在挑战对《逻辑哲学论》的实在论解释而进行反实在论解释的路径上，以石黑英子、哥德法布和麦克奎尼斯为基础，戴蒙德的观点逐渐变得更为清晰而有力，从而在非正统解释的形成中起到关键作用。她通过一系列卓有成效的阐释和原创性的建议，成为"对维特根斯坦前期和后期著述提供反形而上学解读的第一批哲学家之一"。[①] 作为安斯康姆的学生，她 1965 年开始解读维特根斯坦，60 年代中期便开始讨论维特根斯坦后期著作中的反形而上学动机（其中第一篇论文是 1968 年的"必然性的面孔"），1976 年编辑了《维特根斯坦关于数学基础的讲演》，同时她还是著名的伦理学家和弗雷格研究专家。她发表的一系列文章尤其是"无意义可能是什么"（写于 1977—1980 年，发表于 1981 年）在非正统路径上具有更为系统的趋向性质。1991 年出版的论文集《实在论精神：维特根斯坦、哲学与心灵》实现了真正的自觉和彻底的突破，是非正统解释最具标志性的事件，也是维特根斯坦解释第四阶段开始的标志。戴蒙德的主要贡献在于联系分析哲学的早期历史，尤其仔细分析《逻辑哲学论》的结构和重点，提供相互融贯的解释结构，将实在论主张与对无意义（nonsense）的满意解释结合起来，形成对《逻辑哲学论》充满内容的解释框架。在她看来，前后期维特根斯坦都旨在让

① Alice Crary ed. *Wittgenstein and the Moral Life: Essays in Honor of Cora Diamond*. Cambridge, Mass: The MIT Press, 2007, p. 2.

我们以一种**实在论精神**看待世界，这意味着要从以往的形而上学执迷（所谓形而上学实在论）中解放出来，赋予实在论以全新的意义。

“无意义”一词在《逻辑哲学论》中并不是一个无足轻重的概念。但是在第二、三阶段中相对于“意义”（sense）来说，“无意义”几乎处于无人问津的地位。戴蒙德的“无意义可能是什么”一文之所以具有重要的开创作用，正是在于它几乎第一次对各种无意义类型做了辨析以及对“无意义”概念做了哲学史的追溯（对弗雷格传统的沿袭和改进），将“无意义”概念在《逻辑哲学论》（乃至于包括《哲学研究》在内的整个哲学文献）中的核心地位揭示出来。指出维特根斯坦在前后期哲学中如何使用“无意义”概念来表达自己的哲学主张，这的确是戴蒙德做出的一项显著贡献（另一项显著贡献是，使用“幻象”等词语塑造了讨论维特根斯坦哲学的术语；第三项显著贡献是就其哲学目的和批判样式而言，发现了维特根斯坦前后期思想的实质连续性）。①

《实在论精神》之所以在非正统解释的产生中具有标志性意义，是因为它是戴蒙德60—80年代对维特根斯坦解释的不同探索路径的集中汇集。15篇论文中有3篇未曾发表，从主题上可以分为三部分：7篇明确有关维特根斯坦，3篇讨论强烈影响了他的哲学家（弗雷格），其他讨论伦理学的5篇虽很少提到维特根斯坦，但体现了作者从维特根斯坦那里所获得的东西。文章的编排不是依照时间顺序，而是围绕一个关键概念“实在论精神”，因为戴蒙德关于维特

---

① Alice Crary ed. *Wittgenstein and the Moral Life: Essays in Honor of Cora Diamond*. Cambridge, MA: The MIT Press, 2007, pp. 5, 7.

根斯坦的研究主要关注从实在论和反实在论的对比中看维特根斯坦前后期哲学的变化。这便是“实在论与实在论精神”作为打头篇章和论文集题目的原因所在。

如果说戴蒙德的主要工作在于将反实在论主张与对“无意义”(nonsense)的满意解释结合起来，对《逻辑哲学论》的结构和重点形成相互融贯而充满内容的新解释框架的话，那么柯南特则提出不同于戴蒙德的解释策略：直接进入《逻辑哲学论》的形而上学解释中发现漏洞，并注重从更远的西方哲学史探寻资源，将《逻辑哲学论》与笛卡尔、康德、克尔凯郭尔和弗雷格联系起来，探讨它的研究方法和对“无意义”的严肃理解。

柯南特在哲学史和当代哲学的广阔论题上耕耘，兴趣并不限于维特根斯坦。仅就新维特根斯坦解释而言，他虽然并没有关于这一新解释的大幅论著或论文集，但他的一系列文章直接沿袭戴蒙德的路径，并注重将这一路径加以系统化。发表于 1989 年的“我们必须显示我们所不可说的吗?”（Must We Show What We Cannot Say?）一文是柯南特对维特根斯坦进行新解释的第一篇文章。此后的十多年中（1991a、1991b、1992、1995、1997、1998、2000、2001、2002、2004、2005、2006、2007 等），他或独立或与戴蒙德一起（乃至于被人们称为“戴蒙德-柯南特解读”）以不同主题在广阔的哲学史论域中阐述自己对维特根斯坦的新理解，并回应正统解释所提出的一系列问题。

在新维特根斯坦研究展开的历程中，有一系列标志性的著作和论文集，其中一部分一直延续到第五阶段。科特（John Koethe）的《维特根斯坦的连续性》（1996）强调维特根斯坦前后期对语言和人类生活中语义和心理特质的一贯研究，尽管其中不同的线条并非线性贯穿，但其中的主基调却具有深刻连续性。[①] 麦卡锡（Timothy McCarthy）和斯蒂德（Sean C. Stidd）主编的《维特根斯坦在美国》（2001），是同题会议的一本论文集，反映了不同代际的美国学者从不同角度对维特根斯坦的最新思考。它虽然并不构成维特根斯坦思想在美国的统一画面，但却反映美国维特根斯坦研究的最突出问题。将论文集连为一体的既有论题之间的关联，也有作者探究方式的相近之处。新维特根斯坦研究的最活跃任务和积极支持者都在这里有所表现。[②] 麦迪娜（José Medina）的《维特根斯坦哲学的统一性》（2002）秉承新维特根斯坦研究的基本取向，以细节研究来支持维特根斯坦思想发展中的这种统一性，说明一个稳定的内核是如何从《逻辑哲学论》发展到《哲学研究》的。[③]

除了如上几部都深有影响的论文集外，最著名的当然莫过于科拉瑞（Alice Crary）和里德（Ruperd Read）主编的论文集《新维特根斯坦》（2000），新路径研究名称的流行正是从这本论文集的题目而来。该论文集第一次集结了美国新维特根斯坦研究的代表人物和核心观点，宣布了不同于以往正统解释的对维特根斯坦前后期哲学进行完全非正统解释的形成。收入论文集的论文作者（哈克除外）都共享关于维特根斯坦哲学性质和目的的相当非正统的一些共同

---

① John Koethe. *The Continuity of Wittgenstein's Thought*. Ithaca and London: Cornell University Press, 1996, pp. ix–x.

② Timothy McCarthy and Sean C. Stidd eds. *Wittgenstein in America*. Oxford: Clarendon Press, 2001, pp. 1–12.

③ José Medina. *The Unity of Wittgenstein's Philosophy: Necessity, Intelligibility, and Normativity*. Albany: State University of New York Press, 2002, p. 1.

假设，尽管这些论文并未形成一个完整统一的整体，其中也有主题、时间、论点上的区别甚至分歧。这些论文都共同认为，维特根斯坦首要的哲学目的是**治疗**目的，它们将维特根斯坦共同理解为并非在于提出某些理论，而旨在帮助我们避免陷入哲学化时的种种混淆，它们认为维特根斯坦哲学要求我们不是通过形而上学理论而是通过关注日常语言来看清思想和语言的本性。[①] 论文集还包括贝克对非正统解释的反驳，从而不仅引发而且展示两种不同解释路径之间的争论。

科拉瑞主编的另一部论文集《维特根斯坦与道德生活——科拉·戴蒙德纪念文集》再次展示了新维特根斯坦研究的人物及其思考。其中的论文分别讨论了戴蒙德的两项重要研究：一是对维特根斯坦前后期哲学的研究，是她开创了对《逻辑哲学论》中“无意义”概念的新解读并引发一场关于维特根斯坦哲学性质的巨大争论，二是对道德哲学的研究，戴蒙德对道德理论和道德哲学史都有深入研究，而这种研究也反映着维特根斯坦哲学对她的影响。编者科拉瑞长篇总结了戴蒙德在维特根斯坦学术研究中的贡献，认为她在非正统解释的兴起中起到关键作用，是对维特根斯坦前期和后期著述提供反形而上学解读的第一批哲学家之一；因为对这一解读如何最好地加以阐发，戴蒙德还提出大量有影响的原创建议，所以她当之无愧地被誉为这一探究的先驱者。[②] 由于对道德哲学的着力强调，该

① Alice Crary and Rupert Read eds. *The New Wittgenstein*. London and New York: Routledge, 2000, p. 1.

② Alice Crary ed. *Wittgenstein and the Moral Life: Essays in Honor of Cora Diamond*. Cambridge, MA: The MIT Press, 2007, p. 1.

论文集当然也有超越新维特根斯坦研究的取向。

最后一部是里德和拉维利(Matthew A. Lavery)主编的《超越〈逻辑哲学论〉战争:新维特根斯坦争论》(2011)。该论文集不管在题目上还是内容上都是《新维特根斯坦》的姊妹篇,旨在反映维特根斯坦研究中新维特根斯坦争论的最新进展。作为姊妹篇的标志在于,它们有一些共同作者,参照很大程度上一样的文本,也反映着相同的趋向。但是,两部论文集的目的又很大程度上有所不同:《新维特根斯坦》旨在总体上奠定"果决论"(resolutism)的基础和应用,强调维特根斯坦前后期哲学在治疗目的上的连续性,给在传统上只有正统解释的那些论题投上果决论解释的视角。然而在经过十多年的争论之后新维特根斯坦研究已经不再那么脆弱无力的新情况下,《超越〈逻辑哲学论〉战争》可以保留新研究路径的细微差别、内部冲突乃至于相反的承诺,因而需要超越这一争论,而达到发展果决的、治疗的路径并对这一路径进行建设性批评的新阶段。[①] 由于宣布新维特根斯坦研究已经进入新常态,因而本书甚至也可以看作第五阶段的一个重要代表。

当然,在这 10 多年中,还有其他一些典型的专著、论文集和单篇论文,作为新维特根斯坦研究的重要成果,我们将在下一节的基本立场阐述中会多少加以标识。

三、非正统解释的影响

非正统解释一经产生,立即引起维特根斯坦共同体的强烈反

① Rupert Read and Matthew A. Lavery ed. *Beyond the Tractatus War: The New Wittgenstein Debate*. London and New York: Routledge, 2011, p. 1.

应。支持者纷至沓来，反对者的炮火甚至更加猛烈，还有少数人力图超越正统解释和非正统解释而走出第三条路径。一些解释者也存在左右摇摆的情况，从正统解释某种程度上转向非正统解释，或者相反。但是无论如何，新维特根斯坦研究在已成定论而似乎再无新见的维特根斯坦解释工程中掀起了一场轩然大波却是事实。争论声音随着戴蒙德和柯南特重释《逻辑哲学论》的系列文章而逐渐升温，《新维特根斯坦》的出版和 2001 年以“维特根斯坦与哲学的未来—— 50 年后重估”为主题的第 24 届国际维特根斯坦论坛的交锋将这一争论推向高峰。①

新老两代正统解释者纷纷起而辩护并指责新维特根斯坦研究的诸多观点。哈克是最坚决的辩护者，引用维特根斯坦著作、信件和其他材料进一步论证《逻辑哲学论》的两个世界区分(2000、2001、2003)，对非正统解释进行彻底否定。其他主要辩护者先后有格劳克(Hans-Johann Glock，1991、1996)、雷德(Lynette Reid，1998)、哈图(Daniel Hutto，1998、2003)、麦金(Marie McGinn，1999、2005)、普鲁普斯(Ian Proops，2001)、茅斯(H. O. Mounce，2001)、苏里万(Peter Sullivan，2002、2003、2004)、科特(John Koethe，2003)、摩尔(Adrian Moore，2003)、艾米莉亚尼(Alberto Emiliani，2003)、维尔哈沃(Ben Vilhauer，2003)、威廉姆斯(Meredith Williams，2004)、怀特(Roger M. White，2006、2011)、莫洛尔-夏洛克(Naniéle Moyal-Sharrock，2007)、张(Leo Cheung，

① Rudolf Harller and Klaus Puhl eds. *Wittgenstein and the Future of Philosophy: A Reassessment after 50 Years*. Vienna: öbvæhpt, 2002.

2008)、温图林哈(Nuno Venturinha, 2010)、沃尔辛顿(Bernard Worthinghton, 2010)、弗拉斯考拉(Pasquale Frascolla, 2011)等。他们的辩护大多没有哈克坚决彻底，而且当然也并非在一条笔直的线上进行。另外，沿着正统解释路径继续研究而未必一定卷入新老争论的解释者还有舒尔特(Joachim Schulte, 1992、1993)、汉福林(Oswald Hanfling, 2004)、施罗德(Severin Schröder, 2006)，某种程度上还包括马霍尔(Stephen Mulhall, 1990)、斯特恩(David Stern, 1995、2004)、诺德曼(Alfred Nordmann, 2002、2005)、怀特(Roger White, 2006)等。

戴蒙德和柯南特在积极回应正统解释捍卫者的尖刻批判中进一步系统阐述自己的观点。追随补充新解释的老学者主要有温奇(1993)、德雷本(1991、1996)、弗劳埃德(Juliet Floyd, 1996)、戈德法布(1997)、普特南(1994、1998)、麦克道威尔(1994、1998)，新学者主要有卡黑尔(Kevin Cahill)、科拉瑞(2007)、戴恩(Edmund Dain)、迪恩斯(Rob Deans)、多纳泰里(Piergiorgio Donatelli)、古纳森(Logi Gunnarsson)、古斯塔夫森(Martin Gustafsson)、克雷默尔(Michael Kremer, 1997、2001)、麦金(Marie McGinn, 2001、2006)、库塞拉(Oskari Kuusela, 2008)、里凯兹(Thomas Ricketts, 1996)、里德(1995、2003)、奥斯特罗(Matt Ostrow, 2002)、维特斯布恩(Edward Witherspoon)、加加妮(Aldo Giorgio Gargani, 2003、2008)、哈钦森(Phil Hatchinson, 2006)、麦克马努斯(Denis McManus, 2006)等。

这一争论还引起力图批评争论双方而发展第三条道路的种种努力。麦金(Marie McGinn)做出最早尝试(尽管她也是新解释的坚定支持者），她兼顾维特根斯坦前后期哲学，以公平的态度给争论双方以确切定位，并力图联合双方的优点而形成第三种解释。[①] 哈图（Daniel D. Hutto）既批评正统解释没有注意到《逻辑哲学论》中框架句的重要性，也批评新维特根斯坦研究过多强调维特根斯坦哲学的治疗性质，通过阐述维特根斯坦对重要哲学论题的理解，探索第三条道路。[②] 安特肯森（James R. Atkinson）通过考察形而上学解释和非形而上学解释，力图提出替代解释：当所有形而上学语言都被拒斥，《逻辑哲学论》命题被看作无意义后，我们还有作为有限整体的世界，这正是维特根斯坦理解的神秘所在。[③] 这些“第三条道路”又被称为“澄清性”解读，对新维特根斯坦研究抱有一定的同情和理解，同意《逻辑哲学论》没有提出一种理论，但又不同意戴蒙德和柯南特关于《逻辑哲学论》的目的是用于“纯粹治疗”而且其中澄清命题逻辑上径直等同于胡说的观点。此前或此后如此等等超越正统解释和非正统解释的第三条道路至少部分地可被看作进入第五阶段的种种努力。进入第五阶段之后，这种超越的努力更加强劲，跟传统解释（Luciano Bazzocchi、P. M. S. Hacker、T. Kraft 等）和果决解释的支持者们继续维护各自立场相伴随的，是对《逻辑哲学论》的解读出现了非线性的、古典化的、肖像学的种种努

① Marie McGinn. Between Metaphysics and Nonsense: Elucidation in Wittgenstein's *Tractatus*. *Philosophical Quarterly*, 49 (1999): 491-513.

② Daniel D. Hutto. *Wittgenstein and the End of Philosophy: Neither Theory nor Therapy*. New York: Palgrave Macmillan, 2003.

③ Silver Bronzo. The Resolute Reading and Its Critics: An Introduction to the Literature. In *Wittgenstein-Studiens*, 2012, vol. 3: p. 66; James R. Atkinson. *The Mystical in Wittgenstein's Early Writings*. New York and London: Routledge, 2009.

力（Hans Sluga、Andrea Wilke 等），汇聚为超越正统与非正统争论的种种路径。

不管正统解释还是非正统解释，除了在一些基本立场上的彼此对立外，各自内部都并没有完全统一的单线立场。正如正统解释是一个多变体的联盟一样，非正统解释也存在内部的各种变体。但无论如何，美国新维特根斯坦研究的兴起是维特根斯坦哲学解释史的重大事件，它不是点点滴滴的修补，而是巨大突破和全新解读。鉴于维特根斯坦在当代哲学的重要地位，这一新解读势必波及整个语言分析哲学甚至很多其他哲学。

第 2 节　非正统解释的基本立场

非正统解释之所以能引起维特根斯坦共同体的一场轩然大波，的确是因为它之新并不是点点滴滴，而是新在一些基本立场上。新维特根斯坦研究不管是对《逻辑哲学论》还是对《哲学研究》，抑或对维特根斯坦前后期之间的关系乃至于对于维特根斯坦哲学整体，都带来了与正统解释迥然有别的看法。当然，要对这一趋向的基本立场加以阐释，还必须是在与正统解释的对照中。

一、对《逻辑哲学论》的"无意义"进行果决解读

对《逻辑哲学论》的重新解读是新维特根斯坦研究的真正突破口。引起维特根斯坦共同体对新解释极大关注的是解释者们对《逻辑哲学论》"无意义"概念的重新理解，这一新理解被它的反对者名之曰"果决解读"。所谓果决者，意味着新解释者并不是像正统

解释者那样，只将“无意义”当作真的没有任何意义（新实证主义的解读）或边缘的、无关紧要的概念（不可言说主义的解读）看待，而是要将其坚决地贯彻下去，当作《逻辑哲学论》最为重要的核心概念。“果决解读”也可以再区分为“弱果决论”和“强果决论”，前者主要是戴蒙德和柯南特，后者主要是弗劳埃德、里德、迪恩斯。他们的主要分歧在于，前者认为《逻辑哲学论》中的分析信条和十分精致的逻辑记法具有澄清工具的功能，而后者认定读者应仅仅将它们当作梯子扔掉。[①]

在正统解释主导的第一阶段，罗素在《逻辑哲学论》导言中看到了该书大部分篇幅对语言和世界的谈论与该书末尾对无意义的谈论之间的内在紧张，但是径直将维特根斯坦对无意义的讨论忽略掉。正是罗素的导言形成了延续至上世纪 30—40 年代的新实证主义解读。到了第二个阶段，以安斯康姆为代表的解释者给出最为典型的形而上学解释，指出《逻辑哲学论》存在命题和事实的世界以及超验世界，形成中心和边缘的平衡。进一步到第三阶段，皮尔斯和哈克等人将这中心和边缘、内容和框架做了更为精致、更为合理、更为均匀的处理，既避免第一阶段对无意义部分的完全忽视，也避免第二阶段对中心部分的过分强调。但无论如何，在三个阶段的正统解释中，解释者们都无法完全处理《逻辑哲学论》自我虚化的这种内在悖论。

随着对《逻辑哲学论》进行反实在论解释的这股线索越来越增

① Silver Bronzo. The Resolute Reading and Its Critics: An Introduction to the Literature. In *Wittgenstein-Studiens*, 2012, vol. 3, pp. 54-55.

强，解释者们便不再轻易地认可它只是讲述了一个“本体论神话”，却又无法说明维特根斯坦为什么要将这一神话用“无意义”的框架包裹起来。正统解释者将《逻辑哲学论》看作一个实在论体系，虽然看上去连贯一致，却也无法满意地说明维特根斯坦为什么要将这一“不可言说的真理”当作无意义的胡说。按照反实在论的解释，应严肃地对待维特根斯坦所说的“无意义”，对他的话要果决解读，承认这种根本的无意义，从而使《逻辑哲学论》的中心和边缘、内容和框架加以反转。“果决解读”不管内部分歧如何，至少如下三点是公认的：都认可《逻辑哲学论》的无意义命题并不传达不可言说的洞察，认为该书没有提出任何一种意义理论，拒斥对该书的无意义做任何实质性的理解。①

那么，是否可以从该书的文本中找到更符合反实在论解释的依据呢？真正的突破来自于戴蒙德的一个解读策略，她提醒人们应该转移《逻辑哲学论》第6.54节的理解重心，由此可以发现该书的真正方法和意图。② 该节完整内容如下：

> 我的命题通过下述方式而进行阐释：凡是理解我的人，当他借助这些命题，攀登上去并超越它们时，最后会认识到它们是无意义的。（可以说，在爬上梯子之后，他必须把梯子丢掉。）

---

① Silver Bronzo. The Resolute Reading and Its Critics: An Introduction to the Literature. In *Wittgenstein-Studiens*, 2012, vol. 3, p. 53.

② Cora Diamond. Ethics, Imagination and the Method of Wittgenstein's *Tractatus*. In Alice Crary and Rupert Read ed. *The New Wittgenstein*. London: Routledge, 2000, pp. 150, 155–160.

> 他必须超越这些命题，然后才会正确地看世界。[①]

戴蒙德认为，该节内容很容易引人误解，使读者们只注意维特根斯坦所说的话。其实，该节维特根斯坦所要强调的，不是要读者注意维特根斯坦所说的那些话，而是要读者注意**他这个人**，注意写作《逻辑哲学论》的**作者**以及跟他一样写作形而上学无意义句子的**哲学家们**。带着这种重心转移再重新理解第 6.53 节，才能正确看到《逻辑哲学论》的方法和意图。第 6.53 节的内容如下：

> 哲学的正确方法实际上是这样的：除了可说的东西，即自然科学的命题——亦即与哲学无关的东西——之外，不说任何东西，而且每当别人想说某种形而上学的东西时，就给他指出，他没有赋予其命题中的某些指号以任何意谓。对于别人，这种方法也许是不令人满意的，——他大概不会觉得我们是在教他哲学——，但是**这**却是唯一严格正确的方法。[②]

带着对第 6.54 节理解重心的转移，再看第 6.53 节，戴蒙德便发现《逻辑哲学论》的方法和意图在于：它要读者参与一项特定的想象活动，一项把无意义句子当有意义句子看待的想象活动，借此看到形而上学的魔力和幻象，从而走出形而上学。通过这一想象活动，读者会发现，《逻辑哲学论》并不打算向读者传递如安斯康姆

---

① 维特根斯坦：《逻辑哲学论及其他》，陈启伟译，商务印书馆 2014 年版，第 94 页。

② 同上。

所说的无意义句子背后潜藏的那种真理，而且认定无意义句子不分好坏都是无意义的，区别只在于它们是否被用作特定的想象活动。戴蒙德认为，《逻辑哲学论》不同于传统形而上学著作，前者被其作者意识到根本无意义，只被用作“阐释”（elucidation），而后者的无意义并未被其作者意识到；前者服务于理解作者的想象活动，而后者恰好是传统哲学家们想象疾病的产物。之所以是特定的想象活动，是因为一般的想象活动会产生无意义的内容，一如《逻辑哲学论》大部分内容所指出的，而特定的想象活动要使读者看到类似于以往哲学家的无意义句子是一种幻觉，从而从哲学问题的睡梦中惊醒。因此，《逻辑哲学论》所提供的是范例式的自我解构。

在戴蒙德对“无意义”概念严肃（austerely）对待并对《逻辑哲学论》的中心加以反转的基础上，柯南特从哲学史尤其弗雷格与维特根斯坦的关系中发掘理解《逻辑哲学论》主旨的新策略（其实，作为弗雷格专家，戴蒙德已经从一开始便关注弗雷格对维特根斯坦的影响，这一重视可能是由于她的老师安斯康姆在《〈逻辑哲学论〉导论》中对弗雷格的重视）。[①] 他认为，要正确理解第 6.54 节，必须抓住该节的两个重要概念：阐释和无意义。只有我们理解了该节乃至于该书中这两个概念所包含的深刻意蕴，我们才处于真正理解《逻辑哲学论》方法的地位。维特根斯坦在《逻辑哲学论》第 4.112 节指出，“哲学的目的是对思想的逻辑澄清。哲学不是一种学说，而

① James Conant. Elucidation and Nonsense in Frege and Early Wittgenstein. In Alice Crary and Rupert Read ed. *The New Wittgenstein*. London: Routledge, 2000, pp.174–175, 195–198.

是一种活动。”[①] 显然，这里“阐释”所指的活动不同于哲学家向读者呈现学说的活动，而是通过让读者体验形而上学无意义句子而走出形而上学幻象的活动。这意味着，《逻辑哲学论》所要做的是澄清活动，而不是提供一种学说。

柯南特认为，这种理解在弗雷格的思想中也很清楚。他根据对弗雷格文献的梳理，发现《逻辑哲学论》对弗雷格的有关观点具有一脉相承的关联。弗雷格的澄清观念正在于帮助人们理解他构造概念文字的原则，从中发现无意义所隐藏的地方，也可以看到真正的无意义概念。维特根斯坦正是在弗雷格学说的基础上来建立自己的《逻辑哲学论》意旨的。在柯南特看来，要理解《逻辑哲学论》自己的无意义何以能承担澄清活动而其他哲学家的无意义却让人陷入误解，这里便需要区分误导人的无意义（misleading nonsense）和给人明路的无意义（illumination nonsense）。《逻辑哲学论》通过前者通达后者，要求读者通过参与建立命题的传统哲学活动，完全理解这项活动的来龙去脉，当读者到达梯子的顶端时发现，越出“语言的界限”得到的只是无意义的东西，然后最终引导读者走出哲学幻象。《逻辑哲学论》旨在要求读者别去理解他的句子，而是理解**他**所进行的阐释活动，由此看到该书所表达的内容是无意义的。

戴蒙德和柯南特不是一般地强调“无意义”概念在《逻辑哲学论》中的中心地位，他们是既通过该书文本的重新解读，又通过对弗雷格有关学说的再行阐释，从而达到重新定位《逻辑哲学论》中心与边缘、内容与框架之间的关系的。在他们看来，《逻辑哲学论》

① 维特根斯坦：《逻辑哲学论及其他》，陈启伟译，商务印书馆 2014 年版，第 32 页。

旨在通过制造无意义的句子而从内部爆破这一幻象，旨在通过先设置形而上学陷阱而最终引导读者超越这一陷阱。在他们的重新解释之下，《逻辑哲学论》获得了坚实的自我疗愈性质，因而维特根斯坦前期哲学便可被称为地道的治疗哲学。

对《逻辑哲学论》结构中自相矛盾问题的理解被哥德法布名之为“辩证解读”（dialectical reading）。他早在 1979 年便关注这种理解中的辩证性质，20 年后他更是认为要理解《逻辑哲学论》中维特根斯坦的某些动机，就必须要对这些动机以及维特根斯坦本人进行辩证解读。戴蒙德和柯南特的新解读正是这种辩证解读的典型运用，对《逻辑哲学论》结构的反转，对其中文本的重新理解，对“无意义”的果决解读，这一新解读过程是一种辩证运行，从直截了当的开端到后续的结束再到返回否定的开端。[①] 哥德法布不仅参与和支持了新解释，而且运用辩证方法说明新解释的合理性。

对于这一惊世骇俗的重新理解，正统解释者当然是断然不予认可的。贝克重新强调《逻辑哲学论》有关可说与不可说这一贯穿全书的著名区分，坚持维护他的实在论解释。他例举和分析了该书 10 个方面的不可说内容，并指出维特根斯坦并不是把这些不可说的以及那些可说的内容都当作无意义的东西而抛弃。他分析了新解释的阐释过程，并重新依据维特根斯坦写过和谈论《逻辑哲学论》的诸多文本，最终得出结论：这些新解释是不确当的。[②] 详细的分

---

① Anat Biletzki. *(Over) Interpreting Wittgenstein*. Dordrecht, Boston, London: Kluwer Academic Publishers, 2003, pp. 92–93.

② P. M. S. Hacker. Was He Trying to Whistle it? In Alice Crary and Rupert Read ed.*The New Wittgenstein*. London: Routledge, 2000, pp. 353–388.

析论证过程，此处不再赘述。有激烈反应的正统解释者还有安斯康姆、肯尼、吉奇、福格林、麦克奎尼斯、威廉姆斯、苏里万、瑞·蒙克等。

二、加强维特根斯坦后期哲学的治疗性解读

对《逻辑哲学论》进行果决解读的一个必然结果是重新审视维特根斯坦后期哲学的治疗性质。包括《哲学研究》在内的后期哲学是否也包含《逻辑哲学论》对“无意义”的类似揭示，便成为新解释者们在对维特根斯坦前期哲学的解读获得突破基础上需要考虑的重要问题。

正统解释者并不是没有看到后期维特根斯坦哲学的治疗性质，因为《哲学研究》的某些部分（第 89—133 节）对传统哲学的性质有着明确表述，《哲学研究》的主要论题从始至终有着对传统哲学学说的批判。正统解释者的确看到了《哲学研究》对《逻辑哲学论》中语言-世界关系模型的拒斥，并借以拒斥了隐藏在其背后的传统哲学。他们的确看到了维特根斯坦后期哲学的反形而上学观点，即哲学并不旨在追求语言和世界中永恒的隐蔽结构，而在于通过语词用法的描述达到我们思想的明晰，从而指明传统哲学产生问题的根源所在。但是，正统解释的问题在于，它给后期维特根斯坦赋予了跟其他哲学家（如赖尔、奥斯汀和斯特劳森）一样的哲学任务，既肯定地揭示意义、规则、理解等等内在关联，也要消除由于误解这些概念的本性而陷入的某些混淆。正统解释的问题还在于，解释者们像对待其他传统哲学家那样，对维特根斯坦文本进行逐条或整体的系统诠释，好似维特根斯坦只是在直接回应弗雷格、罗素和摩尔以

及更远的西方哲学家的问题，对解释任务和解释方法的这一理解径直将维特根斯坦当作了传统哲学家中的一员。[①] 这意味着，根据这样的解释路径，人们一方面看到维特根斯坦对形而上学的拒斥，另一方面在认定维特根斯坦坚持某些语言运行看法时又最终采取某些形而上学主张。

把维特根斯坦当作一个传统哲学家，对其文本进行正反方面的诠释，难免某种程度上在其中看到哲学理论（学说），并深陷其中的细节分析。其实在新维特根斯坦研究成为明显趋向之前很久便已有人对这一正统路径提出异议。韦斯顿早在 20 世纪 30、40 年代便已注意到并应用维特根斯坦的治疗方法，这应该是得益于他参加了维特根斯坦的讲演课程（他 1953 年出版的论文集汇集了 1933—1948 年的论文）。[②] 布斯玛在 1961 年对《蓝皮书》的书评中便已提醒读者，该书并不像以往哲学家的著作那样给予某些问题以肯定或否定的清楚回答，相反该书力图引导读者走出那些让人误入歧途的问题。[③] 魏斯曼在 1965 年出版的《语言哲学原理》中突出维特根斯坦在走出《逻辑哲学论》而建立后期哲学过程中对反形而上学的治疗性质的强调。[④] 皮彻（George Pitcher）同样在 1965 年的论文“维

① Guy Kahane, Edward Kanterian, and Oskari Kuusela eds. *Wittgenstein and His Interpreters: Essays in Memory of Gordon Baker*. Oxford: Blackwell Publishing, 2007, pp. 5–7.

② A. J. T. D. Wisdom. *Philosophy and Psycho-analysis*. Oxford: Blackwell, 1953.

③ O. K. Bouwsma. The Blue Book. In John Canfield ed. *The Philosophy of Wittgenstein,* vol. 4, *The Later Philosophy – Views and Reviews*. New York and London: Garland Publishing, Inc., 1986, pp. 121–142.

④ F. Waismann. *The Principles of Linguistic Philosophy*. Edited by R. Harré. London: Macmillan; New York: St. Martin's Press, 1965.

特根斯坦、无意义与路易斯・卡罗尔”中强调后期维特根斯坦对“无意义”概念比在《逻辑哲学论》中更广大范围的重视，认为传统哲学家（包括《逻辑哲学论》作者）正是在制造无意义的东西。[①] 这是关注维特根斯坦哲学中“无意义”概念较早的专门文献。卡维尔在 1969 年的著作《我们必须意味我们所说的吗？一部文集》（1976 年出版）和 1979 年的著作《理性的断言：维特根斯坦、怀疑论、道德与悲剧》中多次将目光投在《哲学研究》的治疗性质上。[②] 在这一方向上进行探究的还有维特根斯坦共同体中的早期成员里斯、安斯康姆、温奇以及新成员麦克道威尔等，此处不再一一赘述。

沿着非正统的解释路径，一旦将“无意义”延伸开来，解释者们便难免进一步看到后期维特根斯坦对“无意义”的重视以及其后期哲学的治疗性质。新维特根斯坦研究者认为，正统解释所制造的断裂，对前后期都造成了误读。反过来，对“无意义”概念的重新解释不仅影响人们对维特根斯坦前期哲学的理解，而且影响对其后期哲学的理解，乃至于影响对整个维特根斯坦哲学的理解。在新研究看来，即使维特根斯坦的后期哲学也支持对《逻辑哲学论》的如上非正统解读，因为不管是否出现对“无意义”概念的明确使用，维特根斯坦前期的哲学批判样式都反映在其后期哲学中。

戴蒙德对后期维特根斯坦的理解既是受到卡维尔影响的结果，

---

① George Pitcher. Wittgenstein, Nonsense, and Lewis Carroll. In John Canfield ed. *The Philosophy of Wittgenstein,* vol. 5, *Method and Essence*. New York and London: Garland Publishing, Inc., 1986, pp. 61-81.

② Stanley Cavell. *Must We Mean What We Say? A Book of Essays*. Cambridge: Harvard University Press, 1976; *The Claim of Reason: Wittgenstein, Scepticism, Morality and Tragedy*. New York: Oxford University Press, 1982 (Originally published 1979).

也跟她对《逻辑哲学论》方法的深刻理解有关。早在论文“扔掉梯子：如何解读《逻辑哲学论》”(1984—1985)中她便已着手将用于解读《逻辑哲学论》的方法用于解读后期维特根斯坦对“无意义”所持的看法。她相信，如果我们明白他使用这一术语怎样告知他哲学批判的中心样式，我们才能恰当地理解他前后期著述的中心**方法**。她认为，维特根斯坦后期著述的辩证结构让我们认识到他哲学批判的典型样式。具体而言，后期著述中那些不同“对话声音”间的变换应该被理解为展示着他的哲学方法，其中某些声音描述语词的形而上学吸引力，而另一些声音努力向我们表明我们的哲学化中存在着幻象。在她看来，维特根斯坦著作的成功之处正在于引导我们识别不同声音所表达的意象，让我们意识到在哲学中我们被诱惑说的某些词是无意义的。维特根斯坦后期著作似乎专门用来告诉读者“把不曾昭然若揭的胡话转变为昭然若揭的胡话”(《哲学研究》，第464节)。①

戴蒙德是第一位强调维特根斯坦将“无意义”当作哲学主张来使用的哲学家。她认为，在《逻辑哲学论》中，无意义不是某种不可说却可以显示的东西，无意义不说任何东西，因为不存在任何需要说出、交流、表达甚至显示的东西。对无意义的这种深刻认识和严肃解读，不仅对于理解《逻辑哲学论》的框架句“凡是不可说的东西，必须对之沉默”意味深远，而且对于理解维特根斯坦后期哲学也十分重要。后期哲学更清楚地明示维特根斯坦治疗性的哲学

① Alice Crary ed. *Wittgenstein and the Moral Life: Essays in Honor of Cora Diamond*. Cambridge: The MIT Press, p. 6.

目的：启发帮助我们走出哲学化时所陷入的困惑，而造成哲学混淆的根源可以追溯到我们在哲学化时需要从外在考察语言的趋向（实在论）。可以说，在戴蒙德看来，尽管存在着不少差异，但维特根斯坦前后期哲学都严肃地对待无意义，都将哲学目的看作治疗则是共同的。

柯南特依据对《逻辑哲学论》的新理解更细致地辨析维特根斯坦的后期哲学。他反复考问，维特根斯坦为什么要在《哲学研究》"前言"中特别评论"只有与我旧时的思想方式相对照并以它为背景，我的新思想才能得到正当的理解"。[①] 他认为，这一评论要求我们看到《逻辑哲学论》所已清楚阐明的背景，并从后者的镜头去看前者，因为在看到它们之间的差别之前，更要看到它们之间根本的继承关系。这种继承关系就是它们之间在哲学目的、哲学方法和哲学障碍方面的连续性。维特根斯坦在后期哲学中要克服前期哲学的地方，一是"哲学病的一个主要原因——偏食：只用一个例子来滋养思想"（《哲学研究》，第 593 节）；二是不再打算提出任何理论，哪怕是引导读者进行想象活动而最终抛弃的理论，"必须丢开一切**解释**而只用描述取而代之"（《哲学研究》，第 109 节）；三是不再借用逻辑记法系统以便于搞清被隐藏起来的语言本质，而强调没有什么对我们来说隐藏着（《哲学研究》，第 92 节）。[②]

除了柯南特之外，支持戴蒙德对后期维特根斯坦做彻底的治疗

① 维特根斯坦：《哲学研究》，陈嘉映译，商务印书馆 2016 年版，"序"第 2 页。

② James Conant. Mild Mono-Wittgensteinianism. In Alice Crary ed. *Wittgenstein and the Moral Life: Essays in Honor of Cora Diamond*. Cambridge: The MIT Press, pp. 71-83.

性解读的著名学者还包括卡维尔、普特南和麦克道威尔等，而且一批年轻的新来者也步入了这一路径。虽然正统解释者们承认后期维特根斯坦包括反传统、反形而上学的一面，但是如果有人将它完全归入揭示“无意义”话语的批判样式，则必然引起他们的极大不快。对于新解释者对待后期维特根斯坦一如对待前期的果决解读，新老正统解释者给予同样果决的各种批判。

三、强调维特根斯坦前后期哲学的实质连续性

新维特根斯坦研究对《逻辑哲学论》和《哲学研究》都做果决解读的一个必然结果是，它比以往那些支持维特根斯坦前后期哲学具有连续性的解释者更强调其中的实质连续性。这种连续性使维特根斯坦哲学的治疗性质体现在整体上，而不只是体现在其中的某一阶段或某一部分或某一主题。一旦将前后期哲学都从形而上学背景中剥离开，不仅后期哲学的治疗性质更加明显，而且维特根斯坦哲学整体上成为一种治疗哲学。

正统解释一直坚持维特根斯坦前后两个时期的实质性断裂，称为“两个维特根斯坦”或“维特根斯坦前后期两个阶段”或“维特根斯坦 I 和维特根斯坦 II”等等。这种称呼的背后是正统解释者对维特根斯坦前后期哲学内容的基本判断。他们认为，前期维特根斯坦提供了语言和世界之间关系的图像论形而上学体系，尽管将这一体系包裹在说出-显示的大框架中，其观点显著地影响了维也纳小组逻辑经验主义的兴起；后期维特根斯坦则反对《逻辑哲学论》而发展出关于语言本性的语言游戏说，并拒斥关于语言本性的传统模型（尤其是名称-对象模型），其观点对牛津日常语言学派有实质性的

影响。尽管随着维特根斯坦 30 年代著作的相继出版和大量《遗著》的可使用似乎填补着两个维特根斯坦之间的鸿沟，但维特根斯坦前后期之间的断裂却在正统解释中基本上保留了下来。维特根斯坦前后期之间的关系不只是一般的分期问题，而实质上是对他前后期哲学内容乃至于其哲学整体性质的判定问题。

但是，如上节所述，在正统解释将维特根斯坦前后期哲学很大程度上断然分开的大背景下，仍有一些解释者如斯泰纽斯（1960）、温奇（1969、1987、1993）和肯尼（1973）很早便看到维特根斯坦哲学的连续性。斯泰纽斯是通过将维特根斯坦《逻辑哲学论》与康德哲学加以比较而看到它不同于英国式（罗素式）逻辑原子主义以及与其后期哲学之间的连续性的。温奇（1969）则是通过揭示维特根斯坦在越来越广阔的语境中探讨有关逻辑的本性、语言与逻辑的关系、语言逻辑在实在中的应用等同样的问题而说明他前后期哲学的统一性的。肯尼则竭力指出前后期维特根斯坦之间的连续性很大程度上来自后期维特根斯坦只是修正而不是抛弃了其前期有关日常语言、逻辑、思想与实在的关系等论题。所有这些力图弥合前后期维特根斯坦断裂的努力都对新维特根斯坦解释带来启发。

不过，必须注意的是，尽管在正统解释占主导地位的大背景下对维特根斯坦前后期连续性的这些思考有助于非正统解释，但也应该看到，这些思考实际上还并未脱离正统解释的基本思路，即对维特根斯坦哲学内容理论化的强调、对其哲学主体文本的正面阐释以及对《逻辑哲学论》和《哲学研究》所持基本主张的坚持。所以，只有当理解的重心发生变化之后，也就是当“无意义”被充分关注并被看作解读前后期维特根斯坦的核心概念之后，这种对连续性的强调才成为完全不同的样式。这就是为什么对《逻辑哲学论》中“无意义”概念的重视才是新维特根斯坦研究最为实质的线索的原因所在。也就是说，有关维特根斯坦前后期哲学的连续性问题，涉及的是对《逻辑哲学论》或/和《哲学研究》的核心内容的重新判定以及对维特根斯坦哲学治疗性质的全新认定。非正统解释认为，由于正统解释对《逻辑哲学论》的误读，强调其前期哲学中说出和显示区分的重要性，并对无意义做了不同层次的区分，影响他们对维特根斯坦后期哲学的理解，因为他们虽然看到后期哲学提供哲学幻象的治疗，但仍然将这种治疗放在意义理论和形而上学背景上，仿佛维特根斯坦哲学仍承担着某种形而上学使命，因而无法完全捕获维特根斯坦哲学的治疗性质。

正是在这一意义上，有人才认为，维特根斯坦思想存在着实质的连续性这一看法也许是戴蒙德对维特根斯坦学术研究最重要的单条贡献。[①] 戴蒙德不仅支持对《逻辑哲学论》进行治疗性解读，要求严肃对待“无意义”概念，而且也支持对维特根斯坦后期哲学进行相应的解读，因而形成维特根斯坦哲学在目的、批判样式、方法上的统一。她还在一些重要的论题上力图打通维特根斯坦前后期哲学。比如，作为后期维特根斯坦最重要的哲学论题“私人语言论证”，在其前期哲学中是否有所反映？戴蒙德持肯定态度。她认为，《逻辑哲学论》发展了一个思想线索，批判罗素关于亲知知识和摹状知识的区分以及私人对象和私人语言存在的可能性，表明“关于某人的私人对象我不能做出判断”在逻辑空间中没有位置，因而沦

① Alice Crary ed. *Wittgenstein and the Moral Life: Essays in Honor of Cora Diamond*. Cambridge: The MIT Press, 2007, p. 7.

为无意义的话语。这样的观点某种意义上蕴含着私人语言论证，尽管它与《哲学研究》的思想还存在着一些重要的区别。①

柯南特对《逻辑哲学论》和《哲学研究》加以对比，总结维特根斯坦前后期哲学的三点连续性。第一，哲学目的上的连续性。他认为，尽管《逻辑哲学论》(4.112) 和《哲学研究》(第 128 节) 的风格和重点有所不同，但哲学目的完全一致，都把哲学看作一种阐释活动，而不是在提出一种学说或理论。第二，哲学方法上的连续性。他指出，《逻辑哲学论》(6.54) 和《哲学研究》(第 464 节) 都要求读者把哲学著作所写下的话当作无意义的话，两本著作的方法都在于让读者认识到形而上学话语是些无意义的话语，尽管着力点和具体方法有所不同。第三，克服障碍上的连续性。在他看来，《哲学研究》(第 500 节) 并不像正统解释所看到的那样，力图揭示后期维特根斯坦所说的"语法"，以便与《逻辑哲学论》(5.4732—5.4733)"语言的逻辑"相对应。相反，它们都揭示了维特根斯坦哲学要克服的理论和实际两方面的障碍。实际方面的障碍在于我们有关于意义的某些想象的体验，它们实际上是没有思想内容的；理论方面的障碍在于我们有各种阐述，它们吸引我们从事关于意义的哲学理论化。②

柯南特跟戴蒙德一起认为，在其后期哲学完全放弃解释而用

① Cora Diamond. Does Bismarck Have a Beetle in his Box? The Private Language Argument in the *Tractatus*. In *The New Wittgenstein*. Alice Crary and Rupert Read eds. London: Routledge, 2000, pp.262–292.

② James Conant. Mild Mono-Wittgensteinianism. In Alice Crary ed.*Wittgenstein and the Moral Life: Essays in Honor of Cora Diamond*. Cambridge: The MIT Press, 2007, pp. 67–71.

描述取代之前，维特根斯坦已在《逻辑哲学论》中明确指出“哲学的目的是对思想的逻辑澄清。哲学不是一种学说，而是一种活动”(4.112)。虽然《逻辑哲学论》不算成功地建立了这种哲学，但它无疑为维特根斯坦后期哲学提供重要启示。这意味着，如果想理解维特根斯坦哲学从前期到后期的转变，以及他为什么想将两本书放在一起出版，我们需要理解前期在什么地方失效，而后期又怎么加以修正的。[①] 柯南特指出，维特根斯坦前后期哲学都旨在将我们从哲学困惑中解脱出来，其哲学目标上的连续性确凿无疑，但这并不妨碍前后期之间存在着一定的差异。前期给我们提供了需要攀登的梯子，借助一些形而上学理论，而后期不再需要这些梯子，直接站在粗糙的地面；前期是线性的叙事，后期是非线性的展开。[②]

既然强调维特根斯坦前后期的连续性是戴蒙德的一个主要贡献，那么沿着她的这一路径探索的便不乏其人。科特（John Koethe）即便不是戴蒙德-柯南特解读的追随者，也一定是同行者，他认为维特根斯坦思想从始至终都具有某些共同的主题，比如语言和人类生活的语义和心理属性反映在我们的话语和行为中，只是前后期对待的方式有所不同而已，但这类主题却在维特根斯坦一生中不断地以各种方式被重复着。[③] 麦迪娜（José Medina）则在戴蒙德、柯南特

---

① James Conant and Cora Diamond. On Reading the *Tractatus* Resolutely: Reply to Meredith Williams and Peter Sullivan. In Max Kölbel and Bernhard Weiss ed.*Wittgenstein's Lasting Significance*. London: Routledge, 2004, p.46.

② James Conant. Mild Mono-Wittgensteinianism. In Alice Crary ed.*Wittgenstein and the Moral Life: Essays in Honor of Cora Diamond*. Cambridge: The MIT Press, 2007, pp. 97–102.

③ John Koethe. *The Continuity of Wittgenstein's Thought*. Ithaca and London: Cornell University Press, 1996, pp. ix–x.

和《新维特根斯坦》之后，进一步从细节上详细说明维特根斯坦思想发展的统一性，揭示维特根斯坦哲学的稳定核心如何从《逻辑哲学论》走向《哲学研究》，而对维特根斯坦哲学统一性和连续性的这一揭示既是主题性的（多元变异的主题探索）也是方法论的（不断突破的实验思考）。[①] 这种对连续性和统一性的强调甚至引来一些极端的、过分强劲的看法，认为其实只有“一个维特根斯坦”。[②] 这种极端看法当然不被戴蒙德和柯南特所认可，他们在宣示了自己有关维特根斯坦的新解读并判定其前后期的连续性之后，却反而试图理解连续性之下的前后期差异。

总之，不管是在《逻辑哲学论》还是《哲学研究》的解读上，抑或在维特根斯坦前后期哲学的目的、性质、方法、风格上，非正统解释都形成了全新的图像。这一图像如此新颖独到，于是引起正统和非正统的巨大争论，让世纪之交的国际维特根斯坦研究显出勃勃生机。如今这一争论仍在继续，各自都有不同的支持者，孰是孰非还难定论。鉴于正统解释和非正统解释各自存在着复杂的变体，要对它们的争论过程进行一定的历时分析是极其困难的。但无论如何，新维特根斯坦研究在各个重要方面都提出了迥然不同于正统解释的新观点，极大地改变了维特根斯坦解释的地形图，却是毫无疑问的。

---

① José Medina. *The Unity of Wittgenstein's Philosophy: Necessity, Intelligibility, and Normativity*. Albany: State University of New York Press, 2002, p. 1.

② Steven Gerrard. One Wittgenstein? In Erich H. Rec ked. *From Frege to Wittgenstein: Perspectives on Early Analytic Philosophy*. Oxford: Oxford University Press, 2002, pp. 52-71.

第7章　正统与非正统的多元超越期（2004—）

不像前四个阶段，虽然其中不乏一些交错，但其时间节点至少还有明确的标志性事件，第五个阶段的时间起点则比较复杂，只能以超越“正统”和“非正统”解释的一些努力的明确出现作为标记。之所以复杂，是因为第五阶段所强调的东西其实在前几个阶段均已出现，尤其伴随着第四个阶段而产生。其中有三个内容上的合理根据：一是第四阶段的无意义探讨中有一些前后不一致的地方，于是第五阶段的解释者力图回答第四阶段新维特根斯坦研究所遗留的问题：弥漫于《逻辑哲学论》中不可说的深度无意义对我们来说到底意味着什么呢？[①] 二是不能太远离贝莱茨基已经宣布的站点划分，她已经看到新维特根斯坦研究到达的定点以及超越它的种种可能性，所以就以她的著作的下一年作为第五阶段的起点。三是超越维特根斯坦的种种趋向到2004年已经非常明显，而且已经产生了一些标志性的成果，例如关于着力开展伦理、宗教研究、关于第三个维特根斯坦、关于超越对《逻辑哲学论》的分析哲学探讨等等。

---

① Anat Biletzki. *(Over) Interpreting Wittgenstein*. Dordrecht, Boston, London: Kluwer Academic Publishers, 2003, p. 95.

所有这些都只涉及正统解释已将解释资源耗尽而非正统解释又使我们导向全面否定的情况下，维特根斯坦解释何去何从的重大问题。一些支持非正统解释的学者接续持久以来的伦理探讨而从《逻辑哲学论》中挖掘整体的伦理导向，并将伦理导向与宗教、审美导向结合起来（这里的“伦理”一词做宽泛的理解）；一些支持正统解释的学者则转而从后《哲学研究》中探寻维特根斯坦肯定方面的资源，形成支持确实性和常识的“第三个维特根斯坦”；而及早就将维特根斯坦与（当代和历史上的）大陆哲学家加以比较的趋向也借此发力，同时加强维特根斯坦对当代世界作用的思考，将维特根斯坦引入更为多元的语境。这些解释或许有过度解释的嫌疑，并已模糊了维特根斯坦共同体的内外边界，尤其是远远突破了作为主流的正统解释路线（有关语言和世界关系的认识论、本体论路线），但是纳入历史而究其玄远，谁又能说不正是一位伟大哲学家在思想长河中难以避免的宿命？在超越“正统”和“非正统”解释的这些内容新趋向产生的背后，数字维特根斯坦研究都起着重要的推动作用，并为这些趋向的生命力提供路径保障。在数字化研究的同时，纸质版的整理出版并未停止，期待有更多的遗稿被整理出版。①

① 本阶段出版的遗著有：(1) *Wittgenstein in Cambridge, Letters and Documents, 1911–1951*. Edited by Brain McGuinness, Blackwell Publishing Ltd., 2008; (2) *Wittgenstein Lectures, Cambridge, 1930–1933. From the Notes of G. E. Moore*. Edited by David G. Stern, Brian Rogers, and Gabriel Citron. Cambridge: Cambridge University Press, 2016; (3) *Wittgenstein's Whewell Court Lectures, Cambridge, 1938–1941. From the Notes Yorick Smythies*. Edited, Introduced and Annotated by Volker A. Munz and Bernhard Ritter. West Sussex: Wiley Blackwell, 2017。

第1节 走向伦理-宗教解读

这里所说的“伦理解读”既与长久以来对维特根斯坦哲学中(不管前期或后期)的伦理思想的研究有关,但又不尽相同。后者只是将伦理思想当作《逻辑哲学论》或《哲学研究》中的部分内容,而前者则是要对维特根斯坦哲学整体的走向做出判定;后者是在正统解释占主导地位时候的伦理理论研究,而前者是在新维特根斯坦研究冲击之后对维特根斯坦哲学基本走向的新探索。

一、维特根斯坦的伦理学、美学和宗教

《逻辑哲学论》出版以来,尽管前三个阶段的解释者们都将注意力主要放在关于语言和实在的形而上学方面,但也不乏对其中伦理、宗教、人生意义等不可说乃至神秘内容的关注,尽管把它们只当作该书内容的一个部分(一个并不重要的边缘部分)。

维特根斯坦在《逻辑哲学论》中从6.41到6.43连续对伦理学(价值问题)加以阐述(为了明证起见,全文引证如下)[①]:

> 世界的意义必在世界之外。在世界中一切都如其所是地是,一切都如其发生地发生;在世界中不存在任何价值——如果在世界中存在价值,那么这种价值也不会有任何价值。如

① 维特根斯坦:《逻辑哲学论及其他》,陈启伟译,商务印书馆2014年版,第91—92页。

果存在一种有价值的价值，那么它必在一切发生的并如是存在的东西之外。因为一切发生的和如是存在的东西都是偶然的。使这种有价值的价值成为非偶然的那个东西不能**在**世界之**中**，因为否则那个东西本身又会是偶然的了。它必在世界之外。(6.41)

因此，也不可能有任何伦理的命题。命题不可能表达高渺玄远的东西。(6.42)

显然，伦理是不可说的。伦理是超验的。(伦理和美学是一个东西。)(6.421)

在提出一条具有"汝应……"形式的伦理准则时，人们首先想到的是：如果我不遵行这条准则，那会如何呢？但是伦理与通常所谓的赏罚没有关系。因此关于一种行为的**后果**问题必然是无关紧要的。——至少这些后果不应该成为什么事件。因为这个问题的提出必含有某种正确的东西。诚然必须有某一种类的伦理的赏和伦理的罚，但是这些赏罚必然就在行为自身之内。(而且很明显，赏必是某种令人愉快的东西，罚必是某种使人不快的东西。)(6.422)

意志，作为伦理的东西的载体，是不可能说的。而作为现象的意志则只为心理学所关注。(6.423)

如果善的或恶的意志活动改变世界，那么它只能改变世界的界限，而不能改变事实，不能改变可为语言表达的东西。简言之，在这种情况下，世界必因而完全变成一个别样的世界。可以说，世界必然作为整体而消长。幸福者的世界是一个与不幸者的世界不同的世界。(6.43)

当然，还有一些广义上与伦理有关的话语。如果将伦理与美学、宗教放在一起考量，《逻辑哲学论》则有更多的阐释。这里暂不一一引述。从如上所引的话语中，对于维特根斯坦的伦理学主张至少可以得出如下结论：第一，伦理学不是可以积极论证的一项学问，没有伦理学命题，更不可能提出伦理学理论。因为伦理的东西（价值）在世界之外，而不是在世界之内，世界之内存在的都是偶然事实。第二，谈论伦理（宗教、美学等）会导致无意义的东西，因为我们没有给其中的语词赋予正确的含义。一如维特根斯坦在1929年“关于伦理学的讲演”所说：“所有想要写作或谈论伦理学或宗教的人的想法，就是要反对语言的界限”[①]，而反对语言界限的必然结果是产生胡说。第三，伦理在世界之外并不意味着伦理的东西不重要，恰恰相反，不可言说性、神秘性恰好是伦理之类东西对人来说意义重要的体现，因为科学只表达世界之内的偶然事实。第四，伦理、宗教之类东西的重要性不体现在可言说的命题上，而体现在行为、态度和生存状态上，它们体现了世界界限的变化或者世界性质上（幸福或不幸、安全或危险等等）的不同。

尽管就其体量来说，《逻辑哲学论》的这些以及类似话语绝对无法与它前面有关世界、语言（命题、思想）、逻辑的话语相比，但对伦理及其相关内容既然已经做了如此明显的论述，便不能不引起解释者的关注。据查，第一篇谈论《逻辑哲学论》乃至于后期伦理学的文献起自1932年的一篇奇文——维特根斯坦的学生贝尔

① 维特根斯坦：《维特根斯坦论伦理学与哲学》，江怡译，张敦敏校，浙江大学出版社2011年版，第8页。

（Julian Bell）的一篇长诗，以维特根斯坦的伦理和审美信念为题。此后的几十年中，专门的伦理主题以及相关的美学、宗教和神秘主义论题共有约百余篇文献。归纳起来，大抵有如下几种趋向：第一，强调《逻辑哲学论》中伦理等内容相对于语言和世界关系的重要性，因为前者以后者为基础，告诉我们语言和知识的限度；第二，将伦理学与宗教、美学紧密结合起来，试图以说出 / 显示学说，将前期哲学与 30 年代乃至整个后期哲学关联起来；第三，追溯《逻辑哲学论》伦理学说的思想根源，并将它与康德、叔本华、克尔凯郭尔、胡塞尔、魏宁格乃至于禅宗加以比较。在这一研究中，里斯、麦克奎尼斯、安斯康姆、温奇、卡瓦勒尔（R. J. Cavalier）、爱德华兹（J. C. Edwards）、巴雷特（Cyril Barrett）、谢尔兹（Philip Shields）、司马亭（Martin Stokhof）、魏斯奈夫斯基（J. Jeremy Wisnewski）和戴蒙德等人皆有突出表现。[①] 坎菲尔德编辑的系列文集第 3 卷对重要文

---

① R. Rhees. Some developments in Wittgenstein's view of ethics. *Philosophical Review*, 1965(74): 17–26; B. F. McGuinness. The Mysticism of the *Tractatus* (1966). In John Canfield ed. *The Philosophy of Wittgenstein,* vol. 3, *"My World and its Value"*. New York and London: Garland Publishing, Inc., 1986; G. E. M. Anscombe. *An Introduction to Wittgenstein's Tractatus*. Editrd by H. J. Paton. London: Hutchinson University Library, Hutchinson & Co. (Publishers) Ltd, 1959; P. Winch. Wittgenstein's treatment of the will. Ratio, 1969(10): 38–53; R. J. Cavalier. *Ludwig Wittgenstein's Tractatus Logico-Philosophicus: a transcendental critique of ethics*. Washington, D. C.: University Press of America, 1980; G. E. M. Anscombe. *The Collected Philosophical Papers of G. E. M. Anscombe*, vol. 3, *Ethics, Religion and Politics*. Oxford: Blackwell, 1981; J. C. Edwards. *Ethics without philosophy. Wittgenstein and the moral life*. Gainesville, Fla.: University Presses of Florida, 1982; Cyril Barrett. *Wittgenstein on Ethics and Religious Belief*. Oxford, UK and Cambridge, USA: Blackwell, 1991; Philip Shields. *Logic and Sin in the Writings of Ludwig Wittgenstein*. Chicago: University of Chicago Press, 1993; Martin Stokhof. *World and Life as One: Ethics and Ontology in Wittgenstein's Early Thought*.

献有专门汇编。

相对于《逻辑哲学论》，解释者们对后期维特根斯坦伦理学、美学、宗教的研究要丰硕得多，仅仅资料量便是前者的两倍以上。后一相关解释主要有如下几点趋向：第一，对后期维特根斯坦伦理、宗教和美学等价值问题的研究绝大多数也从其前期观点入手，乃至于开展前后期比较研究；第二，后期著作尤其专门论述伦理、宗教和美学的著作的出版起到了较大的推波助澜作用，"关于伦理学的讲演"1965年发表和《关于美学、心理学和宗教信仰的讲演与对话》1966年出版具有明显的促进作用；第三，加以比较的对象有所延伸，除了前面提到的哲学家之间的比较之外，增加了马克思、克尔凯郭尔、托尔斯泰、海德格尔、萨特、卡夫卡、列维纳斯等；第四，将对维特根斯坦的价值研究同对他的人生、人格、家庭、民族文化的研究结合起来，大量回忆录、日记的出版以及有关其思想的文化根源的发掘对此有较大的贡献；第五，在维特根斯坦后期哲学研究中，宗教研究的力度得到极大的增加，他关于宗教语言游戏的看法带来较大的争议，这也跟他的"评弗雷泽的《金枝》"1967年在《综合》杂志发表有关（1979年被译为英文）。

维特根斯坦的宗教观值得特别加以强调，一是因为宗教在西方文化中的特别重要性，二是宗教（以及一般的人生意义问题）在维特根斯坦一生中是一个挥之不去的问题；三是维特根斯坦有关宗教

Stanford, CA: Stanford University Press, 2002; J. Jeremy Wisnewski. *Wittgenstein and Ethical Inquiry: A Defense of Ethics as Clarification*. New York: Continuum International Publishing Group, 2007; Alice Crary ed. *Wittgenstein and the Moral Life: Essays in Honor of Cora Diamond*. Cambridge, MA: The MIT Press, 2007.

的观点具有极其不同凡响的地方；四是相对于伦理学和美学，宗教在维特根斯坦共同体中受到更大的关注。第一条不言自明，第二条将在下一节阐述，这里将第三、四条合并成为对一个重要解释者的介绍。其实，至少从第二阶段开始，一系列学者就对该主题发生兴趣，并做出重要贡献，而其中最著名的莫过于“斯旺西学派”的菲利普斯（D. Z. Phillips，1934—2006）。菲利普斯的主要工作时间在斯旺西，他不仅作为斯旺西大学学院的哲学系负责人和《哲学研究》杂志的主编，而且在里斯遗著的编辑方面做出了重要贡献（至少包括 6 部著作）。他自己在宗教哲学（尤其维特根斯坦宗教观）方面有大量著作（20 余部）和论文集，并从解释维特根斯坦哲学中发展出自己关于宗教和哲学的独到见解。菲利普斯在早年的维特根斯坦解读中强调概念语法的哲学理解和宗教道德原则的个人鉴赏之间的区分，他既批判古典自然神学又不同意自己为“维特根斯坦有神论者”，他反对为特定宗教道德观辩护的做法而强调哲学的中立性。到了后期，菲利普斯注意发展一种沉思（contemplation）哲学，认为哲学的主要功能和建树应该是培养人们作为一个正常人的健康沉思，对所接受的各种观点和看法的再概念化（re-conceptualization）。这些观点来自于里斯的文稿，菲利普斯又做了深入思考，并反映在他去世前不久出版的几本重要著作中。[①] 有关维特根斯坦前后期的宗教观的不同解读和维特根斯坦宗教哲学遗产的丰富多样性，除了菲利普斯以及其他人的长期贡献以外，他生前主编的最后一本论文

① John Edelman ed. *Sense and Reality: Essays out of Swansea*. Frankfurt: Ontos Verlag, 2009, pp. 125–126.

集《宗教与维特根斯坦的遗产》是最好的一本概观文献，他对其中每一种观点都提供了珍贵的评述。[①] 该论文集甚至可以看作第五阶段开端的一本标志性文献。

许多对维特根斯坦伦理、宗教学说感兴趣并做出重要贡献的，恰好是在（或有助于）新维特根斯坦研究路径中从事解释的学者，而这一点也许并非偶然。

二、维特根斯坦哲学的伦理-宗教旨归

在《逻辑哲学论》中，"无意义"概念本来就与伦理、美学、宗教有紧密关联。当戴蒙德-柯南特解读将无意义从边缘带入中心，对维特根斯坦哲学做无意义的治疗解读时，原本便已越来越引人注目的价值问题也就理所当然地进入中心地带。

其实，自从维特根斯坦去世以后，随着他的一些日记、笔记、书信等文献的出版，以及学生和友人回忆的大量出现，维特根斯坦哲学与人生的契合便一直是人们热衷谈论的话题。冯·赖特 1955 年的一篇"维特根斯坦传略"曾被广为流传。马尔科姆 1958 年的《回忆维特根斯坦》首开长篇思考的先河，其中不乏维特根斯坦要求哲学受益人生的种种看法。1961 年出版的《1914—1916 年笔记》，尽管其中删去了一些更为私密的内容，解释者们也还是可以从中看到他对人生意义的许多思考。1967 年范光棣主编的《路德维希·维特根斯坦：其人及其哲学》将传记、回忆、私人评价和学

① D. Z. Phillips and Mario Von Der Ruhr ed. *Religion and Wittgenstein's Legacy*. Hampshire and Burlington: Ashgate Publishing Company, 2005.

术探讨结合在一起，引人深思。雅尼克不厌其烦地探索维特根斯坦的出生地维也纳对他思想的形成和发展的种种影响(1973、1999、2001、2006)。魏斯曼记录的《路德维希·维特根斯坦与维也纳小组》1979 年出版，其中包含着维特根斯坦不为人知的一些生活细节，引发学者的极大兴趣。1981 年里斯汇编了以维特根斯坦学生为主的个人回忆录，1984 年里斯集结了包括维特根斯坦姐姐赫尔米娜在内的 5 人回忆录，再度引发学者们对维特根斯坦人生与哲学关系的反思。1988 年麦克奎尼斯对年轻维特根斯坦(1889—1921)做出了详细解说，他正是从编辑魏斯曼笔记和多部维特根斯坦书信中多所获益。在前人传记的基础上，蒙克通过详细翻阅文献和实地调研，1990 年出版了迄今最为成功的维特根斯坦传记。维特根斯坦的各种书信在此前或此后不断被分散或结集出版(尤其是 1995、2008)，助推人们对一个完整的人而不只是哲学家的理解。弗拉沃斯(F. A. Flowers III)编辑的 4 卷本《维特根斯坦画像》1999 年出版(2006 年修订再版，合为 2 卷)，汇集了迄今所有有关维特根斯坦几十年生活和工作的回忆、描述和评价。

维特根斯坦纯哲学内外的种种研究起着相互推动的作用。他的个人经历往往成为对他进行伦理、宗教研究的推动力，越是曾经经受维特根斯坦人格影响的人，越是容易建立这种关联。维特根斯坦与学生之间的通信可以作为这种关联的佐证，尽管其中的影响有时也具有破坏性。里斯、安斯康姆对伦理学的兴趣不能不说与维特根斯坦的交往和接受后者的影响有关。据里斯回忆，维特根斯坦曾对他的学生和朋友德鲁利(M. O'C Drury)说过："我的思考类型是当下这一时代所不需要的；我必须奋力前游以抗拒这一趋势"，"我不是一个宗教中人，但我情不自禁地从宗教观点看待一切问题”。[①]正是这一看法引发了研究者尤其是最亲近他的人的种种猜想，其中马尔科姆便是沿着这一思路进行深入思考的人之一。马尔科姆去世前的最后一本论文集便依此命名为《维特根斯坦：一种宗教观？》(1993)，试图在维特根斯坦后期哲学与宗教观之间形成一种类比，尤其是上帝概念与维特根斯坦关于人类“语言游戏”和“生活形式”观点之间的类比，因为维特根斯坦总是说解释、理由、论证有到头的时候，这必然导向他对道德精神纯粹性的人生追求以及他所提出的特定哲学的最终指向。[②]

所有这些非主流的维特根斯坦哲学研究究竟多大程度上有助于主流研究，又多大程度上冲击了正统解释而助力了新维特根斯坦研究，我们尚难定论。但是，在诸多文献的出版已经反映一个完整而不同寻常的维特根斯坦情况下，超越只关注有关语言和世界的形而上学或反形而上学研究的正统解释，也是情理之中的事情。而戴蒙德-柯南特解读力图超越正统解释的中心议题，促使人们进一步加大对曾被忽视的维特根斯坦有关伦理、宗教和人生观点的关注，便再自然不过。

在维特根斯坦给冯·费克尔的一封信中，他在其中就《逻辑哲学论》未写下的部分为真正重要的部分有过一段话：

---

① Rush Rhees. *Ludwig Wittgenstein, Personal Recollections*. Totowa, N. J.: Rowman & Littlefield, 1981, p. 94.

② Norman Malcolm. *Wittgenstein: A Religious Point of View?* Edited with a response by Peter Winch. London: Routledge, 1993, pp. 1–4.

> 该书的要点是伦理的。我曾想在前言里写几句话，但实际上没写，但我现在要把这些话写给你，因为那将是你的一把钥匙：我曾想写，我的论著包含两部分：写下的这个部分，和我未写下的一切。恰恰第二个部分是重要的部分。可以说，我的书从内部为伦理划界；我相信，严格地说只能以这种方式为之划界。①

这段话很明确地将《逻辑哲学论》的主旨看作是伦理的，而且是未被写下的。但是，维特根斯坦致冯·费克尔的信1969年便以德文出版，而此后人们对《逻辑哲学论》的理解并未受到这封信的太大影响，仍然将伦理学只当作该书的一个部分来探讨，甚至在正统解释占主导地位的大部分时间只是当作边缘问题在探讨。只是在新维特根斯坦研究将《逻辑哲学论》甚至整个维特根斯坦哲学都当作无意义的自我否弃时，这段话才再度成为寻找出路的人们的指路明灯。而伦理现在不再只是《逻辑哲学论》的一部分，不管是边缘部分还是中心部分，不管是不可言说的真理还是无意义的东西，而是这部书的真正旨归，这种解读才能算是真正的伦理解读。从非正统解释进一步向前推进的解释者们现在不仅将《逻辑哲学论》做整体的伦理解读，而且将伦理解读扩展到维特根斯坦整个的哲学和人生。这种扩展的结果是，那些伦理性的东西不仅是神秘的，而且也是宗教的、精神的和精彩的。维特根斯坦著作中关于语言和世界

① 瑞·蒙克：《维特根斯坦传：天才之为职责》，王宇光译，浙江大学出版社2011年版，第182页。

的纯哲学讨论最终导向伦理的世界和人生的诉求。①

进入21世纪，解释者们在总结维特根斯坦去世50年之后的解释趋向时转而认为，后期维特根斯坦哲学属于道德完美主义的传统。在维特根斯坦看来，我们的概念是我们的兴趣和愿望的表达，要理解一个概念就必须置于相关的生活形式，置于有关的兴趣、反应和需要的环境；如果我们要变得理智，就要接受自己的生活形式、自己的自然反映模式。我们之所以产生哲学问题，就在于我们拒绝自己的生活形式，不承担由该生活形式所唤起的责任；而克服哲学问题的过程就是主动承担起我们的生活形式所赋予我们的责任的过程。另有一些解释者认为，尽管维特根斯坦前后期在对待语言的态度上有所不同，前期关注纯粹的、无差别的语言而后期关注粗糙的、有差别的语言，但一个深层的哲学关注却始终相同，即通过语言批判消除哲学问题。深层的哲学活动在于人对待世界的态度的改变，在于解决生活意义问题，在于矫正主体与世界的关系，在于我们如何用语言做事，只不过由于对语言本性认识的不同而导致哲学治疗的方式不同，其前期认为个人可以通过自己的努力解决哲学问题，而后期认为个人必须通过所处的生活形式的改变才能解决。②

当新维特根斯坦研究将其前后期哲学都看作无意义的自我辨明而将其哲学的否定性治疗性质充分凸显出来时，一种消解所有哲学传统的虚无主义也被关联起来。这种虚无主义某种程度上使解

① Anat Biletzki. *(Over) Interpreting Wittgenstein*. Dordrecht, Boston, London: Kluwer Academic Publishers, 2003, pp. 98–99.

② Rudolf Harller, Klaus Puhl eds. *Wittgenstein and the Future of Philosophy: A Reassessment after 50 Years*. Vienna: öbvæhpt, 2002.

释者们看到了维特根斯坦与叔本华、尼采和海德格尔的相近趋向。[①]对这里的虚无主义当然不能按照通常的误解而只做消极理解。虚无主义解读的出现时间与新维特根斯坦研究的产生时间几乎同时，也是期望对维特根斯坦哲学的哲学性质和整体归宿有一个彻底的理解。新维特根斯坦研究以及与之相伴的这种虚无主义解读都将维特根斯坦哲学的消解、解构性质凸显出来。《哲学研究》关于哲学性质的那些部分（第 89—133 节）被前所未有的重新强调和热烈研讨，不再只是作为其中一个部分，而是彰显该书乃至于维特根斯坦一生的思想整体。

以往的正统解释者将维特根斯坦前后期哲学仍当作某种理论、学说、命题的各种主张（例如乔治·皮彻、欣提卡、肯尼），甚至那些还略有迟疑和谨慎的看法（例如马尔科姆、克里普克），现在受到批判性分析，因为维特根斯坦一生都在拒斥作为理论和学说的哲学，尽管后期要比前期更为成功。[②]在对维特根斯坦哲学进行治疗的、伦理的解读的路径中，德雷本持有最为极端的看法，也使他成为这一伦理解读阶段的重要代表。他有一句格言说“哲学是垃圾，但垃圾的历史便是学术研究”，而按照他对维特根斯坦的解读，则哲学中没留下什么肯定的事要做，所留下的全是对古典哲学文本的

① Glen T. Matin. *From Nietzsche to Wittgenstein: The Problem of Truth and Nihilism in the Modern World*. New York: Lang, 1989; J. C. Edwards. *The Authority of Language: Heidegger, Wittgenstein, and the Threat of Philosophical Nihilism*. Gainesville, FI.: University of Florida Press, 1990.

② Oskari Kuusela. *The Struggle against Dogmatism: Wittgenstein and the Concept of Philosophy*. Cambridge, Mass., Harvard University Press, 2008, pp. 5-9.

批判性拆解，总是旨在解构那些观点，哲学文本的作者们在这里穿越有意义话语的界限并陷入胡说。[①] 他的学生奥斯特罗(Matthew B. Ostrow)更是认为，对《逻辑哲学论》的无意义解读使我们能够抑制自己制造形而上学胡说的内在冲动，"《逻辑哲学论》的任务最终恰在于承认文本的最后一条评论'凡是不可说的东西，必须对之沉默'中的'必须'为一个标记，不是关于逻辑必然性而是关于伦理义务。"[②] 谢尔兹(P. R. Shields)反对人们撇开维特根斯坦的伦理-宗教关注而只研究他的逻辑和语言思想，甚至更为清楚地表示，"我只想证明，他的哲学著作本身在根本上就是宗教性的"。[③]

如果没有《逻辑哲学论》的伦理指向，辩证解读作为新维特根斯坦研究的主导方法论也便只是解决了它的中心和边缘、有意义言说和沉默东西之间的内在紧张，而并没有达到使《逻辑哲学论》变得有意义这一重要目的。只有将辩证解读方法和纯粹伦理目的结合起来，才能既解决了维特根斯坦的中心关切，也将《逻辑哲学论》的正向目的推向极致。所以，贝莱茨基认为，"伦理解读给解释事业所补添的是《逻辑哲学论》中由维特根斯坦自己的目的所构成的内在目标。关键并不在于辩证地解读，以便于更好地理解维特根斯坦……毋宁说辩证地解读恰在便于识别他的伦理目的。因此，伦理解读并非是强调维特根斯坦关于伦理学的思想；相反，它是要竭力

① Guy Kahane, Edward Kanterian, and Oskari Kuusela eds. *Wittgenstein and His Interpreters: Essays in Memory of Gordon Baker*. Oxford: Blackwell Publishing, 2007, p. 9.

② Matthew B. Ostrow. *Wittgenstein's Tractatus: A Dialectical Interpretation*. Cambridge and New York: Cambridge University Press, 2002, p. 133.

③ 谢尔兹:《逻辑与罪》，黄敏译，华东师范大学出版社 2007 年版，第 3 页。

向**我们**揭示**他的**伦理目的，使用辩证解读以使它显而易见。”[①]

如果说正统解释一直存在着并且愈演愈烈地存在着对《逻辑哲学论》尤其《哲学研究》的过度解释，将它们看作维特根斯坦某种理论、学说的表达，偏离了《哲学研究》去理论化的宗旨，那么新维特根斯坦研究则在反驳正统解释之过度解释的同时，完全走向了过度关注维特根斯坦哲学的消解、解构特质。走向伦理、关注方法和着力哲学目的则算是前二者的否定之否定，解释者们从中期待既坚守维特根斯坦对传统形而上学的否定，还能从哲学（治疗）工作中真正受益。

第 2 节　专注确实性和常识

长期以来，解释者们将维特根斯坦哲学分为前后两个时期，分别以《逻辑哲学论》和《哲学研究》为代表作。从时间段上看，维特根斯坦的前期大致为 1929 年以前，而其后期以《哲学研究》定稿的 1945 年为限。那么，1945 之后到 1951 年去世，维特根斯坦的思想是否有新的变化，是否可以成为一个足以与前两个时期并列的第三阶段？这一问题逐渐引起人们的兴趣。

一、“第三阶段”

《哲学研究》第一部分 1945 年定稿之后，维特根斯坦仍继续讲

① Anat Biletzki. *(Over) Interpreting Wittgenstein*. Dordrecht, Boston, London: Kluwer Academic Publishers, 2003, pp. 100-101.

授课程、勤奋写作、深入思考，直到去世前的两天。在出版的遗著中，属于1945之后的著作有《心理学哲学评论》（第一部分1137条，1946年5月10日—1947年10月11日；第二部分737条，1947年11月19日—1948年8月25日）、《关于心理学哲学的最后著作》（共979条，1948年10月22日—1949年3月22日）、《纸条集》（其中大部分写于1945—1948年）、《关于颜色的评论》（共784条，写于1950年春—1951年3月）、《论确实性》（共676条，写于1949年圣诞节—1951年4月27日）、《维特根斯坦关于心理学哲学的讲演集：1946—1947》（P. T. Geach、K. J. Shah、A. C. Jackson的笔记）。

《哲学研究》定稿之后的6年时间仍有这么多著作成形，可见维特根斯坦的高产，引起解释者们超越两个时期区分（甚或加上“中间阶段”）而力图确立第三个时期也就不足为怪了。如果说两本心理学哲学著作和一本心理学哲学讲演集更多是哲学研究第二部分的继续的话，那么真正让解释者们感到它们与《哲学研究》风格和内容迥异的则是《论确实性》。而且，该书是维特根斯坦在去世前一年半时间中着力思考的著作，足见该书主题和观点的重要性。正因为如此，解释者们认为《哲学研究》之后的系列成果足以使人们看到维特根斯坦的思想发展已经形成一个后《哲学研究》阶段，构成维特根斯坦哲学的第三阶段，而《论确实性》是足以与《逻辑哲学论》和《哲学研究》并列的代表作。

冯·赖特最早持这一倾向。他在1982年的“《哲学研究》的起源和构成”一文中最早指出，“我自己倾向于这样的看法，即《哲学研究》的第二部分是一项完整的工作，维特根斯坦1946年之后的著作某种程度上标志着新方向的开端。”[①] 十年之后，他在“《哲学研究》第二部分令人不安的历史”一文中又重复指出：“构成已出版著作第二部分的著述总是让我觉得属于改变了的方向的开端”。[②] 将第二部分从《哲学研究》中剔除出去，早已被不少解释者们接受，并反映在从 2003 年舒尔特版本开始的此后各种版本中。而 1946 年之后的工作是否构成足以跟前两个阶段相匹配的新阶段，则此后的探索者虽并未敢及时跟上，却产生了对相关主题感兴趣的一批成果。

哈克之所以只对《哲学研究》第一部分进行详细诠释而没有触及第二部分的原因，也是因为他同意冯·赖特的看法，认为已经出版的第二部分并不属于《哲学研究》，该书到第 693 条已经是完整的著作。因而，他在结束 4 卷 7 部（前 2 卷 3 部与贝克一起）的系统诠释时指出，“我也就相应地没有且从未打算将这一分析评述继续越过《哲学研究》第 693 条。是否维特根斯坦**曾**打算将第二部分插入第一部分某一地方的文本中，事实是他**不曾**。第二部分**不是**同一部书的部分。”[③] 虽然宏大的诠释工作告一段落，但哈克对维特根斯坦哲学的概括总结却没有结束，而是最终形成综览维特根斯坦哲学地位的巨著《维特根斯坦在二十世纪分析哲学中的地位》（1996）。

① Georg Henrik von Wright. *Wittgenstein*. Oxford: Blackwell, 1982, p. 136.

② Georg Henrik von Wright. The Trouble History of Part II of the *Investigations*. *Grazer Philosophische Studien*, 1992(42): 187.

③ P. M. S. Hacker. *Wittgenstein: Mind and Will, An analytical commentary on the Philosophical Investigations,* vol.4. Oxford: Basil Blackwell, 1996, preface, pp. xvi–xvii.

该书虽然出版于第四、第五阶段，但它却是正统解释的真正总结之作。哈克尽管从始至终是正统解释的代表，但他至少在这一点上启发了第五阶段。

就对《论确实性》(1969年出版)及相关主题的研究而言，70、80年代都曾有过一批重要文章，其中迪尔曼(I. Dilman)、冯·赖特、马尔科姆和库克(John C. Cook)都有自己的贡献。作为“斯旺西学派”的重要成员，迪尔曼1975年出版著作《物与心：认识论的两篇论文》，第一篇是“摩尔的‘对外部世界的证明’”，比较摩尔和维特根斯坦探究怀疑论的不同方式，第二篇是“唯我论和我们关于他心的知识”，探讨维特根斯坦《逻辑哲学论》以及后期哲学的有关问题。两篇论文都大量涉及维特根斯坦的著作尤其是1969年出版的《论确实性》，他是最早深入关注该书的解释者之一。冯·赖特1972年发表的“维特根斯坦论确实性”一文(收于1982年出版的《维特根斯坦》一书)，高度称赞维特根斯坦《论确实性》所取得的思想成就，认为它不论在形式还是内容上都极具成就，对确实性的论述体现着维特根斯坦对自己高度原创性思维的总结，开创了其哲学成就的新境界，并对该书所提供的主要思想进行了简明概括。马尔科姆在1976年的“摩尔和维特根斯坦论‘我知道’的含义”一文中秉承他一般地对知识论和心灵哲学和特殊地对摩尔的常识哲学的一贯关切，结合维特根斯坦新出版的《论确实性》(该书的思考和写作受到马尔科姆的影响)，重新进一步思考了“我知道”所涉及的意义条件和断定条件，认为“我知道……”的使用不仅关涉语言的意义，而且关涉使用的环境。库克1980年发表的“关于维特根斯坦《论确实性》的笔记”一文对维特根斯坦在《论确实性》一书中出现的对哲学中例子的使用或构造的摇摆不定提出批评，认为可能主要因为该书的评论尚处于未定稿状态而使维特根斯坦最终使用了命题方式去论证自己的问题，而这种命题方式却对他批评摩尔的观点带来妨害。[①] 在 1986 年出版的《无所隐藏：维特根斯坦对其早期思想的批判》中，马尔科姆高度评价了《论确实性》，认为它虽然未经最终修订，没做好出版准备，也令许多读者迷惑，"但那些笔记值得费力研究。不仅那些单条评论极其优美，而且出现的思想线条也在维特根斯坦著作的其他地方未曾发现。"[②]

在这同一时期还曾出现一批有影响的专著，他们要么专门要么部分地涉及摩尔、维特根斯坦和确实性问题：马尔格伦（Helge Malgren）的《意向性与知识：G. E. 摩尔与路德维希 · 维特根斯坦哲学之研究》（1971）、瓦尔德（Carolyn Wilde）的《确实性：对维特根斯坦笔记〈论确实性〉的讨论》（1976）、沃加斯特（Elizabeth Wolgast）的《知识的悖论》（1977）、莫拉维茨（Thomas Morawetz）的《维特根斯坦与知识：〈论确实性〉的重要性》（1978）、斯威森（Gunnar Svensson）的《论怀疑实在的实在：摩尔与维特根斯坦论怀疑论的怀疑》（1981）、麦金（Marie McGin）的《含义与确实性：对怀疑论的讨论》（1989）、康威（Gertrude Conway）的《维特根斯坦

---

① Norman Malcolm. Moore and Wittgenstein on the Sense of 'I Know'; G. H. von Wright. Wittgenstein on Certainty; John W. Cook. Notes on Wittgenstein's *On Certainty*. All in John Canfield ed. *The Philosophy of Wittgenstein*, vol. 8, *Knowing, Naming, Certainty, and Idealism*. New York and London: Garland Publishing, Inc., 1986, pp. 130–154, 247–266, 267–289.

② Norman Malcolm. *Nothing is Hidden: Wittgenstein's Criticism of his Early Thought*. Oxford and New York: Basil Blackwell Ltd., 1986, p. 201.

论基础》(1989)。[1] 这些著作大部分并不同意将维特根斯坦的知识论观点定义为反基础主义(例如罗蒂, 1979), 而认为维特根斯坦对怀疑论提供了令人满意的反驳答案。

最著名的则是此后美国学者斯特罗的《摩尔与维特根斯坦论确实性》, 这首先是因为他是第一个认识到《论确实性》可被看作维特根斯坦第三本杰作的人, 其次是因为他在以往材料基础上对该专题做了更为专精的探索。他认为, 以往研究的缺陷表现为两点: 第一, 要么没有完全聚焦于摩尔和维特根斯坦以及《论确实性》上, 要么将摩尔只当作维特根斯坦的一种陪衬; 第二, 将《论确实性》只是看作《哲学研究》主要观点的一种扩展。事实上, 在斯特罗看来, "《论确实性》是一部高度原创的著作, 在许多根本方面迥然不同于《哲学研究》。尤其是,《哲学研究》的高度治疗趋向在《论确实性》中很大程度上已消失。维特根斯坦本人着力于相对直率地、古典哲学式地关切确实性的性质及其与人类知识的关系。"[2]

进入新世纪, 老中青解释者都在更高层面评价后《哲学研究》的成果。斯特罗在其《维特根斯坦》(2002)一书中进一步概括指

① Helge Malgren. *Intentionality and Knowledge: Studies in the Philosophy of G. E. Moore and Ludwig Wittgenstein*. Goteborg: 1971; Carolyn Wilde. *Certainty: A Discussion on Wittgenstein's Notes On Certainty*. London: 1976; Elizabeth Wolgast. *Paradoxes of Knowledge*. Ithaca, N. J.: 1977; Thomas Morawetz. *Wittgenstein and Knowledge: The Importance of 'On Certainty'*. Amherst, Mass.: 1978; Gunnar Svensson. *On Doubting the Reality of Reality: Moore and Wittgenstein on Sceptical Doubts*. Stockholm: 1981; Marie McGin. *Sense and Certainty. A Discussion of Scepticism*. Oxford: Blackwell, 1989; Gertrude Conway. *Wittgenstein on Foundations*. Atlantic Highlands, N. J.: Humanities Press, 1989.

② Avrum Stroll. *Moore and Wittgenstein on Certainty*. New York and Oxford: Oxford University Press, 1994, p. 7.

出："在围绕确实性观念的各种问题中，维特根斯坦要比马尔科姆或摩尔走得远为深入，《论确实性》的重要之处正在于他的这一具有深度的原创探究。这一探究的结果便是可与《逻辑哲学论》和《哲学研究》匹配的一部哲学杰作。"① 中青年学者中最为活跃的是莫洛尔-夏洛克（Danièle Moral-Sharrock），他主编的论文集《第三个维特根斯坦：后〈哲学研究〉著作》（2004）以及同一年的专著甚至可以看作第五阶段开始的一个重要标志。他认为，后《哲学研究》标志着维特根斯坦哲学的新阶段，"这样的区分取代将维特根斯坦哲学集中于《逻辑哲学论》和《哲学研究》的传统二分法，表明维特根斯坦思想中不仅存在新阶段，而且其代表作不是两部而是三部"。他认为尽管《哲学研究》第一部分的某些问题仍在探讨，但以往问题和新问题形成完整的方向，最终在《论确实性》中达到真正的高度和深度；新的研究基础和新结论超越了《哲学研究》，并对哲学问题达到第二阶段尚未达到的解决。② 在同一年，考拜尔（Max Kölbel）和魏斯（Bernhard Weiss）主编的论文集《维特根斯坦的持久重要性》既展示了新维特根斯坦研究的最新成果，也表现走出新维特根斯坦研究的种种努力。这是一本维特根斯坦去世 50 周年的纪念文集。编者在前言中指出，令他们（编者和许多参会者）惊奇的是，维特根斯坦最重要的著作《哲学研究》已退入背景，而代之进入讨论中心的首先是对《逻辑哲学论》正确解读的争论，其次是集中讨论维特根斯坦在最后一部著作《论确实性》中对认识论的贡

① Avrum Stroll. *Wittgenstein*. Oxford: OneWorld, 2002, pp. 124–125.

② Danièle Moyal-Sharrock ed. *The Third Wittgenstein: The Post-Investigations Works*. Aldershot, UK: Ashgate Publishing Limited, 2004, pp. 1, 1–3.

献。[1]一年以后莫洛尔-夏洛克主编(合作)的另一本论文集《维特根斯坦〈论确实性〉解读》(2005)更从四个不同的角度解读《论确实性》:框架的、超验的、认知的和治疗的。他再次强调深入研究《论确实性》的必要性，以及近些年所获得的回报，认为人们已经承认维特根斯坦是三本著作而不是两本著作的作者，该书是维特根斯坦的第三本杰作。大家的兴趣聚焦于《论确实性》，它在维特根斯坦哲学中的地位以及它一般地与哲学而特定地与认识论的关联。[2]

学者们认为存在维特根斯坦哲学第三阶段的主要依据是:(1)建设性的哲学任务。维特根斯坦已经走上建设性地、系统地从事哲学的方式，而且其哲学方法更加走向正面阐述，信念、知识、确实性、客观性、基础主义、怀疑主义等有活力的主题进入视野。(2)社会自然主义的知识论。通过重新思考知识的框架和内容，维特根斯坦指出我们对知识的哲学误用和对不同层次知识的混淆，并划出知识和原始确实性之间的界限，这种原始确实性不再允许我们怀疑和追问，已经成为我们的行为方式。(3)作为核心主题的心理学哲学。到第三阶段维特根斯坦才将心理学哲学变成核心主题，方面知觉、体验意义、第一人称和第三人称的区别、心理不确实性、生活模式成为前所未有的重要概念。(4)消除怀疑论的新基础主义。在《哲学研究》私人语言论证的基础上，《论确实性》挖掘了认知(knowing)和认可(acknowledgement)的区别，既承认怀疑论的价

---

① Max Kölbel and Bernhard Weiss eds. *Wittgenstein's Lasting Significance*. London and New York: Routledge, 2004, p. 1.

② Danièler Moyal-Sharrock and William H. Brenner eds. *Readings of Wittgenstein's On Certainty*. Hampshire: Palgrave Macmillan, 2005, pp. 1–2.

值，又阻断了导向怀疑论的通道。(5)经验的语法化。维特根斯坦从《逻辑哲学论》到《哲学研究》界定语法的性质，而从《哲学研究》到《论确实性》重新界定语法的幅度。语言使用中任何可以用作标准的对象都属于语法，语法不只句子、规则、范例、样品，也包括事实和行为方式。

90 年代以来的 20 多年中，解释者们的一个兴趣点是将维特根斯坦的《论确实性》与实用主义（尤其是皮尔士的实用主义）联系起来。因为他在《论确实性》中曾说，“所以我在想说出某种听起来像是实用主义的话。在这里我正受着一种世界观的阻挠。”[①] 这两句话引起了研究者们对他与实用主义者关系的种种猜测：维特根斯坦是否某种程度上接受过实用主义的影响？他在《论确实性》中的观点多大程度上跟实用主义相近或相关？阻挠他的世界观到底是什么？由于实用主义在美国的影响和复兴，将维特根斯坦哲学与实用主义联系起来，成为这一研究走出正统解释和新研究的一条重要路径。[②] 继早期将维特根斯坦与皮尔士加以比较之后，人们更多将他与詹姆士联系起来，不仅涉及后者的宗教观而且涉及其心理学。人们探究詹姆士的著作如何深刻而长远地影响了维特根斯坦，他们两人都聚焦于人类经验、实践对理论的优先性、宗教在理解人类生活中的重要性等等。[③]

尽管这些研究已引起学术界对维特根斯坦知识论、怀疑论、确

---

① 《维特根斯坦全集》，第 10 卷，张金言译，河北教育出版社 2003 年版，第 261 页。

② A. E. Johanson. Peirce and Wittgenstein on Certainty. In G. Debrock and M. Hulswit eds. *Living Doubt*. Dordrecht: Springer, 1994.

③ Russell B. Goodman. *Wittgenstein and William James*. Cambridge and New York: Cambridge University Press, 2004.

实性、自然和生活事实、心理学哲学的热烈讨论，但一系列疑问仍有待回答：第三阶段是否成立？即使成立，《论确实性》主要是语义学的还是知识论的？划出第三阶段对于把握维特根斯坦哲学整体究竟有何意义？维特根斯坦是否建立了新的基础主义？学者们仍需要进一步集中研究三个问题：1946 年之后以《论确实性》为代表的维特根斯坦的著作本身，这些著作和新思想在维特根斯坦哲学中的地位，这些新思想总体上与哲学（不只知识论）的关系。

二、确实性和常识

维特根斯坦对确实性和常识问题的思考受到马尔科姆的影响，因为在前者访美的时候后者曾介绍了自己对摩尔论文和普理查德著作的反应。因而，他们共同面对的是摩尔 1925 年的论文“捍卫常识”尤其是 1939 年的论文“对外部世界的证明”和普理查德 1950 年出版的著作《知识和信念》，马尔科姆曾经不止一次写文章对这类论题加以讨论。维特根斯坦或许不知道普理查德的著作，但他应该知道摩尔曾发表的文章，他当然或许只是在马尔科姆的启发下才真正认识到摩尔文章所隐藏的深刻问题，或许他正是这时候才有时间静下心来思考其中的问题。

摩尔的论文“捍卫常识”例举了作为自己世界观基础的一系列常识命题，他认为对于这些常识命题，他显而易见地确实知道它们为真，以至于简直都不值一提，但尽管如此，还是有许多哲学家出于各种原因不同意这些常识命题，这才使摩尔明确陈述这些他显而易见知道为真的东西。在论文“对外部世界的证明”中，摩尔通过大量例举和经验分析，说明外部世界存在的各类事物：我们心灵之外的事物、空间中相遇的事物、我们心中的后象等等，由此反驳康德对“我们之外存在的事物”的不成功论证。[①] 摩尔的陈述中涉及“知道”、“相信”、“确实性”、“命题”等等概念之间的复杂关系，它们都涉及知识论的根本问题。摩尔认为通过自己对这些确定无疑的常识命题的明确宣示，便维护了一种常识世界观，驳斥了那些对常识产生怀疑的哲学学说。

摩尔论文发表若干年之后引起维特根斯坦的深思，这既是某种机缘的结果，当然也意味着其中所包含问题的重要性。那么在维特根斯坦看来摩尔捍卫常识能起到捍卫作用吗？答案是否定的，因为在他看来，摩尔并不懂“知道”、“怀疑”等概念的语法。维特根斯坦认为，摩尔没有理解“我知道……”这种表达方式合理使用的语境，在大家都知道甚至都相信、没有人怀疑、也不提供新信息的情况中，使用“我知道……”是没有意义的。知道是与怀疑、不确实密切相关的。这涉及使用“我知道”的合理限度、怀疑的本性、确实性的种类和程度、我们的知识基础等一系列问题。在维特根斯坦看来，我们都知道、都相信为真的命题构成我们的信念体系，它们是我们不容置疑的东西，是我们可以有意义地怀疑的基础。这意味着，“怀疑”概念有它的使用语境，只有在正常语境中使用它才是合理的，超出正常语境就不再是合理的怀疑，而“一种怀疑一切的怀疑就不成其为怀疑”，“一种无限度的怀疑甚至说不上是怀疑”[②]。

---

① Thomas Baldwin ed. *G. E. Moore: Selected Writings*. London and New York: Routledge, 1993, pp. 106–107, 147f.

② 《维特根斯坦全集》，第 10 卷，张金言译，河北教育出版社 2003 年版，第 267、298 页。

这说明，怀疑有它的逻辑，有合理不合理之分。一种怀疑要是合理的，就必须有正常的语境和恰当的语言游戏。合理的怀疑是受到约束的，随着约束项的变化，怀疑会逐渐失去合理性。

至少从断定语气和立论风格看，维特根斯坦在《论确实性》（以及1946年之后的其他研究）中要比准备《哲学研究》的十多年中对理论观点更多肯定、少些排斥。这正是新维特根斯坦解释者全力以赴将《逻辑哲学论》和《哲学研究》都当作反形而上学的治疗话语而加以消解时，一些解释者立即从后《哲学研究》思考中看到维特根斯坦坚定立论的原因所在。如果说《哲学研究》的确具有很强的反理论、反形而上学味道，通过“语言游戏”、“家族相似”、“生活形式”等概念说明西方哲学史上哲学家们通过对“名称-对象”模型的狭隘理解而产生的各种哲学（尤其语言哲学和心理学哲学）问题，那么《论确实性》以及同一时期的心理学哲学著作则更多着力于建设，认定我们的各种困惑（尤其是对心理和知识概念的困惑）背后，是人类信念体系的确实性基础，由此让人们看到维特根斯坦对笛卡尔以来知识论上的怀疑论的有效反驳，并已经提出了更为有效的知识基础理论。

莫洛尔-夏洛克甚至从第三阶段这一高度看到了维特根斯坦另一种形式一以贯之的哲学立场：对语法的本性和界限的洞察和澄清。在他看来，维特根斯坦的哲学虽只有一条主线，但也存在波折。如果说从《逻辑哲学论》到《哲学研究》维特根斯坦重新界定了语法的本性，那么从《哲学研究》到《论确实性》他则重新界定了它的外延。第二个维特根斯坦意识到，不仅语法规则不是使用之前就已固定的表意文字，而且现在它替代了形而上学，用语法规则的表达替代了形而上学上的不可表达物。第三个维特根斯坦进一步意识到，偶然事实也可以属于语法，在生活之流中语言的语法并不是固定的，这便进一步涉及经验的语法化，而且现在语法未必一定是句子、规则或样品，也可以是一种行为方式。如此一来，将维特根斯坦哲学定位于治疗性质也只是看到了维特根斯坦诸多复杂面向中的一种，而现在第三个维特根斯坦转向该是突破新维特根斯坦研究这种狭隘方法论考究的时候了。[①]

莫洛尔-夏洛克认为，虽然维特根斯坦未能终结对确实性问题的思考，所写下的评论也未来得及打磨修改，各评论之间也看不出明显的先后逻辑论证关系，但是《论确实性》却有着主题的鲜明和确定，整体上透露出的稳定结构，展现出对人类生活形式的深刻洞察。维特根斯坦始终强调（在《论确实性》中尤其强调），语言并不是人类生活的起点，更不是我们哲学思考的起点。他要告诉人们的是，行为才是人类的真正起点，原始的、本能的、动物的行为是语言的真正起点，语言不过是动物本能的精细化。人类的确实性来自于动物的确实性，知识和信念的确实性来自于这些原始的行为和本能，后者是非反思的、非命题的、非经验观察的。我们的确实性所由来的那些构成枢轴的常识性命题看上去像是经验命题，但实际上我们的确实性构成我们知识的非基础的、必然的、实用主义的基础，而不是处于我们不可靠的认知事业中心的知识对象或命题。[②]

---

① Danièle Moyal-Sharrock ed. *The Third Wittgenstein: The Post-Investigations Works*. Aldershot, UK: Ashgate Publishing Limited, 2004, pp. 4–5.

② Danièle Moyal-Sharrock. *Understanding Wittgenstein's On Certainty*. London: Palgrave Macmillan, 2004, pp. 1–8.

科丽娃(Annalisa Coliva)在对摩尔和维特根斯坦有关确实性和常识的论题进行异同辨析的基础上，提出自己对于维特根斯坦所谓“枢轴”命题的框架解读。第一，枢轴命题不只是意义构造性的规则，而且大多数情况下事实上也是证据上重要的规则。如此以来，他同意赖特(Crispin Wright)和莫洛尔-夏洛克的看法，维特根斯坦的确放宽了规则概念和语法概念。第二，尽管枢轴命题不再具有为真为假的二极性，但它们仍然是命题，它们尽管具有规范功能而不是描述功能，却在不同场合的确被表达出来，因而也在语言游戏之内。第三，《论确实性》所提出的反怀疑论策略实际上并不依赖于所提出的怀疑存在着不合理和无意义之间的蕴涵关系。治疗解读的支持者错误地认为，使用的首要性妨碍我们将维特根斯坦有关枢轴的观点看作规则。第四，作为态度的确实性不是无根基的预设而是规则的一种接受形式，它们被当作规范的命题。因而怀特的认知解读和莫洛尔-夏洛克的框架解读都成问题，这些命题并非完全可以认知或完全“本能的”。第五，在这一论题上，维特根斯坦既不是认知基础主义者，也不是认知相对主义者。维特根斯坦所捍卫的是一种认知的反实在论。[①]

学者们不仅直接讨论维特根斯坦后期尤其“第三时期”有关确实性和常识的见解，而且从维特根斯坦对其他哲学家或科学家的影响中透视维特根斯坦后期的有关思想。弗劳埃德在图灵一百周年诞辰的纪念文章中指出维特根斯坦对图灵“常识”哲学观的影响以

---

① Annalisa Coliva. *Moore and Wittgenstein: Scepticism, Certainty, and Common Sense*. London: Palgrave Macmillan, 2010, pp. 10–11.

及反过来接受图灵的影响。她力图通过图灵自己的文献以及同一时期剑桥的其他文献证明，作为图灵数学和逻辑思想基础的“常识”哲学观念来自他与维特根斯坦的对话（这是他自己明确承认的），而维特根斯坦反过来进一步发展了这些观念，以回应逻辑中当时正流行的剑桥哲学传统，因而维特根斯坦后期哲学便部分地成形于对图灵的回应，正如图灵的一些工作也受到他的塑造一样。就常识观念而言，图灵在学生时期深受维特根斯坦讲演课程和对话交流的影响，而维特根斯坦也是长期存在的剑桥“常识”传统的回应者。[①] 如此看来，维特根斯坦对确实性和常识的关注并不是从后《哲学研究》时期才开始的，而是他后期哲学的一个总基调，甚至可以说，对常识的重视是剑桥的长期传统，维特根斯坦也是其中的受益者和继承人。维特根斯坦的解释者们不仅将维特根斯坦的这一思想总基调追溯至剑桥的长期传统，而且将它与美国实用主义深入结合起来。

在理论纷扰和主义争执的乱局之下，找到并坚守本来的确实性和健康的常识，这是维特根斯坦哲学持之以恒的目标。所以，当正统解释和非正统解释过分肯定和否定的情况下，回归维特根斯坦哲学的初心，恢复真正的确实性和常识，也许是必然的。素朴而踏实的生活才能使哲学问题消失，恢复内心的真正安宁，这正是维特根斯坦所力图让哲学家们做到的。

① J. Floyd. Turing on “Common Sense”: Cambridge Resonances. In J. Floyd and A. Bokulich eds. *Philosophical Explorations of the Legacy of Alan Turing: Turing 100*. Cham. Switzerland: Springer, 2017, pp. 103-106.

第3节 切入历史和现实

超越正统解释和非正统解释还带来一个重要后果，那就是将维特根斯坦哲学推向历史和现实。所谓推向历史，就是对维特根斯坦和西方哲学史以及大陆哲学家做深入比较，由此将维特根斯坦带入哲学史，在更广泛的历史语境中评价他的哲学和思想。所谓推向现实，就是发挥维特根斯坦对解决当代重要问题的现实作用，使他的哲学和思想在面对现代和后现代的政治、社会和文化等现实问题时能够起到思想和方法的指导作用。

一、置入历史

除了分析哲学史内部的历史比较，也就是将维特根斯坦与弗雷格、罗素、维也纳小组以及此后的分析哲学家加以比较之外，将维特根斯坦与西方哲学史大家、现代大陆哲学家加以比较其实也有着长期的传统，贯穿着维特根斯坦去世之后的三个阶段。《逻辑哲学论》甫一出版，便有人在伦理学上将维特根斯坦与斯宾诺莎做比。但是，直到维特根斯坦去世和《哲学研究》出版，再无人做类似比较。所有的比较研究都在分析哲学范围内，偶尔在一般的论述中会提及哲学史人物或存在主义、解释学、实用主义，例如石里克在1931年的“哲学的转变”一文中提及维特根斯坦在莱布尼茨开创的哲学方法中是推进到决定性转变的第一人。但诸如此类的简单提及并不算专门的比较研究，我们在此暂且不论。这种状况跟维特根斯坦只有《逻辑哲学论》问世以及早期分析哲学一直占主导地位这一形势有关。

1954 年是一个重要起点，卢卡奇将维特根斯坦与杜威一起放在新非理性主义趋向中（另见 C. S. Hardwick，1971），将他与费尔巴哈、克尔凯郭尔[①]、马克思[②]一起看作哲学危机展开的表现(E. Paci)。以 50—70 年代为例（据不完全统计），按照第一次明确进行比较的时间先后，将维特根斯坦与之做了比较的哲学家和思想家有：海德格尔（P. Chiodi，1955）[③]、亚里士多德（S. Hampshire，1957）[④]、康德（S. Hampshire，1957）[⑤]、阿奎那（A. Kenny，1959）[⑥]、利希滕贝格（J. P. Stern，1959）、胡塞尔（C. A. van Peursen，1959）[⑦]、叔本华（P. Gardiner，1963）[⑧]、皮尔士（M. J. Fairbanks，1964；B. Magee，

---

① 另见 S. Cavell(1964)、P. Winch(1965)、M. P. Gallagher(1968)、J. Zimmermann(1975)、R. H. Bell 和 R. E. Hustwit(1978)。

② 另见 M. Cornforth(1965)、R. Rossi-Landi(1966)。

③ 另见 I. Horgby(1959)、G. M. Weil(1960)、J. J. Mood(1965)、A. Naess(1965)、K. -O. Apel(1967)、M. Cristaldi(1967)、R. A. Goff(1968)、K. Harries(1968)、O. Becker(1969)、J. C. Morrison(1969)、D. A. Rohatyn(1971)、P. McCormick(1972)、T. A. Fay(1973)、M. Murray(1974)、G. F. Seffer(1974)、J. Zimmermann(1975)、H. A. Durfee(1976)、G. Hottois(1976)、R. Mandel(1978)、T. A. Fay(1979)。

④ 另见 H. Ruf(1969)、B. Walniewicz(1969)。

⑤ 另见 G. Weiler(1964)、W. Stegmüller(1965)、S. M. Engel(1969)、J. Hartnack(1969)、D. F. Pears(1970)、W. Stegmüller(1970)、J. Hintikka(1973)、H. Schwyzer(1973)、P. F. Strawson(1974)、K. A. Sprengard(1975)、J. Zimmermann(1975)、P. Bachmaier(1978)、S. Fromm(1979)、C. Penco(1979)、H. Schwyzer(1979)。

⑥ 另见 C. J. F. Willianms(1960)、L. H. Engel(1969)、P. J. Bearsley(1973)、W. H. Bruening(1977)。

⑦ 另见 G. Weiler(1964)、M. Dufrenne(1966)、P. Ricœur(1967)、J. M. Hems(1968)、G. Piana(1971)、H. -U. Hoche(1972)、H. Lübbe(1972)、R. C. Solomon(1974)、H. A. Durfee(1976)、E. Taylor(1978)、W. Kuroda(1979)。

⑧ A. S. Janik(1966)、M. Micheletti(1967)、E. B. Greenwood(1971)、J. Zimmermann(1975)、R. B. Goodman(1979)。

1971)、尼采(E. Heller, 1965)[①]、萨特(A. Naess, 1965)[②]、詹姆士(M. Fairbanks, 1966; S. K. Wertz, 1972)、笛卡尔(A. Kenny, 1966)[③]、卡西尔(R. S. Rajan, 1967)、波兰尼(C. B. Daly, 1968)[④]、索绪尔(M. Mandelbaum, 1968)、洛克(S. Schmidt, 1968)[⑤]、赫尔德(S. Schmidt, 1968)、冯·洪堡(S. Schmidt, 1968)、雅斯贝尔斯(S. M. Engel, 1969)、柏拉图(F. A. Tillman and S. M. Cahn, 1969)[⑥]、毛特纳(G. Weiler, 1970; R. Haller, 1974)、蒂利希(C. Hartshorne, 1970)、托尔斯泰(E. B. Greenwood, 1971)[⑦]、米德(C. S. Hardwick, 1971)、休谟(N. Malcolm, 1971)[⑧]、伽达默尔(K. -O. Apel, 1973; J. Zimmermann, 1975)、曼海姆(D. Bloor, 1973)、乔姆斯基(E. L. Erde, 1973)[⑨]、赫拉克利特(R. A. Shiner, 1974)、卡夫卡(J. K. Bramann, 1975; A. Thorlby, 1976)、梅洛-庞蒂(M. F. Epstein, 1975; J. L. Marsh, 1975)、瓦莱里(J. Zimmermann, 1975)、德里达(C. Altieri, 1976; D. B. Allison, 1978)、安瑟伦(C. Diamond, 1977)、黑格尔(D. Lamb, 1977)[⑩]、弗洛伊德(M. Lazerowitz, 1977)、奥古斯丁(D. E. Zoolalian, 1977)[⑪]、利科(R. L. Arrington,

---

① K. Wallace (1973)、M. Cacciari (1976).

② K. A. Sprengard (1975)、M. Warnock (1976).

③ N. Malcolm (1971)、J. Bouveresse (1976).

④ J. H. Gill (1975)、R. L. Hall (1979).

⑤ M. T. Thornton (1969)、N. Malcolm (1971)、S. K. Zaw (1976)、G. Vesey (1976).

⑥ D. Weissman (1972)、R. D. Mohr (1977).

⑦ W. Baum (1977)、D. Magnanini (1979).

⑧ O. Hanfling (1976)、P. Jones (1976)、G. Richards (1978).

⑨ I. Robinson (1975)、B. Waller (1977).

⑩ D. Lamb (1978)、D. Lamb (1979).

⑪ E. Sankowski (1978)、H. Spiegelberg (1979).

1978）、卢斯（U. Steinvorth，1979）、克劳斯（U. Steinvorth，1979）。除此之外，还有一些将维特根斯坦哲学与禅宗佛教和道家哲学加以比较的文献。

可以说，这类比较研究从 20 世纪 50 年代开始从未间断，即便从如上材料也可以看出，比较研究在哲学史上主要集中于维特根斯坦与笛卡尔、康德，而在大陆哲学上主要集中于叔本华、胡塞尔、海德格尔。80 年代之后到新维特根斯坦研究时期，比较研究更加趋于成熟，出现与许多大陆哲学家长篇幅的系统研究：与黑格尔、叔本华、克尔凯郭尔、尼采、胡塞尔、海德格尔、伽达默尔、德里达、列维纳斯等大陆哲学家和批判理论家的研究都有著作篇幅的成果，甚至大部分还不止一部（比如海德格尔、伽达默尔等）。[①] 这些趋向可能跟几个因素有关：第一，有更多出身于大陆的英美哲学家以及身在大陆的分析哲学家参与到维特根斯坦的解释工作中；第二，维特根斯坦哲学解释突破自己的共同体范围和分析哲学范围，人们更多看到维特根斯坦横跨英美和大陆两种哲学和文化的实际情况；第三，分析哲学与大陆哲学出现融合的趋向，而对维特根斯坦的比较研究本身既是这一趋向的结果，也是促进这一趋向的重要刺激因素。

斯托克（Barry Stocker）主编的《后分析〈逻辑哲学论〉》（2004）

① 参见 Derrida（Garver and Lee 1995; Staten 1986, GIendinning 2001）、Saussure（Harrjs 1988）、Hegel（Lamb 1980）、Kierkegaard（Creegan 1989; Schönbaumsfeld 2007）、Merleau-Ponty（Dwyer 1997）、Gadamer（Armswald 2002; Horn 2005; Lawn 2007）、Levinas（Plant 2005）、批判理论（Brill 1994）和现象学（Gier 1981; Overgaard 2006）。

算是第五阶段开始的又一个标志性成果。该论文集旨在让人们看到从分析哲学角度看待《逻辑哲学论》的局限，而促使人们从大陆哲学去探究该书。这既是分析哲学与大陆哲学合流趋向的一种自然结果，也是维特根斯坦解释者们力图超越正统和非正统对立的一项重要选择。当《哲学研究》被重新看作诠释学的和解构的趋向时，《逻辑哲学论》也就更多被看作关涉哲学史上康德、叔本华、克尔凯郭尔和其他哲学家问题的文本，而不是与哲学传统的明确断裂。哲学的终结、对形而上学的拒斥本身就是哲学史传统的一部分，而神秘主义也需要在哲学史中加以重新理解，而不能当作纯粹的否定。该论文集的文章虽并非观点立场一致，但它们都使我们将《逻辑哲学论》与哲学传统关联起来。通过包容弗雷格和克尔凯郭尔，维特根斯坦表明显示和说出、意义和无意义何以是任何可能的哲学的根本问题。哲学不能以单一方法分析还原为基本术语，所以我们必须是“后分析的”，意识到幻象皆产生于以形而上学的、逻辑的和现象学的概念之单一的、统一的语言来建立哲学而不给悖论和不可表达留下任何空间的企图。[①] 从此之后，将维特根斯坦置入西方哲学史可以说变得越来越大胆，成果愈见丰富。

在如上探讨的基础上，布瑞沃(Lee Braver)的专著《无根基的根基：维特根斯坦与海德格尔研究》(2012)则可以说是将英美和大陆两个顶尖哲学家从而两个传统放到一起研究的最新力作，在第五阶段具有一定的代表性。他认为两人不仅出生同年，都来自德语

① Barry Stocker ed. *Post-Analytic Tractatus*. Hampshire and Burlington: Ashgate Publishing Company, 2004, pp. 1-3.

区，早期都有成名作，后期都开创了新的哲学，都对传统进行了深刻反思，而且作为两个传统的核心人物，都在广泛的基本问题上以相似的观点进行相似的论证。作者从 2007 年的著作《这世界的事物：大陆反实在论史》[①] 便已开展一项证明，即大陆和分析两个传统在相同的论题上进行工作，《无根基的根基》一书更集中于两个传统的两个核心人物，增加这一探讨的深度。通过解释处于不同的风格、术语和角度之下的某些共同之点以及他们的分歧之点，该书会丰富我们对他们彼此的理解。作为天才般的伟大哲学家，他们如此深入哲学的根本问题，以至于他们与传统（的各种主义）疏离，语言和表达都相对陌生，以实现自己的高度原创性。鉴于以往的解释者将维特根斯坦当作分析传统的哲学家，将其文本当作对某一狭隘问题的处理，因而失去对其中整体关联的思考，布瑞沃力图在该书中整体地看待两人的著作，使它们在细节上相对模糊而在整体上比较清晰。通过这样一种整体关联，我们通过两个人表面的差异而看到深层的相似性乃至一致之处。[②]

超越分析哲学的狭隘理解，超越语言、逻辑、意义、真理等等的纯哲学探讨，将维特根斯坦当作思想和行为、哲学与人生高度契合的思想家，一个横跨大陆和英美两个传统的思想家，或许更符合维特根斯坦本人的实际和期望，当然对于促进哲学的繁荣和发挥哲学的作用也是极其重要的。

---

① Lee Braver. *A Thing of This World: A History of Continental Anti-Realism*. Evanston: Northwestern University Press, 2007.

② Lee Braver. *Groundless Grounds: A Study of Wittgenstein and Heidegger*. Cambridge: The MIT Press, 2012, pp. 1–8.

二、落至现实

超越正统和非正统之争，除了置入历史，使维特根斯坦在更宽广的历史语境中得到准确定位之外，他的哲学和方法还被更紧密地与现实结合起来。这使维特根斯坦思想中与政治和文化有关的部分，得到比以往更多的探究。

在社会政治思想领域，1972 年卡维尔的学生皮特金（Hanna Fenichel Pitkin，1931—）的《维特根斯坦与正义：论路德维希·维特根斯坦对社会政治思想的重要性》便是最早的重要探索。该书出版之后引起较大反响，两年之内有 9 个书评。该书通过原始文献的大量引证，旨在阐述维特根斯坦后期哲学以及在当代哲学中的有关发展，考察它们对我们思考社会政治生活的潜在重要性。她在对维特根斯坦的哲学主题进行相对澄清以后，便着力探讨这些主题的意蕴，尤其引向它们在社会科学和政治理论方面的意义。她当然既在阐释维特根斯坦的哲学，也在发展她自己的哲学，尤其她对社会和政治的兴趣。① 当分析哲学还如日中天的时候，皮特金的探索便已远远超出了分析哲学的视角或具体琐碎的哲学问题，而力图发掘维特根斯坦哲学论题的重要政治和社会意蕴，这不仅需要眼光，而且需要勇气。

事实上，不管维特根斯坦本人还是其哲学都没有远离当时的政治。他是欧洲社会政治演变的一部分，不仅深受其影响，而且对它

① Hanna Fenichel Pitkin. *Wittgenstein and Justice: On the Significance of Ludwig Wittgenstein for Social and Political Thought*. Berkeley, Los Angeles, and London: University of California Press, 1972, pp. vii–xiii.

们做出了自己的反应。他以亲历的方式经历了两次世界大战、奥匈帝国的衰亡、犹太人的悲惨命运等等重大政治事件，因而不能不以自己的独特方式加以表达。第二次世界大战结束不久，他便雄辩地指出自己时代的"贫乏"和"黑暗"，这既指政治的更指文化的方面。维特根斯坦的政治态度、文化反应和精神诉求经常不断地被人们从其著作的主流解释之外提起并加以思考。维特根斯坦去世之后家人、学生、朋友一波又一波的回忆对这些思考有促进作用。雅尼克和图尔明的《维特根斯坦的维也纳》(1973)是较早对维特根斯坦成长中接受影响的维也纳社会文化进行反省的著作（雅尼克在《维特根斯坦的维也纳再访》(2001)中对维特根斯坦所处的社会政治文化环境做了进一步的发掘）。1980 年《文化与价值》的出版也有助长作用，该书内容从 1914 年到 1951 年，反映维特根斯坦一生纯哲学之外的种种看法，该书有关对自己时代的保留态度和对现代文明表达不满的那些部分引起人们的最大争议。关于维特根斯坦是否为一个保守主义者的争论也许跟该书所透露的观点不无关系。由此引发他与诸多大陆文化倾向尤其是叔本华、斯宾格勒之间关系的重新思考。

面向政治文化和社会现实还有一个值得注意的新变化，就是学者们加强了维特根斯坦与马克思之间的深入关联。在 50 年代以来的西方思想界，甚至可以源溯至语言哲学刚刚兴起的 20 年代，马克思主义学者对语言哲学的批判便已开始。在学术圈中马克思与维特根斯坦之间的彼此冷漠乃至于敌对是有深刻原因的：第一，马克思主义传统有前科学或科学主义倾向，使许多维特根斯坦学者保持谨慎甚或敌意；第二，那些采用维特根斯坦观点的马克思主义学者所受的影响不是来自对维特根斯坦的肯定而是对他的批判（尤其来自 E. 盖尔纳的批判[①]）；第三，认为维特根斯坦哲学具有“非政治性”甚至政治上保守的观点，阻碍热衷于社会政治哲学的马克思主义学者的兴趣。1965 年康福特（M. Cornforth）的著作《马克思主义与语言哲学》也正是这一批判性对抗的一个标志。[②]

但是，这种情况到 70 年代以后有所变化，可能的原因有二：一是政治上的对立态度有所平息，对维特根斯坦的所谓保守主义有了新的理解，分析哲学研究者和马克思主义者的彼此敌对态度也有所缓解，并且都希望从对方获得助益。先有吉登斯、哈贝马斯、温奇等人借鉴维特根斯坦哲学进行建构性的政治阐释，后有当代左派（拉克劳、墨菲、维尔诺、巴丢、齐泽克、阿甘本等）发掘维特根斯坦语言哲学的解构性特质，开辟了转用维特根斯坦哲学的广泛谱系[③]；二是维特根斯坦经由斯拉法而接受马克思影响的事实随着斯拉法信件的逐渐被发现而完全坐实，使两位思想家建立了切实的联系，麦克奎尼斯在追踪这些信件中做出重要贡献。

罗丝-兰蒂（Ferruccio Rossi-Landi）是较早意识到马克思主义者可以从维特根斯坦那里获得助益的学者，早在 60 年代末便在竭

① Ernest Gellner（1925—1995）的 *Words and Things*（1959）被认为是二战后批判分析哲学的著作中远胜于《科学革命的结构》、《命名与必然性》、《哲学与自然之镜》者。这本大众读物引起当时学术界和文化界对日常语言哲学和维特根斯坦的激烈争论，其观点后来为 Marcuse、Popper、Habermas 和 Deleuze 等思想家采用，但其影响几乎全是负面的。

② Cornforth, Maurice. *Marxism and the Linguistic Philosophy*. 2nd edition. London: Lawrence & Wishart, 1967 (orig. 1965).

③ 黄玮杰：“语言哲学的激进潜能——当代左派哲学语境下的维特根斯坦”，载《哲学研究》，2017 年第 12 期，第 52 页。

力呼吁。[1] 鲁宾斯坦（David Rubinstein）对马克思和维特根斯坦的专门研究也相对较早，他在《马克思与维特根斯坦：社会实践与社会说明》（1981）中力图发掘两人的实质平行之处以及在社会科学方面的诸多哲学理论论争。[2] 伊斯顿（Susan M. Easton）的著作《人道主义的马克思主义与维特根斯坦的社会哲学》（1983）亦是相对较早的专门研究，他通过对维特根斯坦主要观念的考察来澄清和维护人道主义的马克思主义。[3] 普莱森茨（Nigel Pleasants）是将社会批判理论与维特根斯坦结合起来进行卓有成效研究的较早学者，他通过对维特根斯坦哲学的原创解读而发掘社会批判理论的不足之处。[4] 借助于如上的环境变化和学者推动，于是对马克思和维特根斯坦皆感兴趣的学者便跨洋越洲聚集一起，举行不定期的讨论，所涉学者范围越来越大。1999 年的一次会议在剑桥三一学院召开，留下了完整的论文集，对维特根斯坦与马克思比较的历史、内容取向、相互影响都做出了全面思考，尤其涉及两人的共同之处、相异之点和彼此助益的视角。这无疑是一次重要的学术事件，不论对维特根斯坦还是对马克思而言。[5] 将维特根斯坦与马克思加以比较，如上的

---

① Ferruccio Rossi-Landi. *Sprache als Arbeit und als Markt*. Munich: Carl HanserVerlag, 1968.

② David Rubinstein. *Marx and Wittgenstein: Social Praxis and Social Explanation*. London: Routledge, 1981.

③ Susan M. Easton. *Humanist Marxism and Wittgensteinian Social Philosophy*. Manchester: Manchester University Press, 1983.

④ Nigel Pleasants. *Wittgenstein and the Idea of a Critical Social Theory: A Critique of Giddens, Habermas and Bhaskar*. London and New York: Routledge, 1999.

⑤ Gavin Kitching and Nigel Pleasants eds. *Marx and Wittgenstein: Knowledge, Morality and Politics*. London and New York: Routledge, 2002.

一些探讨兴许只是一个开端，有待更多对两个领域都精熟的学者参与其中，并结出丰硕成果。这一探讨更为热烈的地域很大程度上越出了维特根斯坦共同体，而且不是旨在诠释维特根斯坦文本，而是延伸和转用维特根斯坦思想，需要另外加以专门研究。

维特根斯坦哲学对政治社会现实究竟是否有所助益，是关心社会政治生活的学者共同关心的问题。皮特金早在其著作中，就认为维特根斯坦的思想的确“仍处于当代人类状况的问题中心”，而且由于维特根斯坦哲学不同于传统哲学，“他对广泛系统的概括的怀疑，包含他治疗性地强调特定情况，强调研究和说话本身，强调接受多样性和矛盾”，或许都可用于政治理论的批判评价目的。[①] 稍后，在上面所提及的普莱森茨对维特根斯坦哲学与社会批判理论之间关联的系统研究之前，已有青年学者表明维特根斯坦哲学对于批判社会理论的检视价值，尤其是约尔根·哈贝马斯的理性概念和查尔斯·泰勒的解释概念，难逃维特根斯坦哲学的批判性评价。[②] 后来的学者们，在皮特金的基础上，更是探索维特根斯坦有关语言、语法和意义的思想，有关平凡、常识和日常的思想，对语言游戏多样性和生活形式的洞察，对概念和家族相似的理解等等，或许对现代政治理论有更积极的作用。[③] 这些探索集中于哈耶斯（Cressida Heyes）主编的《政治的语法：维特根斯坦与政治哲学》

① 参见汉斯·斯鲁格：《维特根斯坦》，张学广译，北京出版社 2005 年版，第 224—225 页。

② James Tully. Wittgenstein and Political Philosophy: Understanding Practices of Critical Reflection. *Political Theory*, 17(1989), pp. 172-204.

③ 汉斯·斯鲁格：《维特根斯坦》，张学广译，北京出版社 2005 年版，第 225 页。

(2003)一书。[①]

汉斯·斯鲁格是在英美哲学和大陆哲学两个传统进行探索的学者典型代表。他很早便以一篇长文“《逻辑哲学论》中的主观性”(1983)切入维特根斯坦研究，而其实他在分析哲学中更早更专的研究是专著《弗雷格》(1980；中译本，1989)以及沿着这一主线而主编的 4 卷本论文集《弗雷格研究文集》(1993)，此后他与大卫·斯特恩合作编辑了深有影响的《剑桥维特根斯坦指南》(1996；修订 2 版，2018)。而在大陆哲学方向，他很早就对海德格尔思想的起源环境和政治影响发生兴趣，并出版《海德格尔的危机——纳粹德国的哲学与政治》(1993；中译本，2015)，并逐渐对尼采、福柯等大陆哲学家发生兴趣。接着，他在《维特根斯坦》(2011；中译本，2015)一书中立足维特根斯坦哲学论题的当代意蕴而追问：研究哲学的用途是什么？他在该书中不仅简要探索维特根斯坦哲学中的主要论题，而且尤其回溯哲学论题引起的政治和文化争议，探索维特根斯坦哲学对解决人类当下迫切的政治现实问题能够具有怎样的启示。[②] 在参加 2012 年第 35 届国际维特根斯坦论坛时，他以“超越新维特根斯坦”一文引起较大的反响。[③] 此后，他兑现自己在《维特根斯坦》一书中有关借助维特根斯坦思想来构造政治哲学的可能

① Cressida Heyes ed. *The Grammar of Politics: Wittgenstein and Political Philosophy*. Ithaca, NY: Cornell University Press, 2003.

② Hans Sluga. *Wittgenstein*. Oxford: Wiley-Blackwell, 2011, pp. 131–150.

③ Hans Sluga. Beyond the New Wittgenstein. In H. Greif and M. Weiss eds. *Ethics, Society, Politics: Proceedings of the 35th International Wittgenstein Symposium*. Berlin: De Gruyter Ontos, 2013, pp. 11–34.

性这一承诺，出版《政治学与公共善的搜寻》(2014)，旨在阐述两种不同的政治哲学传统：从柏拉图到约翰·罗尔斯的“规范理论化”传统和从马克思、尼采到二十世纪施密特、阿伦特和福柯的“诊断实践”传统，而其中维特根斯坦哲学对于后一传统的发扬光大起到重要的方法论指导作用，这也许正是维特根斯坦哲学对于当代政治现实的真正价值所在。①他与斯特恩修订2版的《剑桥维特根斯坦指南》(2018)肯定算是维特根斯坦解释最新时期的方向标之一，不仅原有反映正统解释和非正统解释的重点文献予以保留，而且还增加了反省全面超越和最新文本研究的资料(Kevin Cahill对《逻辑哲学论》的伦理学的总结对应于走向伦理-宗教的新趋向，斯特恩关于维特根斯坦1930年代的文献考察是对他整理的维特根斯坦讲演摩尔笔记的进一步思考和总结，Michael Kober系统总结了解释者们有关《论确实性》的论争)。斯鲁格自己的长篇导论和补加的有关时间和历史的长文也反映了新世纪以来解释者们对维特根斯坦的新认识，是站在他自己和解释史学者们最高位置的一种鸟瞰。②

鉴于维特根斯坦的写作风格和学术原创，从1922年罗素导言开始的近百年维特根斯坦哲学解释史，产生了卷帙浩繁的文献，数千篇论文和数百部著作。从一部原作到一大批原作，从单篇文章到大部头著作，从分析哲学视角到哲学史的全方位视角，从学术共同体内到共同体外，从纯哲学探讨到历史和现实的反复回溯，维特根

① Hans Sluga. *Politics and the Search for the Common Good*. Cambridge University Press, 2014.

② Hans Sluga and David G.Stern ed. *The Cambridge Companion to Wittgenstein*. 2nd edition. London, New York: Cambridge University Press, 2018.

斯坦哲学解释史无疑成为哲学史上问题演进和思想展开的卓越案例。对这些文献进行清理无疑是一项有重要意义的学术工程，但是任何分期和归纳都难免有较大的疏漏，也只能为有心的读者提供可资借鉴的解读线索。

第三篇

中国维特根斯坦哲学研究

第 8 章　中国维特根斯坦哲学研究的历程

维特根斯坦哲学研究在中国有着长久而曲折的历史，但中国目前可能是学习和研究人员最多的国家。中国哲学家跟分析哲学和维特根斯坦有过长期而紧密的关联。这种关联开始于贝特兰·罗素 1920 年 9 月至 1921 年 7 月的中国之行，罗素的中国之行是一个对二十世纪中国哲学来说极为重要的事件。除了对解决中国各种急迫的问题提供建议外，罗素还带来了新的哲学方法。正如冯友兰 1948 年所指出的，逻辑分析当时成为现代中国哲学重建的主要工具。[①] 借助于逻辑分析，金岳霖、冯友兰、张岱年在 20 世纪 30 到 40 年代形成了现代中国哲学重建的不同版本。因而，《逻辑哲学论》在英译本之后的第一种译文为中文就一点也不奇怪；仅在德英对照本出版 5 年之后，张申府 1927—1928 年就发表了《逻辑哲学论》的第一个中译本。接着到 1937 年，莫里茨·石里克的弟子洪谦从维也纳返回中国，热心地宣传维也纳小组，也包括维特根斯坦哲学。1949 年之后长达 30 年的中断，造成中国学者对分析哲学之

---

① Fung Yu-lan. *A Short History of Chinese Philosophy*. Edited by Derk Bodde. New York: The Free Press (A Division of Macmillan Publishing Co., Inc.), 1948, p. 329.

西方进程的隔膜。当分析哲学 20 世纪 50—70 年代在西方达到高潮时，中国哲学家未能因循其发展。80 年代之后，当分析哲学在西方有些衰落时，中国学者和中国公众才开始热衷分析哲学。这种隔膜对维特根斯坦而言尤为严重，当他的后期著作已出版并在西方受到极大称赞时，中国学者仍然基本上停留于《逻辑哲学论》，并将其误解为资产阶级哲学家。当然，最近 40 多年来，情况已发生急剧变化，大量中国学者已在积极地研究维特根斯坦哲学。下面首先对中国维特根斯坦研究 1949 年之前和 1979 年之后两个阶段的演进过程做简要勾勒。

第 1 节 1949 年之前

尽管许多中国学者知道《逻辑哲学论》，不管是最初的德英对照本还是中译本，但 1949 年之前，维特根斯坦对中国哲学产生的影响很小。中国学者倾向于将他要么看作罗素的弟子，要么仅仅当作维也纳小组的一个成员。鉴于只把他放在次要地位，中国学者很大程度上对维特根斯坦哲学的细节不大了解。

一、起初接触

现在要准确地说出维特根斯坦和《逻辑哲学论》什么时候和如何为中国学者所知是不可能的。贝特兰・罗素在其中国讲演中的确没有提到他。中国哲学家知道维特根斯坦的名字很可能要么来自与罗素的交谈，要么来自罗素 1918—1919 年发表于《一元论者》(第 28 和 29 卷)杂志的文章“逻辑原子主义哲学”，他们当时都熟悉这一杂志。第一个讨论和推介罗素哲学的中国学者张申府，也在其 1925 年 9 月 10 日和 12 日发表于《京报副刊》的文章“数学的哲学”中第一个提到维特根斯坦和《逻辑哲学论》。[①] 紧接着，张申府在《哲学评论》（北平）第一卷的第 5 期(1927 年）和第 6 期(1928 年）发表了《逻辑哲学论》的译文。[②] 因为当时中国的哲学杂志很少，这一译文很可能为大多数从事西方哲学的中国学者所知。

从 20 年代到 40 年代，张申府一直谈论维特根斯坦，中国哲学家这些年也很可能通过张申府了解维特根斯坦和《逻辑哲学论》。1927 年 12 月，张申府在发表于《北新》的文章“论自相矛盾”中考察了维特根斯坦关于逻辑悖论的观点。[③]1931 年，张申府在发表于《清华学报》的文章中谈到弗里德里希·魏斯曼计划写作论维特根斯坦哲学名为《逻辑、语言和哲学》的著作。[④] 两年后，他在发表于《大公报》的文章中讨论了维特根斯坦的事实概念，并称赞《逻辑哲学论》为奇书。[⑤]1935 年，在介绍莫里茨·石里克的文章“哲学的未来”时，张申府再次提到维特根斯坦对维也纳小组的启发，盛赞维特根斯坦由于逻辑工作而为“奇人”。当讨论鲁道夫·卡尔纳普的《语言的逻辑句法》时，他还宣布《逻辑哲学论》和罗素的《数学原理》与此齐名。在评论《大不列颠哲学通览》(Leipzig: Felix Meiner, 1935)一书时，张申府再次讨论了维特根斯坦的逻辑学。[⑥]1938 年，

① 张申府:《张申府文集》，第 2 卷，河北人民出版社 2005 年版，第 55 页。
② 张申府:《张申府文集》，第 4 卷，河北人民出版社 2005 年版，第 154—239 页。
③ 张申府:《张申府文集》，第 2 卷，河北人民出版社 2005 年版，第 102 页。
④ 同上，第 466 页。
⑤ 同上，第 173—174 页。
⑥ 同上，第 500、533、541 页。

他指出维特根斯坦的《逻辑哲学论》是现代实证主义复兴的主要源泉，还简要提及维特根斯坦的后期哲学。[①] 最后，到1942年8月15日，张申府联系《逻辑哲学论》讨论了墨子的逻辑。[②]

二、中国哲学的分析重建

20世纪30年代到40年代，金岳霖、冯友兰和张岱年使用逻辑分析方法，忙于构建具有中国特色的现代哲学。但是，这些学者把分析哲学只是用作方法。尽管罗素的哲学当时遮蔽了《逻辑哲学论》，但仍可以合理猜测，维特根斯坦及其著作也对这一工程发挥了某种作用。

在清华大学讲授逻辑的金岳霖可能是近现代中国最早致力于逻辑分析的，他第一个开设逻辑学课程和编写逻辑学教材，讲授逻辑学课程时间与张申府发表《逻辑哲学论》译文时间重叠，《逻辑》教材(1936)中体现《逻辑哲学论》部分思想。在出版于1940年的《论道》中，他写道："近来经奥人维特根斯坦……底分析才知道逻辑命题都是穷尽可能的必然命题。"[③] 从其著作中可知，他很熟悉《逻辑哲学论》，而且吸收了其中关于逻辑的某些思想。金岳霖还写下许多与《逻辑哲学论》具有相似性的论逻辑和其他哲学主题的文章；但是，他很少提到维特根斯坦的名字。因此，难以断言他重建形而上学和认识论时《逻辑哲学论》究竟对他有多大影响。

在《中国哲学简史》中，冯友兰写道："西方哲学对中国哲学的

① 张申府：《张申府文集》，第2卷，河北人民出版社2005年版，第231—234页。
② 同上，第302页。
③ 金岳霖：《金岳霖文集》，第2卷，甘肃人民出版社1995年版，第144页。

持久贡献在于它的逻辑分析方法”，因为“首先吸引中国人的是逻辑”。[①] 他将逻辑分析方法用于澄清中国传统哲学，表现在其两卷本著作《中国哲学史》中。在 40 年代高度原创的“贞元六书”的第一部中，他说“此处所用的方法完全是分析方法”。[②] 可以合理地推断，他已经吸收了《逻辑哲学论》的某些思想。但是，对他来说，分析哲学也只是重建中国哲学的方法。冯友兰强调这一重建中形而上学的重要性，其思想体系的重建很大程度上依赖于中国传统的形而上学观，他对形而上学的态度与《逻辑哲学论》的态度自然不相同。《逻辑哲学论》中的形而上学观对他似乎关系不大。

在洪谦作为维也纳小组的宣传者从维也纳返回中国之前的 4 年，名为张岱年的年轻学者已经在其 1933 年的文章“维也纳派的物理主义”中向中国读者介绍了它的思想。在该文章中，张岱年将《逻辑哲学论》刻画为维也纳小组兴起的最大影响因素。[③] 但是，跟他的兄长张申府竭力将分析哲学引入中国相比，张岱年旨在将逻辑分析方法与辩证唯物主义和中国传统哲学结合起来，构建新的哲学体系。[④] 在这一构建中，他没有明显地表明维特根斯坦的哲学和逻辑对他思想的影响；他没有特别讨论也很少提及维特根斯坦和《逻辑哲学论》，尽管他显然知晓维特根斯坦的逻辑，《逻辑哲学论》对维也纳小组的影响，以及逻辑分析方法在哲学研究中的重要性。[⑤]

---

① Fung Yu-lan. *A Short History of Chinese Philosophy*. Edited by Derk Bodde. New York: The Free Press (A Division of Macmillan Publishing Co., Inc.), 1948, pp.329, 330.

② 冯友兰：《冯友兰全集》，第 6 卷，河南人民出版社 2001 年版，第 296 页。

③ 张岱年：《张岱年全集》，第 1 卷，河北人民出版社 1996 年版，第 83—84 页。

④ 同上，第 262—279 页。

⑤ 同上，第 66—68 页及以下。

跟冯友兰一样，他也不同意维特根斯坦和维也纳小组的反形而上学态度，并不认为不存在哲学命题。[①]

三、与中国哲学的冲突

1937 年从维也纳返回后，洪谦开始宣传维也纳小组的思想，强调《逻辑哲学论》在维也纳小组兴起中的重要地位，将该书看作维也纳小组哲学观的有机部分。在其出版于 1945 年的著作《维也纳学派哲学》的序言中，洪谦从“石里克、维特根斯坦、卡尔纳普……”开始列出维也纳小组的最重要成员。[②] 该书还包括论《逻辑哲学论》的一章，其中对《逻辑哲学论》结构的解释依据他 30 年代跟维也纳小组一起学到的内容。[③] 在发表于《哲学与现象学研究》1949 年第 9 卷第 4 期的文章“莫里茨 · 石里克与现代经验主义”中，洪谦注意到，石里克因袭维特根斯坦将哲学不是刻画为“科学”，而是刻画为隐于所有科学之后的“活动”。[④]

洪谦对维也纳小组的宣传不仅使中国学者更深地理解了分析哲学和现代经验主义，而且也挑起了冲突。既要重建形而上学体系，又要避开维也纳小组的反对，冯友兰 1943 年便将形而上学划分为两类：传统形而上学和他自己的形而上学。他认为，维也纳小组的反形而上学论证只能拒斥前者，前者是包含关于实在的似是而非的论断的假形而上学，而他的形而上学是真形而上学，只包含关

① 张岱年：《张岱年全集》，第 1 卷，河北人民出版社 1996 年版，第 3 卷，第 21 页。

② 洪谦：《洪谦选集》，吉林人民出版社 2005 年版，第 2 页。

③ 同上，第 137—139 页。

④ 同上，第 238 页。

于实在形式上的分析命题。冯友兰得出结论说，维也纳小组的目的不仅克服了坏的、传统的形而上学，而且同时推进了好的、真的形而上学。[①]为了回应这一主张，洪谦尖锐地批评了冯友兰 1946 年文章的哲学方法，他在其中指出，维也纳小组的目的从不是消灭形而上学，而只是限制形而上学的范围。在维也纳小组看来，形而上学不能被看作知识系统，不管传统意义上还是冯友兰的意义上。因此，冯友兰的新形而上学无法避开维也纳小组分析方法的拒斥。[②]不幸的是，这一争论没能在 1949 年之后继续。假如能继续的话，分析哲学和中国哲学之间的这一冲突也许会产生某些富有成效的洞察。

第 2 节　1979 年之后

1949 年到 1979 年的 30 年中国学术界与分析哲学的分离，对中国哲学的发展来说是一个巨大的损失。除了某些批判性的教学和西方哲学文献的少量翻译，这一时期中国学者基本上未能在西方哲学进行工作。只有少量坚持者，江天骥便是其中之一。他在 1958 年的著作《逻辑经验主义的认识论》中讨论到维特根斯坦。60 年代，洪谦主编了译著《西方现代资产阶级哲学论著选辑》，其中收录《逻辑哲学论》的一部分。1962 年郭英从俄文版翻译了《逻辑哲学论》(商务印书馆)。鉴于如此限制，这类工作虽然某种程度上有助于传播当代哲学，但学者们仍无法在这一领域进行真正的学术

① 冯友兰:《冯友兰全集》,第 11 卷,河南人民出版社 2001 年版,第 491—495 页。

② 洪谦:《洪谦选集》, 吉林人民出版社 2005 年版, 第 189、195 页。

研究。

但是，1979 年之后，情况大为改观。1979 年后国内第一篇中文维特根斯坦研究文献出现在 1980 年（洪谦先生对国际维特根斯坦论坛的报道）。通过国家图书馆、CNKI 中国知识资源总库、超星数字图书馆的文献统计，截止 2020 年底的 41 年中，大陆学术界出版维特根斯坦本人原著 80 份（含同一文献的不同片段、不同版次和不同译者）、研究译著 35 部、研究著作 62 部，发表研究译文 90 篇、研究论文 1528 篇（涉及作者 1000 余人（含第二作者）），产生博士学位论文 51 篇、硕士学位论文 250 篇。从文献的角度看（下面的分析主要限于著作篇幅的成果，因而只是一个粗线条的勾勒），恢复时期的 41 年中大陆学术界对维特根斯坦的研究可以分为四个阶段：第一个阶段主要进行介绍，大约从 1979 年到 1989 年，接着是大约到 1999 年的个案研究阶段，第三个阶段是到 2009 年对维特根斯坦进行系统研究的阶段，第四个阶段是 2013 年起国际化的深入交流阶段。

一、广泛介绍阶段（1979—1989）

在这一阶段，除了主要文本的翻译外，西方思想通过讲座和教材在中国大陆得到广泛传播。“文革”前毕业和工作的学者做了大量工作，尽管 1949 年之前便已毕业和工作的某些学者以及“文革”之后毕业的一些学者也参与其中。

1979 年，洪谦应邀参加在奥地利科尔茨堡举办的第 5 届国际路德维希·维特根斯坦论坛，这一事件可以看做中国大陆恢复维特根斯坦研究的一个标志。在科尔茨堡，洪谦以德文提交了文章“维特根斯坦与石里克”，旨在澄清维特根斯坦对石里克的影响，并关注两人的异同。[①] 同一年，杜任之主编的《现代西方著名哲学家述评》（三联书店）简要讨论了维特根斯坦的前后期哲学；维特根斯坦哲学跟当代西方其他哲学著作尤其分析哲学著作一起在一系列教科书中得到进一步讨论，其中最著名的是刘放桐 1981 年主编的《现代西方哲学》（人民出版社），其中维特根斯坦前后期哲学都得到比以前中国任何时候更清楚的讨论。1982 年，舒炜光出版《维特根斯坦哲学述评》（三联书店），他也成为大陆以著作篇幅系统考察维特根斯坦哲学的第一人。有关维特根斯坦的简要传记几乎同时也在其他一些著作中出版。涂纪亮 1987 年出版的《分析哲学及其在美国的发展》（中国社会科学出版社），旨在向中国大陆读者提供分析哲学史及其现状的系统知识。该著作从贝特兰·罗素的文章"论指称"开始评述分析哲学史，并强调 1957 年和 1987 年间分析哲学在美国的发展。在这本书中，涂纪亮更加系统地梳理了维特根斯坦的前后期哲学，包括与其他哲学家工作的关系。洪汉鼎在 80 年代的系列论文和《当代西方分析哲学》（1989）等著作中对维特根斯坦哲学做了深入阐述。赵敦华 1989 年出版了第一本大陆学者的繁体字著作《维特根斯坦》（香港：三联书店），简明地总结维特根斯坦的前后期哲学。

尽管这一时期中国学者已经接触到大量新的资料，但两个因素明显限制着对维特根斯坦哲学的接受：第一是所有著作和文章都带有介绍性质，讨论中对资料很少有新的想法；第二是几乎所有的介绍都力图从马克思主义角度评价维特根斯坦，其中批判远远超过了

① 第 5 届国际维特根斯坦论坛论文集，维也纳，1981 年。

真正的理解。

这一时期，维特根斯坦以前翻译出版的著作也被重印，维特根斯坦自己著作和论述他的著述也增加了新的翻译。“关于逻辑形式的几点看法”发表于洪谦 1982 年主编的《逻辑经验主义》(商务印书馆)。由黄正东和唐少杰翻译的《文化与价值》(华中科技咨询公司) 1984 年出版。郭英 1962 年从俄文版翻译的《逻辑哲学论》1985 年被作为汉译名著之一得以重印(商务印书馆)。著名新儒家牟宗三基于德文版翻译的《逻辑哲学论》1987 年在台湾出版。[①]“伦理学演讲”发表于 1987 年《哲学译丛》第 4 期。张申府 1927—1928 年翻译的《逻辑哲学论》1988 年由陈启伟修订重印，并补充了“逻辑笔记”“向摩尔口述的笔记”摘抄，还有陈启伟论述《逻辑哲学论》从酝酿到写作以及出版和翻译情况的文章。涂纪亮 1988 年编辑的《语言哲学名著选辑》(三联书店) 收录了《哲学研究》第 1—47 节，这是《哲学研究》的文本第一次在中国大陆出版。关于二手材料，这一时期翻译出版了如下著作：诺曼·马尔康姆的《回忆维特根斯坦》(1984)，范坡伊森的《维特根斯坦哲学导论》(1988)，A. J. 艾耶尔的《维特根斯坦》(1989)。尽管有这些工作，这一时期维特根斯坦著作的翻译出版某种程度上还是落后于其他一些分析哲学家的著作。

二、个案研究阶段（1990—1999）

20 世纪 90 年代中国大陆具备了接受分析哲学的条件，但这种

① 此后不再涉及港澳台和海外汉学的有关研究成果。

哲学并没有得到普通读者的赏识。尽管如此，这一领域的研究工作仍得到有效推进。从事研究的主要力量是“文革”之后毕业的年轻学者。

这一时期，中国学者对维特根斯坦哲学的理解变得更为确切，维特根斯坦也在分析哲学家中处于更显著的地位。尚志英 1992 年出版的《寻找家园——多维视野中的维特根斯坦语言哲学》（人民出版社）以西方哲学和文化史为背景讨论了维特根斯坦语言哲学。张志林和陈少明 1995 年合著的《反本质主义与知识问题：维特根斯坦后期哲学的扩展研究》（广东人民出版社），力图将维特根斯坦的家族相似概念和马克斯·韦伯的理想类型概念结合起来，发展一种知识论。韩林合 1996 年出版的《维特根斯坦哲学之路》（云南大学出版社）是中国大陆出版的第一本系统考察维特根斯坦哲学的著作，对维特根斯坦前后期哲学提供了一种概览。江怡于 1996 年出版的《维特根斯坦：一种后哲学的文化》（社科文献出版社）是中国大陆第一本以大陆哲学和文化为背景研究维特根斯坦哲学的著作。王晓升的《走出语言的迷宫——后期维特根斯坦哲学概述》（中国社会科学出版社）1999 年出版。另外，还出版了五本传记，回应大众对当代西方哲学的渐多兴趣。江怡的两本（河北人民出版社，1998；湖南教育出版社，1999）包含了关于维特根斯坦哲学的许多新观点。另一本，张学广的《维特根斯坦：走出语言囚笼》（辽海出版社，1999）主要依赖瑞·蒙克的传记，考察了维特根斯坦的生涯。

翻译方面，20 世纪 90 年代出版了维特根斯坦著作更完整的译本。陈启伟主编的《现代西方哲学论著选读》（北京大学出版社）

1992 年出版，重印了“逻辑笔记”，节译了《1914—1916 年笔记》。贺绍甲依据英文第二版翻译了《逻辑哲学论》(商务印书馆，1996)，该译本更合乎汉语表达，对内容也有更好的理解。这一时期有《哲学研究》的两个完整译本，一本由汤潮和范光棣译(三联书店，1992)，一本由李步楼译、陈维杭校(商务印书馆，1996)。《蓝皮书》出版于洪谦主编的《现代西方哲学论著选辑》(商务印书馆，1993)第一卷。《逻辑哲学论》、《哲学研究》的德英对照本也影印出版(中国社会科学出版社，1999)。但是，由于维特根斯坦哲学较少受到大众的青睐，这一时期二手材料翻译出版并不多，有大卫·皮尔斯的《维特根斯坦》(1999)，库·乌赫特尔和阿·休伯内的《维特根斯坦》(1999)。

三、系统研究阶段(2000—2009)

2000 年以来，维特根斯坦的著作在中国得到比以往更仔细更系统的解释，他的哲学比前 20 年得到更广泛的研究。参与这一工作的学者也渐多；对维特根斯坦哲学在做更深入的讨论，关于维特根斯坦的国际国内学术会议不断在中国大陆召开。在 20 多年研究的基础上，维特根斯坦哲学研究得以大大深化，吸引了更广范围的中国哲学学者，还包括其他领域的学者。另外，维特根斯坦的著作和论述维特根斯坦的材料有更多翻译出版。尽管“文革”之后毕业的学者承担着主要工作，但 1978 年之后出生且具有更好哲学和西方语言功底的年轻一代也参与了进来。

至于对维特根斯坦著作的解释，韩林合的大部头著作《〈逻辑哲学论〉研究》(商务印书馆，2000；修订版，2007)引人注目。这本著作以新出版的西语材料为基础，力图对维特根斯坦前期的代表作进行详尽解释。江怡的《〈逻辑哲学论〉导读》（四川教育出版社，2002）以更为易懂的方式考察维特根斯坦的前期哲学。其他著作从特定方面或基于更广阔背景研究维特根斯坦哲学。邱文元的《维特根斯坦论语言的明晰性》（山东大学出版社，2001）认为，维特根斯坦的语言哲学首要的在于对明晰性的追求。张学广的《维特根斯坦与理解问题》（陕西人民出版社，2003）以西方哲学史为背景讨论维特根斯坦哲学的一个核心问题。王晓升和郭世平出版了《后期维特根斯坦心理哲学研究》（中国社会科学出版社，2004），第一次对维特根斯坦的心理哲学做专题研究。李国山的《言说与沉默：维特根斯坦〈逻辑哲学论〉中的命题学说》（南开大学出版社，2004）依照命题学说考察了维特根斯坦前期哲学。涂继亮的《维特根斯坦后期哲学思想研究》（江苏人民出版社，2005；武汉大学出版社，2007）从语言哲学、心理学哲学、数学哲学、文化哲学等四个篇章全面总结了维特根斯坦后期哲学，力图给维特根斯坦以现代西方哲学中综合两大传统的定位。徐英瑾的《维特根斯坦哲学转型期中的“现象学”之谜》（复旦大学出版社，2005）考察了维特根斯坦如何先发展然后又放弃了现象学，强调这一阶段对其后期哲学的重要性。鉴传今的《可说的与不可说的：前维特根斯坦的形而上学》（安徽人民出版社，2008）力图依据《逻辑哲学论》探究维特根斯坦的哲学观。丁大同编著的《大家精要：维特根斯坦》（云南教育出版社，2008）力图从思想和生活的多重角度再现一个致力于深度思考、具有传奇般人生经历的维特根斯坦。刘程的《语言批判：维特根斯坦美学思想研究》（华中师范大学出版社，2009）对维特根斯坦美学思想的来源、主要内容、后世影响、中国反响做了全面的梳理。

维特根斯坦的和有关维特根斯坦的著作翻译方面也有快速进展。《哲学研究》的更好中译本（上海人民出版社）2001 年由陈嘉映翻译出版。12 卷本的《维特根斯坦全集》（河北教育出版社）由涂纪亮主编，2003 年出版。这一事件标志着维特根斯坦研究的一个重要新阶段，这项工作对中国大陆的维特根斯坦学术提供了莫大的支持。《全集》以历时顺序展示维特根斯坦的哲学，以德文版为基础，补充以 20 世纪 90 年代新出版的文本。该《全集》的每卷此后也出版各种不同的单行本。另外，从《哲学语法》到《论确实性》的维特根斯坦主要文本，也由不同学者翻译出版了其他单行本。翻译出版的主要二手资料也增量不少，包括巴特利的《维特根斯坦传》(2000)，饭田隆的《维特根斯坦：语言的界限》(2001)，贾可·欣提卡的《维特根斯坦》(2002)，大卫·爱德蒙兹、约翰·艾蒂诺的《维特根斯坦的拨火棍》(2003)，约翰·M. 希顿的《维特根斯坦与心理分析》(2005)，威瑟斯布恩等的《多维视界中的维特根斯坦》(2005)，影印版汉斯·斯鲁格和大卫·G. 斯特恩主编的《维特根斯坦：剑桥哲学研究指针》(2006)，M. 麦金的《维特根斯坦与〈哲学研究〉》(2007)，谢尔兹的《逻辑与罪》(2007)，A. C. 格雷林的《维特根斯坦与哲学》(2008)，希汉的《维特根斯坦：抛弃梯子（汉英对照）》(2008)，约翰·吉布森、沃尔夫冈·休默编的《文人维特根斯坦》(2008)。

四、全面爆发阶段（2010—2020）

2010 年是一个神奇的年份，从这一年开始几乎每年都有数本著作产生，形成明显的加速趋势。此后维特根斯坦本人著作的出版更为全面、更重质量、更加多样化，并且提供了不同的编选策略。二手资料的翻译也更加量多、质优。在中国现代外国哲学学会之下成立了维特根斯坦哲学专业委员会，2013 年起召开两年一届的维特根斯坦国际会议，表明维特根斯坦研究的组织化、国际化得以大大加强。新中国之前出生的学者基本上退出历史舞台，更多改革开放以后出生的年轻学者加入到研究行列。研究向着更为精细、专业化的方向发展。维特根斯坦哲学对其他领域尤其语言学领域的影响受到极大关注。

就维特根斯坦著作解释而言，2010 年便有 4 部：韩林合以他大篇幅的《维特根斯坦〈哲学研究〉解读（上、下）》（商务印书馆）独领风骚，该书从维特根斯坦的世界观、心灵观等个人观点出发，解读写作这本书的背景知识，并着重解读了语言和心灵的关系，以及《哲学研究》所涉及的所有命题。张庆熊的《社会科学的哲学：实证主义、诠释学和维特根斯坦的转型》（复旦大学出版社）是一种应用型的比较研究，围绕方法论的问题展开社会科学的哲学讨论，重点是实证主义方法、诠释学方法、维特根斯坦语言分析方法对社会科学研究的意义，把维特根斯坦的转型看作社会科学研究方法转型的契机。黄敏的《维特根斯坦的〈逻辑哲学论〉：文本疏义》（华东师范大学出版社）以介乎传统解读和治疗性解读之间的解读方式深耕《逻辑哲学论》，认为可以从方法论上通过关注语言的本质来谈论语言。苏德超的《哲学、语言与生活：论维特根斯坦的语言哲学》（湖南教育出版社）从“哲学的语言生活”的观点出发解释维特根斯坦后期哲学的核心问题。2011 年有两部解释著作：徐春英的《走出言说的禁地：维特根斯坦语言哲学思想研究》（中国社会出版社）对维特根斯坦包括前后期在内的语言哲学思想流变、范式转换、主要论题、思想影响进行研究。徐景亮的《语言与人生：沿着维特根斯坦之路》（山东大学出版社）力图以思想与世界、语言与观念、命题与意义、经验与科学、艺术与人生为论题阐述维特根斯坦的哲学与人生。

2012 年有 3 部研究著作：徐燕航出版了《从形而上学道德理念到日常反思活动：美学视角的康德和维特根斯坦哲学比较研究》（浙江大学出版社），从审美视角展示康德和维特根斯坦哲学对超越经验的形而上学问题的解答。李海峰的《维特根斯坦语言哲学评价》（中国社会科学出版社）研究维特根斯坦前后期哲学的内容以及各自的哲学背景。沈梅英的《维特根斯坦哲学观视角的语言研究》（浙江大学出版社）试图将维特根斯坦哲学应用于语言学。2013 年有 4 部著作：徐英瑾的《心智、语言和机器：维特根斯坦哲学和人工智能科学的对话》（人民出版社）着力将维特根斯坦有关知识表征、自然语言理解、机器人、非单调推理等观点与时下流行的人工智能哲学之间搭建一座桥梁。李海峰的《重读先哲：维特根斯坦》（长春出版社）力图解释维特根斯坦与西方哲学史人物和流派之间的思想关联。王海东的《维特根斯坦与哲学的未来》（云南人民出版社）着重在西方哲学史的比较中评价维特根斯坦的哲学观及其对未来哲学的影响。徐景亮编著的《理解与确实性：维特根斯坦的光照》（山东大学出版社）以举例方式说明了理解维特根斯坦哲学研究的方法并以确实性为其最终目的。

2014 年有 5 部著作：徐弢的《自我的本性与地位：前期维特根

斯坦论自我与唯我论》(湖北人民出版社)着重分析维特根斯坦前期的唯我论思想以及与其整个思想的关联。赖成彬的《维特根斯坦与奥斯汀的哲学治疗思想比较》(吉林大学出版社)主要阐述维特根斯坦和奥斯汀两人关于语言与行为的内在关系的思想。黄根生的《维特根斯坦〈哲学研究〉同步导读:后期维特根斯坦的语言、逻辑与哲学思想研究》(汕头大学出版社)以关键词语对维特根斯坦《哲学研究》的 15 个节点 1061 条具体内容进行叙述评介。李包庚的《解构与超越:马克思和维特根斯坦哲学革命路向比较研究》(中国社会科学出版社)从哲学革命路向比较的视角考察两人对待传统哲学的解构与超越方面的种种异同。焦卫华的《“综观”与“面相”:后期维特根斯坦哲学存在论维度解读》(人民出版社)以“综观”“面向”概念切入维特根斯坦后期关于语言与世界的关系,并由此将他与海德格尔加以比较。2015 年除了黄敏 2010 年著作的再版之外,有 2 部著作:王峰的《美学语法:后期维特根斯坦的美学与艺术思想》(北京大学出版社)以后期维特根斯坦美学思想为基础,力图展现其对美学和文学艺术基于哲学治疗视角的新理解。李宏昀的《维特根斯坦:从挪威的小木屋开始》(复旦大学出版社)以相对通俗的方式叙述维特根斯坦一生的学术和生活。

2016 年有 4 部著作:陈常燊的《语言与实践:维特根斯坦对“哲学病”的诊治》(上海人民出版社)重点阐述维特根斯坦的治疗性解读,并由此落脚于“描述”和“综观式表现”两剂“处方”。樊岳红的《维特根斯坦与语境论》(科学出版社)从语言哲学、认知科学和科学知识社会学等不同角度探讨了后期维特根斯坦的语境论方法。刘云卿的《维特根斯坦与杜尚:赋格的艺术》(上海三联书店)对两位颇具创造性的思想家进行比较研究，指出他们之间内在的相通性及其现代意义。赵海燕的《体验的存在：冯友兰与前期维特根斯坦之视域融合》（人民出版社）以维特根斯坦前期哲学为视角，通过中西比较着重探讨了冯友兰"负的方法"。2017年有5部著作：丁大同编著的《维特根斯坦》（陕西师范大学出版总社）以优美的语言再现了维特根斯坦致力于追求真善美的学术和精神的一生。谢群的《维特根斯坦语言游戏思想研究：一项基于真实语料的研究》（黑龙江大学出版社）以自建的语料库将学术语篇和语言哲学结合起来，运用语言学范式分析维特根斯坦语言哲学的概念体系。张励耕的《维特根斯坦心理学哲学研究》（中国社会科学出版社）关注维特根斯坦关于"面相观看"和"意义体验"问题的评论，尝试用"语言游戏"方法来阐明心理学家们所犯的"语法错误"。刘辉的《基于语料库的〈维特根斯坦选集〉文本研究》（黑龙江大学出版社）基于语料库《维特根斯坦选集》中的各种文本进行主题词频研究。樊岳红的《维特根斯坦数学哲学思想研究》（科学出版社）在国内首次对维特根斯坦持续一生的一个重要领域——数学哲学进行了专项研究。

2018年只有徐弢的《前期维特根斯坦意义理论研究》（人民出版社），该书系统地分析和研究了前期维特根斯坦意义理论的问题实质、思想来源以及主要内容，认为维特根斯坦以图像论回答"意义如何可能?"这一康德式问题。2019年有4部著作：樊岳红的《维特根斯坦哲学理论的实践维度研究》（科学出版社）试图从语用实践、生活实践、社会实践及行动实践四个维度来厘清维特根斯坦的实践哲学思想，并对相关的许多哲学观点重新进行阐发。楼巍的《维特根斯坦〈哲学研究〉注解》（上海人民出版社）力图逐句逐段地解释《哲学研究》的难点，厘清其中段与段之间的逻辑关系，给出维特根斯坦的运思过程，帮助读者弄清楚主题之间的过渡。范连义的《维特根斯坦和乔姆斯基语言哲学思想对比研究》（上海交通大学出版社）以两位哲学家的主要概念进行语言哲学内的前后比较研究，以此揭示语言的本性及相关奥秘。李文倩的《维特根斯坦论事实与价值》（四川大学出版社）集中探讨维特根斯坦前期哲学广义上有关事实与价值及其相互关系的观点，最终溯及弗雷格的有关看法。2020 年有 5 部著作：李果的《维特根斯坦的语言游戏思想研究》（社会科学文献出版社）以维特根斯坦《论确实性》为文本对象，探讨其中所包含的“语言游戏”思想。徐强的《论魏斯曼对“中期”维特根斯坦语言哲学的阐释与发展》（中国社会科学出版社）揭示魏斯曼在阐释维特根斯坦“转型期”语言哲学思想中的重要作用。李文倩的《论维特根斯坦》（四川大学出版社）收录了所发表的 16 篇文章，一半为学术论文，一半为相关评论。傅力的《维特根斯坦传》（华中科技大学出版社）力图以简洁可读的语言讲述维特根斯坦从出生到死亡的生命足迹。江怡、迈耶夏克主编的论文集《心理现象与心灵概念：维特根斯坦心理学哲学的主题》收录了来自德国、奥地利和中国的学者有关维特根斯坦心理学哲学的主要思想、概念和方法以及与当代认知科学的关系的深入探讨。

有关维特根斯坦文献的整理出版，这一时期也卓有成效。各种老版出现了翻新、修订、重印的高潮：涂继亮主编的《维特根斯坦全集》中的各卷大部分出版了修订单本，《文化与价值》、《逻辑哲学论》、《哲学研究》原有的大部分单行本都做了修订再版，还增加了新的译本。陈嘉映根据自己多年的翻译、教学和研究，主编、主译了《维特根斯坦读本》(新世界出版社，2010；上海人民出版社，2015)，将维特根斯坦一生的著述分置于四十个大标题之下。张学广等翻译了第一个中文版书信集《维特根斯坦剑桥书信集：1911—1951》(商务印书馆，2018)。文本建设上最重要的贡献是韩林合重译了《战时笔记》、《逻辑哲学论》、《哲学语法》、《数学基础研究》、《哲学研究》。他主编的8卷本《维特根斯坦文集》(商务印书馆，2018、2019)令人耳目一新，因为他对编选原则做了较大的创新：除了所有各卷都根据最新修订的《遗著》西文版本加以改正之外，《战时笔记》增加了最初被删掉的私人部分，心理学哲学的两卷(6、7卷)做了重新编排，将原来的《论颜色》、《论确实性》、《最后的心理学哲学评论》(部分)按照西文编排码以《最后的哲学笔记(1950—1951)》为名列为最后一卷。二手文献翻译方面即便不算诺曼·马尔康姆《回忆维特根斯坦》的修订版(2012)也达16部之多：瑞·蒙克的《维特根斯坦：天才之为职责》(2011；插图版，2014)，鲍斯玛的《维特根斯坦谈话录(1949—1951)》(2012、2017)，恰尔德的《维特根斯坦》(2012)，戴维·塞德利、乔纳森·丹西、简·希尔的《哲学对话：柏拉图、休谟和维特根斯坦》(2013)，亚历山大·沃的《维特根斯坦之家》(2014)，托马斯·伯恩哈德的《维特根斯坦的侄子》(2014)，阿兰·巴丢的《维特根斯坦的反哲学》(2015)，汉斯·斯鲁格的《维特根斯坦》(2015)，A. C. 格雷林的《维特根斯坦》(2016)，阿兰·雅尼克、斯蒂芬·图尔敏的《维特根斯坦的维也纳》(2016)，伯特兰·罗素的《西方的智慧：从苏格拉底到维特根斯坦》(2017)，索尔·克里普克的《维特根斯坦论规则和私人语言》(2017)，罗杰·M. 怀特的《导读维特根斯坦〈逻辑哲学论〉》

(2018)，奥沙利文的《解析路德维希·维特根斯坦〈哲学研究〉》(2019)，亚历山大·沃的《战时家族：维特根斯坦》(2019)，阿里夫·阿迈德的《导读维特根斯坦〈哲学研究〉》(2020)，爱德华·坎特里安等的《维特根斯坦》(2020)，张锦青的《哲海探骊：维特根斯坦〈逻辑哲学论〉研究》(2020)。

1949 年之前的 30 年的确无法跟 1979 年之后的 40 多年相比，不管文献量还是学者参与度。学者们在努力弥补中间 30 年所带来的空缺，其成果毫无疑问是显著的。就单一国家而言，中国目前肯定是国际维特根斯坦研究的重镇。一个遗憾是，学者们还基本上只在汉语圈内“自说自话”，国际交流从形式上说相对平等，而内容上看还仍然以输入为主。

第9章　中国维特根斯坦哲学研究的路径和影响

跟国际维特根斯坦研究一样，中国维特根斯坦研究也已经形成不同的路径，一些路径相对基础也时间更长，而一些路径还处于探索阶段。维特根斯坦哲学进入中国，对中国的哲学研究、文化建设和现代化转型是否可以起到某种作用，也是中国维特根斯坦哲学研究必须关心的问题。跟上章一样，我们的分析主要限于著作篇幅的成果。

第1节　中国维特根斯坦哲学研究的不同路径

当今中国的维特根斯坦研究大抵有四种路径，我将这些路径称为文本解读、语境解释、哲学应用和比较研究。一些路径已经过几代学者的探究。当然，这些路径彼此并不总是完全分离。学者们可能不同的时期在不同的路径中穿行，他们也可能进行交叉探究。下述总结聚焦于一些代表人物著作篇幅的成果。

一、文本解读

贝莱茨基认为，文本解读是当今学者们通向维特根斯坦哲学研究最热衷的路径。[1] 文本解读在中国肯定为学者们所优先强调——优先于其他三种路径——也探究了最长时间。维特根斯坦自己的和研究他的著作的翻译是这一路径的重要任务。文本解读和翻译事业反过来影响着语境解释、哲学应用和比较研究这三种路径。主要著作的每一次新译事实上都产生维特根斯坦研究的新浪潮。《逻辑哲学论》和《哲学研究》各自的七个以上中译本可以看作维特根斯坦研究的不同台阶。穿行在这一路径中的学者要么关注维特根斯坦的某一代表作，要么关注其哲学发展的某一阶段。

大抵有五代中国学者承担维特根斯坦《逻辑哲学论》和其前期哲学其他部分的研究工作。张申府 1927—1928 年的《逻辑哲学论》译文以及此后若干年对该书的关注是在维特根斯坦的名字为很少学者知道的年代，他促使人们熟悉《逻辑哲学论》，让人们知道维特根斯坦不只是罗素的弟子和维也纳小组的成员。洪谦帮助澄清维特根斯坦与维也纳小组的关系，从而将《逻辑哲学论》摆到许多中国学者的面前。陈启伟接着提供《逻辑哲学论》和《1914—1916 年笔记》等文本的最好译本，以其对英国哲学史和维也纳小组的熟悉为基础，深入挖掘维特根斯坦的前期思想。他在论文"《逻辑哲学论》中的形而上学"中阐释维特根斯坦对这一主题的观点以及从事实到神秘性沉默的形而上学变化，构成中国维特根斯坦研究的一个重要标志。[2]

① Anat Biletzki. *(Over) Interpreting Wittgenstein*. Dordrecht, Boston, London: Kluwer Acadamic Publishers, 2003, p.14.

② 陈启伟："《逻辑哲学论》中的形而上学"，载湖北大学哲学研究所、《德国哲学》编委会编《德国哲学》（第一辑），北京大学出版社 1986 年版，第 134—162 页。

在前三代中国学者研究维特根斯坦前期哲学的基础上，第四代学者产生更有成效的工作。韩林合的《〈逻辑哲学论〉研究》可以看作这一成效的标志，既因为其接近900页的篇幅，也因为包含的大量原始资料。正如韩林合在后记中所言，他的目的是依据维特根斯坦1912年到1929年的笔记、手稿、信件和文章理性地重建《逻辑哲学论》。[①] 要完成这一挑战性的工作，他不得不熟悉维特根斯坦的所有著述以及最主要的解释材料；他还不得不形成自己解释《逻辑哲学论》的框架。尽管韩林合对《逻辑哲学论》的解读在许多方面循着其他国际著名学者的解读，但他的工作也有许多独到的特征。第一，他对可说和不可说之间关系的重建使这两个概念比它们在《逻辑哲学论》本身中更为和谐。第二，他认为，维特根斯坦对“对象”概念的理解创造性地消解了困惑哲学家两千多年的许多哲学问题。第三，他证明，维特根斯坦关于逻辑形式的观点克服了弗雷格和罗素的逻辑中的一系列疑难。第四，通过关联《1914—1916年笔记》，他澄清了《逻辑哲学论》中神秘之物的作用以及它与西方传统中其他形式的神秘主义的联系。最后，他对维特根斯坦哲学概念的不同观点提供了独特的分析。由于这些洞察，韩林合能够将维特根斯坦的前期哲学再现为一个有机整体，使它变得更加合情合理。

除了这一标志性工作，其他著作也值得一提。江怡的《〈逻辑哲学论〉导读》简明扼要，包含了对《逻辑哲学论》结构、可说和不可说间关系、不可说的性质以及维特根斯坦前后期哲学连续性的新阐述。[②] 他强调《逻辑哲学论》中逻辑的重要性以及维特根斯坦在

① 韩林合：《〈逻辑哲学论〉研究》，修订版，商务印书馆2007年版，第854页。

② 江怡：《〈逻辑哲学论〉导读》，四川教育出版社2002年版，第2页。

其哲学中对不可说的持续关注。进而言之，他认为，《逻辑哲学论》的结构反映了西方哲学史从本体论到认识论，再到语言哲学，最终到逻辑（《逻辑哲学论》的心脏和灵魂）的顺序。江怡还详细分析了不可说在《逻辑哲学论》中的重要性，认为如何呈现不可说的问题构成维特根斯坦前后期哲学间根本的逻辑连续性。

李国山的《言说与沉默：维特根斯坦〈逻辑哲学论〉中的命题学说》认定命题学说是《逻辑哲学论》的核心，以“言说”和“沉默”的双重主题，提供“该书思想的一个概貌”。作者强调，维特根斯坦以极端的方式道出了传统哲学的一个悖谬，哲学向“言语不可及的禁区”冲撞而形成一个个胡说，但“人们还是一而再、再而三地企图撞开这道界限”。[①] 他将命题归为三类：自然科学的有意义命题、逻辑和数学的无意义命题、传统形而上学的无意义命题。通过对三类命题的深入分析，作者认为，《逻辑哲学论》“正是试图从正负两方面向人们指明通向正确世界观的路径。正因为这样，该书所阐发的理论体系才被评论者看成是‘重要的胡说’。”[②]

鉴传今的《可说的与不可说的：前维特根斯坦的形而上学》认为，可说和不可说在《逻辑哲学论》中密切交织着，因而“忽视了不可说的，我们将不能全面理解维特根斯坦的整个学说，而离开了可说的，我们将无法理解不可说的为什么不可说，而不能达到他哲学的最终境界。”[③] 作者认为，维特根斯坦通过划定可说和不可说的界

① 李国山：《言说与沉默：维特根斯坦〈逻辑哲学论〉的命题学说》，南开大学出版社 2004 年版，第 1 页。

② 同上，第 84 页。

③ 鉴传今：《可说的与不可说的：前维特根斯坦的形而上学》，安徽人民出版社 2008 年版，第 36 页。

限，揭开从可说到不可说的梯子，“改变了我们的哲学观念，哲学不再是一种命题组成的理论体系，而是一种‘活动’”，一方面是避免陷入非逻辑地使用语言而来的错误的澄清性活动，另一方面是探究人生的意义和价值的活动，“《逻辑哲学论》正是这样为我们提供看待世界的‘梯子’。但这是用过之后必须扔掉的梯子，惟其如此，我们才能够‘正确地看世界’。”①

从第四代到第五代过渡的学者乃至于纯粹第五代的学者已经占据重要的学术舞台。黄敏的《维特根斯坦的〈逻辑哲学论〉：文本疏义》对该文本进行了极为新颖独到、清晰优美的解读。他对照一个德文版本和两个英文版本，重译了《逻辑哲学论》，并“严格按照写作的次序”，逐段设置“笺释”和“疏解”。尤为重要的是，他认定“对使用的关注是《逻辑哲学论》的基础”，因而对该书提供了不同于绝大多数研究者的新解释。黄敏已经敏锐地注意到正统解释和非正统解释之间的视角差异，并力图超越它们的冲突和论争，得出结论“一方面，对于语言不存在比语言更为基础的本质，但另一方面，我们可以通过谈论语言的本质来关注语言。换言之，既不能简单地说语言没有本质，也不能简单说对于语言来说存在本质”。②

徐弢的两本专著《自我的本性与地位：前期维特根斯坦论自我与唯我论》和《前期维特根斯坦意义理论研究》各有其解释的独特视角。前者“通过分析和考察其早期对于自我和唯我论的观点，以

① 鉴传今：《可说的与不可说的：前维特根斯坦的形而上学》，安徽人民出版社 2008 年版，第 153 页。

② 黄敏：《维特根斯坦的〈逻辑哲学论〉：文本疏义》，华东师范大学出版社 2010 年版，前言第 1—3 页。

此表明哲学家的人生和学问之路之间的真实而紧密的联系……从了解生命意义和价值的角度来重新解读其生命之作，以其作品之独特来释其人生，以人生之阅历来体悟其作品之奥妙”。[①] 后者力图全面深化对作为维特根斯坦前期语言哲学基础的意义理论的研究，因为它“不仅涉及意义的图像论，还涉及真值函项的理论，同时，其意义理论本身也经历了不断发展和完善的过程，更是涉及他对于哲学研究活动的根本理解，而这些远不是通常理解的意义图像论就可以概括的。”[②]

李文倩的《维特根斯坦论事实与价值》“以‘事实与价值’为基本的问题框架，对维特根斯坦哲学提供了一个比较的阐释”，该框架来源于《逻辑哲学论》，但作者没有仅仅局限于维特根斯坦前期哲学，而是认为事实和价值问题贯穿于维特根斯坦哲学始终，只不过前期对二者做了严格区分，后期逐渐放弃了这种二分而已。[③]

江怡的《维特根斯坦》是中国学者强调维特根斯坦中期重要性的第一部著作。对维特根斯坦 1929 年到 1936 年思想的阐述几乎构成该著作的三分之一。他将这一阶段明显区别于前期和后期，认为这一阶段展示了“他整个视角的改变，也就是说，从逻辑的、形而上学的、独断的、理想的世界观转向了日常的、经验的、心理的、现实的世界观。”[④] 在江怡看来，维特根斯坦在中期阶段尤其放弃了

① 徐弢：《自我的本性与地位——前期维特根斯坦论自我与唯我论》，湖北人民出版社 2014 年版，前言第 1—2 页。

② 徐弢：《前期维特根斯坦意义理论研究》，人民出版社 2018 年版，第 4 页。

③ 李文倩：《维特根斯坦论事实与价值》，四川大学出版社 2019 年版，第 142、4 页。

④ 江怡：《维特根斯坦》，湖南教育出版社 1999 年版，第 168、169 页。

如下观念：原子命题的独立性，逻辑原子主义的形而上学，语言与世界间图像关系的观念，逻辑形式的神话，以及他前期对哲学的看法。[①] 对他来说，这一变化不仅包含着维特根斯坦与《逻辑哲学论》的关系，而且包含着维特根斯坦与整个西方哲学史的关系，以及对世界本质、语言意义和哲学性质的看法。[②] 在阐述了中期的典型论题和基本观念后，江怡指出："尽管我们说两个阶段之间不存在完全的对立，但从《哲学研究》的思想中，我们可以明显感到，维特根斯坦后期在许多问题上改变了他在中期的一些看法，特别是对语法、规则、数学、逻辑等问题的看法。"[③]

在《维特根斯坦哲学转型期中的"现象学"之谜》中，徐英瑾系统考察了维特根斯坦中期尤其在《大打字稿》中对感觉予料陈述的看法。该书在两个标题下讨论了这一素材："现象学构造"和"现象学批判"。他认为，维特根斯坦对现象学语言和物理语言的区分——及其关联——标志着维特根斯坦此后对心理学哲学长期关注的开端。他非常清楚地描述了维特根斯坦的转变过程，从构造旨在表征感觉予料的现象学语言，到其后期哲学关注语法综观的新领域。在徐英瑾看来，"只有在透彻解读维氏在《大打字稿》中所作出的'现象学语言'的前提下，《哲学研究》对于'私人语言'的批判才能得到富有成效的理解（因为前一种批判其实就已构成了后一种批判的雏形）。"[④] 他得出结论，只有借助"记忆时间"和"物理时间"

① 江怡：《维特根斯坦》，湖南教育出版社 1999 年版，第 173—174 页。

② 同上，第 179—191 页。

③ 同上，第 227 页。

④ 徐英瑾：《维特根斯坦哲学转型期中的"现象学"之谜》，复旦大学出版社 2005 年版，第 3 页。

间的区分——正如《大打字稿》所做的——我们才能将维特根斯坦对“遵守规则”的强调熔铸到一个完全的“私人语言论证”中去，因为这一区分说明私自地制定和遵守的规则不是名副其实的规则，而大多数解释者恰好忽略了这一点。[①]

徐强的《论魏斯曼对“中期”维特根斯坦语言哲学的阐释与发展》总体上为魏斯曼在分析哲学中的重要性提出辩护。就魏斯曼与维特根斯坦的关系而言，作者以“中期”维特根斯坦哲学连续性为理论背景，强调魏斯曼具有两点重要性：一是魏斯曼对“小组成员与维特根斯坦在 1930 年代的哲学对话与争论的具体立场的重新理解有重要帮助”，二是“魏斯曼跟维氏的哲学互动及其阐释文本对于当前的阐释者理解‘中期’维氏哲学思想的具体发展提供了不一样的视角”。[②]

至于维特根斯坦后期哲学，较早时候有王晓升的《走出语言的迷宫——后期维特根斯坦哲学概论》和涂继亮的《维特根斯坦后期哲学思想研究》。前者选取了语言、现实、文化、逻辑、认识五方面的 42 个思维悖论，介绍了其主要内容并加以简明分析解说，希望给不同领域读者提供思维启迪，是一部颇为独到的著作，旨在完成与维特根斯坦的倾心交流，实现哲学解释学意义上的“问答逻辑”。后者从一种全新的角度，结合维特根斯坦的其他大量著作，不仅对语言哲学，而且对维特根斯坦的心理学、数学以及文化哲学都进行

① 徐英瑾：《维特根斯坦哲学转型期中的“现象学”之谜》，复旦大学出版社 2005 年版，第 4 页。

② 徐强：《论魏斯曼对“中期”维特根斯坦语言哲学的阐释与发展》，中国社会科学出版社 2020 年版，第 387 页。

了全方位研究，把维特根斯坦不仅与英美分析哲学家而且与欧洲大陆哲学家加以比较，说明维特根斯坦的思想某种意义上是这两大传统的结合。

韩林合出版了一本超过1600页的《维特根斯坦〈哲学研究〉解读》，成为这类解释的代表。该书是维特根斯坦电子版《遗著》2000年出版后，国际社会关于维特根斯坦《哲学研究》具有代表性的一本专著。跟汉雷特、冯·萨维尼、贝克和哈克所进行的解释相比，该《解读》力图以韩林合最初从解读《逻辑哲学论》时所获得的由世界、心灵、语言和哲学四个主题构成的单一概念框架为基础，对维特根斯坦的整个哲学进行阐述。[①] 他总结自己的论证说，尽管将维特根斯坦哲学区分为前期、中期和后期是可以接受的，但更有意义和更确切的区分应该立足于某一基本阶段而不是全部三个阶段。借助于他自己所发展的解释框架，韩林合对维特根斯坦（中期和）后期哲学进行许多新的理解，涉及世界的性质，心灵和世界的关系，心灵、身体和大脑的关系，语言的性质，意义概念，遵守规则问题，私人语言论证，语言的界限。他总结道，在后期维特根斯坦看来，哲学的任务是双重的：从积极方面看，哲学可以提供我们关于世界的表征系统或概念框架，它不同于常人、科学家甚至大多数其他哲学家；从消极方面看，哲学可以帮助我们解决语言使用中的混淆，治疗传统哲学中兴起的心理困惑。他认为，这两个任务都属于"语法研究"或"概念研究"。

苏德超的《哲学、语言与生活——论维特根斯坦的语言哲学》

① 韩林合：《维特根斯坦〈哲学研究〉解读》，商务印书馆2010年版，第39—40页。

以深刻的反省批判精神阐释后期维特根斯坦哲学的总体性质和内在矛盾，“力图做到比现有的汉语相关研究文献更加准确、细致和系统而比所得到的英文文献更有新意”。他从语言的意义入手，通过语言的丰富性揭示语言与生活的深刻关联，讨论语言的生活基础，探讨语言游戏的家族相似性，尤其指出维特根斯坦语言游戏与家族相似两个概念之间的矛盾，最终突破将哲学当作语法或流露的狭隘理解，探寻“自否定地超越”这第三种可能性，让我们深刻地认识到“哲学、语言与生活，无论变还是不变，都已经有了超越”。[①]

年轻学者已经在共同体中发挥着巨大的创造力。陈常燊的《语言与实践：维特根斯坦对“哲学病”的诊治》对后期维特根斯坦哲学进行深入的专项解读，形成“在当代西方分析哲学‘实践转向’的背景下，对维特根斯坦以《哲学研究》和《论确实性》等为代表的后期哲学的一项实践研究”，这种实践哲学关注的不是某些学科分支，“而是实践哲学本身，也就是对人类实践活动以及与人类实践相关联的语言、规则、道德规范等问题的本质思考”。[②]

樊岳红连续以 3 部著作从不同主题阐释后期维特根斯坦哲学，她的《维特根斯坦与语境论》“主要从人工智能（认知科学）、语言哲学及科学知识社会学三个维度对后期维特根斯坦理论进行了详细的论证与分析”，将后期维特根斯坦归结为一个语境论者；[③] 她的《维特根斯坦数学哲学思想研究》弥补了国内有关研究的较大一块

① 苏德超：《哲学、语言与生活——论维特根斯坦的语言哲学》，湖南教育出版社 2010 年版，第 17—18、22 页。

② 陈常燊：《语言与实践：维特根斯坦对“哲学病”的诊治》，上海人民出版社 2016 年版，第 15 页。

③ 樊岳红：《维特根斯坦与语境论》，科学出版社 2016 年版，第 192 页。

空白，阐述和评价维特根斯坦一生早期、中期、后期三个时期的数学哲学思想，阐释他从逻辑原子主义，到强实证主义，再到人类学数学观的演变过程；[①] 她的《维特根斯坦哲学理论的实践维度研究》强调，"维特根斯坦的'语言游戏'、'生活形式'、'遵守规则'、'意义在于使用'等核心理论，是一种融合了语用实践、生活实践、社会实践以及行动实践的'四位一体'的实践哲学思想"。[②]

张励耕的《维特根斯坦心理学哲学研究》则是更为专项的后期哲学研究，有很深入的背景分析、文本挖掘和前沿把握，力图在遵循心理学哲学的基本原则和考虑维特根斯坦后期哲学的大背景基础上，澄清与"面相观看"和"意义体验"相关的心理学概念，对格式塔心理学的回溯和对相关争论的评述都颇具见地，旨在开放性地呈现维特根斯坦心理学哲学的论证结构和理论诉求。[③]

楼巍的《维特根斯坦〈哲学研究〉注解》虽谦称"并非研究性著作"，但它是国内第一部对《哲学研究》（第一部分）进行逐节注解的著作，不仅做了大量基础性工作，而且力图对《哲学研究》的内在逻辑进行深度探索，清理错误的思维习惯以及维特根斯坦对它们的分析与反驳，尽力符合维特根斯坦的原意，呈现其后期哲学的主要方法和核心思想。[④]

---

① 樊岳红：《维特根斯坦数学哲学思想研究》，科学出版社 2017 年版，第 227—228 页。

② 樊岳红：《维特根斯坦哲学理论的实践维度研究》，科学出版社 2019 年，第 3 页。

③ 张励耕：《维特根斯坦心理学哲学研究》，中国社会科学出版社 2017 年版，第 15、29 页。

④ 楼巍：《维特根斯坦〈哲学研究〉注解》，上海人民出版社 2019 年版，第 1、463—465 页。

李果的《维特根斯坦的语言游戏思想研究》以《论确实性》为底本进行扩展研究，试图从维特根斯坦“各种断言中梳理清楚语言游戏的大致范围”，“对科学理论在何种意义上可以被称为语言游戏这样的论题做出回应”，揭示“语言游戏之间的说服”如何发生、如何得以实现，最后对语言游戏之间说理时表现出的情绪、偏见因素加以分析。[①]

二、语境解释

语境解释是通向维特根斯坦哲学所包含的观念宝库的入口。毫无疑问，不管在中国还是在别的地方，语境解释都占有维特根斯坦研究的较大比重。一些中国学者有着强烈的趋向，想将维特根斯坦的思想置入更广的语境，不仅超越他的著作，甚至超越分析哲学。跟文本解读不同，中国学者对维特根斯坦哲学的语境解释没有立足于特定文本，而是关注维特根斯坦的主要观点，尤其后期哲学的典型观点。

尚志英的《寻找家园——多维视野中的维特根斯坦语言哲学》是想从多维视角理解维特根斯坦哲学的较早尝试，尽管这一尝试如当时中国学者所理解的，仅限于语言哲学。作者以西方哲学和文化为背景，对维特根斯坦进行解释学的、“主观重建的”解读，借此力图构建一个新的诠释构架。它的基石：语言问题；经线是：科学主义与人文主义的二重变奏；纬线是：语言批判 → 哲学批判 → 文

① 李果：《维特根斯坦的语言游戏思想研究》，社会科学文献出版社 2020 年版，第 18 页。

化批判的思路；方法是：多维视野的关照和多向层次的比较；主题是：把维特根斯坦语言哲学当作一面多棱镜，从中全景式地探寻20世纪西方语言哲学的发展轨迹，考察现代西方哲学的两大思潮科学主义和人文主义的复杂关系，透视西方文化的整体转型。[①]尽管该书标志着力图超越文本理解维特根斯坦的最初尝试，但它缺乏维特根斯坦文献的支撑，从马克思主义角度对维特根斯坦的批判也有偏差，当然这在当时是难以避免的。

江怡的《维特根斯坦：一种后哲学的文化》将中国学者对维特根斯坦哲学的语境解释推向新的标志性水平。通过对一、二手资料进行更仔细解读，通过对其论题的更有效分析，这本简明扼要的著作打算“从整个西方哲学发展的角度解释维特根斯坦哲学的独特性”，并“把维特根斯坦的哲学置于欧洲大陆哲学的框架之中”。作者发觉，跟典型的分析哲学家相比，维特根斯坦更像一位欧洲大陆哲学家，他的哲学尤其他的后期哲学与欧洲大陆哲学的一致不只在某些个别观点上，而是更深入地在思想来源、哲学气质和所关心的问题上。[②]对三个主题即意向性、遵守规则和私人语言论证进行系统比较之后，江怡强调维特根斯坦思维方式的革命意义，对西方传统哲学的批判，对西方文化的整个定位，以及这种思维的理智背景和历史地位。在他看来，维特根斯坦新的思维方式将我们的哲学概念从静态分析转向动态考察，将哲学的关切从逻辑构造转向生活世

① 尚志英：《寻找家园——多维视野中的维特根斯坦语言哲学》，人民出版社1992年版，第7页。

② 江怡：《维特根斯坦：一种后哲学的文化》，社科文献出版社1996年版，第1—2页。

界。维特根斯坦的哲学从而搭起英美哲学和欧洲大陆传统的桥梁，也阐明未来哲学的命运和归宿。以他对维特根斯坦思想及其在西方哲学文化中的地位的澄清为背景，江怡乐观地总结说，哲学不会衰落，维特根斯坦所谓的消解哲学是“对哲学本身的一种更深层次的净化，是对哲学的一种文化超越”。[①]

跟这一探究相似，张学广的《维特根斯坦与理解问题》也聚焦维特根斯坦哲学的一个特定论题，该论题是整个西方哲学史根本的论题。他写道：“对于理解问题，只有经过西方哲学史的梳理，看到它的历史流变和分化，才能为了解维特根斯坦在该问题解决中的地位提供较好的背景。”[②] 张学广区分了柏拉图以来关于该问题的两个历史支流：一种是认识论的，一种是解释学的，认为维特根斯坦因其独特的学术和文化经历而能够给予该问题一种新的、决定性的语言转向，打开这两个长期分离的支流的统一通道。通过对理解问题的这一方法洞察，他认为维特根斯坦成功地将世界和意义、自然和人、语言和生活、科学和人文以及说明和解释连在一起，由此导致英美思想和欧洲大陆思想融合的可能性。

王晓升和郭世平的《后期维特根斯坦心理哲学研究》虽是对维特根斯坦后期哲学的专题性研究，但部分涉及他的著述和西方哲学史的密切关联。两位作者从私人语言论证开始，认为——借助语言研究——维特根斯坦展示了心灵问题上的三个传统源泉：我们对“我疼”和“他疼”间关系的误解，我们对“我”一词的误用，我们对

① 江怡：《维特根斯坦：一种后哲学的文化》，社科文献出版社 1996 年版，第 172 页。

② 张学广：《维特根斯坦与理解问题》，陕西人民出版社 2003 年版，第 1 页。

内在和外在关系的误识。两位作者然后考察了维特根斯坦心理学哲学中心理动词的谱系树：感觉、情感、想象、记忆、意志、期待、相信、思想和方面知觉。他们得出结论，在维特根斯坦看来，心理表达式的用法和我们的生活形式之间有着深刻关联，而理解这些表达式，我们必须参与我们的生活形式，参与具体的社会行为，参与我们使用它们的方式。①

徐春英的《走出语言的禁地——维特根斯坦语言哲学思想研究》立足于较广阔的文化背景，提供了将前后期维特根斯坦哲学结合起来的一种综合研究，“从维特根斯坦的思想渊源开始，探讨维特根斯坦前后两个时期取得的截然不同却都具有划时代意义的重大成就，在此基础上进一步探讨维特根斯坦哲学思想的转变是如何引发了20世纪发生的两次语言转向以及这两次转向对哲学、语言学甚至整个世界文化领域的深刻影响”，该研究甚至溢出哲学和语言学，而探讨维特根斯坦思想对文学、艺术等广泛领域的影响。②

李海峰的《维特根斯坦语言哲学评析》主要不是专注于维特根斯坦的哲学本身，而是着重从科学哲学角度探讨影响了维特根斯坦和维特根斯坦影响了的哲学传统。少年维特根斯坦跟西方哲学史发生了关联，青年维特根斯坦的兴趣中有从孔德到杜恒的一系列科学哲学，后期维特根斯坦则具有从语言学、语言哲学到其他哲学的理论来源。作者还着重分析了《逻辑哲学论》的影响以及对它的批

① 王晓升、郭世平：《后期维特根斯坦心理哲学研究》，中国社会科学出版社2004年版，第340页。

② 徐春英：《走出言说的禁地——维特根斯坦语言哲学思想研究》，中国社会出版社2011年版，第8—9页。

判，《哲学研究》的影响以及引起的争论。该书力图“让我们就维特根斯坦涉及的哲学人物及流派，跟随思想历史进程和专业哲学家们的阅读和破解经历，来理解维特根斯坦的思想历程”。[①]

黄敏的《知识之锚——从语境原则到语境主义知识论》将哲学史与哲学问题结合起来，探讨知识论中对怀疑论问题的解决如何走过一条从康德到弗雷格再到维特根斯坦的先验哲学之路。该书从语境主义知识论的当代讨论入手去处理怀疑论问题，由此回溯至康德对于休谟怀疑论的先验哲学解决，接着从逻辑主线中下延至弗雷格而到达维特根斯坦。在作者看来，“如果不能恰当地理解弗雷格，也就不能恰当地理解维特根斯坦。弗雷格的逻辑哲学是进入维特根斯坦哲学必须跨过的一道门槛，它为后者提供了开创性的东西，而后者可以说是这些东西的进一步发展”。维特根斯坦则“有选择地推进了弗雷格关于真和逻辑的基本观念”，从而以自己独特的方法最有效地回应了怀疑论的挑战。[②]

焦卫华的《“综观”与“面相”：后期维特根斯坦哲学存在论维度解读》力图走出以往的分析哲学视野，将他放在大陆哲学的背景下，看到了他“作为一个欧洲学者对欧陆人文精神的继承和鞭挞，看到了其不同于分析哲学的精神气质和哲学风格，从维特根斯坦的精神气质出发来探究其欧陆哲学的倾向，从而把维特根斯坦放到一个更为广阔的视野中挖掘其思想的精髓。”同时，通过从维特根斯坦特有的方法论入手，揭示欧洲传统的语言和语法所产生的本体论

① 李海峰：《维特根斯坦语言哲学评析》，中国社会科学出版社 2012 年版，第 9 页。

② 黄敏：《知识之锚——从语境院长到语境主义知识论》，华东师范大学出版社 2014 年版，第 2—14 页。

问题，需要“透过这种表层语法看到语言的深层，消解传统形而上学，从而克服存在论。”①

刘程的《语言批判：维特根斯坦美学思想研究》是国内专题研究维特根斯坦美学的第一部著作，不仅着力于阐释其一生的美学思想，而且注意将它置于宽广的哲学文化背景中。作者“以语言为线索，旁涉伦理和宗教，在考察其思想渊源的基础上，把握其前后期美学思想及前后期思想转变的表现、理由与意义，阐明其思想对符号主义美学、分析美学和后现代主义思潮的影响与启示，力图沟通前后期维特根斯坦，力图沟通英美哲学与欧陆哲学，理清它们的内在联系，最后落实到维特根斯坦思想影响下的中国语言美学。”②

王海东的《维特根斯坦与哲学的未来》既有对《论确实性》的文本解读，也有对维特根斯坦美学思想的语境性解读，更有将他与康德、弗洛伊德、东方禅学的比较研究。作者尝试将“我注六经”和“六经注我”两种研究方式结合起来，回归生活形式的“意义美学”，弥合理性在语言、心灵和世界之间所开掘的鸿沟，摸索“以言启神”的信仰之路，阐明天才思想家的相似性以及东西方文化之间无法言喻的“契合性”，发掘《论确实性》中所隐藏的“整体论”和“承认理论”。③

王峰的《美学语法：后期维特根斯坦的美学与艺术思想》是一

① 焦卫华：《“综观”与“面相”：后期维特根斯坦哲学存在论维度解读》，人民出版社2014年版，第5页。

② 刘程：《语言批判——维特根斯坦美学思想研究》，华中师范大学出版社2009年版，第9—10页。

③ 王海东：《维特根斯坦与哲学的未来》，云南人民出版社2013年版，第1页。

项以西方美学史为背景的深入专项研究。作者认为，由于后期维特根斯坦美学引发基础性的美学观念转变，纠正了一些基础性的错误观念，提出了新的美学、艺术理论，尤其提出“美学语法”这一新的理解方式，因而“对中国的美学研究具有实际的理论价值”。他不仅力图揭示、整理后期维特根斯坦的美学思想，而且“在理解基础上努力化用其方法，力图解决一系列美学难题，并提出相关的美学思想建构，希望这一思考既是合乎后期维特根斯坦原意的，又能实际地融入中国美学思考，为中国美学做出建设性的拓展。”[①]

三、哲学应用

所谓哲学应用，我指的是维特根斯坦的思想在哲学圈内和圈外的使用。但是，我的阐述将主要限定在哲学范围内的应用，主要考虑符合维特根斯坦思想的精神或使用他的方法的讨论。要将维特根斯坦哲学应用于新的领域或新的问题，以他的精神并带着他的方法继续哲学工作，不仅更为困难，而且比对维特根斯坦哲学的文本解读或语境解释更加重要；尤其重要的是，它也更符合维特根斯坦自己的期望。

张志林和陈少明的《反本质主义与知识问题：维特根斯坦后期哲学的扩展研究》是这一路径的早期尝试。两位作者高度评价维特根斯坦使用“家族相似”概念所蕴含的反本质主义，并力图将这一概念与马克斯·韦伯的“理想类型”理论结合起来，以拯救理性主义。作者在 J. L. 奥斯汀的言语行为理论中看到这一结合的范例。在扩

① 王峰：《美学语法：后期维特根斯坦的美学与艺术思想》，北京大学出版社 2015 年版，第 226—228 页。

展考察了各种不同领域的家族相似和理想类型分析后，作者追求四个目标：(1)放弃了本质主义，拯救了本质概念，提出了新的本质观；(2)否定了教条主义的理性主义，张扬了有限度的理性主义，深化了基于生活形式的新理性观；(3)保留了哲学的解构功能，重塑了哲学的建构功能；(4)重新审视了人类知识，突显出新的知识图景。[①]

陈嘉映出版了《哲学研究》良好的中译本，他还将维特根斯坦与其他大陆哲学家尤其海德格尔加以比较(陈30年前合译了海德格尔的《存在与时间》，并研究海德格尔哲学许多年)。但是，他对中国维特根斯坦研究的最重要贡献毫无疑问是他尽心竭力地应用维特根斯坦的方法和精神。陈嘉映首先强调日常语言的重要性，并使用大多取自维特根斯坦本人的例子证明，哲学的任务正在于走向日常语言的话语。他的论文和著作很少依赖传统学术风格，也尽可能避免我们在传统哲学中发现的大概念。通过贯彻维特根斯坦的方法和精神并形成讨论哲学问题的新鲜方式，一种介乎哲学和文学之间并努力打破哲学学术和大众生活间障碍的方式，陈嘉映成功地吸引了其他领域的读者。日常语言当然是与一种文化紧密相连的民族语言，他的著述不仅是哲学之作，而且是汉语艺术之作。

陈嘉映认为，前期维特根斯坦设定语言和世界之间的同构关系是错误的，这是他与莱布尼茨和罗素这类哲学家共有的本体论。他指出，“维特根斯坦在语言哲学上误入歧途的根本缘由和罗素一样，在于他的本体论”，语言和现实并不共有一种逻辑形式，相反，

① 张志林和陈少明：《反本质主义与知识问题：维特根斯坦后期哲学的扩展研究》，广东人民出版社1995年版，第3页。

语词是现实的逻辑形式。[①] 尽管他接受维特根斯坦后期哲学的许多洞察，但他尤其强调自然理解的观念。在他看来，所有哲学分析最终都立足和依赖于自然理解而不是技术概念。正是以此为背景，后期维特根斯坦才从对语言的彻底分析转向日常语言在其使用中的恰当理解。陈嘉映相信，"在《哲学研究》中，逻辑分析的最终目标不再是简单名称或简单对象，而是自然理解。"作为对理智蛊惑的解决办法，维特根斯坦的哲学概念必须相应地依据一种理解加以解释，这种理解是一种自然的非中介的过程。[②] 陈嘉映的《无法还原的像》包括专讲维特根斯坦"哲学语法"概念的一章，讨论了语法随意性和语言自治之类问题。他注意到维特根斯坦所喜欢的两个比喻之间的紧张：游戏比喻和工具比喻。就人们创造一种爱玩的游戏而言，游戏的规则是随意的，而工具尽管与所工作的对象有亲密关系，但必须在广义上"符合"事物，因而不是随意的。

陈嘉映进而尽最大努力对世界做明细的再现，但不是通过任何一种理论构造，而是通过澄清概念。他写道："我关心的是基本概念，概念的历史，概念的演变。"[③] 他讨论的主题之一便是哲学、科学和常识之间的关系。该讨论考察了理性从原始人的归纳推理到古希腊的哲学-科学，从古希腊天文学到哥白尼革命，最终到现代科学革命的演化过程。从共时角度看，他描述了科学概念、日常概念和数学概念的关系，以及自然哲学与实验科学的关系。在陈嘉映看

---

① 陈嘉映：《语言哲学》，北京大学出版社 2003 年版，第 156—157 页。

② 同上，第 206—210 页。

③ 陈嘉映：《哲学 科学 常识：神话时代以来的理知历程——人类心智所展现的世界图景》，东方出版社 2007 年版，第 14 页。

来，“今天的哲学不再可能以建立普适理论为鹄的，哲学的任务是回到它的出发点，以理性态度从事经验反省和概念考察，以期克服常识的片断零星，在一定程度上获得更为连贯一致的理解。”① 他的纯哲学的问题思考，使用哲学方法对其他问题的思考，都带着后期维特根斯坦的深厚影响。他新近的著作《何为良好生活》(2015)以及此前此后的散文随笔，都无不以这种概念分析的方法思考人生意义和伦理问题。

徐英瑾既对维特根斯坦中期哲学进行高度原创的阐释，又将维特根斯坦的方法和精神应用于解决人工智能这样的当代前沿问题。在他看来，维特根斯坦哲学之所以能够对 AI 界当下的困境指点迷津，是因为“维特根斯坦哲学有一种内在的‘综合’特质，即其哲学总是试图为天下所有的问题提供一种统一的解决方案。这种学术风格对于一盘散沙的 AI 研究现状来说，乃是一种相当稀缺的思想质量。”② 徐英瑾认为，《逻辑哲学论》的三个话题对应着人工智能科学“知识表征”任务的三个环节，而《哲学研究》相互关联的众多主题更展示着智能体在怎样的规范性条件约束和历时的动态环境下，完成与环境以及其他智能体之间的互动，并最终完成某些任务。相对于《逻辑哲学论》，《哲学研究》更能关注智能体的行动和信息的实时处理，并以“语言游戏”形成各种信息处理过程的最初步综合，给 AI 研究的复杂混乱局面提供指导，引导我们向着“统一的人工

① 陈嘉映：《哲学 科学 常识：神话时代以来的理知历程——人类心智所展现的世界图景》，东方出版社 2007 年版，第 17 页。

② 徐英瑾：《心智、语言和机器：维特根斯坦哲学和人工智能科学的对话》，人民出版社 2013 年版，第 123 页。

智能规划”方向前进。[①]

将维特根斯坦哲学观点和方法运用于解决哲学内的和哲学外的问题，的确更显学者的功力，在中国维特根斯坦研究中当然尚需更多像陈嘉映和徐英瑾的研究成果。如上文本解读和语境解释的学者如黄敏和陈常燊亦已在做哲学内的应用和贯通，而从事（外国）语言学、文学艺术等领域研究的学者则更热衷于借用维特根斯坦的概念的和方法，并有不少成果。沈梅英等的《维特根斯坦哲学观视角下的语言研究》“主要围绕维特根斯坦后期哲学思想中的四个重要概念‘语言游戏’、‘家族相似’、‘生活形式’及‘意义即使用’进行相关语言理论的对比研究，分析阐释语义范畴、语义缺省和模糊语义等语言现象”。[②] 谢群的《维特根斯坦语言游戏思想研究——一项基于真实语料的研究》“尝试将语言游戏思想与真实语料相结合，将抽象的语言哲学应用于具体的话语分析，整合语言哲学与语言学研究”。[③] 刘辉的《基于语料库的〈维特根斯坦选集〉文本研究》“运用语料库语言的研究方法，以文本为切入点，先后分析［自建的］《维特根斯坦选集》的整体词汇特征、高频实词使用规律和每个文本的主题词及核心主题”，并重点对维特根斯坦与索绪尔的语言观做了比较。[④]

① 徐英瑾：《心智、语言和机器：维特根斯坦哲学和人工智能科学的对话》，人民出版社 2013 年版，第 124 页。

② 沈梅英等：《维特根斯坦哲学观视角下的语言研究》，浙江大学出版社 2012 年版，第 ii 页。

③ 谢群：《维特根斯坦语言游戏思想研究——一项基于真实语料的研究》，黑龙江大学出版社 2017 年版，第 3 页。

④ 刘辉：《基于语料库的〈维特根斯坦选集〉文本研究》，黑龙江大学出版社 2018 年版，第 185 页。

四、比较研究

以维特根斯坦为中心而涉及其他哲学家的研究一般属于语境解释或哲学应用，这里的比较研究是指将维特根斯坦与西方或中国其他哲学家所做的对等研究。比较研究跟语境扩大相关，这是毫无疑问的。一旦两个或更多的哲学家被人们平行关注，比较研究便不可避免。维特根斯坦对众多哲学问题的艰深思考以及他横跨英美和大陆的文化视野，更是容易引起学者们的比较研究。学术论文已相对较多，但著作篇幅的研究还相对较少。

比较研究其实源远流长。张申府可以看作对维特根斯坦开展比较研究的第一人，是他最早联系《逻辑哲学论》讨论墨子的逻辑。洪谦对维特根斯坦与石里克进行比较研究，并得出富有启发的不同结论。涂纪亮在深入研究英美哲学过程中，将维特根斯坦放大到其他英美哲学家的范围或与大陆哲学家加以比较，获得不少真知灼见。陈启伟关注英国哲学史和现代英美哲学，将维特根斯坦与维也纳学派成员、古典实用主义哲学家做了一定的比较，形成独到的看法。陈嘉映在翻译海德格尔和维特根斯坦两本代表作之后，对 20 世纪大陆和英美两个传统的顶尖哲学家进行比较研究，所获得的洞见颇有启发。韩林合在解读《逻辑哲学论》的前后，对《庄子》有过自己的独到解释。他对《逻辑哲学论》进行世界、心灵、语言和哲学四个维度的解读，并将这些维度运用于对《庄子》的解释，在中西比较中自成一家。江怡也对维特根斯坦进行分析哲学内、西方哲学史远景中乃至与中国哲学的跨境比较，不断打开新的研究视野。

张庆熊较早对维特根斯坦、诠释学、西方马克思主义进行比较研究。他在探讨广义的社会科学方法论时，强调维特根斯坦前后期哲学的重要影响。尤其是认为，维特根斯坦后期哲学，不仅是对包括他自己前期哲学在内的实证主义外部观察方法的批评，而且是对现象学、诠释学内在意识自明性超越路线的批评。后期维特根斯坦强调语言与生活形式的密不可分，对当代社会科学研究方法带来两方面的影响，“一方面是对以多元主义为特色的后现代主义的影响；另一方面是对强调交互共识的交往理性学说的影响。这两种互相对立的观点来源于对后期维特根斯坦的不同理解和解释。”[①] 张庆熊试图打通英美哲学和欧陆哲学的界限，把哲学研究与社会科学研究结合起来，尤其强调维特根斯坦在社会科学方法演变中的核心地位。

徐燕杭对康德和维特根斯坦加以比较，主要以美学作为视角和切入点。虽然只是选择一个视角，但所做的比较却是在两个哲学体系之间进行。她认为，通过叔本华的中介，前期维特根斯坦对康德已有所了解，到后期对康德哲学的兴趣在不断增加，而伦理和审美在康德和维特根斯坦那里都是能够将各自哲学整体贯通起来的一条重要线索。通过对两个哲学体系的比较，作者着重“考察维特根斯坦的研究思考与方法如何保留康德对形而上的追求，但取消了形而上学的假设，为跨越康德哲学中的实践理性与理论理性的鸿沟提供可能的道路”，并由此展现近现代哲学的思路转换。[②]

① 张庆熊:《社会科学的哲学——实证主义、诠释学和维特根斯坦的转型》，复旦大学出版社 2010 年版，第 2 页。

② 徐燕杭:《从形而上学的道德理念到日常化的反思活动——审美视野中的康德与维特根斯坦哲学比较研究》，浙江大学出版社 2012 年版，第 2 页。

赖成彬比较系统地研究维特根斯坦与奥斯汀之间哲学治疗思想的异同。他认为，这两位在20世纪语言转向中起过深远作用的代表人物从不同路径提出哲学的治疗任务，都看到我们每个人身上具有的哲学问题困惑，都强调哲学治疗是“对观念的批判和对概念的澄清”，他们的思想互相沟通、交相辉映。他们两人都认为哲学含有需要治疗的成分，都对哲学理论保持高度警惕，都强调哲学要回到日常语言地基，都善于通过举例这种艺术的方式来澄清语词的用法，都有追求清晰和心灵安宁的本质兴趣。只不过，“维特根斯坦比奥斯汀更自觉地认识到，哲学不是理论，不能系统化地论证问题”。①

李包庚在国内第一个以著作篇幅对马克思与维特根斯坦加以比较，主要选择比较他们的哲学革命路向，并更多站在马克思主义哲学立场上加以褒贬。在他看来，“维特根斯坦实现了一场‘哲学的革命’，开启了西方现代哲学发展的新路向……马克思则不仅在更具现实性的基础上实现了‘哲学的革命’，而且为无产阶级和整个人类的解放事业创造了强大无比的精神武器——‘革命的哲学’。”② 作者在分别陈述马克思哲学和维特根斯坦哲学研究现状的基础上，进一步梳理和分析马克思哲学革命和维特根斯坦哲学革命之间的关系，找出其相同之处和差异之处，以助益于两种哲学的各自研究，乃至促进马克思主义哲学、现代西方哲学和中国哲学三大

① 赖成彬：《维特根斯坦与奥斯汀的哲学治疗思想比较》，吉林大学出版社2014年版，（序言）第1—7、152页。

② 李包庚：《解构与超越：马克思和维特根斯坦哲学革命路向比较研究》，中国社会科学出版社2014年版，第20页。

领域之间的深度对话。

刘云卿对维特根斯坦与杜尚进行了并非学术研究但富于启发的跨领域比较，让我们更多关注纯哲学之外的甚至真正的维特根斯坦。从事这一比较的基础在于，他们都“超越了‘学科’或‘专业’的强制性，某种意义上，正是他们的存在摧毁了被视为当然的一切。对‘蛊惑’或诱惑的敏感，对‘进步’的质疑，对摧毁、简化、治疗与救赎的热忱，对行动的注重使他们如此‘相似’……”地颠覆了哲学和艺术的形象。他们表面上相距遥远，但作为对宗教、伦理、审美极为专注的天才、圣徒和思想者，又有着极大的相似性，在很深的根基上的某种相似。[①]

将维特根斯坦与中国古典的或现代的哲学家加以比较，在几十年的国内维特根斯坦研究中不时出现，但赵海燕对冯友兰和前期维特根斯坦存在论思想的比较研究是国内第一部此类研究的著作篇幅的文献。他以前期维特根斯坦提出的“不可说”论为参照，对冯友兰“负的方法”加以探讨，旨在“从冯友兰与前期维特根斯坦‘视域融合’的视角出发，对于‘负的方法’展开进一步的研究，以期加深对于‘负的方法’这一中国现代哲学史上的重要议题的相关认识”，以便加深对于中国哲学现代转型相关问题的理解，并从一个侧面更好地把握中国哲学的精神特质。[②]

范连义将维特根斯坦的后期哲学与乔姆斯基的生成语法加以

① 刘云卿：《维特根斯坦与杜尚：赋格的艺术》，上海三联书店 2016 年版，第 1—3 页。

② 赵海燕：《体验的存在：冯友兰与前期维特根斯坦之视域融合》，人民出版社 2016 年版，第 3 页。

比较。维特根斯坦对语言学习和使用的强调，通过简单语言活动澄清形而上学问题，关注语言之下的生活形式，这些对现代语言学研究提供了新的路径，但我们不应以一个语言学家的标准来要求他建构一种语言理论。就维特根斯坦与乔姆斯基而言，作者认为，他们除了学科层面和话语角度而导致的观点差异之外，具有深层问题上的一致性，"乔姆斯基所谓的语言奥秘只不过是维特根斯坦意义上的生活形式，乔姆斯基的绝对共性只不过是维特根斯坦意义上的家族相似性，乔姆斯基的绝对的、刚性的、非此即彼的内在语法在维特根斯坦那里只不过是一种理解，一种说话人之间的会通。"①

以上四种路径都有彼此交叠的地方，不少学者也在两种以上路径中穿行。各种路径相互助益、协调推进，才能使中国维特根斯坦共同体变得更富活力和原创性。随着维特根斯坦哲学成为哲学史的一部分，随着他与其他哲学家、其他哲学以及中国哲学文化的交融，除了这四种路径的进一步交叉推进之外，也许还会有其他路径产生出来。

第 2 节 中国维特根斯坦哲学研究的影响

维特根斯坦和中国哲学文化的关系可以通过两种方式来探究：通过维特根斯坦式的视角，或者通过中国文化和哲学的视角。不论从哪一个视角出发，最终目标必定都是一个，即在一些基本的哲学

---

① 范连义：《维特根斯坦和乔姆斯基语言哲学思想对比研究》，上海交通大学出版社 2019 年版，第 180 页。

和文化问题上能够促进这两个传统达成相互理解。

一、中国视角

在古代中国，学者们的工作常常在交叠的文化领域之间游走。这样一个世界中并没有现代科技的位置，文学、历史和哲学相互交融在一起。甚至在 1840 年后的现代中国，在已经受了西方科学技术的洗礼之后，人文和社会研究仍未分化成各种独立的学科。由此，我们会发现，二十世纪上半叶的中国哲学家既关心西方文化的学习，又关心中国文化的学习，哲学、文学、历史都在他们的学术视野之中。前面论及的三位哲学家，金岳霖、冯友兰和张岱年都能够汇通中西之学。去西方接受教育之前，金岳霖和冯友兰都受过优良的中国传统教育。他们不仅是狭义上的哲学家，也都广泛地深入到两种文化研究之中。

然而，1949 年之后，时局一变。通过前苏联，一种西方的学术分科体系被采用。哲学被分为三个几乎独立的范畴：马克思主义哲学、西方哲学和中国传统哲学。这三个领域的学者之间几无交流，甚至 1979 年之后若干年也仍如此。有几十年的时间，西方哲学学者并不乐于触及中国传统哲学，因为他们觉得后者的价值与西方哲学相去甚远。

自二十世纪末起，另一种变化已然发生。三个不同领域中学者间的交流日渐增多。从事西方哲学的学者开始认识到从中国哲学和文化的视角来审视他们自身研究的视野。沉浸西方哲学研究多年以后，知名中国学者叶秀山写道，“我们中国人生活在中国这块土地上……要想离开中国的传统，一来是不可能的，二来也是不明智的。我们的生活塑造了我们，与其努力去摆脱它，不如实事求是地去迎接它，从这片土地上吸取营养。”他继续写道，“我们中国人做西方哲学研究要有自己的独特的做法，也就是说，我们可以从中国的传统，从中国的哲学视角来研究西方哲学。”① 同一时期，另一位研究西方哲学的知名学者赵敦华论述道，我们要“运用中国人的眼光解读西方哲学”。他还提议，从这一视角出发，有三类工作需要去做：用地道的汉语说外国的道理；以中国文化为参照来进行中西哲学比较研究；加强西方哲学研究同马克思主义哲学研究、中国传统哲学研究的联系与合作。②

翻译显然为不同文化之间的交流搭起了桥梁。持续一千年的佛经翻译之后（始于公元 2 世纪），西方著作的翻译已成为中国历史上的第二波翻译浪潮。这股浪潮始于十六世纪后期，十九世纪末期中国历经若干战败之后，这股翻译浪潮开始加速。近年来，维特根斯坦著作的翻译已经使得它们可以在汉语视野下被阅读。无论学者还是一般大众，维特根斯坦著作的翻译都日渐重要。相比德语或者英语原著，唯有通过翻译或者至少通过汉语阅读，中国的学者才能更好地理解维特根斯坦。然而，维特根斯坦也告诉我们说，理解一个语词意味着理解一种文化和生活形式。因此，以汉语为媒介，维特根斯坦著作的表里都会有所变化。在汉语和中国生活形式的语境中，它们是否和多大程度上会有新的使用，这的确也是值得关

---

① 叶秀山：《中西智慧的贯通：叶秀山西方哲学论集》，江苏人民出版社 2002 年版，第 1 页。

② 赵敦华：《西方哲学的中国式解读》，黑龙江人民出版社 2002 年版，第 1、5—6 页。

注的问题。

随着分析哲学著作翻译的增多，以及中国视角的有意觉醒，包括维特根斯坦在内的分析哲学与中国哲学文化的交叉融合问题得到中国学者的更多关注。继两次"分析哲学与中国哲学"比较研讨会（昆明，1999；苏州，2000）之后，中国学者们在深入思考汉语哲学问题，尤其是中国哲学的分析化和分析哲学的中国化。以中国的视角理解包括维特根斯坦哲学在内的分析哲学，在西方哲学的语境化（用赵敦华的话来说）中成为不可避免的问题。分析哲学的中国化必不可免地包括研究与中国语境密切相关的分析哲学问题，研究分析哲学与中国哲学文化的紧密结合问题，甚至包括形成具有中国风格和气派的分析哲学。可以肯定，维特根斯坦哲学能够在这一吁求中发挥积极的引领作用。

二、维特根斯坦在中国的影响

自十九世纪中期以来，中国人如饥似渴地研究西方，从技术到政治体系，乃至整个文化。事实上，西方世界的每一个新潮流都会或长或短地影响到中国。中国学者不断关注西方的最新潮流并努力将之引介到中国，以重建自己的文化。在从古代农耕经济转向现代工业社会的困难转型中，中国不得不适应整个世界的智性和精神资源。尽管维特根斯坦目前对中国哲学产生影响还很有限，但我们可以预料，假以时日这种影响会日渐深远。

维特根斯坦思想的影响会怎样展开取决于中国自身的需求。中国学者和学生对维特根斯坦的兴趣日渐浓厚，这不仅因为他是二十世纪最有影响的哲学家之一，而且因为他们在他身上找到了能回应他们的需求的东西。对于重建中国文化而言，一个中国学者可能会在维特根斯坦身上找到有趣或重要的东西。他或许也会觉得有必要去分析并回应维特根斯坦对现代文化和传统哲学所做的激烈批评。维特根斯坦对中国的影响也会在这个方面受到挑战。就某种程度而言，他的反本质主义立场对于中国的传统学术以及流行思维都是一记警钟。按照一些中国学者的观点，维特根斯坦基于家族相似概念对本质主义所做的批评比他之前的任何哲学思想都远为深刻。[①] 然而，这些学者并不赞同维特根斯坦针对哲学和理性的反本质主义态度。在现代化的过程中，中国传统最严重的问题便是理性过于缺失，而非过于泛滥。对中国学者和公众来说，在中国现代化的过程中伸张理性仍旧是一项重要的任务。

维特根斯坦的语言哲学也引起了中国学者的注意；他的概念考察方法确实改进了中国传统哲学研究和马克思主义哲学研究。一些学者追随冯友兰的脚步，强调将分析方法用于中国哲学的重要性，这儿指的是传统中国哲学，而非马克思主义哲学的各种变体。一些中国学者仍然在为语词而争论不休，而非为富有意蕴的问题。他们无法摆脱他们的语言透镜，无法站在粗糙的地面上。在这一方面，维特根斯坦的哲学确实应当提供一些帮助。然而，中国学者一般并不接受他关于哲学的诊疗态度，也不轻易赞同他反对在哲学中建构理论的立场。传统哲学的概念——不论是中国的（包括它在二十世纪早期的重构）还是西方的（包括马克思主义）——仍旧统

---

① 张志林和陈少明：《反本质主义与知识问题：维特根斯坦后期哲学的扩展研究》，广东人民出版社1995年版，第2页。

摄着中国的思维方式。因此，维特根斯坦的哲学观很可能被许多中国学者所反对。

维特根斯坦对科学、西方传统哲学以及现代西方文化的批评态度或许会帮助中国学者克服他们自 1840 年以来便重负在身的自我屈辱。自那时起，中国学者便渐渐认为，哲学确实代表了西方文化。随着黑格尔式的精神演进观念广为流传——除了西方引领的现代化过程、工业化过程以及全球化过程——中国人尤其是中国哲学家，开始考虑他们自身的传统文化内核。他们开始觉得，古代中国缺少西方所具有的那种类型的哲学。这种思考模式激励了前述三位哲学家（金岳霖、冯友兰和张岱年），在二十世纪三、四十年代，他们急于借用西方哲学来重构中国哲学，这也是为什么西方的哲学学者多年来并未觉得有研究中国传统哲学的必要。按维特根斯坦的语言游戏概念，不同文化终会悟出一些等同之处。然而，中国学者或许不会接受维特根斯坦对于传统文化的保守态度。中国大陆仍然没有充分现代化。它极其需要科技来发展经济和社会。它必须不断向西方学习；而且，中国又不能简单地将西方完全复制过来。于是，接着金岳霖、冯友兰、张岱年以及 1949 年之后乃至改革开放之后的现代哲学重建往下讲，让中国哲学分析化变得切实可靠，很有意义也很必要。

三、相互理解

如果一个中国视野下的维特根斯坦得以实现，并且维特根斯坦对中国哲学和文化的影响已然成型，那么这两股趋向必然最终达成某种类型的相互理解。对于这种不同文化传统之间的相互理解来说，维特根斯坦对西方哲学传统的解构当然是重要的。

起初，哲学和日常生活以及日常语言有更加直接的关系，这远远超出了后来许多西方哲学家的理解。维特根斯坦明白，哲学概念并非神圣，也没有超越日常生活。它们不仅源于日常生活，而且它们的根脉和意义仍旧隐于其中。按其真意，哲学是一种人类与世界之间的交流，两者都是日常生活之流的一部分。哲学起源于人类探知并理解世界的冲动，正如它在每种高等文化中所存在的那样。不论这种理解会离开多远，它必定始于人类的生活世界——这个术语是在胡塞尔的意义上使用的——并最终扎根其中，或者如我们随维特根斯坦所说，扎根在人类生活形式之中。中国传统文化始终强调自然、社会以及世俗生活的重要性。按其中国形态，哲学事实上几乎没有脱离过世俗生活。黑格尔之后，一波又一波的转变已经将西方哲学的希求从关注超验生活转向了关注生活世界。类似的转变也在世界上一些尚未现代化的地方发生。诉诸日常语言和日常生活，后期维特根斯坦的哲学如今是这种发展中最有意义的一部分。

维特根斯坦和中国学者都赞同如下一点：对哲学而言，语言是一个他们必须探究的媒介，同时又需加以超越。我们生存在语言世界之中，通过语言来认知世界。语言像一张网，世界像一条鱼。我们用网去捕鱼，但是，如果用不好它，那么我们或许捕不到任何鱼，甚至会作茧自缚。维特根斯坦的哲学解开了语言给我们设下的陷阱，这些陷阱因我们误解或者误用语言而来。确实，日常生活的语言也会引起人们之间的相互误解；不过，那类误解显然都是暂时的，通过进一步交流或者环境的改变常常就可以消除。作为比较，哲学误解会误导人显然是因为它们的深度，这种深度甚至会让一代代的人感到无比困惑。维特根斯坦想要揭示的正是中国哲学家在另一个文化语境中所感知到的。语言就像梯子；我们必须爬上梯子并丢开它才能不偏不倚地看待世界。陈嘉映就表达了同样的意思，他说，我们从某种自然理解开始，经过一个误解和挣脱语言并存的长期过程，我们最终获得一种新的、更高的自然理解，这已和最初的理解不同。[①]

中国学者在这一点上也赞同维特根斯坦：科技在社会中的作用应当受到限制。无疑，科技在现代世界中处在一个不可替代的位置。自 1840 年起，中国就努力从西方学习自然科学和技术。因为这个原因，社会科学和人文在中国大陆一直以来都受到轻视。而且，1949 年之后，中国脱离了外部世界，也脱离了自身传统。这种脱离所造成的错误政策和不良发展尽管 1979 年之后得到一定程度的纠正，但是给今日中国社会留下的深刻印记却久久难以消除。海内外的许多学者认识到，中国大陆为了追逐现代化必须要吸收更多的科学技术，而且甚至更加紧迫的一个任务是通过学习全世界的成就来重建自己的文化，尤其是在综合创新中获得自己的文化成就。因此，维特根斯坦的思想也许会与中国学者共鸣，帮助中国治愈它对精神价值的普遍轻视。

尽管维特根斯坦终会有一幅中国面孔，但是他对中国哲学和文化的影响很可能会比较有限。不论他的影响最终会波及到多大范围，我们都可以期待这个地球上人口最多的国家会对他的思想做出更多研究，这种关注也确实值得期待。

---

① 陈嘉映：《语言哲学》，北京大学出版社 2003 年版，第 206—210 页。

参 考 文 献

一、西文文献

I. 一手文献

The Big Typescript: TS 213. Edited by C. Grant Luckhardt and M. Aue. Oxford: Basil Blackwell, 2005.

The Blue and Brown Books. Edited and with a preface by R. Rhees. Oxford: Blackwell, 1958.

Briefe. Edited by B. F. McGuinness and G. H. von Wright. Frankfurt: Suhrkamp. 1980.

Briefe an Ludwig von Ficker. Edited by G. H. von Wright and W. Methlagl. Salzburg: Müller, 1969.

Culture and Value. Translated by Peter Winch. Edited by G. H. von Wright, in collaboration with Heikki Nyman. Oxford: Blackwell, 1980.

Familienbriefe. Edited by B. McGuinness, M. C. Ascher, and O. Pfersmann. Vienna: Hölder-Pichler-Tempsky, 1996.

Geheime Tagebücher 1914-1916. Edited by W. Baum. Vienna: Turia & Kant, 1991.

Last Writings on the Philosophy of Psychology, vol. 1. *Preliminary Studies for Part II of Philosophical Investigations*. Translated by C. G. Luckhardt and Maximilian A. E. Aue. Edited by G. H. von Wright and Heikki Nyman. Oxford: Blackwell, 1982.

Last Writings on the Philosophy of Psychology, vol. 2. *The Inner and the Outer, 1949-1951*. Translated by C. G. Luckhardt and Maximilian A. E. Aue. Edited by G. H. von Wright and Heikki Nyman. Oxford: Blackwell, 1992.

A Lecture on Ethics. *The Philosophical Review*, 74(1965): 3-12.

Lectures and Conversations on Aesthetics, Psychology and Religious Belief. Compiled from Notes taken by Yorick Smythies, Rush Rhees and James Taylor. Edited by Cyril Barrett. Oxford: Basil Blackwell, 1966.

Letters from Ludwig Wittgenstein, with a Meroir by Paul Engelmann. Translated by L. Furtmüller. Edited by B. F. McGuinness. Oxford: Basil Blackwell, 1967.

Letters to C. K. Ogden with Comments on the English Translation of the Tractatus Logico-Philosophicus. Edited by G. H. von Wright. Oxford: Basil Blackwell, 1973.

Letters to Russell, Keynes and Moore. Edited by G. H. von Wright. Oxford: Basil Blackwell, 1974.

Ludwig Wittgenstein and the Vienna Circle. Notes recorded by Friedrich Waismann. Edited by B. F. McGuinness. Oxford: Basil Blackwell, 1979.

Ludwig Wittgenstein: Cambridge Letters, Correspondence with Russell, Keynes, Moore, Ramsey and Sraffa. Edited by B. F. McGuinness and G. H. von Wright. Oxford: Basil Blackwell, 1995.

Ludwig Wittgenstein: Public and Private Occasions. Edited by James C. Klagge and Alfred Nordmann. Lanham, Boulder, London, New York: Rowman & Littlefield Publishers, Inc., 2003.

Notebooks, 1914-1916. 2nd edition. Translated by G. E. M. Anscombe. Edited by G. H. von Wright and G. E. M. Anscombe. Oxford: Basil Blackwell, 1979; Originally, 1961.

On Certainty. Translated by D. Paul and G. E. M. Anscombe. Edited by G. E. M. Anscombe and G. H. von Wright. Oxford: Basil Blackwell, 1969.

Philosophical Grammar. Translated by Anthony Kenny. Edited by Rush Rhees. Oxford: Basil Blackwell, 1974.

Philosophical Investigations. Translated by G. E. M. Anscombe, P. M. S. Hacker and Joachim Schulte. Revised 4th edition by P. M. S. Hacker and Joachim Schulte. Oxford: Blackwell Publishing Ltd., 2009; 1st edition, 1953; 2nd edition, 1958; 3rd edition, 1973.

Philosophical Occasions 1912-1951. Edited by James Klagge and Alfred Nordmann. Indianapolis: Hackett, 1993.

Philosophical Remarks. Translated by R. Hargreaves and R. Write. Edited by Rush Rhees. Oxford: Basil Blackwell, 1975.

Prototractatus - An Early Version of Tractatus Logico-Philosophicus. Translated by D. F. Pears and B. F. McGuinness, with an introduction by G. H. von Wright. Edited by B. F. McGuinness, T. Nyberg, and G. H. von Wright. London: Routledge & Kegan Paul, 1971.

Remarks on Color. 2nd edition. Translated by Linda L. McAlister and Margarete Schättle. Edited by G. E. M. Anscombe. Oxford: Basil Blackwell, 1980; Originally 1977.

Remarks on Frazer's *Golden Bough*. *The Human World*, 3(1971): 18-41.

*Remarks on the Foundations of Mathematic*s. Revised 2nd edition. Translated by G. E. M. Anscombe. Edited by G. H. von Wright, Rush Rhees, and G. E. M. Anscombe. Oxford: Basil Blackwell, 1978; Originally 1956.

Remarks on the Philosophy of Psychology, vol. I. Translated by G. E. M. Anscombe. Edited by G. E. M. Anscombe and G. H. von Wright. Oxford: Basil Blackwell, 1980.

Remarks on the Philosophy of Psychology, vol. II. Translated by C. G. Luckhardt and M. A. E. Aue. Edited by G. H. von Wright and H. Nyman. Oxford: Basil Blackwell, 1980.

Tractatus Logico-Philosophicus. 2nd edition. Translated D. F. Pears and B. F. McGuinness. London: Routledge & Kegan Paul, 1961; Originally 1922, translated by C. K. Ogden.

The Voices of Wittgenstein: The Vienna Circle. Translated by G. Baker, M. Mackert, J. Connolly, and V. Politis. Edited by G. Baker. London and New York: Routledge, 2003.

Wittgenstein's Family Letters: Corresponding with Ludwig. Edited with an Introduction by Brian McGuinness, translated by Peter Winslow. London, New York, Oxford, New Delhi, Sydney: Bloomsbury Academic, 2019.

Wittgenstein's Lectures, Cambridge 1930-1932. From the notes of J. King and Desmond Lee. Edited by Desmond Lee. Oxford: Basil Blackwell, 1980.

Wittgenstein's Lectures, Cambridge 1932-1935. From the notes of Alice Ambrose and Margaret MacDonald. Edited by Alice Ambrose. Oxford: Basil Blackwell, 1979.

Wittgenstein's Lectures on the Foundations of Mathematics, Cambridge 1939. From the notes of R. G. Bosanquet, Norman Malcolm, Rush Rhees, and Yorick Smythies. Edited by Cora Diamond. Chicago: University of Chicago Press, 1975.

Wittgenstein's Lectures on Philosophical Psychology 1946-47. Notes by Peter Geach, K. J. Shah, and A. C. Jackson. Edited by Peter Geach. Hassocks: Harvester Press, 1988.

Wittgenstein's Whewell's Court Lectures, Cambridge, 1938-1941. From the notes by Yorick Smythies. Edited, introduced, and annotated by Volker A. Munz and Bernhard Ritter. Wiley Blackwell, 2017.

Wittgenstein: Lectures, Cambridge 1930-1933: From the notes of G. E. Moore. Edited by David G. Stern, Brian Rogers, and Gabriel Citron. Cambridge University Press, 2016.

Wittgenstein in Cambridge, Letters and Documents 1911-1951. Edited Brain McGuinness. Blackwell Publishing Ltd., 2008.

Zettle. 2nd edition. Translated by G. E. M. Anscombe. Edited by G. E. M. Anscombe and G. H. von Wright. Oxford: Basil Blackwell, 1967.

II. 二手文献

Addis, Mark. *Wittgenstein: A Guide for the Perplexed*. London and New York: Continuum International Publishing Company, 2006.

Ahmed, Arif. *Wittgenstein's Philosophical Investigations: A Reader's Guide*. New York: Continuum International Publishing Group, 2010.

Ahmed, Arif ed. *Wittgenstein's Philosophical Investigations: A Critical Guide*. Cambridge, UK: Cambridge University Press, 2010.

Ambrose, Alice and Lazerowitz, Morris eds. *Ludwig Wittgenstein: Philosophy and Language*. London: George Allan and Unwin Ltd.; New York: Humanities Press Inc., 1972.Reprinted in 2002 by Routledge.

Ammereller, Erich and Fischer, Eugen ed. *Wittgenstein at Work: Method in the Philosophical Investigations*. London and New York: Routledge, 2004.

Anscombe, G. E. M. *An Introduction to Wittgenstein's Tractatus*. Edited by H. J. Paton. London: Hutchinson University Library, Hutchinson & Co. (Publishers) Ltd., 1959.

Anscombe, G. E. M. *The Collected Philosophical Papers of G. E. M. Anscombe*, vol. 1, *From Parmenides to Wittgenstein*. Oxford: Basil Blackwell Publishers, 1981.

Anscombe, G. E. M. *The Collected Philosophical Papers of G. E. M. Anscombe*, vol. 2, *Metaphysics and the Philosophy of Mind*. Oxford: Basil Blackwell Publishers, 1981.

Anscombe, Elisabeth. *The Collected Philosophical Papers of G. E. M. Anscombe*, vol. 3, *Ethics, Religion and Politics*. Oxford: Blackwell, 1981.

Anscombe, G. E. M. *From Plato to Wittgenstein, Essays by G. E. M. Anscombe*. Edited by Mary Geach and Luke Gormally. Exeter: Imprint Academic, 2011.

Arnswald, Ulrich ed. *In Search of Meaning: Ludwig Wittgenstein on Ethics, Mysticism and Religion*. Karlsruhe: Universitätsverlag Karlsruhe, 2009.

Arrington, R. L. and Glock, Hans-Johann ed. *Wittgenstein's Philosophical*

Investigations, Text and Context. London: Routledge, 1991.

Arrington, Robert L. and Glock, Hans-Johann eds. *Wittgenstein and Quine*. London, New York: Routledge, 1996.

Arrington, Robert L. and Addis, Mark eds. *Wittgenstein and Philosophy of Religion*. London and New York: Routledge, 2001.

Atkinson, James R. *The Mystical in Wittgenstein's Early Writings*. New York and London: Routledge, 2009.

Baker, Gordon. *Wittgenstein, Frege and Vienna Circle*. Oxford and New York: Basil Blackwell, 1988.

Baker, Gordon. Transcribed, edited and with an introduction. *The Voice of Wittgenstein: The Vienna Circle, Ludwig Wittgenstein and Friedrich Waismann*. London and New York: Routledge, 2003.

Baker, Gordon. *Wittgenstein's Method: Neglected Aspects: Essays on Wittgenstein by Gordon Baker*. Edited and introduced by Katherine J. Morris. Malden: Black Publishing Limited, 2004.

Baker, Gordon and Hacker P. M. S. *Wittgenstein: Understanding and Meaning: An Analytical Commentary on the Philosophical Investigations*. Oxford: Blackwell,1980.

Baker, G. P. and Hacker, P. M. S. *Wittgenstein: Understanding and Meaning*, Part I, *Essays*. Second, extensively revised edition by P. M. S. Hacker. Oxford: Blackwell Publishing, 2005.

Baker, G. P. and Hacker, P. M. S. *Wittgenstein: Understanding and Meaning*, Part II, *Exegesis §§1-184*. Second, extensively revised edition by P. M. S. Hacker. Oxford: Blackwell Publishing, 2005.

Baker, G. P. and Hacker, P. M. S. *Wittgenstein: Rules, Grammar and Necessity: Essays and Exegesis of §§185-242*. Second, extensively revised edition by P. M. S. Hacker. West Sussex: Willt-Blackwell, 2009 (first published in 1985).

Barrett, Cyril. *Wittgenstein on Ethics and Religious Belief*. Oxford, UK and Cambridge, USA: Blackwell, 1991.

Bax, Chantal. *Subjectivity after Wittgenstein: The Post-Cartesian Subject and the "Death of Man"*. London and New York: Continuum International Publishing Group, 2011.

Bazzocchi. L. ed. *The Tractatus According to Its Own Form*. Raleigh, NC.: Lulu, 2014.

Biggs, Michael and Pichler, Alois. "Wittgenstein: Two Source Catalogues and a Bibliography" . Working Papers from the Wittgenstein Archives at the University of Bergen No. 7, 1993.

Biletzki, Anat. *(Over) Interpreting Wittgenstein*. Dordrecht, Boston, London: Kluwer Academic Publishers, 2003.

Black, Max. *A Companion to Wittgenstein's Tractatus*. Ithaca, N. Y.: Cornell University Press, 1967.

Blair, David. *Wittgenstein, Language and Information: Back to the Rough Ground!*. Dordrecht: Springer, 2006.

Bloor, David. *Wittgenstein: A Social Theory of Knowledge*. New York: Columbia University Press, 1983.

Bloor, David. *Wittgenstein, Rules and Institutions*. London and New York: Routledge, 1997.

Boncompagni, A. *Wittgenstein and Pragmatism: On Certainty in the Light of Peirce and James*. Basingstoke: Palgrave Macmillan, 2016.

Bouveresse, Jacques. *Wittgenstein Reads Freud: the Myth of the Unconscious*. Translated by Carol Cosman, with a foreword by Vincent Descombes. Princeton: Princeton University Press, 1995.

Bouwsma, O. K. *Wittgenstein: Conversations, 1949 – 1951*. Edited with an introduction by J. L. Craft and Ronald E. Hustwit. Indianapolis: Hackett Publishing Company, 1986.

Brand, Gerd. *The Central Texts of Ludwig Wittgenstein*. Translated and with an introduction by Robert E. Innis. Oxford: Basil Blackwell, 1979.

Bronzo, Silver. The Resolute Reading and Its Critics: An Introduction to the Literature. *Wittgenstein-Studiens*, vol. 3, 2012.

Braver, Lee. *Groundless Grounds: A Study of Wittgenstein and Heidegger*.

Cambridge: The MIT Press, 2012.

Brenner, William H. *Wittgenstein's Philosophical Investigations*. Albany: State University of New York, 1999.

Cahill, Kevin M. *The Fate of Wonder: Wittgenstein's Critique of Metaphysics and Modernity*. New York: Columbia University Press, 2011.

Canfield, John ed. *The Philosophy of Wittgenstein*, vol. 1, *The Early Philosophy –Language as Picture*. New York and London: Garland Publishing, Inc., 1986.

Canfield, John ed. *The Philosophy of Wittgenstein*, vol. 2, *Logic and Ontology*. New York and London: Garland Publishing, Inc., 1986.

Canfield, John ed. *The Philosophy of Wittgenstein*, vol. 3, *My World and its Value*. New York and London: Garland Publishing, Inc., 1986.

Canfield, John ed. *The Philosophy of Wittgenstein*, vol. 4, *The Later Philosophy – Views and Reviews*. New York and London: Garland Publishing, Inc., 1986.

Canfield, John ed. *The Philosophy of Wittgenstein*, vol. 5, *Method and Essence*. New York and London: Garland Publishing, Inc., 1986.

Canfield, John ed. *The Philosophy of Wittgenstein*, vol. 6, *Meaning*. New York and London: Garland Publishing, Inc., 1986.

Canfield, John ed. *The Philosophy of Wittgenstein*, vol. 7, *Criteria*. New York and London: Garland Publishing, Inc., 1986.

Canfield, John ed. *The Philosophy of Wittgenstein*, vol. 8, *Knowing, Naming, Certainty, and Idealism*. New York and London: Garland Publishing, Inc., 1986.

Canfield, John ed. *The Philosophy of Wittgenstein*, vol. 9, *The Private Language Argument*. New York and London: Garland Publishing, Inc., 1986.

Canfield, John ed. *The Philosophy of Wittgenstein*, vol. 10, *Logical Necessity and Rules*. New York and London: Garland Publishing, Inc., 1986.

Canfield, John ed. *The Philosophy of Wittgenstein*, vol. 11, *The Philosophy of Mathematics*. New York and London: Garland Publishing, Inc., 1986.

Canfield, John ed. *The Philosophy of Wittgenstein*, vol. 12, *Persons*. New York and London: Garland Publishing, Inc., 1986.

Canfield, John ed. *The Philosophy of Wittgenstein,* vol. 13, *Psychology and Conceptual Reality*. New York and London: Garland Publishing, Inc., 1986.

Canfield, John ed. *The Philosophy of Wittgenstein,* vol. 14, *Aesthetics, Ethics, and Religion*. New York and London: Garland Publishing, Inc., 1986.

Canfield, John ed. *The Philosophy of Wittgenstein,* vol. 15, *Elective Affinities*. New York and London: Garland Publishing, Inc., 1986.

Canfield, John V. and Shanker, Stuart G., ed. *Wittgenstein's Intentions*. New York and London: Garland Publishing, Inc., 1993.

Carruthers, Peter. *The Metaphysics of the Tractatus*. Cambridge: Cambridge University Press, 1990.

Cavell, Stanley. *The Claim of Reason: Wittgenstein, Skepticism, Morality, and Tragedy*. Oxford: Oxford University Press, 1979.

Cavell, Stanley. *Philosophical Passages: Wittgenstein, Emerson, Austin, Derrida*. Oxford and Cambridge: Blackwell Publishers, 1995.

Cerezo, María. *The Possibility of Language: Internal Tension in Wittgenstein's Tractatus*. Stanford: CSLI Publications, 2005.

Charles, David and Child, William eds. *Wittgensteinian Themes: Essays in Honour of David Pears*. Oxford: Clarenton Press, 2001.

Child, William. *Wittgenstein*. London and New York: Routledge, 2011.

Clack, Brain R., ed. *An Introduction to Wittgenstein's Philosophy of Religion*. Edinburgh: Edinburgh University Press, 1999.

Coates, John. *The Claim of Common Sense: Moore, Wittgenstein, Keynes and the Social Sciences*. Cambridge: Cambridge University Press, 1996.

Cohen, Martin. *Wittgenstein's Beetle and Other Classic Thought Experiments*. Oxford: Blackwell Publishing Ltd., 2005.

Coliva, Annalisa. *Moore and Wittgenstein: Scepticism, Certainty, and Common Sense*. London: Palgrave Macmillan, 2010.

Conant, James and Bronzo, Silver. Resolute Readings of the *Tractatus*. In Hans-Johann Glock and John Hyman eds.: *A Companion to Wittgenstein*. John-

Wiley and Sons Ltd., 2017.

Conway, Gertrude D. *Wittgenstein on Foundations*. Atlantic Highlands, NJ.: Humanities Press International, Inc., 1989.

Cook, John W. *Wittgenstein's Metaphysics*. Cambridge: Cambridge University Press, 1994.

Cook, John W. *Wittgenstein, Empiricism, and Language*. Oxford, New York: Oxford University Press, 1999.

Cook, John W. *The Undiscovered Wittgenstein: The Twentieth Century's Most Misunderstood.* New York: The Humanity Books, 2005.

Copi, Irving M. and Beard, Robert W. ed. *Essays on Wittgenstein's Tractatus*. New York: The Macmillan Company, 1966.

Coupe, Christopher and Potts, Timothy and Geach, Peter and White, Roger. *A Wittgenstein Workbook*. Oxford: Basil Blackwell, 1970, reprinted 1971.

Crary, Alice and Read, Rupert eds. *The New Wittgenstein*. London and New York: Routledge, 2000.

Crary, Alice ed. *Wittgenstein and the Moral Life: Essays in Honor of Cora Diamond*. Cambridge, MA: The MIT Press, 2007.

Danford, John W. *Wittgenstein and Political Philosophy*. Chicago and London: The University of Chicago Press, 1978.

Day, William and Krebs, Victor J. *Seeing Wittgenstein Anew: New Essays on Aspect-Seeing*. Cambridge and New York: Cambridge University Press, 2010.

DeAngelis, William James. *Ludwig Wittgenstein – A Cultural Point of View: Philosophy in the Dark Point of View*. Hampshire and Burlington: Ashgate Publishing Company, 2007.

Diamond, Cora. *The Realistic Spirit: Wittgenstein, Philosophy and the Mind*. Cambridge, Mass.: The MIT Press, 1991.

Dilman, Ilham. *Wittgenstein's Copernican Revolution: The Question of Linguistic Idealism*. New York: Palgrave, 2002.

Dromm, Keith. *Wittgenstein on Rules and Nature*. New York: Continuum International Publishing Group, 2008.

Drury, Maurice O' Connor. *The Danger of Words and Writings on Wittgenstein*. With a preface by David Berman and Michael Fitzgerald. Bristol: Thoemmes Press, 2003.

Dwyer, Philip. *Sense and Subjectivity: A Study of Wittgenstein and Merleau-Ponty*. Leiden: E. J. Brill, 1990.

Easton, Susan M. *Humanist Marxism and Wittgensteinian Social Philosophy*. Manchester: Manchester University Press, 1983.

Edelman, John ed. *Sense and Reality: Essays out of Swansea*. Frankfurt: Ontos Verlag, 2009.

Edmonds, David and Eidinow, John. *The Wittgenstein's Poker: The Story of a Ten-Minute Argument between Two Great Philosophers*. New York: HarperCollins Publishers, 2001.

Ellis, Jonathan and Guevara, Daniel eds. *Wittgenstein and the Philosophy of Mind*. Oxford and New York: Oxford University Press, 2012.

Engelmann, M. *Wittgenstein's Philosophical Development: Phenomenology, Grammar, Method and the Anthropological View*. Basingstoke: Palgrave Macmillan, 2013.

Fann, K.T. ed. *Ludwig Wittgenstein: The Man and his Philosophy*. (Originally Dell Publishing Company, Inc., 1967) Reprinted by New Jersey: Humanities Press, 1978.

Fleming, Richard. *First Word Philosophy: Wittgenstein-Austin-Cavell Writings on Ordinary Language Philosophy*. Danvers, Mass.: Rosemont Publishing & Printing Corp., 2004.

Flowers III, F. A. ed. and introduced. *Portraits of Wittgenstein,* vol. 1-4. Bristol: Theommes Press, 1999.

Flowers III, F. A. and Ground, I. eds. *Portraits of Wittgenstein*. 2 vols. 2nd edition. London: Bloomsbury, 2016.

Floyd, J. Turing on "Common Sense" : Cambridge Resonances. In J. Floyd and A. Bukolich eds. *Philosophical Explorations of the Legacy of Alan Turing: Turing 100*. Cham, Switzerland: Springer, 2017, 103-52.

Fogelin, Robert J. *Wittgenstein*. London; Sussex: Harvester Press, 1976. and New York: Routledge, 2nd edition, 1987.

Fogelin, Robert J. *Taking Wittgenstein at his Word: A Textual Study*. Princeton and Oxford: Princeton University Press, 2009.

Forster, Michael N. *Wittgenstein on the Arbitrariness of Grammar*. Princeton: Princeton University Press, 2004.

Frongia, Guido and McGuinness, Brian, eds. *Wittgenstein, A Bibliographical Guide*. Oxford: Blackwell, 1990.

Frascolla, Pasquale. *Wittgenstein's Philosophy of Mathematics*. London and New York: Routledge, 1994.

Frascolla, Pasquale. *Understanding Wittgenstein's Tractatus*. London and New York: Routledge, 2007.

Frascolla, Pasquale and Marconi, Diego and Voltolini, Alberto ed. *Wittgenstein: Mind, Meaning and Metaphilosophy*. Hampshire: Palgrave Macmillan, 2010.

Friedlander, Eli. *Signs of Sense: Reading Wittgenstein's Tractatus*. Cambridge, MA: Harvard University Press, 2001.

Fung Yu-lan. *A Short History of Chinese Philosophy*. Edited by Derk Bodde. New York: The Free Press (A Division of Macmillan Publishing Co., Inc.), 1948.

Gabel, Gernot U. *Ludwig Wittgenstein: A Comprehensive Bibliography of International Theses and Dissertations 1933-1985*. Köln: Edition Gemini, 1988.

Gálves, Jesús Padlla. *Phenomenology as Grammar*. Frankfurt: Ontos Verlag, 2008.

Garver, Newton and Lee, Seung-Chong. *Derrida and Wittgenstein*. Philadelphia: Temple University Press, 1994.

Gefwert, Christoffer. *Wittgenstein on Thought, Language and Philosophy: From Theory to Therapy*. Hampshire: Ashgate Publishing Ltd., 2000.

Gelbmann, Gerhard. *Wittgenstein Archived: Bergenser Essays*. Frankfurt: Peter Lang GmbH, 2004.

Gibson, John and Huemer, Wolfgang ed. *The Literary Wittgenstein*. London and New York: Routledge, 2004.

Gierlinger, F. and Riegelnik S. eds. *Wittgenstein on Color*. Berlin: De Gruyter, 2014.

Glendinning, Simon. *On Being with Others: Heidegger – Derrida – Wittgenstein*. London, New York: Routledge, 1998.

Glock, Hans-Johann. *A Wittgenstein Dictionary*. Oxford: Blackwell Publishers Ltd., 1996.

Glock, Hans-Johann ed. *Wittgenstein: A Critical Reader*. Malden and London: Blackwell Publishers Ltd., 2001.

Glock, Hans-Johann and Hymann, John eds. *Wittgenstein and Analytic Philosophy: Essays for P. M. S. Hacker*. Oxford: Oxford University Press, 2009.

Glock, Hans-Johann and Hymann, John eds. *A Companion to Wittgenstein*. Hoboken, NJ.: Wiley-Blackwell, 2017.

Goldstein, Laurence. *Clear and Queer Thinking: Wittgenstein's Development and his Relevance to Modern Thought*. Duckworth: Gerald Duckworth & Co. Ltd., 1999.

Good, Justin. *Wittgenstein and the Theory of Perception*. London and New York: Continuum International Publishing Group, 2006.

Goodman, Russell B. *Wittgenstein and William James*. Cambridge and New York: Cambridge University Press, 2004.

Grayling, A. C. *Wittgenstein: A Very Short Introduction*. New York: Oxford University Press, 2001.

Grève, S. S. and Mácha, J. eds. *Wittgenstein and the Creativity of Language*. Basingstoke: Palgrave Macmillan, 2016.

Griffiths, A. Phillips. *Wittgenstein Centenary Essays*. Cambridge and New York: Cambridge University Press, 1991.

Gustafsson, Ylva and Kronqvist, Camilla and McEachrane, Michael eds. *Emotion and Understanding: Wittgensteinian Perspectives*. London: Palgrave

Macmillan, 2009.

Hacker, P. M. S. *Insight and Illusion: Themes in the Philosophy of Wittgenstein*. Revised edition. Oxford: Clarendon Press, 1986.

Hacker, P. M. S. *Wittgenstein: Meaning and Mind,* Part II, *Exegesis §§243 - 427*. vol. 3 of an Analytic Commentary on the Philosophical Investigations. Oxford: Blackwell Publishers, 1990.

Hacker, P. M. S. *Wittgenstein: Mind and Will, An analytical commentary on the Philosophical Investigations,* vol. 4. Oxford: Basil Blackwell, 1996.

Hacker, P. M. S. *Wittgenstein's Place in Twentieth Century Analytical Philosophy*. Oxford: Blackwell, 1996.

Hacker, P. M. S. *Wittgenstein on Human Nature*. London: Phoenix, 1997.

Hacker, P. M. S. *Wittgenstein: Connections and Controversies*. Oxford: Clarendon Press, 2001.

Hagberg, G. L. *Meaning and Interpretation: Wittgenstein, Henry James, and Literary Knowledge*. Ithaca and London: Cornell University Press, 1994.

Hagberg, G. L. *Art as Language: Wittgenstein, Meaning, and Aesthetic Theory*. Ithaca and London: Cornell University Press, 1995.

Hagberg, G. L. *Describing Ourselves: Wittgenstein and Autobiographical Consciousness*. Oxford: Clarenton Press, 2008.

Hamilton, A. *Routledge Philosophy Guidebook to Wittgenstein and On Certainty*. London: Routledge, 2014.

Hanfling, Oswald. *Wittgenstein and the Human Form of Life*. London and New York: Routledge, 2002.

Hark, Michael Ter. *Beyond the Inner and the Outer: Wittgenstein's Philosophy of Psychology*. Dordrecht, Boston and London: Kluwer Academic Publishers, 1990.

Harré, Rom and Tissaw, Michael A. *Wittgenstein and Psychology: A Practical Guide*. Aldershot: Ashgate Publishing Limited, 2005.

Heaton, John M. *The Talking Cure: Wittgenstein's Therapeutic Method for Psychotherapy*. London: Palgrave Macmillan, 2010.

Heyes, Cressida ed. *The Grammar of Politics: Wittgenstein and Political Philosophy*. Ithaca, NY: Cornell University Press, 2003.

Hintikka, Jaakko. *Ludwig Wittgenstein: Half-Truth and One-and-a-Half-Truth*. Selected papers vol. 1. Dordrecht, Boston and London: Kluwer Academic Publishers, 1996.

Hodges, Michael and Lachs, John. *Thinking in the Ruin: Wittgenstein and Santayana on Contingency*. Nashville: Vanderbilt University Press, 2000.

Holt, Robin. *Wittgenstein, Politics and Human Rights*. London and New York: Routledge, 1997.

Horn, Patrick Rogers. *Gadamer and Wittgenstein on the Unity of Language: Reality and Discourse without Metaphysics*. Hampshire and Burlington: Ashgate Publishing Company, 2005.

Horwich, P. *Wittgenstein's Metaphilosophy*. Oxford University Press, 2012.

Hunnings, Gordon. *The World and Language in Wittgenstein's Philosophy*. Hampshire: The Macmillan Press Ltd., 1988.

Hunter, J. F. M. *Understanding Wittgenstein: Studies of Philosophical Investigations*. Edinburgh: Edinburgh University Press, 1985.

Hutto, Daniel D. *Wittgenstein and the End of Philosophy: Neither Theory Nor Therapy*. New York: Palgrave Macmillan, 2003.

Hymers, Michael. *Wittgenstein and the Practice of Philosophy*. Peterborough, Ont.: Broadview Press, 2010.

Hymers, Michael. *Wittgenstein on Sensation and Perceptio*n. London: Routledge, 2017.

Janik, Allan and Toulmin, Stephen. *Wittgenstein's Vienna*. New York: Simon and Schuster, 1973.

Janik, Allan. *Wittgenstein's Vienna Revisited*. New Brunswick and London: Transaction Publishers, 2001.

Janik, Allan. *Assembling Reminders: Studies in the Genesis of Wittgenstein's Concept of Philosophy*. Santérus Academic Press Sweden, 2006.

Jolley, Kelly Dean. *The Concept "Horse" Paradox and Wittgensteinian*

Conceptual Investigations: A Prolegomenon to Philosophical Investigations. Hampshire: Ashgate Publishing Ltd., 2007.

Johnston, Paul. *Wittgenstein: Rethinking the Inner*. London and New York: Routledge, 1993.

Johnston, Paul. *Wittgenstein and Moral Philosophy*. London: Routledge, 2014.

Jolley, K. D. ed. *Wittgenstein: Key Concepts*. London: Routledge, 2014.

Kahane, Guy and Kanterian, Edward and Kuusela, Oskari eds. *Wittgenstein and His Interpreters: Essays in Memory of Gordon Baker*. Oxford: Blackwell Publishing, 2007.

Kenny, Anthony. *The Legacy of Wittgenstein*. Oxford, New York: Basil Blackwell Publisher Ltd., 1984.

Kenny, Anthony. *Wittgenstein*. Revised edition. Oxford: Blackwell Publishing, 2006.

Kenny, Anthony. *From Empedocles to Wittgenstein: Historical Essays in Philosophy*. Oxford: Clarendon Press, 2008.

Kishik, David. *Wittgenstein's Form of Life*. New York: Continuum International Publishing Group, 2008.

Kitching, Gavin and Pleasants, Nigel eds. *Marx and Wittgenstein: Knowledge, Morality and Politics*. London and New York: Routledge, 2002.

Kitching, Gavin. *Wittgenstein and Society: Essays in Conceptual Puzzlement*. Hampshire: Ashgate Publishing Ltd., 2003.

Klagge, James C. *Wittgenstein: Biography and Philosophy*. Cambridge: Cambridge University Press, 2001.

Klagge, James C. and Nordmann, Alfred eds. *Ludwig Wittgenstein: Public and Private Occasions*. Lanham, Boulder, London, New York: Rowman & Littlefield Publishers, Inc., 2003.

Klagge, James C. *Wittgenstein in Exile*. Cambridge, Mass. and London: The MIT Press, 2011.

Kober, Michael ed. *Deeping our Understanding of Wittgenstein*. Amsterdam – New York: Editions Rodopi B. V., 2006.

Koethe, John. *The Continuity of Wittgenstein's Thought*. Ithaca and London: Cornell University Press, 1996.

Kölbel, Max and Weiss, Bernhard eds. *Wittgenstein's Lasting Significance*. London and New York: Routledge, 2004.

Kripke, Saul A. *Wittgenstein on Rules and Private Language: An Elementary Exposition*. Cambridge: Harvard University Press, 1982.

Kusch, Martin. *A Sceptical Guide to Meaning and Rules: Defending Kripke's Wittgenstein*. Chesham: Acumen Publishing Limited, 2006.

Kuusela, Oskari. *The Struggle against Dogmatism: Wittgenstein and the Concept of Philosophy*. Cambridge, Mass., Harvard University Press, 2008.

Labron, Tim. *Wittgenstein's Religious Point of View*. London and New York: Continuum International Publishing Group, 2006.

Labron, Tim. *Wittgenstein and Theology*. New York: T & T Clark, 2009.

Landini, Gregory. *Wittgenstein's Apprenticeship with Russell*. Cambridge: Cambridge University Press, 2007.

Lapointe, François H. compiled. *Ludwig Wittgenstein: A Comprehensive Bibliography*. Westport and London: Greenwood Press, 1980.

Lawn, Chris. *Wittgenstein and Gadamer: Toward a Post-Analytic Philosophy of Language*. New York: Continuum International Publishing Group, 2004.

Lazenby, J. Mark. *The Early Wittgenstein on Religion*. London and New York: Continuum International Publishing Group, 2006.

Lewis, Peter B. ed. *Wittgenstein, Aesthetics and Philosophy*. Aldershot: Ashgate Publishing Limited, 2004.

Litwack, Eric B. *Wittgenstein and Value: The Quest for Meaning*. New York: Continuum International Publishing Group, 2009.

Livingstion, Paul M. *The Politics of Logic: Badiou, Wittgenstein, and the consequences of Formalism*. New York and London: Routledge, 2012.

Luntley, Michael. *Wittgenstein: Meaning and Judgment*. Oxford: Blackwell Publishing, 2003.

Mácha, Jakub and Berg Alexander eds. *Wittgenstein and Hegel: Reevaluation of*

Difference. Berlin/Boston: Walter de Gruyter GmbH, 2019.

Maddy, P. *The Logical Must: Wittgenstein on Logic*. Oxford University Press, 2014.

Majetschak, Stefan. *Wittgenstein und die Folgen*. Berlin: J. B. Metzler Verlag, 2019.

Malcolm, Norman. *Ludwig Wittgenstein: A Memoir*, with a Bibliographical Sketch by Georg Henrik von Wright. London: Oxford University Press, 1958.

Malcolm, Norman. *Problem of Mind: Descartes to Wittgenstein*. New York, Evanston, San Francisco, London: Harper & Row Publishers, 1971.

Malcolm, Norman. *Nothing is Hidden: Wittgenstein's Criticism of his Early Thought*. Oxford and New York: Basil Blackwell Ltd., 1986.

Malcolm, Norman. *Wittgenstein: A Religious Point of View?* Edited with a response by Peter Winch. London: Routledge, 1993.

Malcolm, Norman. *Wittgensteinian Themes: Essays 1978-1989*. Editrd by G. H. von Wright. Ithaca and London: Cornell University Press, 1995.

Matar, A. ed. *Understanding Wittgenstein, Understanding Modernism*. New York: Bloomsbury, 2017.

McCarthy, Timothy and Stidd, Sean C. ed. *Wittgenstein in America*. Oxford: Clarendon Press, 2001.

McDowell, John. *Mind and World*. Cambridge, MA: Harvard University Press, 1994. 2nd edition 1996.

McGinn, Colin. *Wittgenstein on Meaning: An Interpretation and Evaluation*. Oxford: Basil Blackwell, 1984.

McGinn, Marie. *Wittgenstein and the Philosophical Investigations*. London and New York: Routledge, 1997.

McGinn, Marie. *Routledge Philosophy Guidebook to Wittgenstein and the Philosophical Investigations*. London and New York: Routledge, 1997.

McGinn, Marie. *Elucidating the Tractatus: Wittgenstein's Early Philosophy of Logic and Language*. Oxford: Oxford University Press, 2006.

McGuinness, Brian ed. *Wittgenstein and his Times*. Chicago: The University of

Chicago Press, 1982.

McGuinness, Brain. *Wittgenstein: A Life: Young Ludwig, 1889-1921*. Berkeley, Los Angeles, London: The University of California Press, 1988.

McGuinness, Brain and Haller, Rudolf. *Wittgenstein in Focus*. Amsterdam – Atlanta, GA: Editions Rodopi B. V., 1989.

McGuinness, Brian. *Approaches to Wittgenstein: Collected Papers*. London and New York: Routledge, 2002.

McGuinness, Brian ed. *Wittgenstein in Cambridge: Letters and Documents 1911 – 1951*. Oxford: Blackwell Publishing Ltd., 2008.

McManus, Denis ed. *Wittgenstein and Scepticism*. London and New York: Routledge, 2004.

McManus, Denis. *The Enchantment of Words: Wittgenstein's Tractatus Logico-Philosophicus*. Oxford: Clarendon Press, 2006.

Medina, José. *The Unity of Wittgenstein's Philosophy: Necessity, Intelligibility, and Normativity*. Albany: State University of New York Press, 2002.

Misak, C. *Cambridge Pragmatism: From Peirce and James to Ramsey and Wittgenstein*. Oxford University Press, 2016.

Monk, Ray. *Ludwig Wittgenstein: The Duty of Genius*. London: Routledge and Kegan Paul, 1990.

Morris, Michael. *Routledge Philosophy Guidebook to Wittgenstein and the Tractatus Logico-Philosophicus*. London and New York: Routledge, 2008.

Morton, Michael. *The Critical Turn: Studies in Kant, Herder, Wittgenstein, and Contemporary Theory*. Detroit: Wayne State University Press, 1993.

Moyal-Sharrock, Danièle ed. *The Third Wittgenstein: The Post-Investigations Works*. Hampshire: Ashgate Publishing Ltd., 2004.

Moyal-Sharrock, Danièle. *Understanding Wittgenstein's On Certainty*. London: Palgrave Macmillan, 2004.

Moyal-Sharrock, Danièler and Brenner, William H. eds. *Readings of Wittgenstein's On Certainty*. Hampshire: Palgrave Macmillan, 2005.

Mulhall, Stephen. *On Being in the World: Wittgenstein and Heidegger on Seeing*

Aspects. London and New York: Routledge, 1990.

Mulhall, Stephen. *Wittgenstein's Private Language: Grammar, Nonsense, and Imagination in Philosophical Investigations, §§243 – 315*. Oxford: Clarendon Press, 2007.

Nielsen, K. S. *The Evolution of the Private Language Argument*. Aldershot: Ashgate, 2008.

Nordmann, Alfred. *Wittgenstein's Tractatus: An Introduction*. Cambridge and New York: Cambridge University Press, 2005.

Ostrow, Matthew B. *Wittgenstein's Tractatus: A Dialectical Interpretation*. Cambridge and New York: Cambridge University Press, 2002.

Overgaard, Søren. *Wittgenstein and Other Mind: Rethinking Subjectivity and Intersubjectivity with Wittgenstein, Levinas, and Husserl*. London and New York: Routledge, 2007.

Oxaal, Ivar. *On the Trail to Wittgenstein's Hut: The Historical Background of the Tractatus Logico-Philosophicus*. New York and London: Transaction Publishers, 2011.

Park, Byong-Chul. *Phenomenological Aspects of Wittgenstein's Philosophy*. Dordrecht, Boston and London: Kluwer Academic Publishers, 1998.

Patterson, Dennis M., ed. *Wittgenstein and Legal Theory*. Boulder, San Francisco and Oxford: Westview Press, 1992.

Pears, David. *Wittgenstein*. Glasgow: William Collins Sons and Co. Ltd., 1971.

Pears, David. *The False Prison*. vol. 1, Oxford: Clarendon, 1987; vol. 2, Oxford: Clarendon, 1988.

Pears, David. *Paradox and Platitude in Wittgenstein's Philosophy*. Oxford: Clarendon Press, 2006.

Pellegrin, Enzo De ed. *Interactive Wittgenstein: Essays in Memory of Georg Henrik von Wright*. Dordrecht: Springer Science Business Media B. V., 2011.

Perloff, Marjorie. *Wittgenstein's Ladder: Poetic Language and the Strangeness of the Ordinary*. Chicago and London: The University of Chicago Press,

1996.

Phillips, Derek L. *Wittgenstein and Scientific Knowledge: A Sociological Perspective*. London and Basingstoke: The Macmillan Press Ltd., 1977.

Phillips, D. Z. and Ruhr, Mario Von Der ed. *Religion and Wittgenstein's Legacy*. Hampshire and Burlington: Ashgate Publishing Company, 2005.

Pichler, Alois and Säätelä, Simo ed. *Wittgenstein: The Philosopher and his Works*. Frankfurt: Ontos Verlag, 2006.

Pitcher, George. *The Philosophy of Wittgenstein*. Englewood Cliffs, N. J.: Prentice-Hall, Inc., 1964.

Pitkin, Hanna Fenichel. *Wittgenstein and Justice: On the Significance of Ludwig Wittgenstein for Social and Political Thought*. Berkeley, Los Angeles, and London: University of California Press, 1972.

Plant, Bob. *Wittgenstein and Levinas: Ethical and Religious Thought*. London and New York: Routledge, 2005.

Pleasants, Nigel. *Wittgenstein and the Idea of a Critical Social Theory: A Critique of Giddens, Habermas and Bhaskar*. London and New York: Routledge, 1999.

Pole, David. *The Later Philosophy of Wittgenstein: A Short introduction with an Epilogue on John Wisdom*. London: The Athlone Press, 1958.

Pouivet, Roger. *After Wittgenstein, St. Thomas*. Translated and introduced by Michael S. Sherwin O. P. South Bend, Indiana: St. Augustine's Press, 2008 (first published in 1997).

Ramsey, Frank P. *The Foundations of Mathematics and Other Logical Essays*. Edited by R. B. Braithwaite, with a preface by G. E. Moore. London: Kegan Paul, 1931.

Read, Rupert. *Applying Wittgenstein*. Edited by Laura Cook. New York: Continuum International Publishing Group, 2007.

Read, Rupert. *Wittgenstein among the Sciences: Wittgensteinian Investigations into the "Scientific Method"*. Edited by Simon Summers. Hampshire: Ashgate Publishing Ltd., 2011.

Read, Rupert and Lavery, Matthew A., ed. *Beyond the Tractatus War: The New Wittgenstein Debate*. London and New York: Routledge, 2011.

Reck, Erich H., ed. *From Frege to Wittgenstein: Perspectives on Early Analytic Philosophy*. Oxford: Oxford University Press, 2002.

Reddy, Kona Prakash. *Plurabilities: Wittgenstein, Chomsky & Derrida*. A dissertation presented for the Doctor of Philosophy Degree, The University of Mississippi, December 1997.

Redpath, Theodore. *Ludwig Wittgenstein: A Student's Memoir*. Duckworth: Gerald Duckworth & Co. Ltd., 1990.

Rhees, Rush ed. *Recollections of Wittgenstein: Hermine Wittgenstein, Fania Pascal, F. R. Leavis, John King, M. O'C. Drury*. Oxford and New York: Oxford University Press, 1984.

Rhees, Rush. *Wittgenstein and the Possibility of Discourse*. Edited by D. Z. Phillips. Cambridge: Cambridge University Press, 1998.

Rhees, Rush. *Wittgenstein's On Certainty: There — Like Our Life*. Edited by D. Z. Phillips. Oxford: Blackwell Publishing, 2003.

Richter, Duncan. *Historical Dictionary of Wittgenstein's Philosophy*. Lanham, Maryland, Toronto, Oxford: The Scarecrow Press, Inc., 2004.

Richter, Duncan. *Wittgenstein at his Word*. London and New York: Continuum Publishing Company, 2004.

Robinson, Christopher C. *Wittgenstein and Political Theory: The View from Somewhere*. Edinburgh: Edinburgh University Press, 2009.

Rubinstein, David. *Marx and Wittgenstein: Social Praxis and Social Explanation*. London: Routledge, 1981.

Savickey, Beth. *Wittgenstein's Art of Investigation*. London and New York: Routledge, 1999.

Scheman, Naomi and O'Connor, Peg eds. *Feminist Interpretation of Ludwig Wittgenstein*. University Park, Pennsylvania: The Pennsylvania State University Press, 2002.

Schönbaumsfeld, Genia. *A Confusion of the Spheres: Kierkegaard and*

Wittgenstein on Philosophy and Religion. Oxford and New York: Oxford University Press, 2007.

Schröder, Severin ed. *Wittgenstein and Contemporary Philosophy of Mind*. Hampshire: Palgrave Macmillan, 2001.

Schröder, Severin. *Wittgenstein: The Way Out of the Fly-Bottle*. Cambridge: Polity Press, 2006.

Schulte, Joachim. *Experience and Expression: Wittgenstein's Philosophy of Psychology*. Oxford: Clarendon Press, 1993.

Shanker, Stuart ed. *Ludwig Wittgenstein: Critical Assessment*. vols. I-IV. London: Croom Helm, 1986.

Shanker, Stuart. *Wittgenstein's Remark on the Foundations of AI*. London and New York: Routledge, 1998.

Shanker, V. A. and S. G. eds. *Ludwig Wittgenstein: Critical Assessment*. vol. V, *A Wittgenstein Bibliography*. London: Croom Helm, 1986.

Shields, Philip R.. *Logic and Sin in the Writings of Ludwig Wittgenstein*. Chicago and London: The University of Chicago Press, 1993.

Sluga, Hans and Stern, David G., ed. *The Cambridge Companion to Wittgenstein*. London, New York: Cambridge University Press, 1996.

Sluga, Hans. Beyond the New Wittgenstein. In H. Greif and M. Weiss eds. *Ethics, Society, Politics: Proceedings of the 35th International Wittgenstein Symposium*. Berlin: De Gruyter Ontos, 2013, 11-34.

Sluga, Hans. *Wittgenstein*. Oxford: Wiley-Blackwell, 2011.

Sluga, Hans. *Politics and the Search for the Common Good*. Cambridge University Press, 2014.

Sluga, Hans and Stern, David G., ed. *The Cambridge Companion to Wittgenstein*. 2nd edition. London, New York: Cambridge University Press, 2018.

Standish, Paul. *Beyond the Self: Wittgenstein, Heidegger and the Limits of Language*. Aldershot: Ashgate Publishing Limited, 1992.

Stern, David G. *Wittgenstein's Philosophical Investigations: An Introduction*. Cambridge and New York: Cambridge University Press, 2004.

Stern, David G. and Szabados, Béla eds. *Wittgenstein Reads Weininger*. Cambridge: Cambridge University Press, 2004.

Stocker, Barry ed. *Post-Analytic Tractatus*. Hampshire and Burlington: Ashgate Publishing Company, 2004.

Stokhof, Martin. *World and Life as One: Ethics and Ontology in Wittgenstein's Early Thought*. Stanford, CA: Stanford University Press, 2002.

Stroll, Avrum. *Moore and Wittgenstein on Certainty*. New York and Oxford: Oxford University Press, 1994.

Stroll, Avrum. *Wittgenstein*. Oxford: OneWorld, 2002.

Sullivan, Peter and Potter, Michael ed. *Wittgenstein's Tractatus: History and Interpretation*. Oxford: Oxford University Press, 2013.

Szabados, Béla and Stojanova, Christina. *Wittgenstein at the Movies: Cinematic Investigations*. Lanham: Lexington Books, 2011.

Tanesini, Alessandra. *Wittgenstein: A Feminist Interpretation*. Cambridge and Maldon: Polity Press, 2004.

Teghrarian, Souren and Serafini, Anthony ed. *Wittgenstein and Contemporary Philosophy*. New Hampshire: Longwood Academic, 1992.

Tejedor, Chon. *Starting with Wittgenstein*. New York: Continuum International Publishing Group, 2011.

Terricabras, Josep-Maria ed. *A Wittgenstein Symposium (Girona, 1989)*. Amsterdam - Atlanta: Rodopi, 1993.

Thomas, Emyr Vaughan. *Wittgensteinian values: Philosophy, Religion Belief and Descriptivist Methodology*. Aldershot: Ashgate Publishing Limited, 2001.

Thornton, Tim. *Wittgenstein on Language and Thought: The Philosophy of Content*. Edinburgh: Edinburgh University Press, 1998.

Travis, Chales. *Thought's Footing: A Theme in Wittgenstein's Philosophical Investigations*. Oxford: Clarendon Press, 2006.

Venturinha, Nuno ed. *Wittgenstein after his Nachlass*. Hampshire: Palgrave Macmillan, 2010.

Vohra, Ashok. *Wittgenstein's Philosophy of Mind*. London and Sydney: Rroom

Helm Ltd., 1986.

Wall, Richard. *Wittgenstein in Ireland*. Translated by Martin Chalmers. London: Reaktion Books Ltd., 2000 (originally published by Ritter Verlag, Klagenfurt and Vienna, 1999).

Wallgren, Thomas. *Transformative Philosophy: Socrates, Wittgenstein, and the Democratic Spirit of Philosophy*. Lanham: Lexington Books, 2006.

Waugh, Alexander. *The House of Wittgenstein: A Family at War*. London, Berlin, and New York: Bloomsbury Publishing Plc, 2008.

Weiner, David Avraham. *Genius and Talent: Schopenhauer's Influence on Wittgenstein's Early Philosophy*. Rutherford, Madison, and Teaneck: Fairleigh Dickinson University Press; London and Toronto: Associated University Presses, 1992.

Whiting, Daniel ed. *The Later Wittgenstein on Language*. Hampshire: Palgrave Macmillan, 2010.

Williams, Meredith. *Wittgenstein, Mind and Meaning: Toward a Social Concept of Mind*. London and New York: Routledge, 1999.

Williams, Meredith. *Blind Obedience: Paradox and Learning in the Later Wittgenstein*. London and New York: Routledge, 2010.

Winch, Peter ed. *Studies in the Philosophy of Wittgenstein*. London: Routledge & Kegan Paul; New York: Humanities Press, 1969.

Wisnewski, J. Jeremy. *Wittgenstein and Ethical Inquiry: A Defense of Ethics as Clarification*. New York: Continuum International Publishing Group, 2007.

Wright, Crispin. *Wittgenstein on the Foundation of Mathematics*. Suffolk: Gerald Duckworth & Co Ltd., 1980 (reprinted in 1994 by Hampshire: Gregg Revivals).

Wright, Crispin. *Rails to Infinity: Essays on Themes from Wittgenstein's Philosophical Investigations*. Cambridge, Mass.: Harvard University Press, 2001.

von Wright, Georg Henrik. *Wittgenstein*. Oxford: Blackwell, 1982.

von Wright, G. H. ed. *A Portrait of Wittgenstein as a Young Man*. With an

Introduction by Anne Keynes, From the Diary of David Hume Pinsent: 1912-1914. Oxford: Basil Blackwell, 1990.

Zalabardo, J. L. ed. *Wittgenstein's Early Philosophy*. Oxford University Press, 2012.

Zamuner, Eduardo and Levy, D. K. eds. *Wittgenstein's Enduring Arguments*. London: Routledge, 2009.

二、中文文献

(一)一手文献(按书名汉语拼音排序)

关于心理学哲学的最后著作.涂继亮译.北京大学出版社,2012.

关于颜色的评论.李洁译.河北教育出版社,2003.

蓝皮书和褐皮书.涂继亮译.北京大学出版社,2012.

论确实性.张金言译.河北教育出版社,2003.

逻辑哲学论及其他.陈启伟译.商务印书馆,2014.

数学基础研究.韩林合译.商务印书馆,2013.

维特根斯坦读本.陈嘉映主编、主译.上海人民出版社,2015.

维特根斯坦剑桥讲演录(1930—1932,1932—1935).周晓亮、江怡译.浙江大学出版社,2010.

维特根斯坦剑桥书信集:1911—1951.张学广、孙小龙、王策译.商务印书馆,2018.

维特根斯坦论感觉材料与私人语言.江怡译,张敦敏校.浙江大学出版社,2011.

维特根斯坦论伦理学与哲学.江怡译、张敦敏校.浙江大学出版社,2011.

维特根斯坦文集(第1—8卷).韩林合主编.商务印书馆,2019.

维特根斯坦与维也纳小组.徐为民、孙善春译.商务印书馆,2015.

文化与价值.涂继亮译.北京大学出版社,2012.

心理学哲学评论.涂继亮译.北京大学出版社,2012.

哲学评论．丁东红、郑伊倩、何建华译，郑伊倩校．河北教育出版社，2003.
哲学研究．陈嘉映译．商务印书馆，2016.
哲学语法．韩林合译．商务印书馆，2018.
纸条集．吴晓红译，静之校．河北教育出版社，2003.

（二）二手著作文献（按姓氏汉语拼音排序）

艾耶尔．二十世纪哲学．李步楼等译．上海译文出版社，1987.
贝克莱．人类知识原理．关文运译．商务印书馆，1983.
鲍斯玛．维特根斯坦谈话录(1949—1951)．刘云卿译．漓江出版社，2012.
卡尔·波普尔．波普尔思想自述．赵月瑟译．上海译文出版社，1988.
卡尔·波普尔．科学发现的逻辑．查汝强、邱仁宗、万木春译．中国美术学院出版社，2007.
陈常燊．语言与实践：维特根斯坦对“哲学病”的诊治．上海人民出版社，2016.
陈嘉映．语言哲学．北京大学出版社，2003.
陈嘉映．哲学 科学 常识：神话时代以来的理知历程——人类心智所展现的世界图景．东方出版社，2007.
陈启伟．西方哲学论集．辽宁大学出版社，1998.
陈启伟．西方哲学研究——陈启伟三十年哲学文存．商务印书馆，2015.
陈启伟(主编)．现代西方哲学论著选读．北京大学出版社，1992.
迈克尔·达米特．分析哲学的起源．王路译．上海译文出版社，2005.
笛卡尔．第一哲学沉思集：反驳和答辩．庞景仁译．商务印书馆，1986.
丁大同．维特根斯坦．陕西师范大学出版社，2017.
樊岳红．维特根斯坦数学哲学思想研究．科学出版社，2017.
樊岳红．维特根斯坦与语境论．科学出版社，2016.
樊岳红．维特根斯坦哲学理论的实践维度研究．科学出版社，2019.
范连义．维特根斯坦和乔姆斯基语言哲学思想对比研究．上海交通大学出版社，2019.
冯友兰．三松堂全集(第1—14卷)．河南人民出版社，2001.
弗雷格．弗雷格哲学论著选辑．王路译．商务印书馆，2006.

哈勒．新实证主义．韩林合译．商务印书馆，1998.
海德格尔．存在与时间．陈嘉映、王庆节译，熊伟校．三联书店，1987.
韩林合．维特根斯坦哲学之路．云南大学出版社，1996.
韩林合．《逻辑哲学论》研究．商务印书馆（修订版），2007.
韩林合．虚己以游世——《庄子》哲学研究．北京大学出版社，2006.
韩林合．维特根斯坦《哲学研究》解读（上下）．商务印书馆，2010.
洪谦（主编）．逻辑经验主义（上卷）．商务印书馆，1982.
洪谦．洪谦选集．韩林合编．吉林人民出版社，2005.
胡军．分析哲学在中国．首都师大出版社，2001.
怀特（编著）．分析的时代：二十世纪的哲学家．杜任之主译．商务印书馆，1987.
怀特海．过程与实在．李步楼译．商务印书馆，2011.
黄根生．维特根斯坦《哲学研究》同步导读：后期维特根斯坦的语言、逻辑与哲学思想研究．汕头大学出版社，2014.
黄敏．维特根斯坦的《逻辑哲学论》：文本疏义．华东师范大学出版社，2015.
黄敏．知识之锚——从语境原则到语境主义知识论．华东师范大学出版社，2014.
伽达默尔．哲学解释学．夏镇平、宋建平译．上海译文出版社，1994.
伽达默尔．真理与方法（上、下卷）．洪汉鼎译．上海译文出版社，1999.
鉴传今．可说的与不可说的：前维特根斯坦的形而上学．安徽人民出版社，2008.
江怡．维特根斯坦：一种后哲学的文化．社科文献出版社，1996.
江怡．维特根斯坦传．河北人民出版社，1998.
江怡．维特根斯坦．湖南教育出版社，1999.
江怡．《逻辑哲学论》导读．四川教育出版社，2002.
焦卫华．“综观”与“面相”：后期维特根斯坦哲学存在论维度解读．人民出版社，2014.
金岳霖．金岳霖文集（第1—4卷）．甘肃人民出版社，1995.
卡尔纳普．卡尔纳普思想自述．陈晓山等译．上海译文出版社，1985.
卡西尔．人文科学的逻辑．关子尹译．上海译文出版社，2004.

康德．纯粹理性批判．邓晓芒译，杨祖陶校．人民出版社，2004.

克拉夫特．维也纳小组——新实证主义的起源．李步楼、陈维杭译．商务印书馆，1998.

克里普克．维特根斯坦论规则和私人语言．周志羿译．漓江出版社，2017.

赖成彬．维特根斯坦与奥斯汀的哲学治疗思想比较．吉林大学出版社，2014.

赖尔．心的概念．刘建荣译．上海译文出版社，1988.

赖特．知识之树．陈波编选，陈波等译．三联书店，2003.

赖欣巴哈．科学哲学的兴起．伯尼译．商务印书馆，1991.

李包庚．解构与超越：马克思和维特根斯坦哲学革命路向比较研究．中国社会科学出版社，2014.

李国山．言说与沉默：维特根斯坦《逻辑哲学论》的命题学说．南开大学出版社，2004.

李果．维特根斯坦的语言游戏思想研究．社会科学文献出版社，2020.

李海峰．维特根斯坦语言哲学评析．中国社会科学出版社，2012.

李凯尔特．文化科学和自然科学．涂继亮译，杜任之校．商务印书馆，1986.

李文倩．维特根斯坦论事实与价值．四川大学出版社，2019.

刘程．语言批判：维特根斯坦美学思想研究．华中师范大学出版社，2009.

刘辉．基于语料库的《维特根斯坦选集》文本研究．黑龙江大学出版社，2017.

楼巍．维特根斯坦《哲学研究》注解．上海人民出版社，2019.

罗蒂．哲学和自然之镜．李幼蒸译．三联书店，1987.

洛克．人类理解论（上、下册）．关文运译．商务印书馆，1983.

罗素．我的哲学的发展．温锡增译．商务印书馆，1985.

罗素．我们关于外间世界的知识——哲学上科学方法应用的一个领域．陈启伟译．上海译文出版社，1990.

罗素．逻辑与知识．苑莉均译，张家龙校．商务印书馆，1996.

罗素．罗素自传．第一卷（胡作玄、赵慧琪译）、第二卷（陈启伟译）、第三卷（徐奕春译）．商务印书馆，2002、2003、2004.

罗素．中国到自由之路：罗素在华讲演集．孙家祥等编．北京大学出版社，2004.

罗素．哲学问题．何兆武译．商务印书馆，2007.

罗素．物的分析．贾可春译．商务印书馆，2016.

马克思、恩格斯．马克思恩格斯文集（第 3、4 卷）．人民出版社，2009.

马尔康姆．回忆维特根斯坦．李步楼、贺绍甲译．商务印书馆，1984.

蒙克．维特根斯坦传：天才之为职责．王宇光译．浙江大学出版社，2011.

邱文元．维特根斯坦论语言明晰性．山东大学出版社，2001.

尚志英．寻找家园——多维视野中的维特根斯坦语言哲学．人民出版社，1992.

舒伟光．维特根斯坦哲学述评．三联书店，1982.

斯鲁格．维特根斯坦．张学广译．北京出版社，2005.

苏德超．哲学、语言与生活：论维特根斯坦的语言哲学．湖南教育出版社，2010.

斯特罗．二十世纪分析哲学．张学广译．中国社会科学出版社，2014.

施太格缪勒．当代哲学主流（上）．王炳文、燕宏远、张金言等译．商务印书馆，1986.

涂继亮（主编）．语言哲学名著选辑（英美部分）．三联书店，1988.

涂纪亮．维特根斯坦后期哲学思想研究．江苏人民出版社，2005.

涂纪亮．分析哲学及其在美国的发展（上下）．武汉大学出版社，2007.

王海东．维特根斯坦与哲学的未来．云南人民出版社，2013.

王晓升．走出语言的迷宫——后期维特根斯坦哲学概论．社会科学文献出版社，1999.

王晓升、郭世平．后期维特根斯坦心理哲学研究．中国社会科学出版社，2004.

谢群．维特根斯坦语言游戏思想研究：一项基于真实语料的研究．黑龙江大学出版社，2017.

休谟．人性论（上、下册）．关文运译，郑之骧校．商务印书馆，1997.

徐春英．走出言说的禁地：维特根斯坦语言哲学思想研究．中国社会出版社，2011.

徐景亮．理解与确实性：维特根斯坦的光照．山东大学出版社，2013.

徐强．论魏斯曼对“中期”维特根斯坦语言哲学的阐释与发展．中国社会科学出版社，2020.

徐弢．自我的本性与地位——前期维特根斯坦论自我与唯我论．湖北人民出版社，2014.

徐弢．前期维特根斯坦意义理论研究．人民出版社，2018.

徐燕杭．审美视野中的康德与维特根斯坦哲学比较研究：从形而上的道德理念到日常化的反思活动．浙江大学出版社，2012.

徐英瑾．维特根斯坦哲学转型期中的"现象学"之谜．复旦大学出版社，2005.

徐英瑾．心智、语言和机器：维特根斯坦哲学和人工智能科学的对话．人民出版社，2013.

阿兰·雅尼克、斯蒂芬·图尔敏．维特根斯坦的维也纳．殷亚迪译．漓江出版社，2016.

叶秀山．中西智慧的贯通：叶秀山西方哲学论集．江苏人民出版社，2002.

张岱年．张岱年全集(第1—8卷)．河北人民出版社，1996.

张励耕．维特根斯坦心理学哲学研究．中国社会科学出版社，2017.

张庆熊．社会科学的哲学：实证主义、诠释学和维特根斯坦的转型．复旦大学出版社，2010.

张申府．张申府文集(第1—4卷)．河北人民出版社，2005.

张学广．维特根斯坦：走出语言囚笼．辽海出版社，1999.

张学广．维特根斯坦与理解问题．陕西人民出版社，2003.

张志林、陈少明．反本质主义与知识问题：维特根斯坦后期哲学的扩展研究．广东人民出版社，1995.

赵敦华．西方哲学的中国式解读．黑龙江人民出版社，2002.

赵海燕．体验的存在：冯友兰与前期维特根斯坦之视域融合．人民出版社，2016.

附录　中国近40年维特根斯坦哲学研究重要文献汇编

一、维特根斯坦本人的作品

1. 关于逻辑形式的几点看法．李金声译，洪谦校．载洪谦主编《逻辑经验主义》（上卷）．商务印书馆，1982.

2. 文化和价值．黄正东、唐少杰译．华中科技咨询公司，1984；清华大学出版社，1987；译林出版社，2011；北京联合出版公司，2013；译林出版社，2014.

3. 逻辑哲学论．郭英译．商务印书馆，1985.

4. 维特根斯坦的伦理学演讲．万俊人译，孟庆时校．哲学译丛，1987（4）：23-27.

5. 名理论．张申府译，陈启伟修订．北京大学出版社，1988.

6. 哲学研究（节选）．徐友渔译，涂继亮校．载涂继亮主编《语言哲学名著选辑（英美部分）》．三联书店，1988.

7. 关于基督宗教的沉思．黄正东、唐少杰译．载刘小枫主编《20世纪西方宗教哲学文选》（上卷），上海三联书店，1992：416-429.

8. 哲学研究．汤潮、范光棣译．三联书店，1992.

9. 逻辑笔记。1913年9月．陈启伟译．载陈启伟主编《现代西方哲学论著选读》. 北京大学出版社，1992.

10. 1914—1916年笔记（节选）. 陈启伟译．载陈启伟主编《现代西方哲学论著选读》. 北京大学出版社，1992.

11. 逻辑哲学论．贺绍甲译．北京：商务印书馆，1996、2009、2011、2017、2019.

12. 哲学研究．李步楼译，陈维杭校．商务印书馆，1996、2009、2011、2017.

13. 美学讲演录．廖世奇、张旭东译．载刘小枫主编《现代性中的审美精神——经典美学文选》，学林出版社，1997：845-883.

14. 对弗雷泽《金枝》的评论．李磊译，王彤校．哲学译丛，1998 (2)：35-39+75.

15. 对弗雷泽《金枝》的评论（续）. 李磊译，王彤校．哲学译丛，1998 (4)：39-42.

16. 逻辑哲学论（德英对照）. 中国社会科学出版社，1999.

17. 哲学研究（德英对照）. 中国社会科学出版社，1999.

18. 关于海德格尔的"存在"与"畏". 何卫平译，邓晓芒校．德国哲学论丛（1998），中国人民大学出版社，1999：81-86.

19.《哲学评论》主题索引．丁冬红译，郑伊倩校．哲学译丛，1999 (4)：1-16+50.

20. 维特根斯坦《战地笔记：1914—1916》（节译）. 韩林合译．开放时代，2001 (3)：99-103.

21. 哲学研究．陈嘉映译．上海人民出版社，2001、2005；商务印书馆，2016.

22. 论确实性．张金言译．广西师范大学出版社，2002.

23. 文化与价值：维特根斯坦笔记．许志强译．浙江文艺出版社，2002；复旦大学出版社，2008.

24. 维特根斯坦全集(第1卷)：逻辑哲学论以及其他．陈启伟译．河北教育出版社，2003.

25. 维特根斯坦全集(第2卷)：路德维希·维特根斯坦与维也纳小组．黄裕生、郭大为译．河北教育出版社，2003.

26. 维特根斯坦全集(第3卷)：哲学评论．丁冬红等译．河北教育出版社，2003.

27. 维特根斯坦全集(第4卷)：哲学语法．程志民译．河北教育出版社，2003.

28. 维特根斯坦全集(第5卷)：维特根斯坦剑桥讲演集．周晓亮、江怡译．河北教育出版社，2003.

29. 维特根斯坦全集(第6卷)：蓝皮书、一种哲学考察(褐皮书)．涂纪亮译．河北教育出版社，2003.

30. 维特根斯坦全集(第7卷)：论数学的基础．徐友渔、涂纪亮译．河北教育出版社，2003.

31. 维特根斯坦全集(第8卷)：哲学研究．涂纪亮译．河北教育出版社，2003.

32. 维特根斯坦全集(第9卷)：心理学哲学评论．涂纪亮译．河北教育出版社，2003.

33. 维特根斯坦全集(第10卷)：关于心理学哲学的最后著作、论确实性．涂纪亮、张金言译．河北教育出版社，2003.

34. 维特根斯坦全集(第11卷):杂评、纸条集、关于颜色的评论. 涂纪亮等译. 河北教育出版社, 2003.

35. 维特根斯坦全集(第12卷): 关于伦理学的讲演以及其他. 江怡译. 河北教育出版社, 2003.

36. 游戏规则: 维特根斯坦神秘之物沉默集. 唐少杰、杨玉成等译, 李国山选编. 陕西师范大学出版社, 2003; 天津人民出版社, 2007、2010.

37. 关于伦理学的演讲(1929). 江怡译. 载江怡主编《理性与启蒙——后现代经典文选》, 东方出版社, 2004: 140-148.

38. 维特根斯坦与维也纳小组. 徐为民译, 孙善春校. 同济大学出版社, 2004; 徐为民、孙善春译, 商务印书馆, 2015.

39. 战时笔记1914—1917年. 韩林合编译. 商务印书馆, 2005、2013.

40. 思想札记. 唐少杰等译. 吉林大学出版社, 2005.

41. 世界的本质结构. 韩林合译. 载陈波、韩林合主编《逻辑与语言——分析哲学经典文选》, 2005: 188-192.

42. 私人语言. 陈嘉映译. 载陈波、韩林合主编《逻辑与语言——分析哲学经典文选》, 2005: 315-348.

43. 文化的价值. 钱发平编译. 重庆出版社, 2006.

44. 逻辑哲学论(英汉对照). 王平复译. 九州出版社, 2007.

45. 哲学研究(英汉对照, 2册). 蔡远译. 九州出版社, 2007.

46. 逻辑哲学论. 王平复译. 中国社会科学出版社, 2009; 江西教育出版社, 2014.

47. 哲学研究. 蔡远译. 中国社会科学出版社, 2009; 江西教育出版社，2014.

48. 维特根斯坦读本 . 陈嘉映译 . 新世界出版社，2010；上海人民出版社，2015、2020.

49. 维特根斯坦剑桥讲演录 . 周晓亮、江怡译 . 浙江大学出版社，2010.

50. 维特根斯坦论感觉材料与私人语言 . 江怡译 . 浙江大学出版社，2011.

51. 维特根斯坦论伦理学与哲学 . 江怡译 . 浙江大学出版社，2011.

52. 文化与价值 . 涂继亮译 . 北京大学出版社，2012.

53. 蓝皮书和褐皮书 . 涂继亮译 . 北京大学出版社，2012.

54. 哲学研究 . 涂继亮译 . 北京大学出版社，2012.

55. 心理学哲学评论 . 涂继亮译 . 北京大学出版社，2012.

56. 关于心理学哲学的最后著作 . 涂继亮译 . 北京大学出版社，2012.

57. 哲学语法 . 韩林合译 . 商务印书馆，2012、2017、2018.

58. 数学基础研究 . 韩林合译 . 商务印书馆，2013、2016、2017.

59. 逻辑哲学论 . 韩林合译 . 商务印书馆，2013.

60. 哲学研究 . 韩林合译 . 商务印书馆，2013、2015、2018.

61. 逻辑哲学论及其他 . 陈启伟译 . 商务印书馆，2014.

62. 美学、心理学和宗教信仰的演讲与对话集 1938—1946. 刘悦笛译 . 中国社会科学出版社，2015.

63. 文化与价值：维特根斯坦的思想星空 . 许海峰译 . 江苏文艺出版社，2016.

64. 维特根斯坦说逻辑与语言.〔加〕孔欣伟译.华中科技大学出版社，2017.

65. 维特根斯坦剑桥书信集：1911—1951. 张学广、孙小龙、王策译.商务印书馆，2018.

66. 剑桥大学教授的逻辑课：传承800年剑桥的哲学思维导图.常青藤国际教育联盟译.中国商业出版社，2018.

67. 关于伦理学的演讲.吴杨义译.当代中国价值观研究，2018(5)：124-128.

68. 维特根斯坦文集(第1卷)：战时笔记(1914—1917).韩林合译.商务印书馆，2018、2019.

69. 维特根斯坦文集(第2卷)：逻辑哲学论.韩林合编译.商务印书馆，2018、2019.

70. 维特根斯坦文集(第3卷)：哲学语法.韩林合编译.商务印书馆，2018、2019.

71. 维特根斯坦文集(第4卷)：哲学研究.韩林合编译.商务印书馆，2018、2019.

72. 维特根斯坦文集(第5卷)：数学基础研究.韩林合编译.商务印书馆，2019.

73. 维特根斯坦文集(第6卷)：心理学哲学研究.张励耕编译.商务印书馆，2018、2019.

74. 维特根斯坦文集(第7卷)：心理学哲学笔记.张励耕编译.商务印书馆，2019.

75. 维特根斯坦文集(第8卷)：最后的哲学笔记.刘畅编译.商务印书馆，2019.

76. 论文化与价值．楼巍译．上海人民出版社，2019.

77. 超译维特根斯坦：你的生存方式就是整个世界．〔日〕白取春彦编，李洁译．外语教学与研究出版社，2019.

78. 逻辑哲学论(注释版)．杜世洪导读、注释．上海译文出版社，2019.

79. 哲学研究．楼巍译．上海人民出版社，2019.

80. 哲学研究．杜世洪导读、注释．上海译文出版社，2020.

二、研究译著

1. 马尔康姆．回忆维特根斯坦．李步楼、贺绍甲译．商务印书馆，1984、2012.

2. 范波伊森．维特根斯坦哲学导论．刘东、谢维和译．四川人民出版社，1988.

3. 艾耶尔．维特根斯坦．陈永实、许毅力译．中国社会科学出版社，1989.

4. 大卫·皮尔斯．维特根斯坦．王成兵、吴绍金译．昆仑出版社，1999.

5. 库·乌赫特尔、阿·休伯内．维特根斯坦．孙美堂译．河北教育出版社，1999.

6. 巴特利．维特根斯坦传．杜丽燕译．东方出版中心，2000.

7. 饭田隆．维特根斯坦：语言的界限．包雨译．河北教育出版社，2001.

8. 贾可·辛提卡．维特根斯坦．方旭东译．中华书局，2002、

2014；清华大学出版社，2019.

9. David Edmonds、John Eidinow. 维特根斯坦的拨火棍：两位大哲学家十分钟争吵的故事 . 方旭东等译 . 长春出版社，2003.

10. 约翰 · 希顿 . 维特根斯坦与心理分析 . 徐向东译 . 北京大学出版社，2005.

11. 威瑟斯布恩等 . 多维视界中的维特根斯坦 . 郝亿春、李云飞等译 . 华东师范大学出版社，2005.

12. 汉斯 · 斯鲁格、大卫 · G. 斯特恩主编 . 维特根斯坦：剑桥哲学研究指针（英文版）. 三联书店，2006.

13. 麦金 . 维特根斯坦与《哲学研究》. 李国山译 . 广西师范大学出版社，2007.

14. 谢尔兹 . 逻辑与罪 . 黄敏译 . 华东师范大学出版社，2007.

15. 格雷林 . 维特根斯坦与哲学 . 张金言译 . 译林出版社，2008、2013.

16. 希汉 . 维特根斯坦：抛弃梯子（汉英对照）. 步阳辉译 . 大连理工大学出版社，2008、2013.

17. 约翰 · 吉布森、沃尔夫冈 · 休默编 . 文人维特根斯坦 . 袁继红等译 . 吉林出版集团有限责任公司，2008.

18. 瑞 · 蒙克 . 维特根斯坦传：天才之为责任 . 王宇光译 . 浙江大学出版社，2011、2014（插图本）.

19. 鲍斯玛 . 维特根斯坦谈话录 1949—1951. 刘云卿译 . 漓江出版社，2012、2017.

20. 恰尔德 . 维特根斯坦 . 陈常燊译 . 华夏出版社，2012.

21. 戴维 · 塞德利、乔纳森 · 丹西、简 · 希尔 . 哲学对话：柏拉图、休谟和维特根斯坦．张志平译．漓江出版社，2013.

22. 亚历山大·沃．维特根斯坦之家．钟远征译．漓江出版社，2014.

23. 托马斯·伯恩哈德．维特根斯坦的侄子．马文韬译．上海人民出版社，2014.

24. 阿兰·巴丢．维特根斯坦的反哲学．严和来译．漓江出版社，2015.

25. 汉斯·斯鲁格．维特根斯坦．张学广译．北京出版社，2015.

26. 格雷林．维特根斯坦．张金言译．牛津大学出版社，2016.

27. 阿兰·雅尼克、斯蒂芬·图尔敏．维特根斯坦的维也纳．殷亚迪译．漓江出版社，2016.

28. 伯特兰·罗素．西方的智慧：从苏格拉底到维特根斯坦．瞿铁鹏等译．上海人民出版社，2017.

29. 索尔·克里普克．维特根斯坦论规则和私人语言．周志羿译．漓江出版社，2017.

30. 罗杰·M. 怀特．导读维特根斯坦《逻辑哲学论》．张晓川译．重庆大学出版社，2018.

31. 奥沙利文．解析路德维希·维特根斯坦《哲学研究》．杨晓波译．上海外语教育出版社，2019.

32. 亚历山大·沃．战时家族：维特根斯坦．钟远征译．漓江出版社，2019.

33. 阿里夫·阿迈德．导读维特根斯坦《哲学研究》．万美文译．重庆出版社，2020.

34. 爱德华·坎特里安等. 维特根斯坦. 陈永国译. 北京大学出版社，2020.

35. 张锦青. 哲海探骊：维特根斯坦《逻辑哲学论》研究. 牛尧译. 东方出版中心，2020.

三、研究著作

1. 舒炜光. 维特根斯坦哲学述评. 三联书店，1982.

2. 赵敦华. 维特根斯坦. 三联书店（香港），1988；远流出版事业股份有限公司，1988.

3. 尚志英. 寻找家园：多维视野中的维特根斯坦语言哲学. 人民出版社，1992.

4. 韩林合. 哲学：作为体验和职业——维特根斯坦哲学的一种可能的解释. 仰哲出版社，1994.

5. 张志林、陈少明. 反本质主义与知识问题——维特根斯坦后期哲学的扩展研究. 广东人民出版社，1995.

6. 韩林合. 维特根斯坦哲学之路. 云南大学出版社，1996、2003.

7. 江怡. 维特根斯坦：一种后哲学的文化. 社会科学文献出版社，1996、1998.

8. 江怡. 维特根斯坦传. 河北人民出版社，1998；江苏人民出版社，2018.

9. 张学广. 维特根斯坦：走出语言囚笼. 辽海出版社，1999.

10. 江怡. 维特根斯坦. 湖南教育出版社，1999；社会科学文献出版社，2002.

11. 王晓升．走出语言的迷宫——后期维特根斯坦哲学概述．社会科学文献出版社，1999.

12. 韩林合．《逻辑哲学论》研究．商务印书馆，2000；修订版，2007.

13. 邱文元．维特根斯坦论语言明晰性．山东大学出版社，2001.

14. 江怡．《逻辑哲学论》导读．四川教育出版社，2002.

15. 张学广．维特根斯坦与理解问题．陕西人民出版社，2003.

16. 李国山．言说与沉默：维特根斯坦《逻辑哲学论》中的命题学说．南开大学出版社，2004.

17. 王晓升、郭世平．后期维特根斯坦心理哲学研究．中国社会科学出版社，2004.

18. 涂纪亮．维特根斯坦后期哲学思想研究．江苏人民出版社，2005.

19. 徐英瑾．维特根斯坦哲学转型期中的“现象学”之谜．复旦大学出版社，2005.

20. 李宏昀．维特根斯坦·1913年．少年儿童出版社，2006；（更名）维特根斯坦：从挪威的小木屋开始．复旦大学出版社，2015.

21. 涂纪亮．维特根斯坦后期哲学思想研究 英美语言哲学概论．武汉大学出版社，2007.

22. 鉴传今．可说的与不可说的：前维特根斯坦的形而上学．安徽人民出版社，2008；安徽师范大学出版社，2010.

23. 丁大同．维特根斯坦．云南教育出版社，2008；陕西师范大学出版总社，2017.

24. 刘程．语言批判：维特根斯坦美学思想研究．华中师范大学出版社，2009.

25. 韩林合．维特根斯坦《哲学研究》解读（上下）．商务印书馆，2010.

26. 张庆熊．社会科学的哲学：实证主义、诠释学和维特根斯坦的转型．复旦大学出版社，2010.

27. 黄敏．维特根斯坦的《逻辑哲学论》：文本疏义．华东师范大学出版社，2010、2015.

28. 苏德超．哲学、语言与生活：论维特根斯坦的语言哲学．湖南教育出版社，2010.

29. 徐春英．走出言说的禁地：维特根斯坦语言哲学思想研究．中国社会出版社，2011.

30. 徐景亮．语言与人生：沿着维特根斯坦之路．山东大学出版社，2011.

31. 徐燕杭．审美视野中的康德与维特根斯坦哲学比较研究：从形而上的道德理念到日常化的反思活动．浙江大学出版社，2012.

32. 沈梅英等．维特根斯坦哲学观视角下的语言研究．浙江大学出版社，2012.

33. 李海峰．维特根斯坦语言哲学评析．中国社会科学出版社，2012.

34. 徐英瑾．心智、语言和机器：维特根斯坦哲学和人工智能科学的对话．人民出版社，2013.

35. 李海峰．维特根斯坦．长春出版社，2013.

36. 王海东．维特根斯坦与哲学的未来．云南人民出版社，2013.

37. 徐景亮．理解与确实性：维特根斯坦的光照．山东大学出版社，2013.

38. 钱冠连主编．语言哲学研究（第二辑）．高等教育出版社，2013.

39. 徐弢．自我的本性与地位：前期维特根斯坦论自我与唯我论．湖北人民出版社，2014.

40. 赖成彬．维特根斯坦与奥斯汀的哲学治疗思想比较．吉林大学出版社，2014.

41. 黄根生．维特根斯坦《哲学研究》同步导读：后期维特根斯坦的语言、逻辑与哲学思想研究．汕头大学出版社，2014.

42. 李包庚．解构与超越：马克思和维特根斯坦哲学革命路向比较研究．中国社会科学出版社，2014.

43. 焦卫华．"综观"与"面相"：后期维特根斯坦哲学存在论维度解读．人民出版社，2014.

44. 王峰．美学语法：后期维特根斯坦的美学与艺术思想．北京大学出版社，2015.

45. 陈常燊．语言与实践：维特根斯坦对"哲学病"的诊治．上海人民出版社，2016.

46. 樊岳红．维特根斯坦与语境论．科学出版社，2016、2019.

47. 刘云卿．维特根斯坦与杜尚：赋格的艺术．上海三联书店，2016.

48. 赵海燕．体验的存在：冯友兰与前期维特根斯坦之视域融合．人民出版社，2016.

49. 谢群．维特根斯坦语言游戏思想研究：一项基于真实语料的研究．黑龙江大学出版社，2017.

50. 张励耕．维特根斯坦心理学哲学研究．中国社会科学出版社，2017.

51. 刘辉．基于语料库的《维特根斯坦选集》文本研究．黑龙江大学出版社，2017.

52. 樊岳红．维特根斯坦数学哲学思想研究．科学出版社，2017.

53. 徐弢．前期维特根斯坦意义理论研究．人民出版社，2018.

54. 樊岳红．维特根斯坦哲学理论的实践维度研究．科学出版社，2019.

55. 楼巍．维特根斯坦《哲学研究》注解．上海人民出版社，2019.

56. 范连义．维特根斯坦和乔姆斯基语言哲学思想对比研究．上海交通大学出版社，2019.

57. 李文倩．维特根斯坦论事实与价值．四川大学出版社，2019.

58. 李果．维特根斯坦的语言游戏思想研究．社会科学文献出版社，2020.

59. 徐强．论魏斯曼对“中期”维特根斯坦语言哲学的阐释与发展．中国社会科学出版社，2020.

60. 李文倩．论维特根斯坦．四川大学出版社，2020.

61. 傅力．维特根斯坦传．华中科技大学出版社，2020.

62. 江怡、马耶夏克（主编）．心理现象与心灵概念：维特根斯坦心理学哲学的主题．中国社会科学出版社，2020.

四、博士学位论文

1. 尚志英．寻找家园：多维视野中的维特根斯坦语言哲学．复旦大学，1990.

2. 江怡．语言游戏论：维特根斯坦后期哲学研究．中国社会科学院，1991.

3. 韩林合．维特根斯坦哲学思想的发展．北京大学，1992.

4. 鉴传今．可说的与不可说的：前维特根斯坦的形而上学．北京大学，1996.

5. 王希勇．维特根斯坦后期哲学研究．北京大学，1997.

6. 邱文元．维特根斯坦论语言明晰性．北京大学，1997.

7. 张学广．语言意义的理解、译解与解释——后期维特根斯坦语言意义观的几个要点．北京大学，1997.

8. 马玉春．维特根斯坦美学思想导论．复旦大学，1997.

9. 徐为民．言说的逻辑——维特根斯坦哲学思想探析．浙江大学，2000.

10. 李国山．言说与沉默：维特根斯坦《逻辑哲学论》的命题学说．北京大学，2000.

11. 刘云卿．维特根斯坦：从沉默到沉默．复旦大学，2001.

12. 陈道远．维特根斯坦后期“语言游戏”说研究．中国人民大学人文学院，2003.

13. 范秀英．践行的语言哲学——维特根斯坦语言游戏理论研究．吉林大学哲学社会学院，2003.

14. 方刚．维特根斯坦之命题意义的确定性问题研究．复旦大学，2004.

15. 徐英瑾．维特根斯坦哲学转型期中的“现象学”之谜．复旦大学，2004.

16. 苏德超．哲学的语言生活：论维特根斯坦后期学说的核心问题．武汉大学，2004.

17. 刘程．语言批判——维特根斯坦美学意识研究．南京大学，2004.

18. 周小华．论专名：一个维特根斯坦式的解构．中国社会科学院，2006.

19. 李明．在美学的转捩点上——维特根斯坦美学思想研究．复旦大学，2006.

20. 李菁．海德格尔与维特根斯坦存在思想的一种尝试比较．浙江大学，2008.

21. 李宏昀．超越事实世界：马克思、康德、维特根斯坦对读．复旦大学，2008.

22. 赖成彬．维特根斯坦与奥斯汀的哲学治疗思想研究．华东师范大学，2009.

23. 范连义．维特根斯坦后期哲学视角下的语言学习．华东师范大学，2009.

24. 徐燕杭．从形而上的道德理念到日常化的反思活动——审美视野中的康德与维特根斯坦哲学比较研究．浙江大学，2009.

25. 吴艳．维特根斯坦全景综观的语言游戏研究．中国人民大学，2009.

26. 王宇光．维特根斯坦和哥德尔定理．华东师范大学，2010.

27. 楼巍．维特根斯坦《论确定性》研究．浙江大学，2010.

28. 郑霞．“没有新的语言就没有新的世界”——巴赫曼小说中的语言批判与维特根斯坦的语言批判哲学．上海外国语大学，2010.

29. 蔡祥元．从意指到生成——德里达与维特根斯坦对语言纯构意本性的解释．北京大学，2010.

30. 李包庚．马克思和维特根斯坦哲学革命路向的比较研究．苏州大学，2011.

31. 胡欣诣．维特根斯坦哲学中的“语法”概念．华东师范大学，2011.

32. 徐弢．自我的本性与地位：前期维特根斯坦论自我与唯我论．南开大学，2011.

33. 赵海燕．冯友兰“负的方法”再探讨——以前期维特根斯坦“不可说”论为参照．南开大学，2011.

34. 尹哲．返璞归真：维特根斯坦哲学的宗教意蕴．中国人民大学，2011.

35. 樊岳红．后期维特根斯坦语境论研究．山西大学，2012.

36. 李为学．德里达《延异》文疏解：与海德格尔、中观派和维特根斯坦的比较研究．复旦大学，2012.

37. 钟远征．维特根斯坦和意向性问题．复旦大学，2013.

38. 方义．维特根斯坦对罗素判断理论的批判和发展．南开大学，2013.

39. 王晓丰．语法考察和概念史研究：维特根斯坦和伽达默尔的一项比较．华东师范大学，2013.

40. 郭洪体．让苍蝇从捕蝇瓶中飞出——伦理视域下的维特根斯坦思想转向研究．南京大学，2013.

41. 卢汉阳．论系统功能语言学对维特根斯坦语言哲学思想的实现与发展．福建师范大学，2014.

42. 高云鹏．维特根斯坦“私人语言论证”研究——私人性、感觉与语言的意义．南开大学，2014.

43. 王彬彬．意义、规范与真理——维特根斯坦规范性思想研究．中国人民大学，2014.

44. 胡雯．维特根斯坦语言视域下的确定性思想研究．福建师范大学，2015.

45. 代海强．前期维特根斯坦的神秘思想与《逻辑哲学论》的内在统一性．南开大学，2015.

46. 王佳鑫．维特根斯坦“生活形式”研究．吉林大学，2016.

47. 林康延．语言的意义与使用——后期维特根斯坦意义观研究．吉林大学，2016.

48. 杨雨寒．东西方语言哲学思想的共通性——老庄言意论与维特根斯坦游戏论比较研究．上海外国语大学，2016.

49. 徐强．论魏斯曼对“中期”维特根斯坦哲学的阐释与发展．武汉大学，2017.

50. 贺敏年．心理、规范与实践：论维特根斯坦心理哲学视域下的秩序想象．浙江大学，2018.

51. 许春红．哲学异质性视域下的《逻辑哲学论》研究．辽宁大学，2020.